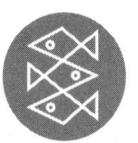

W0171962

Indien ist auf dem Weg zur Weltmacht. Die größte Demokratie der Welt erlebt eine beispiellose Erfolgsgeschichte. Weitgehend unbemerkt von Europa entwickelte sich der Subkontinent in Südasien in den letzten Jahren zu einem ernsthaften Gesprächspartner der bisherigen Weltmächte. Die Wirtschaft Indiens wächst in atemberaubender Geschwindigkeit. Gleichzeitig führen Reformen in Indien zu richtungsweisenden Umbrüchen in der gesamten asiatischen Welt. Dieser politische und wirtschaftliche Aufstieg der ehemaligen britischen Kolonie wird sich aller Voraussicht nach fortsetzten – mit dramatischen Folgen für die gesamte Welt.

Wer einen Blick in die Zukunft werfen will, muss die Entwicklung Indiens verstehen. Harald Müller analysiert den Weg der indischen Demokratie von der Unabhängigkeit über die Ära des Gandhi-Nehru-Clans bis zur beginnenden Partnerschaft mit den USA und China. Er stellt die innen- und außenpolitischen Konfliktpotentiale dar und diskutiert die pragmatischen Lösungen des multiethnischen Staates in Südasien. Eindringlich macht Müller dabei klar, dass Indien in kürzester Zeit eine entscheidende Rolle auf unserem Globus spielen wird – und wie diese Tatsache uns Europäer in den nächsten Jahren herausfordern wird.

Harald Müller, geboren 1949, ist Professor für Internationale Beziehungen in Frankfurt am Main und Geschäftsführendes Vorstandsmitglied der Hessischen Stiftung Friedens- und Konfliktforschung (HSFK). Bereits erschienen: ›Das Zusammenleben der Kulturen. Ein Gegenentwurf zu Huntington‹ (Bd. 13915) und ›Amerika schlägt zurück. Die Weltordnung nach dem 11. September‹ (Bd. 15774).

Unsere Adresse im Internet: www.fischerverlage.de

Harald Müller

WELTMACHT INDIEN

Wie uns der
rasante Aufstieg
herausfordert

Fischer
Taschenbuch
Verlag

Für Jonas, Nicole und Niklas

Originalausgabe
Veröffentlicht im Fischer Taschenbuch Verlag,
einem Unternehmen der S. Fischer Verlag GmbH,
Frankfurt am Main, Oktober 2006

© 2006 Fischer Taschenbuch Verlag
in der S. Fischer Verlag GmbH,
Frankfurt am Main
Satz: Pinkuin Satz und Datentechnik, Berlin
Druck und Bindung: Clausen & Bosse, Leck
Printed in Germany
ISBN-13: 978-3-596-17371-6
ISBN-10: 3-596-17371-X

Inhalt

Vorwort

Warum schreibt ein deutscher Friedensforscher, der bislang nicht als Länderexperte für die Indische Union hervorgetreten ist, eine Monographie über Indien? Die Faszination für dieses Land ist bei mir im Laufe meiner beiden Bücher über weltpolitische Fragen[1]* ständig gewachsen. Angesichts des Aufstiegs Asiens, angesichts der sich anbahnenden neuen weltpolitischen Konstellationen und angesichts insbesondere des künftigen Machtwechsels – von der Vormacht des Westens zu den beiden asiatischen Giganten China und Indien – fühlte ich mich mehr und mehr gedrängt, über Indien aus weltpolitischer Perspektive zu arbeiten.

Indien: orientalische Faszination. Land der sechsarmigen, menschenverschlingenden Göttin Kali. Land der Thugs, einer der frühen religiös-terroristischen Sekten, deren Namen als Lehnwort im Amerikanischen brutal-törichte Menschen bezeichnet. Land der Witwenverbrennungen, der Tempelprostitution und der »Unberührbaren«. Land der Überbevölkerung, wo die Menschen zu abergläubisch sind, um die reichlich herumlaufenden Kühe als Schnitzel zu verzehren. Land der Slums, der Armut. Diese typisch »orientalistische« Sichtweise von Rückständigkeit hat das westliche Indien-Bild nachhaltig geprägt.

Untergegangen ist dabei, dass dieses großartige Land eine Kulturgeschichte hat, die die seiner diversen europäischen Eroberer leicht in den Schatten stellt. Während sich unsere Vorfahren mühsam von der Bronze- zur Eisenzeit quälten, blühte in Indien bereits die erste Hochkultur im Talbecken des Indus, bald gefolgt von einer vergleichbaren Blüte im Ganges-Tal. Falsch, wie es ohnedies ist, verdrängt das in Europa gepflegte Bild indischer Rückständigkeit auch noch, in welch unglaublicher Weise eine verantwortungslose britische Ko-

---

* Die Anmerkungen sind am Ende des Buches ab Seite 331 zu finden.

lonialherrschaft die Entwicklungschancen dieses gewaltigen Landes über zwei Jahrhunderte versperrt hat und mit welch kurzsichtiger und rassistischer Arroganz England auch den Bildungsschichten Indiens die Chance verwehrt hat, den Weg in die Moderne wenigstens mit zu bestimmen.

Aber meine vorrangigen Motivationen liegen gar nicht in der Korrektur der immer noch nachschwingenden postkolonialen Überheblichkeit des Westens. Sie liegen nicht darin, dem vom hegemonialen Diskurs in unseren Breiten verunglimpften Subkontinent zu diskursiver Gerechtigkeit zu verhelfen. Meine Motive sind vielmehr nüchterner und sachlicher:

Erstens: Es geht darum, einen eigenen Irrtum zu korrigieren. In meinem 1998 erschienen Buch »Das Zusammenleben der Kulturen« hatte ich einem unter der Herrschaft der BJP, das heißt der national-hinduistischen Partei, stehenden Indien eine düstere Zukunft, ja nahezu einen Marsch in das hinduistische Äquivalent des Taliban-Afghanistan prognostiziert. Diese Prognose war falsch: Ausgerechnet die BJP führte die Wirtschaftsreform Indiens fort und stieß damit – weit mehr als mit den Kernwaffentests, die sie durchführen ließ – das Tor zum Aufstieg zur Weltmacht endgültig auf. Das Verhältnis zwischen dem ungemein komplizierten Gewebe der indischen Innenpolitik und seiner Politik nach außen wird bei uns, wie mein eigenes Beispiel peinlicherweise zeigt, noch nicht hinreichend verstanden.

Zweitens: Indien ist die größte Demokratie der Welt. Noch dazu eine, deren Stabilität sich in den nunmehr fast sechzig Jahren ihrer Existenz bewährt hat. Sie hat zahlreiche Machtwechsel und sogar eine kurze, gefährliche Periode des Ausnahmezustands Mitte der siebziger Jahre gut überstanden. Sie ist mit mehreren Kriegen und fortgesetzter innerer Gewalt in einer sozial, ethnisch und religiös sehr heterogenen Gesellschaft – einschließlich gewaltiger terroristischer Anschläge – fertig geworden und immer noch demokratisch. Was es für die Weltpolitik bedeutet, dass das perspektivisch bevölkerungsreichste Entwicklungsland der Welt in seinen verfassungsmäßig verbrieften Werten der europäischen Aufklärung verpflichtet ist, haben wir in unserem Eurozentrismus noch gar nicht erfasst.[2]

Drittens: Diese Demokratie ist eine aufstrebende Weltmacht. Sie wird, gemeinsam mit der Nicht-Demokratie China, das laufende Jahrhundert maßgeblich prägen. Sie wird spätestens in der zweiten Hälfte dieses Jahrhunderts an der gegenwärtigen Supermacht USA vorbeiziehen. Zwar hat man dort mit der »Nationalen Sicherheitsstrategie« den Anspruch gestellt hat, alle möglichen Rivalen auf Distanz zu halten[3] – aber wie soll das geschehen, wenn die Bruttosozialprodukte Chinas und Indiens gegenüber den USA mit doppelt so hohen Raten wachsen?

Es gilt also abzuschätzen, was der Aufstieg der stabilsten Demokratie in einem Entwicklungsland für die Weltpolitik bedeuten mag. Anders als Großbritannien und die Vereinigten Staaten – die beiden Demokratien, die vor Indien zur Weltmacht aufgestiegen sind – hat Indien keine imperiale Geschichte. Was bedeutet das für seine Gestaltungsmöglichkeiten in der Welt?

Viertens: Ich möchte dafür werben, zu dieser aufstrebenden Macht gedeihliche Beziehungen zu entwickeln. Auf das kläglichste haben die Mächtigen dieser Welt, namentlich die fünf permanenten Mitglieder des Sicherheitsrates, gegenüber der indischen Demokratie versagt. Jahrzehntelang pochte Neu-Delhi – angesichts der Mengenverhältnisse nicht ohne Grund – auf ein Recht zur Mitsprache in weltpolitischen Fragen. Lediglich die Sowjetunion räumte Indien damals gönnerhaft den Status eines sicherheitspolitischen Juniorpartners ein. All das änderte sich schlagartig, als Indien seine Nukleartests durchführte: Plötzlich nahm man die Inder ernst. Die damalige Kurzsichtigkeit ist heute offenkundig. Aber auch hierzulande wurde und wird diesem asiatischen Giganten nicht die gebotene Aufmerksamkeit gewidmet. Angesichts der weltpolitischen Entwicklung ist das ein Fehler. Ein Beispiel: In Helmut Schmidts Buch »Mächte der Zukunft« kommt Indien als solches gar nicht vor, sondern lediglich »der indische Subkontinent« erhält ein schmales Kapitel mit acht Seiten. China hingegen wird auf achtzehn Seiten abgehandelt. Und

Helmut Schmidt ist einer der weitestblickenden Autoren, der bei uns über Weltpolitik schreibt.[4]

Das Thema dieses Buches ist also eine in die Weltmachtrolle hineinwachsende Großdemokratie, die sich in einem subtilen Wettbewerb mit einer enorm starken, aber an Einfluss verlierenden Demokratie – den Vereinigten Staaten – und einer erstarkenden, rapide wachsenden Nicht-Demokratie – der Volksrepublik China – um die Stellung der »Nummer eins« auf der Welt befindet. Dieser Wettbewerb ist faszinierend, aber nicht ohne Gefahren. Mich interessiert daran ganz besonders, was das »Demokratische« an Indien für Wirkungen auf seine Weltmachtpolitik ausüben mag.

Ich eröffne das Buch mit einer Utopie: ein Blick auf Indien und die Welt im Jahr 2036. Es gibt jedoch keine Zukunft ohne ihre Vergangenheit: Ich schaue daher im zweiten Kapitel auf das Indien der nachkolonialen Epoche und dann auf die umwälzenden Reformen, die seit den achtziger Jahren das Land aus seinem träumerischen, aber sozial und wirtschaftlich unerfreulichen Rückstand in ein vibrierendes Experimentierfeld der Moderne transformiert haben. Danach folgt ein Blick auf die wirtschaftliche Gegenwart, den High-Tech-Sektor und die Einbindung Indiens in die Weltwirtschaft. Wie Indien mit seinen vielfältigen inneren Widersprüchen umgeht, ist mir zwei Kapitel wert. Dort lote ich aus, was die Demokratie in einem solch fragmentierten, armen und mit Konflikten »gesegneten« Land leisten kann. Dann folgt die Wende zu den weltpolitischen Fragen: Ich versuche die Mixtur aus Gandhi'schem Erbe und nuklearpolitischem Machtrealismus, die indisches auswärtiges Denken wesentlich prägen, zu verstehen. Anschließend wird die Anwendung dieses Politikrasters auf die nachbarschaftlichen Beziehungen und hierbei vor allem auf die Konfliktbeziehungen mit Pakistan erprobt. Indiens Ambitionen in seiner weiteren Nachbarschaft bis hin zum Persischen Golf und in seinem Verhältnis zu den Großmächten untersuche ich als Nächstes. Das Schlusskapitel widmet sich wiederum der Zukunft, nimmt dabei aber eher die nächsten Jahre als das ferne Jahr 2036 in den Blick. Es versucht die

Frage, was der Aufstieg einer Milliarden-Demokratie für die Welt bedeuten kann, vorsichtig optimistisch zu beantworten.

Wie üblich haben viele Menschen zum Gelingen dieses Abenteuers beigetragen. Ulli hat, wie üblich, in der richtigen Mischung von Duldung, Ermutigung und gelegentlichem energischen Ordnungsruf (des wachsenden heimischen Chaos wegen) die entscheidenden Rahmenbedingungen geschaffen, Teile des Manuskripts kritisch gelesen und mir im Endspurt den Rücken freigehalten. Indische Kollegen haben mich über die Jahre mit wichtigen Einsichten und Argumenten versorgt. Ich nenne hier stellvertretend Brahma Chellany, Raja Mohan, T. V. Paul und Pal Sidhu. Aus den Werken der deutschen Experten Dietmar Rothermund und Christian Wagner habe ich entscheidende Erkenntnisse geschöpft. Mein Lektor, Felix Rudloff, hat das Projekt energisch vorangetrieben und war immer hilfreich, wenn ich Hilfe brauchte. Markus Friedrich, Stephan de la Peña, Carsten Rauch und vor allem die unübertreffliche Carmen Wunderlich haben wichtige Recherchehilfe geleistet; Carmen hat das Manuskript auch noch Korrektur gelesen.

Widmen möchte ich das Buch meinen jungen Kolleginnen und Kollegen in der Hessischen Stiftung Friedens- und Konfliktforschung: Nicole Deitelhoff, Niklas Schörnig und Jonas Wolff. Die Zusammenarbeit, gemeinsame Autorenschaft und Freundschaft mit diesen großartigen akademischen Nachwuchskräften hat mich in den letzten Jahren immer wieder angeregt, bereichert und geistig regeneriert. Dafür möchte ich mich mit der Widmung bedanken.

In dreißig Jahren:
Eine Phantasie über Indien

Dieses erste Kapitel ist keine wissenschaftliche Analyse, sondern eine literarische Fiktion. Es ist nicht unbedingt ein Standardverfahren, ein politisches Sachbuch mit einer utopischen Phantasie zu beginnen. In diesem Falle scheint mir das aber angebracht zu sein. Gerade weil Indien nach wie vor so unangemessen wenig Aufmerksamkeit in unserer Öffentlichkeit erfährt, weil jede Aussage über seinen Status und seine künftige Entwicklung mit unzähligen Fragezeichen, Kautelen und Vorbehalten versehen wird, ist der phantasiegetränkte Blick auf das Potential dieses Landes besonders nützlich. Das Potential ist jedoch ein Wechsel auf die Zukunft. Der soll hier gewissermaßen virtuell eingelöst werden. Deswegen versetze ich uns für dieses erste Kapitel in das Jahr 2036 – eine volle Generation in die Zukunft.

Indien in der Weltpolitik

Am Rande der diesjährigen Generalversammlung der Vereinten Nationen hat das seit zehn Jahren übliche Dreiergespräch zwischen den Vereinigten Staaten von Amerika, China und Indien, den drei führenden wirtschaftlichen und militärischen Weltmächten, erneut stattgefunden. Wie üblich widmeten ihm die Medien der Welt alle erdenkliche Aufmerksamkeit. Es war *das* politische Ereignis des Jahres. Die Präsidenten des sogenannten »globalen Triumvirats« gaben bei dieser Gelegenheit ihrer Befriedigung über die vor einigen Jahren etablierte Koordinierung der Energie- und Umweltpolitiken Ausdruck.

Sie ließen die in schwierigen Rüstungskontrollgesprächen erzielte Übereinstimmung über die jeweiligen Stärken ihrer strategischen Nuklearstreitkräfte Revue passieren und hoben – nicht ohne Eigenlob – hervor, dass in den Jahren nach der brenzligen Taiwan-Krise mehr als tausend Sprengköpfe unter Aufsicht demontiert und die darin enthaltenen Spaltmaterialien der zivilen Nutzung zugeführt worden waren. Gemeinsam gaben die drei Präsidenten der Meinung Ausdruck, dass die Lage als Resultat dieser diplomatischen Erfolge sehr stabil sei. Zu dieser Stabilität trügen im Übrigen die Raketenabwehrsysteme bei, die alle drei Länder mittlerweile einvernehmlich und teilweise in technischer Kooperation errichtet hätten. Dass dieser Schritt gelungen sei, ohne den Weltraum mit Waffen voll zu stopfen, registrierte vor allem der chinesische Präsident mit Befriedigung. Die Staatsmänner wiesen auf die wachsende wirtschaftliche Zusammenarbeit hin, die Handel, Investitionen und die gemeinsamen Reaktionen auf unerwünschte Ausschläge in den Wechselkursrelationen beinhaltete und in der sie einen weiteren Eckstein der Stabilität des Weltfriedens zu erkennen meinten.

Die USA, Indien und China verabredeten auf ihrem Treffen einen Fahrplan für die nächste Tagung der G-12, der mittlerweile um Indien, China, Brasilien und das Sekretariat der Association of South East Asian Nations (ASEAN) erweiterten früheren G-8. Seit einigen Jahren war es selbstverständlich, dass das Triumvirat die Agenda für die größere Gruppe vorgab. Sowohl Europa als auch Russland hatten sich etwas murrend in diese neue Praxis gefügt. Japan hatte zunächst energisch protestiert, musste aber mangels Unterstützung dann resignieren. Wie auch nicht – wenn die drei führenden Weltwirtschaftsmächte sich auf eine Tagesordnung einigten, würde keiner der anderen Ärger machen. Welchem Zweck hätte das auch dienen sollen? Das Gewicht der drei war einfach zu groß. Die Europäische Union hätte gerne mitentschieden, aber ihre zu verhaltenen Fortschritte bei der Integration ließen es immer noch nicht zu, in wesentlichen Fragen mit einer Stimme zu sprechen.

Der indische Präsident genoss seinen Platz am Tisch der Großen sichtlich. Von den dreien war Indien gegenwärtig noch der Juniorpartner. »Noch!«, dachte der Präsident des inzwischen bevölkerungsreichsten Staates der Welt. Das chinesische Bruttosozialprodukt betrug mittlerweile zwei Drittel des amerikanischen. Indien folgte mit einigem Abstand auf Platz drei, lag aber sehr deutlich vor Japan, Deutschland oder gar Russland. Die Europäische Union brachte zusammen mehr auf die Waagschale, aber wie gesagt fehlte die *eine* Stimme, mit der sich die Europäer in den großen Fragen der Welt hätten melden können. Das Schwergewicht der Weltpolitik lag nunmehr in Asien. Europa, das frühere Zentrum, war zur Peripherie geworden.

Im Jahre 2015 hatte Indien endlich nach langem Bemühen den längst fälligen permanenten Sitz im Sicherheitsrat erhalten – übrigens als einzige neue Macht seit Gründung der Vereinten Nationen im Jahre 1944. Es war damit Teil der »großen Sechs« geworden und hatte seinen Aufstieg zum Mitglied der »Großen Drei« begonnen. Die übrigen früheren Kandidaten, Japan, Deutschland, Brasilien, Südafrika, Ägypten, Nigeria warteten immer noch – ein Ende war nicht abzusehen. Indien hatte seinen Eintritt in den Sicherheitsrat gründlich vorbereitet. Entscheidend war die amerikanische Unterstützung und die ausdrückliche Tolerierung durch China gewesen, das kein Interesse an einem Streit mit dem wichtigen und wirtschaftlich erfolgreichen Nachbarn hatte. Unter diesen Umständen hatte auch Pakistan, das längst gegenüber der konkurrenzlosen Vormacht in Südostasien resigniert hatte, nicht gewagt, gegen Indien zu stimmen. Dafür gab es gute Gründe, und Pakistan fuhr nicht schlecht mit seiner neuen Politik.

Indien in seiner Region

Mit dem Zusammenbruch der radikal islamistischen Regierung Pakistans im Jahre 2018, die wirtschaftspolitisch krass versagt und einen allgemeinen Volksaufstand provoziert hatte, hatte sich der alte Möchtegern-Rivale zum verlässlichen Partner entwickelt. Der Islamismus dankte als politische Kraft in Pakistan – zur Überraschung vieler Beobachter – wohl endgültig ab. Die Bevölkerung wandte sich nach acht Jahren misslichster Erfahrungen mit einer fanatischen, aber vollständig unfähigen Führung energisch der Moderne zu. Das hieß für die große Mehrheit auch: Ausgleich mit Indien. Die Öffnung der pakistanischen Wirtschaft für den Handel und für Investitionen aus dem großen Nachbarland hatte sich für beide Seiten ausgezahlt. Für die pakistanische Bevölkerung ergab sich erstmals seit der Staatsgründung eine wirklich positive Perspektive für die Zukunft. Die Regierung war deswegen auch nicht weiter darauf angewiesen, periodisch den anti-indischen Nationalismus oder gar den nationalreligiösen Fanatismus aufzustacheln – vor allem durch die Einschleusung radikaler Elemente nach Kashmir: Denn von einem Scheitern konnte bei Wachstumsraten von sechs Prozent und mehr schlechterdings nicht die Rede sein.

Pakistan hatte seine langjährige Unterstützung für die Terroristen in Kashmir daher stillschweigend fallen gelassen. Damit einher ging ein äußerst energisches Vorgehen gegen die Reste des islamistischen Terrorismus auch in den Grenzregionen zu Afghanistan. 2025 erkannte die Regierung in Islamabad dann endlich die »Line of Control«, das heißt die real existierende Grenze zwischen Pakistan und Indien im Gegenzug für größere kulturelle Autonomie an, welche die indische Zentralregierung den Moslems in Kashmir einräumte. Indien hatte das pakistanische Entgegenkommen mit der Praxis honoriert, regionale Fragen immer mit Islamabad im Voraus zu besprechen, bevor man die übrigen Nachbarn in der South Asian Association for Regional Co-Operation (SAARC) damit befasste. Pakistan hatte dadurch eine relative Aufwertung erfahren.

Zwar war der alte Traum, gleichberechtigt mit Indien zu werden, endgültig ausgeträumt. Aber als zweite Regionalmacht mit indischer Unterstützung stand man nicht schlecht da. Der fähige Außenminister Pakistans wurde gar als kommender Generalsekretär der Vereinten Nationen gehandelt, und Indien erklärte sich bereit, für ihn zu werben. Die SAARC hatte sich zu einem wirksamen Instrument regionaler Entwicklung und Konfliktbehandlung entwickelt, mit einem effizienten Sekretariat und einer Politik des regionalen Sozial- und Wirtschaftsausgleichs, die mittlerweile weltweit als vorbildlich galt.

Mit Bangladesh hatte Indien Grenzfragen und vor allem die Regulierung der Wassernutzung des für beide Länder so wichtigen Ganges endlich befriedigend geregelt. Der islamische Nachbar wusste die mittlerweile massive indische Entwicklungshilfe zu schätzen, die vor allem in Umweltprojekte floss. Indien war selbst daran interessiert, dass es den Ostbengalen in ihrer Heimat gut ging und so der Migrationsdruck in die indischen Provinzen Westbengalen und Assam nachließ. Das war durch die Kombination von Entwicklungshilfe und privaten indischen Investitionen weitgehend gelungen. Bangladesh hatte sich zudem endlich dazu durchgerungen, Indien befriedigende Verkehrsverbindungen zu den Ostprovinzen über das eigene Territorium zu ermöglichen und ließ sich dafür angemessen bezahlen. Damit waren auch die politischen Spannungen an der Ostgrenze beseitigt. Seit Jahren transportierte die große Pipeline bengalisches Erdgas nach Indien. Das war zur wichtigsten Deviseneinnahme für Bangladesh geworden.

Auch Nepal befand sich nach einer massiven indischen Militärintervention im Jahre 2020 auf einem guten Weg. Indien hatte dem allmählichen Zerfall des Nachbarlandes lange zugesehen. Zwischen absolutistischem Herrscheranspruch des Monarchen und seines Thronerben und maoistischem Rebellen-Radikalismus wurde die nepalesische Mitte nach dem kurzen demokratischen Intermezzo 2006 bis 2010 mehr und mehr zerrieben. Die indische Intervention überraschte dann doch alle Seiten, trieb die Rebellen an den Rand der absoluten Niederlage (zumal von Seiten Chinas keine Hilfe kam), führte zur Absetzung des Königs und zu freien Wahlen unter Aufsicht der Vereinten Nationen, von denen sich Indien nachträglich ein Mandat verschafft hatte. Nach den Wahlen, an denen die Maoisten als politische Partei teilgenommen und achtbare zwanzig Prozent erzielt hatten, war die indische Armee abgezogen. Auch Nepal war nun Empfänger indischer Hilfe, die anzuschlagen schien.

Der pakistanische Systemwechsel hatte binnen kurzem auch die iranische Theokratie wie ein Kartenhaus zusammenbrechen lassen – viel später zwar, als es dem Westen, vor allem den USA, lieb war, aber ohne einen furchtbaren Krieg. Damit entfiel auch eine der heißesten Streitfragen zwischen den USA und Indien, die je nach Großwetterlage die Beziehungen mehr oder weniger belasteten: nämlich die indischen Investitionen in die iranische Erdöl- und Erdgaswirtschaft. Mit der freundschaftlichen Beziehung zu Pakistan gab es auch von indischer Seite keine Bedenken mehr gegen die Durchleitung von Erdöl und Erdgas durch den Nachbarstaat. Im Gegenteil, der Durchleitungszins, der eine willkommene Einnahme für Pakistans Staatshaushalt war, kam den Interessen Indiens an einer zügigen wirtschaftlichen Entwicklung des Nachbarstaats durchaus entgegen.

Die Stabilitätsmacht

Seit Indien als dauerndes Mitglied im Sicherheitsrat saß, hatte Neu-Delhi noch nie sein Veto eingelegt oder einlegen müssen. Immer war es gelungen, Fragen im Vorfeld zu entschärfen. Die indische Diplomatie erwies sich dabei als ausgesprochen intelligent. War früher ein von Minderwertigkeitskomplexen geplagtes Ressentiment das Charakteristikum indischer Außenpolitik gewesen, so erwies sie sich unter den neuen Umständen als völlig souverän. In den Sicherheitsrat kam kein Entschließungsentwurf, der indischen Interessen massiv widersprach – auch das war eine Folge der geschickten Abstimmung zwischen den drei Führungsmächten. Die USA und China nahmen Indien zu wichtig, um seine Regierung ernstlich verärgern zu wollen. Indien spielte seine Rolle als Zünglein an der Waage zwischen den beiden ganz Großen mit virtuosem Geschick.

Delhi war zufrieden mit seiner Rolle als dritte Kraft. Es konnte warten, denn es wuchs sowieso schneller als die beiden anderen. Zwischen 2010 und 2020 hatten die eindrucksvollen indischen Wachstumsraten begonnen die chinesischen zu übersteigen. Die fortgesetzte Rechtsunsicherheit in China, die trotz aller Reformbemühungen vor allem in der chinesischen Provinz herrschte, und die bürokratischen Hürden, die sich aus der Überzentralisierung in China ergaben, behinderten das Wachstum im »Reich der Mitte«. In Indien hatten die vorsichtige Dezentralisierung und die Stabilität des Rechtssystems Investoren auch in die Provinz gelockt. Das mobilisierte Arbeitskräfte und Produktivitätsreserven in höherem Maße als beim chinesischen Nachbarn. Die reiche Ernte des wirtschaftlichen Fortschritts kam auch der indischen Weltgeltung zugute.

Seit auf amerikanische Initiative hin dieses Triumvirat im Jahre 2017 eingerichtet worden war, hatten sich die amerikanisch-chinesischen Beziehungen zunächst verschlechtert. Der kritische Zeitpunkt war 2025 gekommen. Während der großen Taiwan-Krise, die Amerika und China um Haaresbreite an einen großen Krieg heranbrachte, standen sich amerikanische und chinesische Flottenverbände im Südchinesischen Meer schießbereit gegenüber. Der indische Premierminister hatte damals zur allgemeinen Überraschung den kühnen Befehl gegeben, mit zwei indischen Flugzeugträgergruppen zwischen die Kampfhähne zu stoßen. Tatsächlich hatte dieser beispiellose Bravourakt der indischen Außenpolitik die Lage entschärft. Seit diesem denkwürdigen Zwischenfall begegneten die beiden Supermächte dem kleineren Partner mit ausgesprochenem Respekt.

Indien trug seither zur chinesisch-amerikanischen Entspannung bei, ohne sich penetrant als Vermittler aufzuspielen. Aber mit dieser Rolle beförderte es seinen weltpolitischen Aufstieg, weil es für beide Parteien ungemein wichtig geworden war. Darüber hinaus galt die Konzentration der diversen indischen Koalitionsregierungen vorwiegend dem eigenen Land. Viel zu wichtig war der indischen Führung der weitere wirtschaftliche und soziale Fortschritt in Indien. Dazu brauchte man Ruhe an allen Fronten. Daher dachte Delhi gar nicht daran, die beiden Partner gegeneinander auszuspielen. Naturgemäß gab es zwischen den USA und China immer noch gewisse Spannungen, während mit der Regelung der Grenzfrage und einer diskreten Anerkennung der Einflusssphären das chinesisch-indische Verhältnis nahezu spannungsfrei war. Indien überließ China den Einfluss in Ostasien, China erkannte Indien als Vormacht in Südasien an. In Zentralasien und in Südostasien arbeitete man zusammen, ohne machtpolitisch zu sehr zu konkurrieren.

Ebenso reibungslos funktionierte das amerikanisch-indische Verhältnis. Indien half den USA vor allen Dingen, die Lage am Persischen Golf zu stabilisieren, wo indische Flottenverbände regelmäßig Flagge zeigten. Indien pflegte sein Verhältnis zur arabischen Welt. Für die einhundertfünfzig Millionen indischer Muslime blieben Mekka und Medina natürlich wichtige Bezugspunkte ihrer religiösen Orientierung. Indien machte daher nie den Versuch, den Arabern das eigene Gesellschafts- und Politikmodell aufzwingen zu wollen. Dass jedoch die Demokratie mit einem immensen wirtschaftlichen Erfolg in einem Entwicklungsland einherging, blieb nicht ohne Einfluss auf den innerarabischen Diskurs. Weit mehr als amerikanische Ermahnungen wirkte das unaufdringlich vorgelebte indische Beispiel. Nach der Demokratisierung Pakistans und Irans hatte sich die jordanische Monarchie konstitutionalisiert, der mit dem Alter immer klüger gewordene König hatte sich auf die Position der Monarchen in Westeuropa zurückgezogen – und es funktionierte. Die indisch-jordanischen Beziehungen waren eng und herzlich.

Ebenso hatte das ägyptische Experiment mit Dezentralisierung und Demokratisierung seine wirksamste Unterstützung aus Indien bezogen: Indien war kein Rivale um die Vormacht in der arabischen oder muslimischen Welt, keine Kolonialmacht, kein aufdringlicher großer Verbündeter. Es war ein Vorbild, von dem man daher ohne Gesichtsverluste lernen konnte. In den Schlüsselländern am Persischen Golf, im Mittleren Osten und am Suez-Kanal war Indien innerhalb von zwanzig Jahren zum beliebtesten Partner geworden. Für die indische Stellung in der Welt waren diese Freunde von unschätzbarem Wert, und das machte Indien wiederum in amerikanischen Augen zum unverzichtbaren Partner, hatte sich doch das amerikanische Ansehen unter den Moslems, namentlich den arabischen, selbst eine ganze Generation nach dem Irak-Krieg immer noch nicht wieder erholt.

Außerdem war Delhi mittlerweile ein verlässlicher Helfer

für die USA bei der Unterstützung positiver Entwicklungen in Afrika, wo indische Soldaten auch in den wenigen noch verbliebenen Fällen humanitärer Intervention eine herausgehobene Rolle spielten. Weil überdies die indischen Streitkräfte mittlerweile zu den am besten ausgebildeten und ausgerüsteten militärischen Verbänden der Welt zählten, war ihr Einsatz hocheffizient.

Da viele Afrikaner den Indern gegenüber weitaus weniger Vorbehalte hegten als gegenüber den Uniformierten der früheren Kolonialmächte, wirkte dieses indische Engagement ausgesprochen konstruktiv. Auch die bedeutende Rolle, die Mahatma Gandhi in der Emanzipationsbewegung in Südafrika zu Beginn des 20. Jahrhunderts gespielt hatte, war nach wie vor unvergessen. Die alten Rivalitäten um die Führung in der blockfreien Welt, die Südafrika und Indien vor dreißig Jahren ausgetragen hatten, waren seit langem begraben. Zum einen, weil Indien inzwischen einfach in einer anderen Liga spielte und die durchaus auch erfolgreichen Südafrikaner das anerkannten – zumal indische Investitionen und der indische Markt für das wirtschaftsstärkste Land in Afrika von größtem Interessen waren. Zum anderen, weil Indien den Südafrikanern die Bewegung der Blockfreien willig überlassen hatte. Seit dem Gewinn des Sicherheitsratssitzes hatte man ganz andere Möglichkeiten, weltpolitischen Einfluss auszuüben.

Die USA wussten die indische Zuverlässigkeit zu schätzen und hatten schrittweise ihre herablassende Haltung zur südasiatischen Vormacht korrigiert. Tatsächlich begrüßten die USA die nunmehr unbestrittene führende Stellung der Inder im Subkontinent, von der eine wohltuende Stabilität ausstrahlte. Washington hatte das Seinige getan, um die indischen Versöhnungsanstrengungen gegenüber Pakistan hilfreich zu flankieren. Die schrittweise Entradikalisierung der pakistanischen Politik kam den Interessen Washingtons sehr entgegen. Auch war aus amerikanischer Sicht ausgesprochen willkommen, dass das Risiko einer nuklearen Konfrontation in Südasien nunmehr nahezu am Nullpunkt angekommen war. Angesichts der ständig wachsenden wirtschaftlichen Verflechtung und der engen politischen Abstimmung zwischen

Delhi und Islamabad war der Alptraum eines südasiatischen nuklearen Holocaust, der noch zu Beginn des 21. Jahrhunderts die Politiker in Washington heimgesucht hatte, zur amerikanischen Erleichterung nun Vergangenheit.

Die Industriemacht

Indien war ein Wirtschaftsgigant, und ein Ende seines Aufstiegs war noch gar nicht abzusehen. Seit nunmehr vierzig Jahren wuchs die indische Volkswirtschaft mit mehr als fünf Prozent pro Jahr. Noch immer waren die Produktivitätsreserven des Landes bei weitem nicht aufgebraucht. Aber schon die bisherigen Zuwächse hatten natürlich ausgereicht, um die ganze Welt am indischen Markt, aber auch an indischen Produkten zu interessieren.

Mit der drittgrößten Volkswirtschaft der Welt und als zweitgrößter Exporteur nach der Volksrepublik China nahm die Indische Union mittlerweile in sämtlichen bedeutenden weltwirtschaftlichen Institutionen, in der Welthandelsorganisation, dem Internationalen Währungsfonds und der Weltbank eine führende Rolle ein. Die Konferenz der Vereinten Nationen zu Handel und Entwicklung UNCTAD, das frühere indische Steckenpferd und Leitbild der »Neuen Weltwirtschaftsordnung«, von der die Blockfreien in den siebziger Jahren des vergangenen Jahrhunderts geträumt hatten, interessierte Delhi mittlerweile überhaupt nicht mehr. Die Musik spielte heute woanders.

Nicht zuletzt dem indischen Einsatz war es zu danken, dass gegen den zählebigen Widerstand von EU, USA und Japan mittlerweile auch der Weltagrarmarkt im Wesentlichen liberalisiert war. Damit gelangten zunehmend auch indische Landwirtschaftsprodukte auf den europäischen Markt. Die Reform der Landwirtschaft war eine der großen Leistungen der letzten Generation. Das noch auf die Kolonialzeit zurückgehende Pachtsystem, das die ärmsten Bauern drastisch benachteiligte, war radikal verändert worden. Auch Kleinbauern saßen jetzt auf eigenem Land und hatten Zugang zu

Krediten. Die Lebensverhältnisse der armen Landbevölkerung hatten sich damit dramatisch verbessert. Da zugleich die Steuerverhältnisse für die reicheren Bauern neu geordnet worden waren und das den Pächtern überschriebene Land steuerlich absetzbar war, war diese eigentlich geschädigte Klasse nicht gänzlich unzufrieden. Ihr Cash Flow hatte sich in den Jahren der faktischen Enteignung erfreulich entwickelt, und das hatte den Widerstand gegen die Reform in Grenzen gehalten.

Die früher ineffiziente Landwirtschaft war zugleich weitgehend liberalisiert worden. Der Staat zahlte jetzt Zuschüsse für die Krankenversicherung und für die Altersversorgung der einkommensschwächeren Landwirte und der Landarbeiter. Das blieb jedoch die einzige nennenswerte Subvention. Insofern war Indien gegenüber der Europäischen Union und den Vereinigten Staaten in einer glänzenden Position. Und das hatte letztendlich den Erfolg gebracht, mit dem Indien bei seiner alten blockfreien Klientel hatte punkten können.

Denn für die afrikanischen, arabischen und lateinamerikanischen Länder war der Marktzugang für ihre landwirtschaftlichen Produkte und das Ende der subventionierten Exporte aus Amerika und Europa mehr wert als Milliarden Dollar Entwicklungshilfe – und gewiss viel wertvoller als die symbolträchtige blockfreie Rhetorik, mit der Indien in früheren Jahrzehnten versucht hatte zu glänzen. Neu-Delhi hatte also zwei Fliegen mit einer Klappe geschlagen: Es hatte der eigenen Landwirtschaft genutzt, in der immer noch ein Fünftel der indischen Arbeitskräfte beschäftigt war, und sich als Führer der Entwicklungsländer profiliert, was für eine Atommacht mit dem permanenten Sitz im Sicherheitsrat gar nicht mehr so einfach war.

In der indischen Volks- und Exportwirtschaft dominierte der Dienstleistungssektor. Die indische Softwarebranche hatte mittlerweile unbestritten die Führungsposition in der Welt inne. Der große Coup war 2030 gelandet worden, als das indische Unternehmen Indosoftware, das aus dem Merger früher selbstständiger Unternehmen hervorgegangen war, in die Hardware-Branche eingestiegen war. Die auf Nanotechnologie beruhende Computertechnik und das mitgelieferte Betriebssystem hatten aus Platz- und Kostengründen in kurzer Zeit den Weltmarkt erobert. Microsoft, das die Umstellung auf die neue, revolutionäre Technologie zu lange hinausgezögert hatte, war aus dem Rennen. Anderen gelang es ebenfalls nicht, den Rückstand aufzuholen, da Indosoftware und der wichtigste indische Konkurrent, Nanosoft, die Entwicklungen mit einer unglaublichen Geschwindigkeit, Präzision und Verlässlichkeit vorantrieben. Allein der Lizenzverkauf brachte den beiden Unternehmen doppelstellige Milliardengewinne ein.

Die unbestrittene Spitzenstellung hielt Indien seit Langem in der Informationstechnologie. In der Biotechnologie – längst auch eine etablierte Technik – konnte es mithalten. Indische Biopharmaka hielten einen zweistelligen Weltmarktanteil. Alle größeren Pharmazieunternehmen hatten Niederlassungen oder Joint Ventures in Indien. Wesentlich war die enge Verzahnung der universitären Forschung in Biotechnologie und Pharmakologie mit der großindustriellen Nutzung.

In der Nanotechnologie hatte man in den letzten Jahren enorme Fortschritte gemacht und China deutlich überholt. Von den großen indischen IT-Firmen erwartete man in Bälde den Durchbruch auf dem Gebiet der Biocomputer, und es gab bereits Gerüchte, dass die Experimente in der Kombination von Bio- und Nanotechnologie bereits so weit fortgeschritten war, dass zumindest Nanosoft an Vermarktungsstrategien bastelte. An der Börse schlugen sich diese Gerüchte in hohen Kursgewinnen für die gesamte indische IT-, Nano- und Biobranche nieder.

Eine andere imposante Erfolgsstory war das indische Raumfahrtprogramm. Natürlich hatte es, wie in anderen großen Ländern, eine militärische Komponente. Indien brauchte die Satellitenaufklärung für seine militärische Sicherheit, und die indische Raketentechnik wurde für die zivile Eroberung des Weltraums seit Jahrzehnten ebenso erfolgreich genutzt wie für die nuklear bestückte Interkontinentalraketenflotte und die Raketen auf den fünf indischen strategischen U-Booten. Zwar war im Jahre 2025 ein Inder auf den Mond geflogen.

Seither war man jedoch von der teuren und uneffizienten bemannten Raumfahrt abgekommen. Als vorteilhaft hatte sich die strategische Allianz mit der Europäischen Weltraumagentur ESA erwiesen. Der technische Austausch hatte beiden Seiten Vorteile gebracht. Indische Satelliten wurden von der mittlerweile zwölften Ariane-Generation in den Weltraum getragen. Für die weitreichenden Weltraummissionen der Europäer waren die massiv gebauten indischen Raketen als Träger kostengünstig, ersparten sie doch Sonderbauten jenseits der Ariane-Serienproduktion.

Diese bemerkenswerten Spitzenleistungen der indischen Volkswirtschaft ruhten auf einem soliden Fundament. Die Inder verfügten mittlerweile über einen weltweit wettbewerbsfähigen Maschinenbau, dessen Schwerpunkte in den früher unterentwickelten Regionen wie Uttar Pradesh und Bihar lagen. Sie hatten ihren schon vor vielen Jahren eroberten, guten Platz im Wettbewerb der globalen Chemieindustrie gehalten. Sie waren in der Stahlproduktion präsent, aber auch in neuen, keramischen Materialien. Man hatte allerdings bewusst darauf verzichtet, in den Markt für großräumige Passagierflugzeuge, in die Eisenbahnproduktion sowie in den zivilen Schiffsbau in großem Maßstab einzusteigen; hier war es günstiger, fremde Spitzenprodukte einzukaufen. Dagegen produzierte man mittlerweile Kampfflugzeuge in Lizenz und baute große Kriegsschiffe auf eigenen Werften. Man war auch in der Lage, die indische Flotte vollständig autonom zu warten – eine wesentliche Grundlage der indischen Seemacht.

Der Schlüssel zu diesem unglaublichen Erfolg des Landes lag letztlich im Bildungssystem. Bei aller Kritik an der das Wachstum oft hemmenden bürokratischen Planwirtschaft der ersten Jahrzehnte: Die Bildungsplanung war vorbildlich gewesen, und sie hatte langfristig reiche Früchte getragen, die Indien seit mehreren Jahrzehnten ernten konnte. Die unbestreitbaren Vorzüge des indischen Wissens- und Wissenschaftssystems hatten sich inzwischen weltweit herumgesprochen: Indische Universitäten zogen seit einem Jahrzehnt Studenten aus aller Welt an. Sogar eine fünfstellige Zahl junger

Amerikaner studierte hier. Das erfüllte den Präsidenten, einen ehemaligen Hochschullehrer, mit besonderem Stolz.

Schon im letzten Jahrzehnt des vergangenen Jahrhunderts hatte Indien auf die Wissensgesellschaft gesetzt und damit den Aufstieg seiner Software-Branche begründet. Mittlerweile stand das indische Universitätssystem auf einem flächendeckenden System der Grundbildung, das sich auch in die entlegeneren ländlichen Bezirke verästelte. Zwar wäre es übertrieben zu sagen, dass das Analphabetentum vollständig ausgerottet war – welches Land konnte das schon guten Gewissens von sich behaupten – aber eine Alphabetisierungsrate von annähernd neunzig Prozent bestand, und auch auf dem Land wurden achtzig Prozent verlässlich übertroffen. Die früher eklatanten Unterschiede zwischen dem Bildungsstand der Geschlechter waren eingeebnet. Nur vor dem Hintergrund dieser Basis war der Erfolg der indischen Universitäten nachzuvollziehen.

Der Energie-Riese

Indien ist von der Natur nicht mit reichen Bodenschätzen gesegnet. Etwas Kohle, ein wenig Erdöl und Erdgas – das ist alles. Für das Wachstum seiner riesigen Volkswirtschaft hat das Land seit den fünfziger Jahren des 20. Jahrhunderts auf Kernenergie gesetzt. Dabei gab es so manche Rückschläge, nicht zuletzt, weil die erhoffte Zusammenarbeit mit dem Westen fast dreißig Jahre lang unterblieb, denn dort wollte man auf keinen Fall die Entwicklung der indischen Kernwaffen unterstützen. Erst als durch die Tests von 1998 deutlich geworden war, dass die Embargo-Politik gescheitert war und auch eine Anstandsfrist verstrichen war, begann die Boykottfront aufzuweichen, wobei die Bush-Regierung die Vorreiterrolle gespielt hatte.

Mittlerweile war – mit fast zwanzigjähriger Verspätung gegenüber der ursprünglichen Planung und zu deutlich höheren Kosten – der Einstieg in den Thorium-Zyklus geglückt. Anders als bei Uran besaß Indien große Vorräte des Schwermetalls Thorium, aus dem sich mit Hilfe von Plutonium das reaktorfähige Uranisotop 233 erbrüten ließ. Sowohl Thoriumbrüter als auch Hochtemperaturreaktoren, die mit U-233 betrieben wurden, lieferten mittlerweile Strom ans Netz. Insgesamt trug die Kernenergie zu dreißig Prozent zur indischen Stromerzeugung und zu zwölf Prozent zum gesamten Energieaufkommen bei. Trend: zunehmend.

Anders als anfangs geplant, war Indien auch in großem Maßstab in die Nutzung erneuerbarer Energien eingestiegen, wobei die enge Zusammenarbeit mit Deutschland bemerkenswert war. Das indische Hochland war ebenso wie die indischen Küsten mit Windgeneratoren nahezu übersät. Die Wüste von Rajastan beherbergte drei gewaltige Sonnenkraftwerke, und die Solarenergie wurde mittlerweile im ganzen Land auch dezentral genutzt. Dazu produzierten indische Bauern riesige Mengen an Biomasse für die Energieproduktion, sowohl für Kraftwerke als auch als Kraftstoffzusatz. Die Wasserkraft der aus dem Himalaya, dem Karakorum und vom indischen Hochland herabstürzenden Flüsse wurde in den effizientesten Wasserkraftwerken der Welt genutzt. Die erneuerbaren Energien machten fünfundzwanzig Prozent der Stromerzeugung und zwanzig Prozent der gesamten indischen Energieproduktion aus, weil sie auch im Transportsektor und in den Haushalten, vor allem auf dem Land, eine zunehmende Rolle spielten.

Der Rest der Stromerzeugung resultierte aus Kohle und Erdgas. Indien importierte Kohle aus Australien und Südafrika, um die eigenen Vorräte zu ergänzen. Erdgas kam aus Bangladesh, aus Iran, aus Indonesien, aus Turkmenistan und aus Kasachstan. Eine kluge Energiepolitik hatte das Erdöl auf die Nutzung im Transportsektor und in der Petrochemie zurückgedrängt, und im Transportsektor förderte die Regierung systematisch den Einsatz von Benzinzusätzen aus Biomasse und von hybriden Brennstoffzellen/Benzin-Kraftwagen. Auf diese Weise war es gelungen, die Abhängigkeit der Volkswirtschaft vom Persischen Golf in Grenzen zu halten: Man hatte aus den gravierenden Fehlern westlicher Energiepolitik die notwendigen Schlüsse gezogen.

Die indische Gesellschaft

Der Autor des »Dschungelbuches«, Rudyard Kipling, hätte sein Indien nicht mehr wieder erkannt. Zwar gab es in den sorgfältig gepflegten Reservaten noch Tiger und Elefanten, aber das Land war keine Wildnis mehr. Eine gewissenhafte und effiziente Administration überzog Indien wie ein Ruhe stiftendes Netzwerk. Die bürokratischen Exzesse der Gründerjahre waren in den Reformen der neunziger Jahre und des ersten Jahrzehnts im neuen Jahrtausend ausgemerzt worden. Die Verwaltung war schlank, die Beamten wurden gut und nach Leistungskriterien bezahlt und waren entsprechend motiviert

Auch die indische Stadt hatte sich beträchtlich gewandelt. Slums waren nur noch gelegentlich anzutreffen, aber überwiegend durch zwei andere Siedlungsformen verdrängt: das kleine Mehrfamilienhaus des wohlhabend gewordenen Mittelstands in den Grüngürteln und die mit S-Bahnen und Linienbussen mit den Zentren verbundenen Trabantenstädte mit ihren mittlerweile soliden Mietskasernen, häufig im sozialen Wohnungsbau erbaut und betrieben, in denen die indische Unterschicht zu Hause war. Die Arbeitslosigkeit war mit acht Prozent nicht gerade niedrig, aber auch nicht so hoch, um das urbane Elend mit der früher gewohnten Sichtbarkeit wuchern zu lassen.

Die eigentliche Revolution hatte sich jedoch auf dem Lande zugetragen. Sie hatte im ersten Jahrzehnt des neuen Jahrhunderts begonnen, als die ersten Computer und Internetanschlüsse auf den indischen Dörfen Einzug gehalten hatten. Indische Bauern hatten begonnen, über das Netz zu kaufen und zu verkaufen. Ihre Gewinnspannen hatten sich drastisch erweitert, ihr Wohlstand war gestiegen und das Beispiel hatte zur Nachahmung angereizt. Auf einmal wollten auch die Analphabeten auf dem Land unbedingt lesen lernen. Die Zahl der Personalcomputer in den ländlichen Regionen verdoppelte sich alle zwei Jahre.

Damit hatte ein rasantes Wachstum der indischen Landwirtschaft begonnen, die – lange Zeit der »kranke Mann« im Land – plötzlich zu einer dynamischen Triebkraft der wirtschaftlichen Entwicklung wurde. Der Armutssektor schrumpfte. Der ländliche Mittelstand wuchs. Mit Computerkenntnissen fanden auch mehr junge Menschen aus Bauernfamilien in den Städten Arbeit.

Eine soziale Revolution fand ebenfalls statt. Die ländliche Gesellschaftsstruktur war noch viel mehr als die städtische vom klassischen Kastenwesen geprägt gewesen, das sich jetzt unter dem Wohlstandswachstum erstaunlich schnell auflöste. Die »Dorfkönige« aus den oberen Kasten wollten das zwar vielerorts nicht dulden. Die Übergriffe gegen aufstrebende Kleinbauern wuchsen. Doch die selbstbewusst gewordenen ländlichen Armen strömten in Massen an die Wahlurnen, und zwei Landesregierungen, die diesen Übergriffen tatenlos zugesehen hatten, wurden abgewählt. Damit änderte sich das politische Klima. Gewalttätige Grundbesitzer und Dorfvorsteher wurden bestraft und abgelöst, die Polizei von Kollaborateuren gesäubert.

Und eine Gender-Revolution fand ebenfalls statt. Die Bauern entdeckten, dass die Gewinnspannen steiler anstiegen, wenn sie mehr Zeit vor dem Computer verbrachten, weil sie schneller reagieren konnten. Die weiblichen Familienmitglieder wurden deshalb zunehmend als elektronische Verkaufskräfte eingesetzt. Hinzu kam, dass der »Marktwert« von Frauen durch die frühere Missachtung gestiegen war: Es gab zu wenig weibliche und zu viel männliche Inder. Die zentrale wirtschaftliche Rolle der Frau auf dem Lande und die hohe Nachfrage trugen ganz allmählich dazu bei, die früher so schmerzliche Zurücksetzung des weiblichen Geschlechts aufzuheben. Der Prozess war noch nicht an seinem Ende, aber er war auf gutem Wege.

Flottenbesuch in Wilhelmshaven

Das große Schiff lief auf langsamster Geschwindigkeit. Die gewaltigen Turbinen waren gedrosselt; eine war bereits auf Rückwärtsdrehung gestellt. Der riesige Flugzeugträger, das Flaggschiff der indischen Marine, beschrieb einen Halbkreis. Es würde vor Willhelmshaven vor Anker gehen. Die dortigen

Hafenanlagen konnten den Giganten nicht beherbergen. Das machte nichts. Man lag hier sicher.

Admiral Sengupta nahm die Mütze ab und strich sich durch sein dichtes weißes Haar, das zu dem dunklen Teint einen eindrucksvollen Gegensatz bildete. Der Mann aus Chennai, das zwei Generationen zuvor noch Madras geheißen hatte, genoss seine letzte Fahrt auf dem Flaggschiff. Eigentlich hatte er die Pensionsgrenze schon überschritten, aber sein Minister und der Premier hatten ihm dieses abschließende Vergnügen wegen seiner Verdienste noch gestattet.

Sein Blick von der Brücke erfasste einige der Begleitschiffe. Das Unterseeboot, mit dem neuesten Antrieb aus der unvergleichlichen deutschen Brennstoffzellen/Diesel-Hybridtechnik, war aufgetaucht und glitt elegant neben einer Fregatte vor dem Bug des Flugzeugträgers dahin. In respektvollem Abstand an Steuerbord war der Raketenkreuzer zu sehen, die zentrale Kampfplattform für die Luft- und Raketenabwehr der Gruppe. Noch vor der Fregatte bewegten sich zwei kleinere Schiffe: Minenräumer. Im Kielwasser des Trägers folgte das Versorgungs- und Arsenalschiff, das auch den großen Vorrat an zielgenauen Marschflugkörpern enthielt, über die die indische Marine nun schon seit zwanzig Jahren verfügte. Die beiden Zerstörer befanden sich ebenfalls im Rücken des Admirals, hinter dem großen Radaraufbau. Eine imposante Gruppe und gut eingespielt. Auf der langen Reise hatte man viel geübt. Er war zufrieden.

Er übergab das Kommando auf der Brücke seinem Stellvertreter. Für den Landgang hatte er sich bereits fein gemacht. Gemessenen Schrittes nahm er die bequeme Treppe von der Brücke auf das Deck. Seine Eskorte stand aufmerksam an dem elektronisch gesteuerten Kran, mit dem das große Beiboot abgelassen werden würde. Dabei war auch die Gruppe höherer Offiziere, die ihn begleiten würden. Man würde hier oben an Bord der Barkasse gehen und sanft aufs Wasser abgelassen. Die Technik stellte sicher, dass das Gefährt bei dem Vorgang nicht ungebührlich schaukeln würde. Admiral Sengupta hatte Härteres erlebt. Er schmunzelte.

Indiens Aufstieg zur Seemacht hatte in seiner Jugend begonnen. Damals hatte man zunächst einen ausgemusterten englischen und später einen gebrauchten russischen Träger besessen. Seit 2007 hatte man über zwei dieser Ungetüme verfügt. 2020 war die Hülle des ersten in Indien gebauten Trägers fertig geworden. Die Deutschen waren so freundlich gewesen, den konventionellen Antrieb zu liefern. Den Kernreaktor für den nächsten indischen Träger hatte die indische Atomenergiekommission beigesteuert. Beim dritten Eigengewächs hatte man wieder auf deutsche Antriebstechnik gesetzt. Der vierte, technisch verbesserte atomgetriebene Träger würde in Kürze vom Stapel laufen. Damit war Indien in der Lage, ständig zwei Flugzeugträger auf dem Wasser zu haben, während die beiden anderen im Trockendock lagen. In Krisenzeiten könnte der dritte in Rekordzeit fertig gestellt werden und auslaufen. Damit war Indien eine bedeutende Seemacht. Der Admiral lächelte wieder. Man hatte nichts übereilt, aber man war Schritt für Schritt zu dem Punkt gekommen, an dem Indien auch auf See etwas zählte.

In seinem Land und weit darüber hinaus galt er als Held. Das ging auf die große Krise im Südchinesischen Meer vor elf Jahren zurück. Die chinesische und die amerikanische Marine waren in Gefechtsstellungen gegangen, nachdem sich die politischen Beziehungen vorübergehend dramatisch verschlechtert hatten. Admiral Sengupta war mit seinem Flottenverband zwischen die Streithähne gestoßen und hatte dort manövriert, bis die Krise beigelegt war. Da die indischen Seestreitkräfte seit Jahrzehnten mit den USA und mit China übten, war das Manöver trotz angespanntester Nerven reibungslos verlaufen. Viele schrieben es dem Admiral zu, dass die Welt damals nicht explodiert war. Sogar für den Friedensnobelpreis war er im Gespräch gewesen.

Der Admiral freute sich auf den Abend mit den deutschen Kameraden, die er zu schätzen wusste. Er war gespannt auf den morgigen Besuch der Howaldt-Werft, die seit Jahrzehnten zu den wichtigsten Lieferanten seiner Waffengattung zählte. Gemächlich stieg er in das Beiboot ein. Seine Offiziere folgten ihm. Der Admiral straffte sich. Die Weltmacht Indien ging an Land.

Triumph, Aufbruch, Stagnation:
Das Erbe der Kolonialzeit

In diesem Kapitel geht es mir darum, von einem entscheidenden historischen Wendepunkt aus, nämlich der Gründung
der unabhängigen Indischen Union, die Züge der politischen
Kultur des Landes zu erfassen, die die weitere Entwicklung
bis in unsere Zeit weitgehend geprägt haben. Diese politische Kultur hat sich aus einer traumatischen Erfahrung entwickelt, die den Ländern des Westens fremd ist: das Opfer
von Kolonialismus zu sein. Das Kapitel dient dem Aufspüren
der innenpolitischen Ideologien und der Weltsichten, die das
politische Handeln seither geprägt und die Entwicklung der
indischen Politik geformt haben. Zugleich sind sie natürlich
durch die Erfahrung von mehr als einem halben Jahrhundert
neuer indischer Geschichte berührt und verändert worden.

Das Trauma

Indien, ein stolzes Land mit einer viertausendjährigen Geschichte und Kultur, ist zwei Jahrhunderte lang von einem
viel kleineren, bevölkerungsärmeren und weniger traditions-
reichen europäischen Land, Großbritannien, kolonisiert und
kujoniert worden. Die indische Bevölkerung, einschließlich
ihrer bis zur Arroganz selbstbewussten brahmanischen Elite,
erfuhr in diesen beiden Jahrhunderten die Demütigungen
rassistischer Überheblichkeit der imperialen Herrscher. Die
Wunden dieser Zeit reichen tief, viel tiefer, als es selbst den
Indern heute bewusst ist. Viele der Fehler, die Indien im Verhalten zu seinen Nachbarn begangen hat und die der Hindu-Nationalismus in den letzten Jahrzehnten gegenüber den
nicht-hinduistischen Minderheiten im Lande begeht, sind der
unvollkommenen Verarbeitung der Kolonialzeit geschuldet
und fußen auf einer unbewussten Nachahmung der imperialen Macht.

Das Trauma wurde durch eine gravierende Erfahrung der jungen Indischen Union noch verstärkt: Man erkannte das Gewicht, die Bedeutung und die eminente Leistung einer erfolgreichen gewaltfreien Revolution gegen die widerstrebende Kolonialmacht nicht an. Die Großmächte schoben Indien beiseite, straften seinen »dritten Weg« der Blockfreiheit mit Missachtung (bis die Sowjetunion die strategischen Vorteile einer Quasi-Allianz bemerkte und die indische Frustration über die Vernachlässigung durch die USA zu eigenen Gunsten zu nutzen versuchte). Dass hier die bevölkerungsreichste Demokratie der Welt entstanden war, ging an den Wortführern des westlichen Liberalismus so gut wie spurlos vorbei.

Das Erbe der Kolonialzeit

Auf eine simple Formel gebracht, leidet die politische Elite Indiens, die sich immer noch überwiegend aus Angehörigen der Brahmanen-Kaste zusammensetzt, gleichzeitig unter einem Überlegenheits- und einem Minderwertigkeitskomplex. Beide sind Erblast der Kolonialzeit. Die Brahmanenpriester der indischen Antike waren die Hüter der Rituale, die Vermittler zwischen Menschen und Göttern und daher die oberste Gesellschaftsschicht. Die Einzigartigkeit und der Vorrang der Hindu-Kultur wird in ihren Kreisen von Generation zu Generation weitergegeben, auch wenn die wenigsten von ihnen noch als Priester tätig sind. Gegenüber den Kolonialherren war das Festhalten an der Überlegenheit der Hindukultur über die rohe, materielle Macht der Briten die einzige Chance der Selbstbehauptung brahmanischer und im weitesten Sinne indischer Identität. Zugleich versetzte die Hilflosigkeit, mit der man dieser Macht unterworfen war, dem brahmanischen Selbstbewusstsein einen schweren Schlag. Von hier stammt das indische Minderwertigkeitsgefühl. Die Kombination beider Pathologien hat lange Zeit einen nachteiligen Einfluss auf ihre Fähigkeit genommen, mit den Herausforderungen des Tages umzugehen und insbesondere bereitwillig die Rolle eines »gütigen«, für den Nachbarn akzeptablen regionalen Hegemons zu spielen. Dabei ist zu beobachten, dass diese Fehlentwicklung in den neunziger Jahren dann rückläufig wurde, als sich endlich wirtschaftlicher Erfolg für den südasiatischen Riesen einstellte. Dass Indien trotz dieser Traumata im Wettbewerb um den Weltmachtstatus relativ gut im Rennen liegt, ist nur ein weiterer Hinweis auf die außerordentlichen Potentiale des Landes und auf die Qualität der Menschen, die es leiten.

Indien trat in die frühe Neuzeit ein als ein in viele Einzelherrschaften gespaltenes Land – eigentlich dem späten Heiligen Römischen Reich in Mitteleuropa ganz ähnlich, nur mit viel mehr Menschen auf wesentlich größerem Territorium und über lange Strecken sogar ohne ideellen Anspruch auf eine imperialen Reichsführung. Die Herrschaft der muslimischen Mogule hatte zwar den größten Teil Indiens berührt, ohne jedoch den Subkontinent als Ganzes einer einheitlichen Herrschaft unterzuordnen. Dieses Muster zog sich bereits durch das gesamte indische Mittelalter: Entweder war das Land in viele rivalisierende Einzelteile gespalten, oder aber einer hegemonialen Territorialherrschaft gelang es, Macht über den größeren Teil des Territoriums, das heute Indien heißt, auszuüben – weder territorial noch politisch war diese Herrschaft jedoch jemals total. Das schaffte erst die Kolonialmacht Großbritannien.

Die Briten haben sich an diesem gewaltigen Land vielfach versündigt, weniger aus böser Absicht, sondern aus Ignoranz, rassistischer Arroganz und natürlich aus der Gier nach wirtschaftlichen Gewinnen. Sie finanzierten die Eroberung Indiens aus den Mitteln der indischen Steuerzahler.[5] Sie stoppten den Aufstieg der indischen Textilindustrie im Interesse der britischen Konkurrenten und machten Indien stattdessen zum Zulieferer von Rohstoffen. Grob gerechnet verzögerte dieses Jahrhundertverbrechen den Aufstieg Indiens zum Industriestaat um einhundert Jahre.

Die negativen Folgen der britischen Kolonialherrschaft entsprangen nur teilweise dem Willen zur wirtschaftlichen Ausbeutung. Die Kolonialmacht war durchaus von einem Verantwortungsgefühl für ihre »Subjekte« durchdrungen, das sich aus dem zivilisatorischen Überlegenheitskomplex der Briten ergab. Diese Arroganz wurde zusätzlich gespeist durch einen kaum verhohlenen sozialdarwinistischen Rassismus, die vorherrschende westliche Ideologie der zweiten Hälfte des neunzehnten Jahrhunderts. Großbritannien wollte Indien durchaus »gut regieren« und führte zu diesem Zweck eine Reihe von Regelungen ein, von denen manche (wie das Zivilrecht) durchaus ihre bleibenden Meriten hatten. Insgesamt lastete jedoch das Erbe des Maßnahmenbündels, mit dem sich die Kolonialverwaltung das Regieren in diesem riesigen und komplexen Land erleichtern wollte, nach der Unabhängigkeit schwer auf der jungen Indischen Union.

Die konsequent aus der Interessenlage des Mutterlandes konzipierte Steuer- und Pachtgesetzgebung verschärfte im Verlauf von zwei Jahrhunderten Kolonialherrschaft den ohnedies erheblichen Klassenunterschied zwischen Großgrundbesitzern, landlosen Arbeitern und Kleinbauern, unter dem Indiens ländlicher Sektor bis heute leidet. Die Unterscheidung zwischen »kriegerischen« und »unkriegerischen« Rassen – an sich schon ein Unding – hat das Kastendenken in Indien weiter befestigt und zu einer Streitkräftestruktur geführt, die den Anforderungen moderner Sicherheitspolitik nicht mehr entspricht, gegen die die indische Armee aber lange Zeit erfolglos ankämpfte.

Die Kolonialmacht hat das Kastenwesen durch die mit Zehnjahresabstand durchgeführten Volkszählungen sogar noch befestigt, da sie die Inder erstmals dazu nötigten, ihren sozialen Ort auch formell festzulegen. Anschließend zementierte die Kolonialverwaltung den Status quo weiter durch Gesetzgebung; das erleichterte ihre Verwaltungstätigkeit. Die Kolonialherren sahen diese strikten Hierarchien überdies als ordnungsfreundlich an, sie begünstigten die Herrschaft der Wenigen über die Vielen. Sie legten damit die Grundlagen für eine nachhaltige Konfliktstruktur in der indischen Gesellschaft, deren gewalthaltiges Potential immer wieder zum Schaden des inneren Friedens ausbricht.

Die Volkszählungen brachten die unterschiedlichen Religionszugehörigkeiten erstmals als politisch relevantes Faktum zur Geltung. Die Briten förderten auch die »Purifizierung« der Volkssprachen Hindi und Urdu und stellten damit die Weichen für die immer stärkere Identifizierung und politische Mobilisierung um die Identitäten »Hindu« und »Moslem«. Die spätere Einrichtung einer speziellen Wahlquote für Muslime legte den Grundstein für die fatale Teilung des Landes bei der Unabhängigkeit, weil sie automatisch die religiös-kommunalistische Identifizierung entlang religiösen Grenzlinien verstärkte. Die Idee der »zwei Nationen«, durch die jeweilige Religion und Sprache getrennt, griff so nicht nur unter der moslemischen Minderheit, sondern auch unter den Hindu-Nationalisten um sich. Der hastige und vorschnelle britische Rückzug 1947 verschärfte die Folgen dieses politischen Fehlers und kostete Millionen in den anschließenden Massakern zwischen Moslems und Hindus das Leben.[6]

Die äußerst blutigen Kämpfe zwischen Hindus und Moslems, die in den Großstädten Mumbai und Kalkutta ihre traurigen Höhepunkte erreichten, wurden in erster Linie durch die Zögerlichkeit der scheidenden Kolonialmacht verursacht, die einem klaren Schnitt allzu lange auswich.[7]

Der größte Teil Indiens stand zur Zeit der Unabhängigkeit unter direkter britischer Herrschaft. Es gab aber 562 nominell unabhängige Fürstentümer, die sich außenpolitisch von Großbritannien vertreten ließen. Ihnen stand die Wahl frei, einem der beiden Spaltprodukte des Kolonialreichs beizutreten oder gar unabhängig zu bleiben. Zwei mehrheitlich von Hindus bewohnte, aber von moslemischen Herrschern regierte Fürstentümer machten den Indern Schwierigkeiten: Junagadh wollte sich Pakistan anschließen. Dieser Staat lag an der Küste und grenzte an die pakistanische Provinz Sindh und auf der indischen Seite an Mumbai. Für Indien wäre der Ausbruch dieser strategisch wichtigen Region ein dauerhaftes Problem in seiner Position gegenüber Pakistan geworden. Für Junagadh verlangte die indische Kongressregierung daher ein Plebiszit (man notiere den Unterschied zur Kashmir-Politik!). Dann rebellierten dort die Hindus, und die indische Armee intervenierte im Dezember 1947. Nach der erfolgreichen Besetzung organisierte Delhi eine Volksabstimmung, die mit deutlicher Mehrheit für den Anschluss an Indien ausfiel.

Im Fürstentum Hyderabad, im östlichen Teil Mittelindiens gelegen, kämpfte die Moslemorganisation Majlis (MIM) mit anti-hinduistischem Terror für die Unabhängigkeit. Die indische Armee brauchte dennoch nur fünf Tage, um den Fürsten 1948 gewaltsam zum Anschluss zu zwingen. Hyderabad wurde in den fünfziger Jahren aufgespalten, die Teile wurden Andra Pradesh, Mysore und Maharastra zugeschlagen.[8] Damit blieb nur Kashmir als Problemfall. Der Streit um dieses landschaftliche Juwel des Subkontinents führte zu den heftigsten militärischen Auseinandersetzungen während des Teilungsprozesses und direkt in den ersten Krieg zwischen den beiden jungen Staaten auf dem Subkontinent, Indien und Pakistan. Der Konflikt zieht seine blutige Spur bis heute, prägt die politischen Auseinandersetzungen der Region, ist der Fokus dortiger terroristischer Aktivitäten und birgt gegenwärtig weltweit das höchste Risiko für den Ausbruch eines Atomkriegs.

Die positiven Seiten des kolonialen Erbteils

Großbritannien trägt daher die Verantwortung für eine Menge der Probleme, die den Subkontinent bis heute plagen. Aber der Kolonialmacht kommt auch ein unbestreitbares Verdienst zu: Sie hat Indien geeinigt und damit die Möglichkeit geschaffen, einen modernen Nationalstaat zu errichten. Auch die größten Reiche der indischen Geschichte, Ashoka im vierten Jahrhundert vor Christus, die Guptas im dritten bis fünften Jahrhundert danach, die Sultanate des Mittelalters, die Mogule des 16. und 17. Jahrhunderts haben nie den gesamten Subkontinent unter eine einheitliche Herrschaft gebracht. Das schafften erst die Briten, die das Territorium entweder direkt beherrschten oder durch protektoratsähnliche Verträge indirekte Macht ausübten. Aus dieser Position heraus hat die Kolonialmacht den nachwachsenden indischen Eliten die Chance zu einer modernen höheren Erziehung geboten, wenn auch die britische Arroganz verhinderte, den so Ausgebildeten in der Kolonialzeit die Chancen zu gleichberechtigten Karrieren zu eröffnen. Den jungen Indern stand zunächst einmal nur der untere Verwaltungsdienst offen. Ein Training in moderner Verwaltung bedeutete diese Tätigkeit indes allemal. Die Colleges, die der indischen Oberschicht-Jugend Bildung vermittelten, lehrten die Klassiker des britischen Liberalismus. Demokratisches Gedankengut floss so in die aufstrebende indische Elite ein.[9]

Der Rückzug des britischen Empire aus Indien dauerte, wenn man von den ersten Zugeständnissen an eine indische Selbstverwaltung ausgeht, fast ein halbes Jahrhundert. Er vollzog sich in viel zu kleinen und zu späten Zugeständnissen. Diese schrittweise Anpassung hatte für die indische Seite – aus dem historischen Rückblick gesehen – trotzdem zwei Vorteile. Erstens erlaubte es der lange Prozess der indischen Unabhängigkeitsbewegung, eine beträchtliche Reife zu erlangen. Zum Zeitpunkt der Unabhängigkeit verfügte sie über bewährte und populäre Führungspersönlichkeiten mit einer immensen Erfahrung in politischer Mobilisierung, Organisationsleitung und in Verhandlungen.

Zum Zweiten hinterließ die Kolonialmacht dem jungen indischen Staat eine erfahrene einheimische Verwaltungsbürokratie, die bereits in der zweiten Generation die Techniken moderner Administration beherrschte. Durch die halbherzigen Reformen war dieser Verwaltungselite zwar immer zu spät Verantwortung zugewachsen. Sie hatte sich aber mehr und mehr in größere Verantwortungsbereiche einarbeiten können, vor allem nach den Reformen von 1917. Damals gestand Großbritannien den Indern die Beteiligung an exekutiver Verantwortlichkeit zu – wenn auch wieder typischerweise in der Junior-Rolle. Gegenüber anderen Entwicklungsländern war das ein nicht zu unterschätzender Vorsprung. Der erste indische Innenminister Patel sorgte dafür, dass diese früher gegenüber der Kolonialmacht loyale und damit erst einmal mit Misstrauen beäugte Beamtenschicht reibungslos in das unabhängige Indien integriert wude und dort dieselbe Loyalität gegenüber dem neuen Dienstherrn entwickelte.[10]

Im selben Sinne bedeutete das britisch-indische Heer für das später unabhängige Land einen großen Vorteil, obwohl die Briten auf diese Weise Inder zur Unterdrückung von Indern einsetzten. Zunächst gab es zwar nur britische Offiziere, die Inder blieben bestenfalls auf Unteroffiziersfunktionen beschränkt. Im Zweiten Weltkrieg jedoch ließ sich dieses »militärische Apartheidsystem« nicht mehr halten, etwa 8000 indische Offiziere erhielten damals ihr Patent. Damit war das Rückgrat jener professionellen, unpolitischen Armee geschaffen, die Großbritannien dem unabhängigen Indien hinterließ.[11] Sie unternahm niemals einen Putschversuch, auch nicht, als die sinnlos provokative Politik gegenüber China Indien 1962 in einen kurzen, katastrophalen Krieg trieb, den natürlich die Soldaten auszubaden hatten.

Noch heute wirken die von der Kolonialmacht ursprünglich geformten zentralen Organe des Staatsapparates als Träger des indischen Staates: die Armee, die Polizei und das Corps des nationalen öffentlichen Dienstes, der Indian Administrative Service. In allen drei Institutionen gibt es eine eindeutige nationale, bundesstaatliche Orientierung. Der Partikularismus der Ethnien, Religionen, Regionen hat hier wenig Gewicht. Und so sehr die Streitkräfte von Anfang an aus dem politischen Alltag herausgehalten wurden, gilt es doch zu würdigen, dass umgekehrt die Fragmentierung nicht in Konflikte innerhalb der Streitkräfte umgeschlagen ist: Die Soldaten verstehen sich als Diener der Indischen Union, nicht als verlängerter Arm regionaler, partikularer politischer Ambitionen.

Großbritannien hat Indien ein säkulares Zivilrecht beschert, das auf dem englischen Common Law basierte. In diesem Recht waren alle Bürgerinnen und Bürger gleichgestellt – eine Revolution in der auf strikten traditionellen Hierarchien basierenden indischen Gesellschaft und die Voraussetzung für die Einführung der Demokratie nach der Unabhängigkeit. Es ist das Verdienst des Dalit Ambedkar, eines Kongresspolitikers, der auch maßgeblich an der indischen Verfassung beteiligt war, und Nehrus selbst, dass nach der Unabhängigkeit dieses Zivilrecht die traditionellen hinduistischen Regelungen ablöste.[12] Damit ermöglichte die Kolonialmacht (ohne strategische Absicht) die indische Demokratie und ebnete damit dem größten Triumph des liberalen Gedankens auf dem Erdball den Weg: der Etablierung einer stabilen parlamentarischen Demokratie in einem von unvergleichlicher ethnischer, religiöser und sozialer Fragmentierung geplagten, bitterarmen Entwicklungsland mit einer Bevölkerung von zunächst vielen hundert Millionen, mittlerweile sogar über einer Milliarde Menschen.

Das unvorstellbare Ausmaß an Armut in der jungen Demokratie hätte die Theoretiker von Demokratie und Demokratisierung noch vor kurzer Zeit zu dem Urteil veranlasst, dass das eigentlich nicht gut gehen kann. Aber es ging. Großbritannien hat dieses Ergebnis nicht gewollt und sich weit über die Zeit hinaus an einen Herrschaftsanspruch geklammert, der den Massen in Südasien das Selbstbestimmungsrecht verweigerte. Und doch hat diese durch nichts gerechtfertigte Repression der Menschen einer großen und reichen Kultur dem größten Triumph der europäischen Aufklärung, der je gefeiert werden durfte, den Weg geebnet. Es war letztlich das Werk der Inder und Inderinnen selbst. Sie haben sich Unabhängigkeit, Freiheit und Demokratie erkämpft und sie gegen alle gewaltigen Herausforderungen von innen und außen über fast sechzig Jahre bewahrt.

Gandhi, die Unabhängigkeitsbewegung und die Ambivalenzen des Gandhiismus

Der Triumph im Kampf um die Unabhängigkeit war umso bewundernswerter, als dieser Kampf weitgehend gewaltfrei geführt worden war. Das verdankte sich der ungeheuren Autorität Mahatma Gandhis innerhalb der Bewegung, dem durchaus die gesamte Mobilisierungsmaschinerie, die andere Befreiungsbewegungen zum Einsatz gebracht haben, für einen gewaltsamen Kampf gegen die Kolonialmacht zur Verfügung gestanden hätte. Freilich verdeckt das Vorherrschen der Gewaltlosigkeit leicht die Tatsache, dass ein militanter

Religionsnationalismus unter der Oberfläche dieser glorreichen Bewegung lauerte. Er wurde in scheußlicher Form sichtbar in den wechselseitigen Massakern an Moslems und Hindus im Augenblick der Teilung des Subkontinents. Und er fand seinen schmerzlichen symbolischen Ausdruck in der Ermordung Gandhis, des Apostels der Gewaltlosigkeit, am 30. Januar 1948 durch den Hindu-Nationalisten Godse aus der Brahmanen-Kaste. Godse war – wie viele Gleichgesinnte aus der hindu-nationalistischen Vereinigung RSS (Rashtriya Swayamsevak Sangh, Nationales Freiwilligen-Corps) – der Meinung, dass sich Gandhis Idealismus verhängnisvoll auf die Selbstbehauptung des jungen Nationalstaates auswirken müsste. Endgültiger Auslöser für die verhängnisvolle Tat war der Erfolg des Hungerstreiks des Mahatma, mit dem er bewirkte, dass Pakistan seinen vollen Anteil aus der reichlichen finanziellen Hinterlassenschaft der britischen Kolonialherrschaft erhielt. Denn Indien hatte in den Jahren des Zweiten Weltkrieges beträchtliche Forderungen gegenüber dem Mutterland aufgehäuft. Es ging also um viel Geld.

Diese ultranationalistische Auffassung hat sich bis heute nicht durchgesetzt, zum Glück für Indien: Auch die von der Ideologie her hindu-nationalistische BJP (Bharatiya Janata Party, Indische Volkspartei), neben dem Kongress die zweite »Volkspartei« Indiens, hat in der Regierungsverantwortung eine weit gemäßigtere Politik gemacht, als ihre Äußerungen und Aktionen aus der Opposition heraus hatten befürchten lassen. Insofern ist der für Indien grundlegende Pluralismus geblieben, der mit der Gründung des Landes in seine Verfassung eingeschrieben wurde und der der monumentalen Fragmentation der indischen Gesellschaft die einzig denkbare Form gibt, die sie ohne ständiges Blutvergießen in größtem Maßstab überleben lässt. Bei allen Fehlern, Schwächen und gelegentlich auch gewaltsamen Exzessen, die die Geschichte des unabhängigen Indiens von Anfang bis heute kennzeichnen, ist dieses Element des Gandhi'schen Erbes doch erhalten geblieben: Indien ist ein Land, in dem vielfältige Formen des Lebens nebeneinander bestehen können; nicht immer gut, und manchmal auch schrecklich, aber meistens eben doch irgendwie. Und das hat mit der robusten indischen Demokratie zu tun.

Indiens Befreiungsnationalismus, eine prägende Ideologie, die eine gewisse Einheit im Denken der ansonsten gleichfalls fragmentierten politischen Elite schuf, beruhte im Lichte der jüngsten Geschichte auf drei nicht immer leicht zu vereinbarenden Grundlagen: der triumphalen Erfahrung des Sieges gegen die Kolonialmacht, der Übernahme und nationalen Aneignung der westlichen Werte der Aufklärung und der Schaffung einer spezifisch indischen Kultur, die auf den jahrtausendealten Traditionen des Landes fußen sollte und doch kein Hindernis für den erfolgreichen Marsch Indiens in die Moderne sein durfte. Es war letztlich diese selbstbewusste Berufung auf die eigene Kultur, die es verschmerzen ließ, dass wesentliche Werte und Institutionen Indiens nach der Unabhängigkeit zweifellos von außen »gelernt« waren.

Diesen Nationalismus gilt es genauer zu beschauen. Hier finden sich neben den Grundlagen der lebenskräftigen indischen Demokratie auch die Wurzeln von manchem, was seither schief gelaufen ist, einschließlich der Exzesse des hindu-nationalistischen Fanatismus. So unwahrscheinlich es zunächst einmal klingt, man entdeckt diese Wurzeln selbst im Denken des großen Mohanda Gandhi, des Mahatma des gewaltlosen Widerstands. Dieser Umstand ist ohne den Blick auf den historischen Ausgangspunkt nicht zu verstehen, den Aufbau einer Gegenposition gegen den politischen Diskurs der Kolonialmacht.

Gandhi entwickelte seine nationalindische Position gegen die Arroganz der britischen Ideologie, nachdem er wie viele seiner Zeitgenossen sich zunächst zum Liberalismus angelsächsischer Prägung hingezogen gefühlt hatte. Seine Vorliebe für die demokratische Regierungsform, die mit diesem Liberalismus verbunden war, hat er nie aufgegeben. Gandhi entwickelte gegen diese britische Arroganz eine Totalkritik moderner westlicher Zivilisation. Deren hemmungslosen Materialismus, Konsumorientierung, Technik- und Fortschrittsgläubigkeit, deren Abkehr von der Natur und von spirituellen Werten wies er radikal zurück. Er unterstellte dem Westen sogar, der materielle Genuss sei die eigentlich *spirituelle* Dimension der westlichen Kultur. Das alles durchdringende Wettbewerbsprinzip hielt er gleichfalls für zerstörerisch. Dem stellte er die Harmonie in der Vielfalt der eigenen Kultur gegenüber.

Die Alternative sah Gandhi in der naturverbunden wirtschaftenden und zugleich die Natur spirituell reflektierenden und verehrenden indischen Dorfgemeinschaft, in der die Menschen bewusst Grenzen des materiellen Konsums akzeptieren, um in wechselseitiger Harmonie und in Harmonie mit der göttlichen Natur zu leben. Anknüpfend an die Forschungsergebnisse des westlichen Orientalismus, diesen aber »vom Kopf auf die Füße stellend«, verklärte er den Hinduismus der vermeintlich goldenen Vergangenheit als Referenzsystem, an dem sich die Errungenschaften eines freien Indiens würden messen lassen müssen. Dieses idealisierte Gemälde einer glorreichen Vergangenheit hielt er als das »ganz Andere« der britischen Moderne entgegen. Freilich wandelte er diesen Mythos nicht in eine realhistorische Erzählung um, wie es die Hindu-Nationalisten tun. Er beließ es bei einem vagen Bild, ohne es an konkreten Ereignissen, Epochen und Figuren der Vergangenheit festzumachen. Damit vermied er beispielsweise, die Phasen hinduistischer Reichsbildung in Indien denjenigen buddhistischer oder moslemischer Herrschaft gegenüberzustellen, wie dies in den Narrativen der Nationalhinduisten gängig ist.

Mit diesem kühnen Mythos einer allem anderen, zumal den Kolonialisten, überlegenen klassisch-antiken hinduistischen Kultur schuf er bewusst ein sehr wirksames Mobilisierungsinstrument für die in ihrem Selbstbewusstsein beschädigten indischen Massen und die brahmanische Elite. Dabei übernahm er philosophische und politische Grundsätze aus dem von ihm bewunderten Liberalismus: die Gleichheit aller Menschen, die Menschenwürde, das Recht auf demokratische Repräsentation. Indem er auf dieser importierten naturrechtlichen Grundlage das Spirituelle als Wesensart der eigenen Kultur definierte, die der rein materialistischen der Eroberer überlegen war, schuf er die Grundlage für ein nationales

Selbstbewusstsein trotz der unverkennbaren Rückständigkeit in den materiellen Errungenschaften der Moderne.[13]

Zugleich legte Gandhi freilich den Grundstein für ein verderbliches Moment hinduistischer Arroganz, eine durchaus plausible Begründung für die Diskriminierung anderer Gesinnungen als der hinduistischen im freien Indien. Dies ist das Risiko aller kulturessentialistischen Ideologien.[14] Das Motto »Indien ist geeignet für die religiöse Führerschaft in der Welt« gibt dieser Tendenz beredten Ausdruck.[15] Gandhi argumentierte zwar, es gehe um die indische Kultur und wandte sich dagegen, diese Kultur rein hinduistisch zu formulieren. Sein Mythos von der goldenen Vergangenheit trug jedoch unverkennbar hinduistische Züge, und sein eigener Habitus war sichtbar hinduistisch.[16] Wer sich in den rekonstruierten Lehren der antiken indischen Kultur, die eine hinduistische Prägung hatte, nicht wiederfinden konnte oder wollte, der schloss sich letzten Endes selbst aus der Nation aus. Die scharfe Frontstellung gegen die westliche Kultur, die er gelegentlich als »böse« oder gar »satanisch« bezeichnete, ließ diejenigen Inderinnen und Inder als unpatriotisch erscheinen, die sich mit dem Westen identifizieren wollten.

Außerdem sah Gandhi Indien als die Einheit vielfältiger, aber letztlich stereotyper religiöser Kollektivitäten, hinter der die Individuen, der individuelle Moslem, Hindu, Sikh, Jain oder Christ verschwanden. Gandhis Philosophie war nämlich keineswegs individualistisch. Er wollte die Versöhnung und Harmonie zwischen diesen unterschiedlichen kollektiven Bestandteilen, bevorzugte aber deren »reine« Erhaltung im Sinne Johann Gottfried Herders, eine Art »religiöses Lagerdenken«. (Das erklärt auch seine Abneigung gegen Mischehen.) Hier zeigte sich das Erbe der von Herder stark beeinflussten europäischen Orientalistik, die das Erwachen des Nationalismus der indischen intellektuellen Elite im 19. Jahrhundert angestoßen und begleitet hatte und bis ins zwanzigste Jahrhundert hinein wirkte.[17]

Moralischer Universalismus und Kulturchauvinismus stehen im Nationalismus Gandhis ambivalent nebeneinander. Er selbst lehnte Ausgrenzungsforderungen gegen Minderheiten entrüstet und glaubwürdig ab; deswegen bekämpften ihn die Hindu-Nationalisten auch so heftig. Aber der Keim ihrer Ideologie findet sich leider gleichfalls in seinem Denken, wenn auch in subtilerer Form. So ist es auch zu erklären, dass er in den zwanziger Jahren mit diesen Kräften ein Zweckbündnis im Kampf gegen die Briten einging.

Der unterschwellige brahmanische Überlegenheits-Komplex spiegelt sich auch in Gandhis merkwürdiger Zögerlichkeit, sich des Anliegens der Stammesangehörigen (Adivasis) anzunehmen. Deren soziale Randständigkeit in der indischen Gesellschaft gleicht durchaus derjenigen der Unberührbaren (Dalits), für die sich Gandhi so entschieden einsetzte. Für die Bramahnen sind die Stämme, die Ureinwohner Indiens, »Aliens« der indischen Kultur, Angehörige einer »primitiven« animistischen Religionsausübung. Dieser Teil der Bevölkerung ist im Grunde bis heute einer Art »innerer Kolonisierung« unterworfen, von der die Betroffenen sich auch in der indischen Demokratie nur mühselig befreien können. Gandhi hatte seine Anhänger zunächst angewiesen, die Adivasis nicht zu beachten und sich auf die Arbeit unter den Dalits zu konzentrieren. Er änderte diese Strategie erst, als aufgrund von Konversionen die Sorge wuchs, dass die Adivasis durch christliche Mission der indischen Kultur verloren gehen oder durch Anlehnung an die Muslim-Liga die Politik der Spaltung Indiens verstärken könnten. Anders als bei den Unberührbaren folgte Gandhis Hinwendung zu den Adivasis also nicht moralischen, sondern Nützlichkeitserwägungen.[18]

Bei Gandhi freilich ist die zerstörerische Seite der Ideologie durch die Prinzipien seiner Praxeologie im Zaum gehalten worden. Zum einen ist das der unbedingte Grundsatz der Ahimsa, der Gewaltlosigkeit, in der gesellschaftlichen Auseinandersetzung. Gandhi hielt die Gewaltausübung – außer im Falle der Selbstverteidigung gegen eine tödliche Drohung – für verwerflich: Sie sei nicht zweckmäßig, da sie auf der anderen Seite bloß Angst und gewaltsame Gegenwehr hervorrufe. Es entstehe so ein Gewalt-Eskalationszirkel, der zu Blutvergießen führe, nicht aber dazu, das eigene Ziel zu erreichen. Zum anderen beschmutze Gewalt denjenigen, der Gewalt ausübe.

Der sei damit genauso geschädigtes Opfer wie diejenige Person, die die Gewalt erleide.

Gandhi hat damit die ambivalente hinduistische Überlieferung recht einseitig in Richtung auf die Gewaltlosigkeit interpretiert; darin liegt sein Verdienst. Es gibt einen Strang von Geboten im Hinduismus, die auf einen Gewaltverzicht hinauslaufen. Andererseits enthalten die großen hinduistischen Epen das Lob der tapferen, von den Göttern unterstützten Krieger. Kriegführung ist zwar sozial auf die Kriegerkaste beschränkt und findet unter strengen Regeln statt, aber es bleibt dennoch die besondere Pflicht der Krieger, zum Töten bereit zu sein. Von dieser Seite des Hinduismus, den die Hindutva-(Hindu-Nationalismus-)Ideologen weitaus stärker betonen, findet sich bei Gandhi nichts.[19]

Das zweite leitende Prinzip seiner Praxis war die Satyaraga, das standhafte Suchen nach dem Dialog mit der Gegenseite, begleitet von dem immer wieder durchgespielten Selbstzweifel. Selbstgerechtigkeit war Gandhi fremd; selbst mit seinem späteren Mörder Godse suchte er den Dialog nach zwei früheren Mordversuchen. Er unterzog seinen eigenen Standpunkt in der Auseinandersetzung immer wieder einer gründlichen Prüfung und korrigierte mehrfach in seiner Laufbahn eigene Fehler. So hat er das Kastenwesen zunächst einmal als eine »Struktur der Angemessenheit« gesehen, das zur Harmonie der indischen Gesellschaft führe, in der jeder mit dem ihm eigenen Schicksal im Rahmen einer vernünftigen und einvernehmlichen Arbeitsteilung zufrieden sei. Später wurde er zum kompromisslosen Kritiker der »Unberührbarkeit«. Sein idyllisches Bild der kleinräumigen, politiklosen Dorfgemeinschaft ließ ihn den modernen Staat als Symbol politischer Entfremdung verstehen. Als es auf die Gründung des unabhängigen Indien zuging, hatte er die positiven Wirkungsmöglichkeiten eines Wohlfahrtsstaates auf die eklatanten Ungleichheiten der indischen Gesellschaft verstehen gelernt.[20]

Gewaltlosigkeit und dialogischer Selbstzweifel dämmten das Zerstörungspotential des Kulturnationalismus bei Gandhi ein. Bei weniger starken Persönlichkeiten gibt es diese Dämme nicht. Der Gewaltgehalt der Ausgrenzungs-Ideologie kann dort sein fatales Potential voll entfalten. Darunter hat Indien seit seiner Gründung bis heute immer wieder gelitten, und in dieser Ideologie liegt immer noch die größte Gefahr für das Land, mit dem schon sichtbaren Triumph einer erfolgreichen Entwicklung vor Augen doch noch zu scheitern.

Gewaltlosigkeit galt aber auch bei Gandhi nicht als absolutes Prinzip. Er empfand dabei durchaus das Dilemma, den jungen unabhängigen Staat mit Gewalt nach außen behaupten zu müssen. Er plädierte keineswegs für Verteidigungsunfähigkeit und schloss nicht aus, dass Indien sich gegenüber einem Angriff von außen auch militärisch verteidigen müsse. Bis heute prägt diese Ambivalenz zwischen Gewaltabneigung und Verteidigungsbereitschaft, wenn auch wiederum mit abnehmender Tendenz, indische Politik. Ohne sie wäre die jahrzehntelange Verzögerung kaum zu verstehen, die es gegeben hat, bis Indien zur Kernwaffenmacht wurde.[21]

Die prägenden politischen Ideologien Indiens

Seit der Entfaltung der indischen Unabhängigkeitsbewegung im neunzehnten Jahrhundert haben sich allmählich drei große politische Ideologien herausgebildet, die bis heute den Diskurs in Indien bestimmen. Sie sind als Rahmenwerk zum Verständnis der folgenden Kapitel über Indiens Innen- und Außenpolitik unverzichtbar.

Das ist erstens der säkulare Nationalismus, wie ihn Gandhi, Nehru und ihre Kongresspartei vertreten haben. Das ist zweitens als wichtigster Konkurrent der Hindu-Nationalismus, für den die BJP und die mit ihr verbundenen Organisationen, die Sang Pradivar, stehen. Das ist drittens die soziale Emanzipation der Unterkasten und die Reform der gesellschaftlichen Ordnung in Indien. Der säkulare Nationalismus hat die ersten vierzig Jahre nach der Unabhängigkeit beherrscht. Der Hindu-Nationalismus hat in den achtziger und neunziger Jahren einen steilen Aufstieg genommen. Die soziale Emanzipationsbewegung ist vielleicht der Trend der Gegenwart.

Den Führern der jungen Indischen Union war die Fragmentierung ihrer Gesellschaft zutiefst bewusst. Die traumatische Teilung hatte die Furcht vor den zentrifugalen Kräften nur noch gestärkt. Die Präsenz sezessionistischer Kräfte auf dem Territorium Indiens erschien daher als große Gefahr für den Zusammenhalt des demokratischen Staatswesens, dessen Stabilität eine ganz unbekannte Größe war. Die politische Elite sah die Lösung in der Übernahme des Staatsprinzips der Kolonialmacht: einer starken Zentrale, die den nominalen Föderalismus der indischen Verfassung im Notfall durch Sonderrechte aushebeln konnte, wenn es darum ging, aufmüpfige Länderregierungen zur Raison zu bringen. Die Idee, dass nur imperiale Gewalt Indien die Einheit bescheren könnte, saß tief. Die indische Geschichte, so die Lesart, hatte Einheit nur unter Imperien gekannt: unter den Mauryas, den Guptas, den Mogulen und schließlich den Briten. Diese Vorstellung erklärt den 16. Verfassungszusatz von 1963 und dessen Ausführungsgesetz von 1967, der die Unterstützung für Sezession in Wort oder Schrift zur Straftat machte.[22]

Gandhi selbst hegte keine Sympathie für den zentralistischen Staat. Er vertraute vielmehr auf die zivilgesellschaftliche Verflechtung der diversen ethnischen, religiösen und sozialen Gruppierungen der indischen Gesellschaft. In einem solchen Basisnetzwerk sah er die Grundlagen einer starken indischen Nation. Man mag über die Naivität seiner Vorliebe für das kleinräumige Textilhandwerk und für die Versorgungs-Autarkie der Dorfgemeinschaft lächeln, mag über seine Empfehlung an die Kongresspartei, nach Erreichen der Unabhängigkeit nicht die Macht zu übernehmen, sondern alle Energie in die Stärkung der Zivilgesellschaft zu investieren, den Kopf schütteln. Aber letztlich hatte er Recht: Die Konzentration der Kongresspartei auf die Staatsmacht leitete ihren Abstieg ein. Dass die gesellschaftliche Verflechtung, auf der der Einfluss der Partei beruhte, nicht länger gepflegt wurde, bahnte den endlosen Gewaltkonflikten zwischen Hindus und Moslems den Weg und verhalf dem Hindu-Nationalismus zum Aufstieg.[23]

Starke zentrale hinduistische Dominanz und die »Unterwanderung« des scheinbar säkularen Staatsverständnisses durch die von den Mehrheitsverhältnissen vorgegebene hinduistische Hegemonie haben das Zusammenleben von Mehrheit und Minderheiten immer prekär gemacht. Gelegentlich wird die unvollkommene Unparteilichkeit des Staates sichtbar, so an der glorifizierenden Darstellung hinduistischer Mythen und Epen durch das staatlich subventionierte Fernsehen.[24] Diese Mythen bilden den Urgrund der zweiten großen Staatsideologie, des Hindu-Nationalismus (Hindutva). Danach ist Indien (»Hindustan«) das Land der Hindus. Religion und Kultur sind eins. Indische Einheit und nationale Stärke können nur auf dem Boden der Staatsreligion des Hinduismus erwachsen. Die säkulare Ideologie ist ein Irrtum und schwächt und spaltet die Nation. Sikhs, Jains und Buddhisten gelten als irrende Kinder des Hinduismus und werden zur Nation gerechnet. Moslems und Christen hingegen sind Fremdkörper. Sie gehören nicht zur Nation; anders als die vorher genannten Religionen ist Indien für sie nur Vaterland, nicht aber Heiliges Land, das für Moslems und Christen im Nahen Osten liegt. Für sie bestehen nach Meinung der Hindutva-Anhänger nur zwei Alternativen: Entweder sie unterwerfen sich der Mehrheitskultur, erkennen die zentrale Stellung des Hinduismus an, bekennen und bereuen die »Untaten« der moslemischen Herrscher in Indien zwischen 1000 und 1750 und verehren auch solche Kultfiguren des Hinduismus wie den Gott Ram als historische Größen der indischen Zivilisation. Verweigern sie die Assimilation, so bleibt ihnen nur das rechtlose Vegetieren am Rand der indischen Gesellschaft oder die Emigration. Die Hindutva ist nach ideologischen Wurzeln und gesellschaftlicher Verankerung in hohem Maße eine Brahmanen-Ideologie, entspringt also dem Denken und Fühlen der indischen Oberkaste. Das ist wenig verwunderlich, denn die hinduistische Lehre von der gerechten Gesellschaft, in der jeder Mensch in seiner Kaste angemessen verortet ist, stützt den Herrschaftsanspruch des Brahmanentums als der höchsten aller Kasten.[25]

Der Hindu-Nationalismus unterscheidet sich von anderen religiösen Fundamentalismen durch seinen nationalistischen Fokus. Die Religion ist das Mittel, um die Fragmentierung der indischen Kastengesellschaft zu überwinden, die die Einheit und Stärke Indiens und damit auch seine Sicherheit ständig bedroht. Wachsamkeit ist stets nötig, um die »Fremdkörper« inmitten der indischen Nation, vor allem die Moslems, in Schach zu halten. Von Zeit zu Zeit muss ihnen eine »Lektion« erteilt werden, wenn sie aus ihrem Käfig auszubrechen drohen und damit den inneren Frieden der Nation bedrohen. Zugleich ergibt sich durch solche Gewaltmobilisierung die Chance, der Anhängerschaft aus den Unterkasten ein Ventil für ihre Frustration zu geben, ohne die Klassenunterschiede politisch thematisieren zu müssen.[26]

Die dritte Ideologie, der Emanzipationsmythos der Unterkasten, steht dem Säkularismus wesentlich näher als der Hindutva, zu deren Credo auch das hierarchische Gesellschaftsbild des Hinduismus gehört – auch wenn die BJP und der RSS zwangsläufig die Unterkasten umwerben müssen, damit sie an der Wahlurne Erfolg haben. Liberales und sozialistisches Gedankengut ist aus dem Westen in die Emanzipationsideologie eingewandert, die vor allem von der Janata-Partei und den Kommunisten im Parteienspektrum vertreten wird: Vorstellungen von universeller Gleichheit, von der Menschenwürde, die allen zusteht, und von sozialer Gerechtigkeit stehen hier gegen die Reinheitsideologie des Hinduismus, die an bestimmten Berufen und den damit verknüpften Clan-Genealogien festgemacht wird.

Es ist schwer, diese politischen Aktivitäten zu einer nationweit wirksamen Bewegung zu verbinden, da die Kasten, namentlich die Unterkasten, starke lokale Verwurzelungen haben und interregional wenig verbunden sind. Deswegen hat diese Ideologie auch ihre stärksten Wurzeln in regionalen und lokalen Parteien, die freilich aufgrund des indischen Mehrheitswahlsystems auch im Bundesparlament, der Lok Sabha, vertreten sind. Die Zunahme und Wahlerfolge der Regionalparteien zeigen daher indirekt den säkularen Trend der erfolgreichen Selbstermächtigung der Unterprivilegierten: Die Emanzipations-Thematik ist im Verlauf der Geschichte der Indischen Union schrittweise stärker geworden, in dem Maße, in dem Erziehung, Bildung und Mobilisierung Angehörige der Unterkasten politikfähig gemacht haben. Es ist diese Entwicklung, in der, wie im fünften Kapitel gezeigt wird, die größte Hoffnung auf die dauerhafte Stabilität der indischen Demokratie liegt.[27]

Den Motor anlassen: Wirtschaftspolitik der Gründerzeit

Zum Erbe der Kolonialzeit gehörte eine höchst widersprüchliche wirtschaftspolitische Szene. Großbritannien war die sprichwörtliche Großmacht des Kapitalismus im 19. und 20. Jahrhundert gewesen. Zwar hatte man Indien vor allen Dingen zum eigenen Vorteil regiert, aber man hatte natürlich marktwirtschaftliche Formen gewählt. Infolgedessen konnte sich auch eine indische Unternehmerklasse entfalten. Manche dieser Unternehmer gründeten Dynastien, die bis heute die indische Wirtschaft mitbestimmen, etwa die Tatas. Andererseits hatten die Kriegsjahre zur Formierung einer strikt zentralistischen Wirtschaftsverwaltung geführt. Wie im Mutterland und in den Vereinigten Staaten organisierte der Staat die Kriegswirtschaft. Indien sollte für die gewaltigen Anstrengungen Großbritanniens im Krieg gegen Hitlerdeutschland mobilisiert werden. Diese Kriegswirtschaftsverwaltung erbte das unabhängige Indien.

Ihre Struktur kam den Ideen und Instinkten des ersten Premierministers weit entgegen: Nehru hatte starke Sympathien für den Sozialismus. Er führte eine Landreform durch, in deren Verlauf die traditionellen Großgrundbesitzer, die Zamindari, einen Teil ihrer landwirtschaftlichen Nutzflächen an ärmere Bauern abtreten mussten, dafür aber angemessen entschädigt wurden. Dass viele unzufriedene Grundbesitzer sich dennoch vom Kongress ab- und der hindu-nationalistischen Bewegung zuwandten, hatte längerfristige Auswirkungen auf die Entwicklung der indischen Innenpolitik. Die Landreform, die die Bauernschaft vielerorts aus einer praktisch feudalen Abhängigkeit befreite, verdankte sich nicht zuletzt der Tatsache, dass die ländliche Oberschicht zu den eifrigsten Kollaborateuren mit der Kolonialmacht gezählt hatte. Gestärkt wurden aber nicht die Landlosen und armen Bauern, sondern der bäuerliche Mittelstand, der traditionell eine starke Klientel der Kongresspartei darstellte. Erst als Nehru über die Kollektivierung der Landwirtschaft nachdachte, entstand zwischen der Kongresspartei und dieser Schicht eine Distanz, die letztere der nationalhinduistischen Agitation zugänglich machte.[28]

Weit wichtiger war für Nehru aber natürlich die industrielle Entwicklung seines Landes. Seine Sozialismus-Sympathien, aber auch der westliche Zeitgeist, der nach dem Zweiten Weltkrieg im interventionistischen Wohlfahrtsstaat die Lösung der inneren Probleme und des Wiederaufbaus sah, kombinierten sich zu einer staatszentrierten Wirtschaftsphilosophie, die sich in einer Serie von Fünfjahresplänen niederschlug. Der Nationalstaat spielte bei Nehru die zentrale Rolle in der Entwicklung. Bei Gandhi war er eines von mehreren Vehikeln guter Ordnung, und nicht das wichtigste: Das Wesen sozialer und politischer Beziehungen sah Gandhi auf der kommunalen Ebene, bei der autonomen Dorfgemeinde (Panchayat). Für Nehru hingegen war die staatliche Wirtschaftsplanung zugleich unerlässlicher Motor und Hirn des wirtschaftlichen Forschritts. Ihre Pfeiler waren starke Staatsunternehmen, das strategische Konzept war die Importsubstitution. Diese Strategie konnte auf der ererbten Kriegswirtschaftsstruktur aufbauen. Der Interventionismus beherrschte Indien. Die »Herrschaft der Genehmigungsverfahren« (»license permit raj«) wurde zum Alptraum des Unternehmertums in Indien: Ohne Genehmigungen war keine wirtschaftliche Tätigkeit möglich. Erst die Reformen der achtziger und vor allem der neunziger Jahre befreiten die indische Wirtschaft und eröffneten eine neue Phase des Wachstums.

Indiens weltpolitische Positionierung

Das unabhängige Indien trat mit dem Anspruch an, eine führende Position in der Welt einzunehmen. Die indische Weltpolitik ist mit den unterschiedlichsten Etiketten versehen worden: idealistisch, realistisch, nationalistisch, universalistisch. Wie bei den meisten anderen größeren Staaten bildet sie eher eine Mixtur dieser diversen Eigenschaften und ist das Ergebnis eines innerstaatlichen Diskurses, in dem unterschiedliche, bisweilen gegensätzliche Positionen sich wechselseitig durchdringen oder – in den Koalitionsregierungen, die seit den siebziger Jahren die Normalität geworden sind – Kompromisse miteinander eingehen müssen.

Bereits Jawaharlal Nehru hatte Elemente einer durch Mahatma Gandhi beeinflussten Programmatik für eine bessere und gerechtere Welt (Abrüstung, Umverteilung, Hilfe, Partizipation auch der kleineren Länder) mit handfesten indischen Interessen verknüpft: Führungsanspruch sowie Kompromisslosigkeit in den Territorialstreitigkeiten mit Pakistan und China. Nehruvianismus ist daher nicht dasselbe wie Gandhianismus. Wie für Gandhi war auch für Nehru wirtschaftliche Gleichheit entscheidend, anders als Gandhi wollte er sie jedoch nicht durch die freiwillige Einsicht und moralische Solidarität der Reichen, sondern durch handfeste globale Umverteilungsprogramme erreichen.

Jawaharlal Nehrus außenpolitische Philosophie ruhte auf seinem unverbrüchlichen Glauben an die vermeintlich historisch-kulturelle Einzigartigkeit Indiens, die seinem Land auch eine natürliche Überlegenheit über den potentiellen Rivalen China gab. Nehru sah Indien dabei als Chinas »großen Bruder«. Die chinesische Führung, die sehr bestimmte Vorstellungen von »groß« und »klein« hatte – Verwandschaftsverhältnisse zwischen »älter« und »jünger« spielen in der konfuzianischen Denkordnung eine entscheidende Rolle –, wollte sich mit der Rolle des Juniorpartners nicht begnügen. Nehru kam über diese »Unfreundlichkeit« nie hinweg.

Auf der Grundlage des so begründeten indischen Anspruchs auf einen »Platz an der Sonne« entwickelte Nehru seine (buddhistischem Denken entnommenen) »Fünf Prinzipien der friedlichen Koexistenz« (Pancasila oder Panch Sheela), die als die Leitlinie für seine Politik gelesen werden können. Sie üben auch heute noch einen gewissen Einfluss auf Indiens außenpolitische Elite aus, wenngleich auf »Realpolitik« fußende Überlegungen deutlich Raum gewonnen haben. Die Prinzipien lauten: Respekt vor Souveränität und territorialer Integrität, Gewaltverzicht auf Gegenseitigkeit, Nichtintervention in die inneren Angelegenheiten, Gleichheit, wechselseitige Hilfe.[29]

Auf diesen Prinzipien sollte die Politik der Blockfreiheit beruhen.[30] In ihr sah Nehru den entscheidenden Beitrag der jungen Nationalstaaten, die im Kampf gegen den Kolonialismus ihre Unabhängigkeit errungen hatten. Die Pancasila etablierte eine alternative Moral der internationalen Beziehungen, welche die Blockfreien den Praktiken der »alten Welt« mit ihren Konflikten, Intrigen und Machtkonkurrenzen entgegensetzten. Blockfreiheit war für Nehru zudem wesentlicher Bestandteil von Souveränität, da die dauerhafte Bindung an bestimmte Alliierte – namentlich an stärkere – die eigene Handlungsfreiheit zwangsläufig einschränken musste.

Nehru zählte nie zu den Radikalen in der Bewegung, die die Masse der Entwicklungsländer in ein politisches oder sogar militärisches Bündnis mit dem sowjetischen Block manövrieren wollten. Aus seinen Sympathien mit dem kommunistischen Experiment hat er freilich nie einen Hehl gemacht. Die eigene lebensprägende Erfahrung im Kampf gegen den westlichen Kolonialismus verlieh dieser Sympathie zusätzliche Stärke. Blockfreiheit bedeutete insofern für Indien nicht völlige Neutralität. Damit begann ein subtiles Aufschaukeln von Antipathien zwischen dem größten Drittweltstaat und der westlichen Führungsmacht USA, das erst im neuen Jahrhundert enden und in eine rapide Annäherung umschlagen sollte.

Durch die Dekolonialisierung entwickelte sich diese Bewegung in den sechziger Jahren zur Mehrheitsfraktion in der Vollversammlung der Vereinten Nationen. Von fünfundzwanzig Gründungsmitgliedern wuchs sie bis Mitte der neunziger Jahren auf über einhundertzehn Mitgliedsstaaten an. Zwischen ihr und der sowjetischen Gefolgschaft kam es zu einer weitgehend fixierten Stimmkoalition; die westliche Minderheitsposition trug maßgeblich zur Entwertung der

Vereinten Nationen in den Augen vieler Angehöriger des amerikanischen Politikestablishments bei.

Indien zählte in der Bewegung eigentlich zu den Moderaten. Um seinen Führungsanspruch zu behaupten, musste es freilich versuchen, den Tiger zu reiten. So vertrat es aktiv die Forderungen nach einer neuen Weltwirtschaftsordnung, die auf Rohstoffkartellen und massiven Ressourcentransfers von West nach Süd gebaut werden sollte. Indira Gandhi prägte 1976 die Forderung nach einer »Neuen Weltinformationsordnung«, worunter viele der blockfreien Despoten ihre eigene Kontrolle über die Informationsflüsse verstanden. Indien stimmte allen Verurteilungen Israels in der Vollversammlung zu und vermied jede Kritik an den diktatorischen Regimes in der eigenen Organisation. Es hielt aus Überzeugung – wie die Blockfreien insgesamt – die Fahne der Souveränität und des Anti-Interventionismus hoch, eine Position, die es bis in die sehr viel interventionistischere Ära der neunziger Jahre hinein beibehielt. Man mag hierin eine gewisse Verlogenheit erkennen, denn indische Interventionen in Bangladesh 1971 sowie in Sri Linka in den achtziger Jahren wurden nur notdürftig mit humanitären Motiven kaschiert, und das Eingreifen auf den Malediven wurde als Rettung der Demokratie gegen einen Militärputsch dargestellt.

Indien machte während dieser Zeit lediglich seine Blockfreiheit und nie seine demokratische Verfassung zum Kern seiner Identität in der Weltpolitik. Deutlicher als alles andere kam dies in der nicht vorhandenen Menschenrechtspolitik zum Ausdruck: Indiens Abstimmungsverhalten in UN-Vollversammlung und Menschenrechtskommission diente stets dazu, nichtdemokratische Staaten vor dem Versuch des externen Eingreifens zu schützen: Blockfreiheit und Souveränität über alles. Diese Politik erwies sich schließlich als Sackgasse. Denn nach den siebziger Jahren hatten die Blockfreien ihre beste Zeit hinter sich. Für die indische Machtstellung verloren sie mehr und mehr an Wert. Die inneren Differenzen wuchsen. Auf dem Havanna-Gipfel von 1979 versuchte Kuba, die Blockfreien-Bewegung eng an das sozialistische Lager anzuschließen, wogegen sich andere Staaten, darunter auch Indien, wehrten. Die Kluft zwischen armen und reichen Entwicklungsländern wurde größer; die Erhöhung der Erdölpreise durch die Organisation erdölexportierender Länder (OPEC), von der G77 ebenso kurzsichtig wie euphorisch als Beginn einer neuen Weltwirtschaftsordnung gefeiert, wirkte sich zu Lasten der importabhängigen Entwicklungsländer aus. Die ASEAN-Länder erreichten durch vorsichtige Liberalisierung, was die staatlichen Entwicklungsprogramme nicht geschafft hatten: ein eindrucksvolles wirtschaftliches Wachstum in der Breite. Andere Länder, die an der Staatsökonomie und an Programmen der Importsubstitution festhielten, blieben zurück.

Die Bewegung zerstritt sich ernsthaft über die sowjetische Afghanistan-Intervention (die Indien nicht verurteilen wollte) und konnte auch zum iranisch-irakischen Krieg und zum Golfkrieg 1991 keine klaren Positionen beziehen. Der Zerfall Jugoslawiens und der gnadenlose Umgang Restjugoslawiens mit den Moslems brachte eines der wichtigsten blockfreien Führungsländer in Misskredit. Das Ende des Ost-West-Konfliktes schließlich stellte die Existenzfrage: Es waren ja keine zwei Blöcke da, zwischen denen man gemeinsam hätte »frei« sein können. Die Blockfreien-Bewegung vegetierte vor sich hin, ohne ihren Anspruch als wichtige weltpolitische Kraft überzeugend behaupten zu können. Mehr und mehr stand ihr Wert als Instrument indischer Außenpolitik in Frage.[31]

Zudem wurde der indische Führungsanspruch von Ländern wie Ägypten und dem nach dem Ende der Apartheid mit der Aura des moralischen Sieges umgebenen Südafrika aggressiv in Frage gestellt. Südafrika brachte mit seinem Beitritt zu den Blockfreien 1994 nicht nur das außergewöhnliche persönliche Charisma Nelson Mandelas in die Bewegung ein. Es trat der Blockfreien-Bewegung auch mit dem Nimbus bei, der erste Staat der Welt zu sein, der sein Kernwaffenarsenal freiwillig abgerüstet hatte. Der Gegensatz zwischen der überwältigenden Mehrheit der Blockfreien, die als Nichtkernwaffenstaaten dem nuklearen Nichtverbreitungsvertrag angehörten, und Indien, das sich als Nichtmitglied die nukleare Option offen hielt, spitzte sich damit zu. Eine empfindliche Niederlage erlitt Indien in diesem Zusammenhang, als es die

Bewegung 1995 nicht gegen die unbegrenzte Verlängerung des Atomwaffensperrvertrages in Stellung bringen konnte. Es war Südafrika, das diese Niederlage herbeiführte und maßgeblich den Kompromiss schmiedete, der die Verlängerung des Vertrages schließlich möglich machte.

Vor dem Neuanfang

Zu Beginn der neunziger Jahre hatte die indische Demokratie zwar eine beträchtliche Reife erreicht, sie stagnierte jedoch in bedenklicher Weise hinsichtlich all ihrer Zielsetzungen. Im Inneren herrschte durch die Konflikte in Punjab, Kashmir und Ostindien ein erschreckendes Gewaltniveau, und der Hindu-Nationalismus war im rasanten Aufstieg begriffen. Die Wirtschaft litt unter einer handfesten Krise. Außenpolitisch entzog das Ende des Ost-West-Konflikts dem Prinzip der Blockfreiheit die Daseinsberechtigung und machte die ohnedies schwächelnde Bewegung obsolet. Die erwünschte weltpolitische Führungsposition lag in weiter Ferne. Indien stand im Abseits.

Das Wunder von Bangalore:
Indiens wirtschaftlicher Aufschwung

Dieses Kapitel ist in vieler Hinsicht der Schlüssel zu dem ganzen Buch. Es befasst sich mit der Grundlage neugewonnener indischer Stärke: mit der wirtschaftlichen Entwicklung. Sie beeinflusst die Evolution der indischen Gesellschaft, die Handlungsspielräume der indischen Demokratie, die Formung neuer Koalitionen und die Stellung Indiens in der Welt. Ich charakterisiere vor dem Hintergrund des überkommenen Staatsinterventionismus die Reformen, die Entfesselung des Schlüsselsektors (IT) der indischen Volkswirtschaft und dessen Ausstrahlung. Ein schneller Blick auf die Voraussetzungen für weiteres Wachstum, etwa in Gestalt des indischen Kapitalmarkts und der neuen staatlichen Steuerpolitik, folgt. Die Aufholjagd Indiens im internationalen Handel wird gewürdigt. Auch die Achillesfersen und Risikofaktoren spare ich nicht aus: die Infrastruktur, der Energiesektor, die Landwirtschaft, die regionalen Disparitäten, Aids. Letztlich stecken in vielen dieser Defizite aber weitere Wachstumspotentiale. Der Vergleich mit dem bislang (noch) erfolgreicheren China zeigt, dass Indien gut aufgestellt ist und seine Position mit verhältnismäßig geringer Mühe weiter verbessern kann.[32]

Die Wirtschaft:
Der Schlüssel zum Erfolg

Was hat sich eigentlich geändert mit Indien? Woher kommt der geradezu tektonische Umbruch in der amerikanischen Politik gegenüber diesem Land? Warum beginnt die Rede von der »Weltmacht Indien« neuerdings in den Leitartikeln Fuß zu fassen (wenn auch, wie im Vorwort kritisiert, mit aufreizender Langsamkeit)? Woher resultieren das deutlich größere Selbstbewusstsein und die auffällig gestiegene Gelassenheit der indischen Elite?

Die Versuchung ist groß, all das ausschließlich auf die Etablierung des Landes als Nuklearmacht zurückzuführen. Es wäre jedoch ein Irrtum, dies als den einzigen oder den Hauptgrund für die wachsende Weltgeltung Neu-Delhis zu sehen. Denn Indien hatte diesen Status de facto ja schon seit 1974, seit dem Jahr seiner ersten nuklearen Explosion. Es verfügte über einsatzfähige Kernwaffen spätestens seit der Regierungszeit Radjiv Gandhis in den späten achtziger Jahren. Nein, die Veränderungen haben Wurzeln, die tiefer reichen als ein paar hochexplosive Sprengkörper in den Arsenalen der Streitkräfte: Es ist vielmehr der Durchbruch der indischen Wirtschaftsmacht, ihr sich – für alle Welt sichtbar – plötzlich sprunghaft entfaltendes Potential, das auf noch wesentlich mehr solches Potential in der Zukunft verweist. Die Grundlage für Indiens Weltmacht ist sein Wirtschaftswunder.

Mit der Staatswirtschaft in die Industrialisierung – und in die Krise

Das Land war nach der Unabhängigkeit einem Pfad des demokratischen Sozialismus gefolgt, mit einer dominierenden Rolle des Staates in der Volkswirtschaft: Die indischen Großunternehmen waren verstaatlicht, unternehmerische Entscheidungen wurden durch bürokratische Eingriffe gegängelt. Nationale Autarkie war ein wesentliches Leitbild, infolgedessen gab es massive Subventionen für wettbewerbsunfähige Dinosaurier-Unternehmen, die als »nationale Champions« gepflegt und gegen auswärtige Konkurrenz abgeschottet wurden. Dieses Entwicklungsmodell war in den sechziger und siebziger Jahren gängig. Es zielte auf Importsubstitution durch den Aufbau einer eigenen Industrie. Indiens Ziele waren aber noch ehrgeiziger: Es sollte in der Produktion von Kapitalgütern völlig autark werden.

Die Industrial Policy Resolution von 1956, die lange Zeit maßgeblich für die indische Wirtschaftspolitik blieb, teilte die Industrie in drei Sektoren mit unterschiedlichem Regulationsniveau ein. Der erste umfasste Schwerindustrie, Elektrizität,

Atomernergie, Kohle, Öl, Bergbau, Luftfahrt, Eisenbahn, Telekommunikation und Rüstungsgüter und blieb dem Staat vorbehalten. Im zweiten Sektor fanden sich Maschinenbau, Medikamente, Färbemittel, Kunststoffe, Düngemittel, Straßen- sowie Seetransport; er sollte von unterschiedlichen Unternehmen geführt werden. Der Rest im dritten Sektor blieb der Privatindustrie überlassen, aber Staatsfirmen konnten in diesen Märkten ebenfalls aktiv werden, und die private Tätigkeit unterlag strikter Aufsicht und Regelung durch die Regierung.[33] Man sieht: Der Staat sollte die Entwicklung dominieren. Die Wirtschaft ging am Gängelband einer allmächtigen Bürokratie.

Die staatsinterventionistische Phase war wohl nötig, um überhaupt eine Industrialisierung des Landes in Gang zu setzen. Denn die private Kapitalarmut hätte zu dieser Zeit wohl kaum zu einem auf privater Basis fußenden wirtschaftlichen Aufschwung geführt. Diese Periode wurde aber – wie die Stagnation seit den späten sechziger Jahren zeigte – viel zu lange ausgedehnt, weil sich natürlich während dreißig Jahren diverse Interessen herausgebildet hatten, dieses für die Wirtschaftsbürokratie und ihre Günstlinge in der privaten Wirtschaft lukrative System beizubehalten. Erst in den neunziger Jahren konnte die Regierung es endlich aufbrechen.

Indiens bürokratisierte Wirtschaft war bekannt für ihre mangelnde Effizienz und fehlende Wettbewerbsfähigkeit. Überwiegend im Staatsbesitz, wirtschafteten die Großunternehmen in einem Schutzraum ohne wesentliche Rücksicht auf ihre Kosten. Die Einfuhr von Fertig-Verbrauchsgütern war verboten und nur mit Ausnahmegenehmigungen möglich, die zu erlangen viel Mühe kostete.

Dass der Staat nicht nur in der Planung, sondern auch in der operativen Führung von Unternehmen die zentrale Rolle spielen musste, hatte gravierende Auswirkungen für die Effizienz. Ein krasses Beispiel dafür bietet das Schicksal der 1932 gegründeten Tata Airlines, das als privates Unternehmen in den ersten Jahrzehnten seiner Existenz außerordentlichen wirtschaftlichen Erfolg hatte und sich glänzend im internationalen Wettbewerb behauptete. Nur kurz nachdem der Staat

Tata Airlines übernommen hatte, ging die Effizienz durch bürokratisierte Entscheidungsgänge und künstlich niedrig gehaltene Flugtarife verloren. Bald war das Unternehmen nur noch durch gewaltige Subventionen im Markt zu halten.

Der »weiche« Staatssozialismus ebenso wie die weltpolitischen Umstände führten zu einer Affinität Indiens zur Sowjetunion. Dieses recht enge Verhältnis, von dem die indische Regierung annahm, dass es der wirtschaftlichen Entwicklung weiterhelfen würde, weil es Märkte und Technologieinput bereitstellte, erwies sich bei näherem Hinsehen als eher schädlich. Denn es vertiefte die bürokratische und wettbewerbsferne Struktur der indischen Wirtschaft, also ihr Grundübel, eher noch. Die indischen Unternehmen, die in die Sowjetunion exportierten, fanden dort einen garantierten Markt für Massenprodukte ohne jegliche Qualitätskontrolle. Sie verloren dadurch gegenüber Konkurrenten, die sich am Weltmarkt bewähren mussten, weiter an Boden.[34]

Der sich vergrößernde Rückstand gegenüber denjenigen Ländern, die konsequent den Weg der Marktreformen gingen, wurde auch von den indischen Eliten bemerkt. Der spektakuläre Erfolg Taiwans, Südkoreas, Singapurs, Malaysias, schließlich auch Thailands und Indonesiens war insoweit schockierend, als Indien sich all diesen kleineren Nachbarn eigentlich überlegen fühlte. Als schließlich auch noch die Volksrepublik China ihr Wirtschaftswunder erlebte, wurde aus der Peinlichkeit ein strategisches Sicherheitsproblem. Unter Premierminister Rajiv Gandhi begann man Mitte der achtziger Jahre zaghaft mit ersten Reformen. Häufig wird angenommen, der Aufschwung der indischen Wirtschaft habe erst mit den Reformen von 1991 begonnen. Tatsächlich steigerte sich das indische Wachstum bereits deutlich von drei Prozent in den siebziger auf 5,7 Prozent in den achtziger Jahren. Allerdings verschleuderte der Staat durch seine Ausgaben, namentlich im Verteidigungssektor und der inneren Sicherheit, die Zuwächse und löste dadurch die Krise aus, die schließlich die Reformen der neunziger Jahre motivierte.[35]

Die Früchte des Ausbildungssystems –
Stärken und Schwächen

Der entscheidende Faktor, der die Reformen so erfolgreich werden ließ, liegt im System höherer Bildung, besser gesagt in dessen Abweichung von der Norm: Großbritannien hinterließ der jungen indischen Demokratie ein Bildungssystem, das auf die Eliten ausgerichtet war. An dieser Struktur krankt es einerseits noch heute. Indische Politiker betonten zwar immer den Vorrang der Alphabetisierung und der Förderung der Unterkasten. Tatsächlich aber behielt die Kongressregierung nach der Unabhängigkeit den Schwerpunkt des britischen Erziehungssystems auf der höheren Bildung bei und vernachlässigte den Grundschulsektor. Als Folge verfügt Indien heute über eine weit überdurchschnittliche Zahl von Wissenschaftlern, Ingenieuren und Technikern, aber über eine unzureichend gebildete und alphabetisierte Durchschnitts-Arbeiterschaft.[36]

Der Trend geht weiter in dieselbe Richtung. Insgesamt steigert Indien seine Bildungsausgaben. Von 1990 bis 2002 stieg ihr Anteil am Bruttosozialprodukt von 3,7 auf 4,1 Prozent (ein mehr als doppelt so hoher Anteil als in unserem Land der Dichter und Denker, wo die Landwirtschaft als Empfänger öffentlicher Mittel so sehr viel wichiger ist als der Wissenssektor, von dem unsere Zukunft abhängt). Aber die Verteilung ist interessant: Der Anteil, der in die Vorschulerziehung und die Grundschule fließt, ist von 38,9 Prozent auf 38,4 Prozent der gesamten Bildungsausgaben zurückgegangen, die Anteile der höheren Bildungsinvestitionen noch einmal von 14,9 Prozent auf 20,3 Prozent gestiegen.[37]

Die indische Elite, die sich überwiegend aus Angehörigen der höheren Kasten zusammensetzt, schreckt gerade auf der lokalen Ebene, die für die Primärerziehung verantwortlich ist, vor der breiten Volksbildung zurück. Es besteht die Furcht, dass eine solide Grundschulerziehung den unteren Kasten und Kastenlosen zu viel Aufwärtsmobilität bringt. Die Volksbildung ist infolgedessen unzureichend, die staatlichen Schulen, vor allem in ländlichen Bezirken, gelten als qualitativ minderwertig.

Trotz dieses Befundes ist der Gesamttrend positiv. Zum Zeitpunkt der Unabhängigkeit konnten weit weniger als die Hälfte der Inder lesen und schreiben. Selbst 1990 waren es noch knapp die Hälfte, nämlich 49,3 Prozent. Heute liegt die Alphabetisierungsquote bei den Erwachsenen bereits bei sechzig Prozent. Unter den Fünfzehn- bis Vierundzwanzigjährigen können bereits 76 Prozent lesen und schreiben, und der Anteil der Schulkinder in der Primärerziehung betrug 2003 84 Prozent aller Schulfähigen. Aber über ein Drittel Analphabeten ist immer noch sehr viel und muss als Hemmnis der Entwicklung gelten. Zum Vergleich: Chinas Analphabetenrate beträgt elf Prozent.[38]

Weitaus eindrucksvoller sieht es andererseits in der höheren Erziehung aus: Indien gab seit der Unabhängigkeit pro Jugendlichem in der höheren Bildung sechs Mal so viel aus wie für die Kinder in der Primärausbildung. Am eindrucksvollsten sind die sieben technischen Hochschulen (Institutes for Technology). Sie enthalten die begehrtesten Ausbildungsplätze des Landes: Nur 1,5 Prozent der Bewerber erhalten dort einen Studienplatz; die Auslese ist dementsprechend selektiv. Der Grund für den gewaltigen Andrang ist die Sicherheit, später einen wohldotierten Arbeitsplatz zu erhalten – in Indien oder anderswo. Diese Hochschulen sind das Rückgrat der schwindelnd machenden Entwicklung der indischen Wirtschaft, vor allem der IT-Industrie.[39]

Eine Zahl dürfte genügen, um die Bedeutung der indischen Investitionen in die höhere Erziehung zu dokumentieren: Jahr für Jahr schließen dort vierhunderttausend Ingenieure ihre Ausbildung ab. Ihre Fähigkeiten bilden nicht nur die Grundlage für nachhaltiges wirtschaftliches Wachstum in Indien. Da viele von ihnen im Ausland – nicht zuletzt in den Vereinigten Staaten – eine Beschäftigung finden, tragen sie auch zur positiven Zahlungsbilanz (durch die Rückflüsse ihrer Einkommen nach Indien) und – politisch noch wichtiger – zum wachsenden strategischen Einfluss Indiens in der Welt bei.

Die Konzentration der indischen Bildungspolitik auf den tertiären Sektor, verbunden mit der Politik der Importsub-

stitution und der starken Rolle des Staates bei den Dienstleistungen, hatte *vor* Beginn der Reformen einen eigenartigen
Effekt, der die weitere Entwicklung entscheidend kanalisiert
hat: Anders als andere Entwicklungsländer mit gleichfalls
großem Angebot an unqualifizierter Arbeit und unzureichen-
dem Angebot an Kapital spezialisierte sich Indien nicht auf
die Massenproduktion billiger Güter. Es wies vielmehr bereits
vor den Reformen einen hohen Anteil von Industrieproduktion mit qualifizierter Arbeit auf. Der Servicesektor hingegen
war im Vergleich zu Ländern mit ähnlichem Entwicklungs-
stand noch völlig unterentwickelt, weil der Staat privates
Kapital nicht zuließ. Mit diesen Rahmenbedingungen und
dem ständig weiterlaufenden Output qualifizierter Arbeiter,
Techniker und Ingenieure bestanden die Voraussetzungen für
den besonderen Entwicklungspfad, den Indien durch den Re-
formschub nahm, als die Entstaatlichung des Servicesektors
die Kräfte des privaten Unternehmertums freisetzte.[40]

Die Reformen

Aber es bedurfte einer katastrophalen Zahlungsbilanzkrise
wenige Jahre nach der Ablösung Radjiv Gandhis als Premierminister, um wirklich energische Schritte vorwärts zu
unternehmen: Zwischen 1980 und 1990 wuchsen die Aus-
landsschulden Indiens um 350 Prozent auf mehr als siebzig
Milliarden US-Dollar, das Zahlungsbilanzdefizit vervierfachte
sich auf 9,3 Milliarden US-Dollar, während die Reserven an
Hartwährungsdevisen sich auf 5,6 Milliarden US-Dollar hal-
bierten. Ausgelöst wurde die Reform dann durch den Golfkrieg 1990/1991, der kurzfristig die Erdölpreise verteuerte
und Indien zugleich nötigte, 130 000 indische Arbeiter aus
den Golfstaaten aufzunehmen, deren Überweisungen jetzt
nicht mehr zur Erhöhung der indischen Hartwährungsreser-
ven zur Verfügung standen.[41] Als die Reserven Mitte 1991
auf eine Milliarde US-Dollar abgesackt waren, schritt der Fi-
nanzminister der Regierung Rao, Manmohan Singh, zur Tat.
Er konnte sich dabei der Unterstützung einer neuen Gene-

ration von Wirtschaftswissenschaftlern, Unternehmern und Managern gewiss sein, die sich von den Dogmen der Gründerväter nicht mehr beeindrucken ließen. Die meisten von ihnen hatten in den USA oder Großbritannien Economics studiert. Die fundamentalen Schwächen der indischen Volkswirtschaft waren ihnen ebenso bewusst wie deren Ursachen. Ihr eigenes Fortkommen und das Wohl ihres Landes sahen sie von der Stagnation akut bedroht. Diese breite Unterstützung der Reformen veranlasste auch die von der hindu-nationalistischen BJP-Partei nach 1998 geführte Regierung, die Reformen weiterzutreiben. Die Reformfreudigkeit der BJP-Regierung war umso erstaunlicher, als sie noch in den neunziger Jahren das Prinzip der Autarkie (swadeshi) propagiert und sich gegen ausländische Produkte auf dem indischen Markt ausgesprochen, also eine entschieden antiliberale Positionen eingenommen hatte.[42]

Der Staat zog sich nun aus einer Reihe von Wirtschaftszweigen zurück und privatisierte seine Unternehmen. Hindernisse für Unternehmensaktivitäten und Auslandsinvestitionen wurden abgebaut. Im Klartext: Die Regierung öffnete alle Sektoren bis auf die Kernenergie und die Eisenbahnen für private und für ausländische Beteiligungen. Zum Ende des Jahrzehnts wurde auch der Versicherungssektor geöffnet und etwa gleichzeitig die Telekommunikation. Auch erleichterte Neu-Delhi direkte Kontakte indischer Privatfirmen zu ausländischen Partnern und ermöglichte den Zugang zu ausländischem Kapital. Selbst die indische Arbeitsgesetzgebung, eine der bürokratischsten und restriktivsten der Welt, wurde behutsam entschlackt (hier bleibt allerdings noch viel zu tun). Die allgegenwärtigen Subventionen, eine der Hauptursachen für das horrende Staatsdefizit, wurden zurückgefahren; für Strom und andere Energieprodukte, für Düngemittelproduktion, Zuckerproduktion und Exporte wurden sie ganz eingestellt. Zuschüsse zu Staatsunternehmen baute Manmohan Singh energisch ab. Die überbewertete Rupie wurde leicht abgewertet, ihr Wert fortan durch die Marktkräfte bestimmt. Die Staatsunternehmen, soweit noch vorhanden, erhalten seither keinen Defizitausgleich mehr und sind dem Wettbewerb privater Anbieter ausgesetzt. Die Sonderstellung von Kleinunternehmen, denen die Produktion bestimmter Waren (etwa Kleidung und Lederwaren) vorbehalten war (ein Ergebnis von Gandhis Bevorzugung kleinteiligen Unternehmertums und der Klientelpolitik der Kongresspartei), entfiel. Auf Genehmigungsverfahren für die meisten Importe verzichtete die Regierung, ebenso auf die meisten quantitativen Exportbeschränkungen.[43] Investitionen aus dem Ausland machte man attraktiver − Indien ist ungeheuer kapitalhungrig, vor allem wegen des Nachholbedarfs in seiner Infrastruktur. Die quälenden Genehmigungserfordernisse für Investitionen wurden gestrafft und auf Fragen der Sicherheit und Umweltverträglichkeit konzentriert. Die zuvor gesetzlich vorgeschriebenen öffentlichen Investitionsanteile in vielen strategisch wichtigen Industrien wurden vermindert.[44]

Wie China beginnt nun auch Indien mit Sonderwirtschaftszonen zu experimentieren. Heute gibt es fünfzehn dieser streng gegen den Binnenmarkt abgeschirmten Gebiete, die Zahl soll auf 148 wachsen. Dort angesiedelte Unternehmen müssen fünf Jahre keine Steuern auf Ausfuhrgewinne zahlen, fünf weitere Jahre nur fünfzig Prozent des Normalsteuersatzes. Vorprodukte und Maschinen dürfen sie zollfrei importieren. Eine einzige Behörde regelt das gesamte Zulassungsverfahren. Wer dort investieren will, muss also nicht von Pontius zu Pilatus laufen, um seine Genehmigung zu erhalten.[45]

Im Zuge der Reformen wurde der Verteidigungshaushalt zurückgefahren, der in den achtziger Jahren im Zuge der diversen militärischen Aktionen, mit denen die »Indira-Doktrin« untermauert werden sollte, ständig gewachsen war. Innerhalb von acht Jahren fiel sein Anteil am Bruttosozialprodukt von vier Prozent auf 2,4 Prozent (1993/94), noch bevor das durch die Reformen ausgelöste wirtschaftliche Wachstum für eine weitere Schrumpfung des relativen Anteils bis auf 2,1 Prozent (2003) sorgte. Mit der Eindämmung der Militärausgaben war eine wesentliche Quelle des öffentlichen Defizits unter Kontrolle.[46] Ein bleibendes Handicap ist das mit vier bis fünf Prozent am BSP sehr hohe Staatsdefizit dennoch.

Indien bezahlt immer noch zu viel für seine Bürokratie.

Schwerer ins Gewicht fällt jedoch die Tatsache, dass der Staat ein zu geringes Steuereinkommen hat. Zwar stechen die Steuersätze nicht aus dem Durchschnitt vergleichbarer Länder heraus. Aber die Zahl der Vergünstigungen und Ausnahmen ist unübersehbar, und die Steuerverwaltung ist ausgesprochen ineffizient, so dass viele Steuerpflichtige sich um ihre Zahlungen drücken können. Vor der Steuerreform sollen überhaupt nur zwei Prozent der indischen Bevölkerung Lohn- beziehungsweise Einkommenssteuer gezahlt haben. Mit drei- ßig Prozent ist der Spitzensteuersatz einigermaßen moderat. Kurioserweise erweist sich das Steuersystem dennoch als ein Hemmnis für wirtschaftliches Wachstum. Zum einen gibt es eine verwirrend hohe Zahl von indirekten Steuern auf bun- desstaatlicher, einzelstaatlicher und lokaler Ebene, darüber hinaus erheben die einzelnen Staaten auch noch Steuern auf den Handel, der die *inner*indischen Staatsgrenzen überschrei- tet. Zum anderen führt das unüberschaubare Geflecht von Sonderregelungen und Ausnahmen zu Ungleichheiten in der Belastung, die den Wettbewerb verzerren. So sind beispiels- weise kleinere Unternehmen, die schwerer Zugang zum Ka- pitalmarkt finden und daher für Investitionen auf die eigenen Gewinne zurückgreifen müssen, steuerlich stärker belastet als solche, die ihre Investitionen aus Krediten bestreiten.

Eine Steuerreform ist zur Zeit in vollem Gange. Sie soll eine landesweite Mehrwertsteuer auf Güter und Dienstleistungen einführen und so eine Schneise ins Steuergewirr schlagen; andere indirekte Steuern sollen im Gegenzug entfallen. Die Steuerverwaltung soll durch die flächendeckende Nutzung elektronischer Datenverarbeitung wirksamer werden, außer- dem sollen es die Steuerzahler dadurch einfacher haben. Die Körperschaftssteuer wird sinken, eine Reihe von Ausnahme- regelungen verschwinden. Die Reformschritte haben seit 2004 bereits erste Erfolge gezeitigt und scheinen der Union ebenso wie den zum Teil hochdefizitären Bundesstaaten die Chance auf eine Konsolidierung zu öffnen. Und es gibt noch Raum für weitere Steuerreformen. Denn eine Reihe von Ausnahme- tatbeständen gilt immer noch. Auch die ungleiche steuerliche Behandlung von Investitionen aus Eigenmitteln und solchen aus Krediten wird nicht beseitigt. Fällig ist zudem eine Besteuerung von Einkommen aus der Landwirtschaft; der hohe Freibetrag, oberhalb dessen die Steuerpflicht erst einsetzt, sollte genügen, um die große Zahl der armen Bauern vor dem armutsverstärkenden Zugriff des Fiskus zu schützen.

Die Reformen sollten zu Ende des Jahrzehnts zu einer deutlichen Steigerung der Staatseinnahmen führen und zugleich die Belastung von Investitionen senken. Wettbewerbliche Verzerrungen durch das Steuersystem gehen zurück, ohne vollständig zu entfallen. Damit entsteht zunächst einmal ein Wachstumsschub, und es bleiben Reserven, die Aussicht auf eine weitere wirksame Steuerreform geben.[47]

Die Liberalisierung bewegt sich allerdings nur schrittweise voran. Immer noch wird deshalb Kritik laut, die Reformen gingen zu langsam und seien nicht weitreichend genug. Das zögerliche Tempo hat seine Ursache im politischen Koalitionswesen. In der gegenwärtigen Regierung von Premierminister Manmohan verfolgen beispielsweise die Kommunisten die Pläne des Premiers, ausländische Anteile an Versicherungsgesellschaften von 26 Prozent auf 49 Prozent zu erhöhen, mit Misstrauen. In BJP-geführten Regierungen fällt es schwer, den Einzelhandelsmarkt zu liberalisieren, da die Millionen von Kleinhändlern, eine wichtige Klientel der Hindu-Partei, vor einem derartigen Wettbewerb Angst haben: 98 Prozent der Umsätze im Einzelhandel werden von Familienunternehmen erzielt. Neuerdings ist es ausländischen Unternehmen möglich gemacht worden, einen Anteil von 51 Prozent an Handelsunternehmen zu erwerben, die die Produkte einer einzelnen Markenfirma vertreiben. Die Supermarktbranche bleibt also zunächst für indische Unternehmen reserviert. Pantaloon und Trent beherrschen sie gegenwärtig, aber Reliance und Airtel drängen ebenfalls auf diesen Markt. Eine Revolutionierung des indischen Einzelhandels scheint bevorzustehen.[48] Es zeigt sich also, dass der regelmäßige Koalitionswechsel dazu führen kann, die Verkrustung immer neuer Sektoren aufzubrechen – je nachdem, wer die Klientel der jeweils Regierenden ist.

Software-Riese Indien:
Die Leitbranchen des Wachstums

Indiens Servicesektor ist der am schnellsten wachsende Teil der Wirtschaft, das heißt, das indische Wachstum ist modernster Natur. Es begann mit einer Entscheidung des Technik-Enthusiasten Rajiv Gandhi im Jahre 1984, also kurz nach seinem Amtsantritt, diesen Wirtschaftssektor exemplarisch zu liberalisieren. Gandhi hat sicher als Regierungschef viele Fehler gemacht. Diese Entscheidung war jedoch schicksalhaft positiv für die Entwicklung seines Landes. 1990 wurde ein »Software Technology Park« bei Bangalore als Freihandelszone etabliert. Danach wuchs die Softwareindustrie in den neunziger Jahren mit Raten von fünfzig Prozent pro Jahr. Ihre Wertschöpfung wird bald mehr als hundert Milliarden US-Dollar im Jahr betragen, wobei mehr als die Hälfte davon im Exportgeschäft erzielt wird. Die Software-Engineering-Industrie wird in dem Index SEI-CMM regelmäßig bewertet. Von denjenigen Unternehmen, denen dieser Index weltweit den höchsten Standard (Stufe 5) bescheinigt, sind zwei Drittel aus Indien.[49]

An dieser Stelle ist es sinnvoll, einmal exemplarisch den Blick auf indische Unternehmen zu werfen, die gewissermaßen stellvertretend den Auf- und Durchbruch verkörpern. Als Erstes fällt einem dabei natürlich *Infosys* ein, eine der bedeutendsten und am schnellsten wachsenden Softwarefirmen der Welt. Das Hauptquartier in Bangalore befindet sich auf einem acht Hektar großen Grundstück, auf dem sechzehntausend Menschen arbeiten, die sich zwischen den Gebäuden mit Fahrrädern und Golfkarren hin und her bewegen. Gemeinsam von einem Moslem (Aziz Premj) und einem Hindu (Narayana Murthy) mit gerade einmal 500 Beschäftigten und zehn Millionen Umsatz gegründet, verkörpert *Infosys* neben dem blanken wirtschaftlichen Erfolg den Brückenschlag, den das Wachstum zwischen den beiden bedeutendsten Bevölkerungsgruppen des Landes schlagen kann. *Infosys* beschäftigt weltweit 50 000 Angestellte und machte 2005 einen Jahresumsatz von 1,6 Milliarden US-Dollar, wovon 98 Prozent im

Ausland verdient wurden. Bemerkenswert ist auch, dass nicht weniger als vierhundert *Infosys*-Angestellte Dollar-Millionäre sein sollen. [50]

Die Firma *Genpact*, deren Hauptquartier sich in Gurgaon nahe bei Delhi befindet, ist ein eindrucksvolles Beispiel dafür, mit welcher Entschlossenheit indische Unternehmer Marktlücken erkennen. Es ist eines der größten Callcenter der Welt. Schwerpunkte der Tätigkeit sind Kreditgesuche und Marktrecherchen, vorwiegend für große amerikanische Unternehmen. Anfang 2006 arbeiteten dort annähernd dreizehntausend Menschen, und das Unternehmen wuchs mit unglaublichen zehn Prozent – pro Monat! Die Angestellten werden überwiegend in indischen Kleinstädten rekrutiert, für sie bedeutet der Job bei *Genpact* einen unvorstellbaren sozialen und kulturellen Aufstieg. Mit entsprechendem Enthusiasmus stürzen sie sich in das anspruchsvolle Training: Denn sie müssen lernen, auf die Bedürfnisse von kulturell völlig anders eingeordneten Gesprächspartnern einzugehen: von Amerikanern nämlich. Der phänomenale Erfolg des Unternehmens zeigt, wie gut die jungen Inder und Inderinnen mit dieser schwierigen Aufgabe umgehen, und er zeigt im Übrigen auch, wie wirtschaftliche Anreize und wirtschaftliche Interdependenz die Schwierigkeiten im Dialog der Kulturen überwinden helfen können. [51]

Genpact steht damit für den vielleicht wichtigsten Wachstumssektor der indischen Volkswirtschaft: für das kostengünstige Outsourcing von Diensten, das Firmen im Ausland in Anspruch nehmen. Weltweit befinden sich 44 Prozent der auslandsverlagerten Dienstleistungen in Indien – von der outgesourcten Buchhaltung bis zum Callcenter. Für IT-Arbeiten sind es gar zwei Drittel. Das Spektrum des Outsourcing ist enorm breit: Beim Dienstleister *Brickwork* in Bangalore werden etwa Reden für amerikanische Senatoren geschrieben, Marktanalysen erstellt und vergleichende Studien über die Abhörpraxis amerikanischer Bundesstaaten gefertigt. [52]

Heute arbeiten bereits 700 000 Inder im Dienstleistungssektor. Innerhalb der nächsten Jahre erwartet man eine Verdreifachung dieser Zahl. Ursache für diese Aussichten sind die günstigen Arbeitskosten. Ein Softwareentwickler in Indien kostet nur etwas mehr als zehn Prozent einer vergleichbaren Arbeitskraft in Deutschland. In Indien ist das immer noch ein gutes mittelständisches Gehalt, wenngleich sich voraussagen lässt, dass die Ansprüche und damit auch die Gehälter steigen werden und sich die Wettbewerbsmarge verringern wird. Chinesische Informatiker sind zwar billiger, aber Indien besitzt einen Erfahrungsvorsprung in der Software-Entwicklung, der das vorerst noch ausgleicht. Zusätzlich bietet Indien den Vorteil, dass Englisch (fast) Muttersprachenstatus besitzt. Allerdings ist der IT-Sektor in Indien in der Breite unterentwickelt: Die Pro-Kopf-Nutzung von PCs liegt weit unter der Chinas: Nur siebzehn von tausend Indern nutzen das Internet. Allerdings startete man 1990 von null, und ein Zuwachs von achtzehn Millionen Nutzern ist andererseits auch imponierend. Indien ist im Unterschied zu China im Hardware-Sektor, einschließlich der Chip-Produktion, kaum präsent. Für Indien ist der IT-Bereich bislang reine Außenwirtschaft; der innere Markt ist ganz unterentwickelt. Das kann sich entweder als nachteilig oder auch als gewaltige Wachstumsreserve herausstellen.[53]

Der »Strahleffekt«:
Indiens Wachstum in der Breite

Die Softwareindustrie ist der Motor des indischen Wirtschaftswachstums. Das hat inzwischen längst andere Sektoren erfasst. In der Biotechnologie beispielsweise marschiert Indien zur Spitze vor, nachdem auch dieser Sektor liberalisiert und ausländische Anteile in Höhe von 74 Prozent genehmigungsfrei zugelassen wurden. Genehmigungsvorbehalte gibt es noch bei der Herstellung und dem Vertrieb von laborerzeugten DNA-Produkten, Preiskontrollen bei einigen Medikamenten wie Insulin.

In Asien spielt die indische Biotech-Industrie in einer Liga mit Japan, Singapur, Taiwan und Korea, also den erfolgreichsten asiatischen Ökonomien.[54] Die Umsätze der indischen Biotechindustrie haben 2005/2006 erstmals die Schallmauer von einer Milliarde US-Dollar überschritten (exakt 1,07 Milliarden) und damit ein Wachstum von 37 Prozent verzeichnet. Drei Viertel der 150 aktiven Firmen in diesem Sektor sind erst seit der Jahrhundertwende entstanden; wie die IT-Industrie hat auch sie ihren regionalen Schwerpunkt im Nordwesten und Süden Indiens, mit der größten Konzentration in Karnataka, wo Bangalore liegt.

Die Wettbewerbsfähigkeit der indischen Biotechindustrie zeigt sich daran, dass Exporte 53 Prozent des Branchenumsatzes ausmachen. Die Branchenführer *Biocon*, *Panacea Biotec* und *Wipro Health Science* sind auf dem internationalen Markt bestens positioniert. Spektakulärster Erfolg ist das Patent für einen rekombinanten Impfstoff gegen Hepatitis B. Wie im IT-Sektor hat sich auch in der Biotech ein schnell wachsendes Segment von Unternehmen gebildet, das Serviceleistungen für auswärtige Auftraggeber ausführt, von der Forschung bis zum Test von Medikamenten. Vom rasanten Fortschritt der Biotechnologie profitiert die Pharmabranche, die inzwischen Weltklasse erlangt hat, wofür beispielsweise das weltweit aktive Unternehmen *Dr. Reddy's* steht.

Die Regierung hilft dem Wachstum der privaten Industrie durch ein breit gefächertes Forschungs- und Entwicklungsprogramm, das von exzellenten Forschungszentren getragen wird. Ein Beirat, der sich aus Fachleuten indischen Ursprungs aus Übersee zusammensetzt, unterstützt die 1986 gegründete Abteilung für Biotechnologie des Ministeriums für Wissenschaft und Technologie. Bis 2010 sind zehn neue Biotech-Parks mit einer Million Arbeitsplätzen geplant.[55]

Anders als das umstrittene Kernenergieprogramm schreitet die indische Raumfahrt nach Plan voran, ein weiteres Symbol des technischen Fortschritts im Lande. Indiens 1969 gegründete Indian Space Research Organisation (ISRO) hat in drei Schritten ein leistungsfähiges, vierstufiges Trägersystem hervorgebracht, mit dem Satelliten mit einem Gewicht von 1000 Kilogramm in Umlaufbahnen, einschließlich eines geostationären Orbits, verbracht werden können. ISRO konnte europäische Kunden gewinnen; ein deutscher und ein belgischer Satellit wurden in die Umlaufbahn gebracht. ISRO hat sich damit auf dem Markt für das Aussetzen von Satelliten als wettbewerbsfähig erwiesen (umgekehrt hat die europäische Ariane-Rakete acht indische Satelliten im Weltraum abgesetzt). Das Raumfahrtprogramm bietet in seiner Abteilung »INSAT« Dienstleistungen in der Kommunikation, der meteorologischen Beobachtung und der flächendeckenden Ausstrahlung von Fernsehkanälen. Eine andere Abteilung erfasst systematisch aus dem Raum Daten über die natürlichen Ressourcen Indiens und verbindet diese Daten mit anderen, auf dem Boden gewonnenen Informationen, um so ein vollständiges Lagebild über die einheimischen Rohstoffe zu gewinnen. Das zivile und das militärische Raumprogramm arbeiten eng verzahnt. Das ist von Bedeutung, weil die Fähigkeit, leistungsstarke Weltraumträger hervorzubringen, darauf hinweist, dass Indien in absehbarer Zeit auch über Interkontinentalraketen verfügen und damit seine nuklearen Trägersysteme »großmachtfähig« erweitern wird. Die Verquickung beider Aufgabenbereiche hat allerdings gelegentlich die zivile Raumfahrt behindert, da den indischen Einrichtungen unter den Embargovorschriften des Missile Technology Control Regimes Technologien aus westlichen Ländern unzugänglich blieben. Diese Regelung verbietet den Export von Raketen, größeren Komponenten sowie Raketentechnologie an Staaten, die dem Regime nicht angehören.[56]

In konventionellen Wirtschaftsbranchen ist das Land inzwischen gleichfalls präsent. So ist Indien die Heimat des größten Stahlkonzerns der Welt, *Mittal Steel*, der 2005/2006 durch spektakuläre Übernahmeoperationen in Europa *(Arcelor)* von sich reden machte. Die lange Zeit unproduktive indische Automobilindustrie hat inzwischen gleichfalls Wettbewerbsfähigkeit erreicht. In den letzten beiden Jahren ist sie mit 15 und 16 Prozent gewachsen, der Export sogar mit fünfzig Prozent.[57] Neuerdings wird planmäßig der Aufbau einer Zulieferindustrie für Autoteile betrieben. Unternehmen wie *Bajaj* (Motorräder) oder *Crompton Greaves* (Elektroprodukte, Schaltanlagen) haben in den letzten Jahren gleichfalls Erfolgsgeschichte geschrieben und sind Aufsteiger an der indischen Börse. Die Industriekonglomerate *Reliance Indus-tries* (Energie), *Birla* und *Tata* zählen zu den größten Mischkonzernen der Welt. *Reliance*, Eigentum des Clans *Ambani*, hat in Jamnagar die größte und sauberste Raffinerie der Welt mitten in eine grüne Landschaft gestellt – ein Referenzprojekt für die umweltverträgliche Rohölverarbeitung und ein Gegenbild zum Klischee vom »schmutzigen Indien«. »Bollywood«, Indiens Filmindustrie, ist heute produktiver als der Namensvetter im fernen Kalifornien: Achthundert Spielfilme pro Jahr drehen die Filmemacher im und um das Zentrum Mumbai. Immerhin 4,5 Milliarden US-Dollar Umsatz werden dabei eingespielt. Viel bedeutsamer ist jedoch wohl die Einwirkung, die die Produkte auf die Identitätsbildung der Inderinnen und Inder nehmen.[58]

Diese Beispiele zeugen von Entwicklungen auf breiter Linie, die nicht mehr, wie in den fünfziger Jahren, auf staatlichen Entscheidungen fußen, sondern von einem selbstbewussten, aktiven und kreativen Unternehmertum angetrieben werden. Indische Unternehmen orientieren sich am Weltmarkt, haben aber das große Binnenmarktpotential fest im Blick. Das Entwicklungspotential ist weiterhin enorm. Aber nicht alle Standortbedingungen sind für die weitere Entwicklung günstig.

Infrastruktur –
Flaschenhals der Entwicklung?

Ein fühlbares Wachstumshemmnis bleibt die unzureichende Infrastruktur. Das Straßensystem ist marode. Indien hat bei einer neunmal so großen Fläche nur ein Viertel der deutschen Autobahnlänge. Seine Eisenbahnen sind notorisch überlastet und überfüllt, seine Flughäfen zählen zu den ineffizientesten und noch dazu den unsichersten der Welt. In den Häfen ist die Abfertigung schleppend, der Lagerraum ist zu begrenzt, die Ladeanlagen sind veraltet. Die Energieversorgungsunternehmen bringen keine unterbrechungsfreie Stromzufuhr zustande. Zehn bis fünfzehn Prozent der Arbeitszeit gehen durch Infrastrukturfehler verloren – ein enormer Verlust für die Volkswirtschaft des ehrgeizigen Landes.[59]

Andererseits bietet die Reparatur der Infrastruktur auch ein immenses Potential für Investition, Arbeitsplätze und Wachstum – wie überhaupt viele der Entwicklungsdefizite Indiens in heutigem Licht eher als vielversprechendes Wachstumspotential denn als Schwäche erscheinen. Mit den zunehmenden Steuereinnahmen und der parallelen Privatisierung gewisser Infrastruktursektoren kann hier ein neuer Boomsektor entstehen. Premierminister Manmohan Singh möchte in den nächsten Jahren 120 Milliarden US-Dollar in die Infrastruktur investieren und zusätzlich 150 Milliarden US-Dollar Investitionen aus dem Ausland anziehen – die Zahlen verdeutlichen beides, das Ausmaß der Herausforderung und das immense Wachstumspotential. Die Regierung geht dabei neue Wege: Die vier größten Flughäfen des Landes, Delhi, Mumbai, Chennay und Kolkata (Kalkutta) werden privatisiert. Die neuen Großflughäfen Hyderabad und Bangalore werden gleich in privater Regie errichtet.

Die Eisenbahnen – eine der infrastrukturellen Schwachstellen – bleiben auf absehbare Zeit das bei weitem wichtigste Transportmittel des Landes, für den Waren- ebenso wie für den Personenverkehr, mit täglich 15 Millionen Passagieren. In den letzten fünfzehn Jahren wuchs das Streckennetz lediglich um ein Prozent (zum Vergleich China: 29 Prozent), und der veraltete Wagen- und Lokomotivenbestand wurde gleichfalls nicht erneuert. Auch in diesem kritischen Infrastruktursektor scheint sich jetzt etwas zu tun: Bezeichnend für den neoliberalen Geist, der die indische Wirtschaftsreform durchweht, hat man zunächst damit begonnen, den Service in der ersten Klasse auf internationalen Standard zu bringen. Es geht der Geschäftsführung darum, im zahlungsfähigsten Kundensegment wieder wettbewerbsfähig zu werden mit dem rapide wachsenden Angebot der indischen Billigflieger. Man hofft, dass sich von dieser Innovation aus ein Top-Down-Effekt auch für die anderen Fahrgastklassen ergeben wird.[60]

Unter allen Infrastruktursektoren ist die Energiewirtschaft ihrer strategischen Wichtigkeit und Ausstrahlung auf die Außen- und Sicherheitspolitik wegen einer ausführlichen Betrachtung wert. Erfahrungsgemäß wächst der Energieverbrauch in der Take-off-Phase wirtschaftlicher Entwicklung stärker als das Bruttosozialprodukt. Für die indische Volkswirtschaft ist es daher durchaus zu erwarten, dass der Bedarf an Energieressourcen im kommenden Jahrzehnt jährlich um bis zu zehn Prozent zunimmt – die häufig genannte Zahl von fünf bis sechs Prozent scheint viel zu tief gegriffen. In einer Wirtschaft, die einen Schwerpunkt im Servicesektor hat, wird dabei die Nachfrage nach Elektrizität noch stärker zunehmen als diejenige nach anderen Energieformen (Raumheizung, Prozesswärme, Transport).

Im vergangenen Jahrzehnt stieg der indische Erdölbedarf beständig. Indiens Reserven von etwa sechs Milliarden Fass stellen nur 0,5 Prozent der Welterdölreserven dar. Die Inlandsproduktion deckt weniger als dreißig Prozent des Verbrauchs ab. Der wachsende Rest muss importiert werden. Zwei Drittel davon kommt aus Westasien, aber Indien bemüht sich um größere Diversifizierung. Dennoch war Indiens Anteil am Anstieg der weltweiten Nachfrage seit 1999 nur ein Sechstel des chinesischen und die Hälfte des amerikanischen. Darin spiegelt sich der hohe Anteil des wenig energieintensiven Dienstleistungssektors am indischen Wachstum und auch die geringe Zahl der Autos im Land. Nun dürfte aber in den kommenden Jahren sowohl die Industrieproduktion wie auch die Zahl der Autobesitzer kräftig wachsen – und damit auch der Bedarf an Erdöl. Die Preise der Erdölprodukte sind staatlich kontrolliert und stellen eine Subvention der staatlichen Erdölgesellschaften an die Verbraucher dar; das lässt sich kurzfristig aus politischen Gründen schwer ändern, denn flüssiges Petrolgas und Kerosin sind lebensnotwendige Konsumgüter armer Haushalte, die eine Anpassung an geltende Marktpreise nicht verkraften könnten.[61]

Eine tiefgreifende Modernisierung des gesamten Energiesektors steht an. Nur etwa zwei Drittel der Energieversorgung sind in den modernen Wirtschaftskreislauf einbezogen: Viele Dörfer sind noch nicht elektrifiziert, hängen an keinen Pipelines und werden auch nicht über die Straße mit modernen

Energieträgern versorgt. Sie nutzen traditionelle Ressourcen wie Feuerholz und organische Abfälle. Deren Erneuerbarkeit (Holz) lässt durch Übernutzung nach, und das Verbrennen dieser Ressourcen schafft CO_2-Emissionen.

Am größten ist der Investitionsbedarf in der Elektrizitätswirtschaft. Der indische Stromverbrauch pro Kopf stieg von 173 Kilowattstunden 1980 auf 569 Kilowattstunden im Jahre 2002. Hier hinkt der Ausbau seit Jahrzehnten dem Bedarf hinterher, Pläne sind stets untererfüllt worden. Ineffektives Management und unzureichende Instandhaltung führen dazu, dass die Auslastung weit hinter den Möglichkeiten zurückbleibt: Indiens Kraftwerke produzierten in der Vergangenheit nur die Hälfte ihrer nominalen Kapazität. So kommt es immer wieder zu Stromausfällen, vor allem in Zeiten des Spitzenverbrauchs. Sie kosten Indien nach Schätzungen zwischen ein und drei Prozent seines Bruttosozialprodukts jährlich und stehen so einem noch robusteren Wachstum im Wege. Infolgedessen hat man auch diesen Sektor für ausländische Investitionen geöffnet. Allerdings haben Teile der indischen Wirtschaftsbürokratie die Notwendigkeit des rapiden Wandels noch nicht eingesehen und legen investitionswilligen Energieunternehmen überflüssige Hindernisse in den Weg.[62]

Die Privatisierung der Kohlebergwerke hat diese notorisch ineffiziente Branche gründlich reformiert. Bis zu den Reformen waren sie in der Hand der *Coal India Limited*, einer gigantischen Staatsholding, und ihrer acht regionalen Töchter. Die Folge: ein Überhang an Personal, geringe Produktivität, unzureichende Transport-Infrastruktur. Mittlerweile ist die Industrie dereguliert, die Preise sind liberalisiert, die Verteilungsstruktur wurde privatisiert und neue Bergwerke sind für private, auch ausländische, Investitionen geöffnet. Dort wird jetzt Kohle zu wettbewerbsfähigen Preisen produziert. Die Überholung der Hochspannungsleitungen im Land, die in vollem Gange ist, ermöglicht es überdies, die Kraftwerke nahe den Bergwerken zu bauen und nicht die Kohle, sondern den Strom über Land zu transportieren.[63]

Kohle ist der einzige fossile Energieträger, von dem Indien über große Vorkommen im Lande verfügt. Seine Vorräte sind die fünftgrößten der Welt. Mit Kohle bestreitet Indien ungefähr zwei Drittel seines Primärenergieaufkommens und knapp drei Viertel der Elektrizitätsproduktion (volle 82 Prozent der Stromerzeugung beruhen auf fossiler Energie). Allerdings hat das auch eine weiträumige Luftverschmutzung und den Ausstoß von Treibhausgasen zur Folge: Zwei Drittel der Emissionen stammen aus Indiens Kohlekraftwerken. Es wird damit gerechnet, dass Indien im Jahre 2020 die USA und Europa bei einem Pro-Kopf-Energieverbrauch von nur fünf Prozent des amerikanischen Verbrauchs in der Emission von Schwefel- und Kohlendioxyd übertreffen wird. Bereits zwischen 1980 und 2002 hat sich der CO_2-Ausstoß pro Kopf mehr als verdoppelt. Der Anteil weltweit beträgt heute mehr als fünf Prozent – mit steigender Tendenz. Hier besteht immenser Handlungsbedarf. Umweltpolitik hat augenblicklich in Indien keine hohe politische Aufmerksamkeit. Die Politik konzentriert sich vielmehr darauf, den wirtschaftlichen Wandel voranzutreiben, den Wohlstand zu mehren und Indiens Weltgeltung zu erhöhen. Damit entstehen jedoch mittelfristig wirksame neue Risiken für den indischen Wohlstand.

Weitaus sauberer, wenn auch ökologisch nicht völlig unbedenklich – wegen des Landschaftsverbrauchs und wegen der Einwirkung der Eindämmung von Flüssen auf den Wasserhaushalt des Landes – ist die Wasserkraft, eine der größten Ressourcen des Landes.[64] Neben dem Erdgas hat die Hydroelektrik in den beiden letzten Jahrzehnten den größten Zuwachs an Kapazität beigetragen. Wasserkraftwerke stellen etwa ein Fünftel der Stromerzeugungskapazität von knapp über hundert Gigawatt (entspricht einer Million Kilowatt) bereit. Das Potential liegt drei- bis viermal höher und wird auf bis zu 84 Gigawatt geschätzt. Im Unterschied zu früher ist keine Genehmigung durch die Zentralregierung mehr vorgeschrieben, wenn die geplante Kapazität eines Wasserkraftprojekts unter 250 Megawatt liegt.

Die wichtigsten Ressourcen liegen in den Bergen des Himalaya; das sorgt jedoch auch wieder für politischen Zündstoff, da die Unterlieger der Bergflüsse sich Sorgen machen, dass indische Staudämme ihnen buchstäblich das »Wasser abgraben«

könnten. So haben Kraftwerkspläne im indischen Kashmir zum Streit mit Pakistan geführt, das um den Zufluss zum Indus, seiner landwirtschaftlichen Lebensader, fürchtet und behauptet, Indien bereite den Bruch des Indus-Wassernutzungsabkommens vor, einer der wenigen kooperativen Errungenschaften zwischen den beiden südasiatischen Streithähnen.

Die Kernenergie ist trotz immenser Investitionen stets hinter dem Plan zurückgeblieben. Das nukleare Establishment hat viel versprochen und wenig gehalten, dabei allerdings unter dem Handicap von Kooperations-Boykotten gelitten, weil Indien auf die Kernwaffenoption nicht verzichtet hat. Indien setzt langfristig auf den Thorium-Kreislauf: Mit Hilfe von Plutonium soll in Brutreaktoren aus Thorium – dem einzigen nuklear nutzbaren Rohstoff, bei dem Indien über reiche Reserven verfügt – das spaltbare Uran-Isotop U 233 erzeugen, das dann als Brennstoff in Reaktoren eingesetzt werden soll. Indien will langfristig bis zu sechzig Prozent seines Stroms in Kernkraftwerken erzeugen. Bislang sind es gerade zwei Prozent. Da die Nuklearindustrie als einziger Teil des Energiesektors nach wie vor staatseigen und von jeder Transparenz abgeschottet ist, bleibt es höchst zweifelhaft, ob die erforderliche Effizienz erreicht werden kann. Die Geheimniskrämerei geht so weit, dass Informationen über Störfälle durch den »Official Secrets Act« gesetzlich »top secret« sind. Ob das neue amerikanisch-indische Nuklearabkommen zu einer nachhaltigen Änderung der Lage führt, bleibt abzuwarten. Die indische Nuklearbürokratie jedenfalls ist emsig darum bemüht, den eigenen Nimbus und die exklusive Stellung im Entscheidungsprozess zu bewahren. Vor schmerzlichen Einschnitten in ihren Haushalt hat sie diese Position seit 1990 allerdings nicht bewahrt.

Im Gegensatz zum Nuklearsektor sind nun auch die Raffinerien für Auslandsinvestitionen geöffnet, denen die besondere Aufmerksamkeit des 2000 gegründeten US-India Oil and Gas Forum gilt. Diese Politik hat sich bereits ausgezahlt. Der Zubau von Raffinerien in Indien hat im letzten Jahrzehnt ein Viertel des weltweiten Zuwachses an Raffineriekapazität ausgemacht. Infolgedessen tritt Indien heute als Exporteur von Erdölprodukten auf, womit es gelang, die Auswirkungen des starken Rohölpreisanstiegs auf die eigene Volkswirtschaft zu dämpfen. Mithilfe der genannten Vereinigung privater amerikanischer und indischer Unternehmer verspricht sich die indische Regierung zudem eine umfassende Entwicklung im Sektor fossiler Energieträger. Die Staatsmonopole unter Ägide des Ministeriums für Petroleum und Erdgas sind mittlerweile aufgelöst, und auswärtigen Firmen wurden gleiche Bedingungen für die Exploration und Produktion von Öl und Gas eingeräumt. Davon erhofft sich die Regierung die Nutzung der noch unerschlossenen Vorkommen an Öl und Gas, die Errichtung einer belastbaren Infrastruktur für Flüssiggas-Importe sowie den Langstrecken-Pipelinebau aus dem Iran und Zentralasien nach Indien.

Indien bezieht den größten Teil seiner Erdölimporte vom Persischen Golf, von Saudi-Arabien, Kuwait, den Vereinigten Arabischen Emiraten und vom Iran. Es ist durch langfristige Verträge für die Lieferung von Flüssiggas an Oman, Abu Dhabi, Katar und den Jemen gebunden. Der Bedarf an fossilen Brennstoffen wird auch dann wachsen, wenn der Ausbau der Kernenergie und der Wasserkraft nach Plan voranschreitet, was eher unwahrscheinlich ist. Daraus ergeben sich zwangsläufig strategische Interessen hinsichtlich der Beziehungen zur öl- und gasreichsten Region der Welt.[65] In jüngerer Zeit unternimmt Indien außerdem größere Anstrengungen, seine reichen Ressourcen an erneuerbaren Energien zu nutzen. Solarenergie und Biomasse bieten eine vielversprechende Bereicherung des Angebots. Hier hoffen die indischen Behörden auf die Zusammenarbeit mit den erfahreneren Partnern aus der Europäischen Union.[66]

Problemfall Landwirtschaft

Die indische Landwirtschaft bleibt vorerst die Achillesferse nicht nur der Volkswirtschaft, sondern auch der sozialen und politischen Stabilität. Feudale Verhältnisse haben sich in den ländlichen Regionen bis heute gehalten, der Konflikt zwischen den Geschlechtern tritt hier ebenso ungeschminkt zu Tage wie die Misshandlung der Dalits. In diesen atavistischen Verhältnissen bleibt die Wirtschaftlichkeit ausgesperrt. Darüber dürfen die spektakulären Erfolge nicht hinwegtäuschen, die in den sechziger Jahren die so genannte »Grüne Revolution«, das heißt die Einführung moderner Agrotechnik vor allem in Nordindien, erbracht (Punjab) hat.

Die gesteigerten Erträge haben Indien dazu verholfen, rein arithmetisch (von sozialen und regionalen Verteilungsproblemen abgesehen) Hungersnöte vermeiden und in der Nahrungsmittelversorgung Autarkie erreichen zu können. Die Produktion hat sich seit 1970 mehr als verdoppelt. Die Erträge pro Hektar sind etwa im gleichen Maße gestiegen, dazu hat sich die landwirtschaftlich genutzte Fläche von 55 Prozent auf 57,1 Prozent der Gesamtfläche noch leicht erweitert. Die Importe landwirtschaftlicher Güter sind von etwa vier Prozent der Eigenproduktion auf nahezu null geschrumpft, die Nahrungsmittelhilfe von etwa 2,5 Prozent der Eigenproduktion auf weniger als 0,25 Prozent, während die eigenen Exporte sich um das Zweihundertfache vermehrt haben.[67] Das eigentliche soziale und kulturelle Problem einer rückständigen ruralen Gesellschaft hat das Land damit aber noch nicht überwunden. Trotz der absolut hohen Armutszahlen ist indes ein positiver Trend zu verzeichnen: In den fünfzehn Jahren der Wirtschaftsreform hat sich der Anteil der Armen auch auf dem Land an der Gesamtbevölkerung um fast ein Drittel, von 36 auf 25 Prozent, vermindert.

Anders als in China ist die Landwirtschaft in Indien immer in privater Hand gewesen; das Eigentum an Land ist ungleich verteilt, eine Landreform hat der Kongress nach der Unabhängigkeit nur halbherzig angepackt. Und auch die jüngsten Wirtschaftsreformen sind an der Landwirtschaft – vom Abbau einiger Subventionen abgesehen – fast spurlos vorübergegangen. Hier versucht die gegenwärtige Regierung, mit einem gewaltigen Arbeitsbeschaffungsprogramm die sozialen Verhältnisse zu verbessern: Das »ländliche Arbeitsgarantieprogramm« bietet je einem Mitglied ärmerer Familien eine Beschäftigungsgarantie von hundert Tagen im Jahr für einen

Lohn von umgerechnet 1,20 Euro am Tag. Die Beschäftigten bauen Brunnen und Regenauffangbecken und legen Terassenfelder für den Reisanbau an. Bereits ein Drittel der ländlichen Bezirke kommt in den Genuss der bereitgestellten Fördermittel.[68]

Eine jüngere Entwicklung könnte die Lage in der Landwirtschaft in ganz anderer Weise und nachhaltiger wenden: Der indische Technologie-Konzern *ITC* hat 2001 versuchsweise Computer mit Internetanschluss im ländlichen Bundesstaat Madya Pradesh – einem der ärmeren Länder Indiens – eingeführt. Die Bauern begannen daraufhin, über das Internet Betriebsstoffe (etwa Düngemittel) einzukaufen und ihre Produkte (etwa Sojabohnen) zu verkaufen. Die Gewinnspannen erhöhten sich sprunghaft. Zwei Jahre später waren 1,8 Millionen Bauern am Netz – immer noch ein Bruchteil der Familien, aber ein bemerkenswertes Wachstum. Dieser dynamische Prozess könnte die indische Landwirtschaft revolutionieren, mit unabsehbaren, aber vermutlich positiven Folgen für die indische Gesellschaft.[69]

Regionale Unterschiede

Das Wirtschaftswunder ist längst über das legendäre Bangalore und den südindischen Bundesstaat Karnataka hinausgewachsen. Bombay (heute Mumbai) im nördlich angrenzenden Maharashtra ist Sitz der größten Filmindustrie der Welt, ironisch »Bollywood« genannt. Auch IT-Unternehmen sind hier ebenso wie im direkt benachbarten Pune zu Hause. Hyderabad im östlichen Andhra Pradesh, das an Maharastra und Karnataka angrenzt, zählt mittlerweile zu den IT-Zentren (»Cyberabad«). Madras (heute Chennai) im Norden des südindischen Tamil Nadu entwickelt sich zum Zentrum der Automobilindustrie. In Kalkutta im früher bettelarmen Westbengalen erlebt die Pharmaindustrie einen Aufschwung. Und auch in der Hauptstadt Neu-Delhi wächst die IT-Industrie.[70]

Die Entwicklung scheint folgendem Muster gefolgt zu sein:

Einige wenige Standorte haben den Anfang gemacht und sich wirtschaftlich positiv entwickelt. Das ruft Nachahmungseffekte dort hervor, wo sich Regierungen bemüht haben, gute Standortbedingungen zu schaffen (etwa die ganz unideologischen Kommunisten in Westbengalen). Neben einer Gruppe »reicher« indischer Staaten wie Punjab, Gujarat, Maharastra, Haryana und Tamil Nadu (und dem Ausnahme-Stadtstaat Goa, gewissermaßen dem Monaco Indiens) steht jetzt eine relativ wohlhabende »Mittelklasse« mit Karnataka, Andhra Pradesh, Westbengalen, Kerala und Delhi.

Doch das lässt die konservativen und bevölkerungsstarken Staaten des Ganges-Gürtels von Rajastan über Uttar Pradesh, Madhya Pradesh, Orissa, Jharkand und Bihar immer noch außen vor, ebenso wie den ganzen indischen Nordosten östlich von Bangladesh. Das ist bedenklich: Die fünf ärmsten Staaten sind die bevölkerungsreichsten. Lediglich drei Staaten – Bihar, Uttar Pradesh und Madya Pradesh – sind das Heim von fünfzig Prozent der indischen Armen. Der arme, bevölkerungsreiche Nordosten erwirtschaftet die Hälfte der landwirtschaftlichen Produktion, die fünf ärmsten Staaten mit vierzig Prozent der Bevölkerung bestreiten jedoch nur ein Viertel des indischen Bruttosozialprodukts, während die fünf reichsten mit einem Viertel der Bevölkerung vierzig Prozent des Outputs zustande bringen. Die drei Küstenstaaten Maharastra, Gujarat und Tamil Nadu schaffen ebenfalls vierzig Prozent der industriellen und Dienstleistungswertschöpfung. Das Armutslevel der fünf ärmsten Staaten liegt durchweg über dreißig, das der reichsten stets unter 25 Prozent. Das Pro-Kopf-Einkommen des reichsten Staates (außer Goa), Punjab, betrug Anfang der siebziger Jahre das Dreieinhalbfache des ärmsten, Bihar. Dieses Verhältnis ist jetzt auf 4,2 gewachsen – Bihar ist also im Vergleich zu Punjab noch ärmer geworden.

Das weist auf eine wichtige Tatsache hin: Während eine Reihe von Bundesstaaten aufgebrochen ist und sich an das Wachstum der Reichsten angeschlossen hat, ist der Abstand zu den »Rückständigen« in der Reformperiode noch gewachsen. Dabei gibt es durchaus parallele positive Trends: Der

Rückgang der Armut ist im ganzen Land zu spüren, aber das Armutsniveau ist im Norden wesentlich höher als im Süden; das relative Wachstum des Servicesektors betrifft ganz Indien, aber im reichen Süden wachsen die *privaten* Dienstleistungs-Unternehmen, im armen Norden der Dienstleistungs*staat*.

Das hat fraglos auch kulturelle und politische Gründe. Eine der Folgen, die der Zerfall des politischen Monopols der Kongresspartei nach sich gezogen hat, war der wesentlich größere Handlungsspielraum der Bundesstaaten, die nicht mehr am Gängelband der zentralen Kongressführung hingen. Stattdessen bildeten sich in den achtziger Jahren besondere regionale Koalitionen unter Beteiligung von Regionalparteien, die häufig überhaupt nur in einem Bundesstaat aktiv und erfolgreich waren. Damit begann ein Muster unterschiedlicher Entwicklungspfade aufzukommen, in dem sich die jeweiligen Politiken der Einzelstaaten ausprägten. Ein entscheidender Faktor dabei war das Maß, in dem die jeweilige Regierungspolitik geeignet war, private Investitionen zu erleichtern, das heißt, die Attraktivität des regionalen Standorts zu steigern. Damit wuchsen die regionalen Disparitäten.[71]

Ein Beispiel für die Leistungsfähigkeit der Politik ist Kerala. Dieser Staat ist von einem niedrigen Einkommensniveau gestartet und hat keine eindrucksvollen Wachstumsraten aufzuweisen. Er wird aber kontinuierlich gut regiert; die Landesregierung investiert beharrlich in Infrastruktur und Bildung. Infolgedessen liegt Kerala in der Mittelgruppe, weist mit 14,5 Prozent eine der geringsten Armutsraten auf (zum Vergleich Bihar: 46,9 Prozent) und übertrifft mit 91 Prozent Alphabetisierung sogar die reichen Punjab (70 Prozent) und Maharastra (77,3 Prozent), ganz zu schweigen von Bihar, wo mit 47,5 Prozent weniger als die Hälfte der Einwohner lesen und schreiben können. In Kerala liegt die Kindersterblichkeit bei 14 auf tausend Geburten. Der indische Durchschnitt ist fünf Mal höher, und im Bundesstaat Orissa beträgt die Quote der Kindersterblichkeit sogar das Siebenfache. Kerala ist der einzige indische Staat mit einer Lebenserwartung von über siebzig Jahren (73,3), gemessen an einer durchschnittlichen Lebenserwartung von 61 Jahren. Dabei ist Kerala – wie

Westbengalen, das sich in die Gruppe der Staaten mit mittlerem Einkommen vorgekämpft hat – in den letzten dreißig Jahren überwiegend von den Kommunisten regiert worden. In beiden Ländern hat es eine Landreform und hohe Bildungsinvestitionen gegeben. Generell gilt: Indische Bundesstaaten, die ins Gesundheitswesen und die Bekämpfung des Analphabetismus, vor allem bei Frauen, oder in ländliche Infrastrukturprogramme wie Bewässerung und Straßen investieren, erzielen im Schnitt ein besseres Wachstum als die übrigen.[72]

Die von der Landwirtschaft dominierten Staaten sind konservativer, haben größere Bürokratien und öffnen sich den Reformen unwilliger. Ein Vergleich der Strukturen in Indien hat gezeigt, dass ein starker bäuerlicher Mittelstand und die Verwandlung von Pächtern in grundbesitzende Bauern das Wachstum und den Wohlstand auf dem Land steigert, während diejenigen Regionen, die Großgrundbesitz mit Pachtverhältnissen aufweisen, weniger investieren und entsprechend weniger wachsen. Die Großgrundbesitzer wiederum sind politisch sowohl in der BJP wie im Kongress in den großen Flächenstaaten verhältnismäßig einflussreich. Es wird vermutlich der weiteren Stärkung der Kasten- und Regionalparteien bedürfen, um die wachstumsfeindlichen Strukturen in den ruralen Gebieten der ärmsten Bundesstaaten aufzubrechen.[73]

Aber falls die Leitregionen und die mittlere Gruppe weiter wachsen und im Norden eine Politik mit Augenmaß betrieben wird, dürfte es nur eine Frage der Zeit sein, bis das Wachstum auch die »Armenhäuser« des Landes erreicht. Freilich wird man sehen müssen, ob diese in der Lage sind, dem Pfad der Küstenstaaten zu folgen, oder ob sie sich nicht doch auf den »normaleren« Entwicklungsweg der Massenproduktion mit Hilfe der reichlich vorhandenen unqualifizierten Arbeitskräfte begeben. Das setzt voraus, dass die für die Leitungsaufgaben auf verschiedenen Ebenen benötigten qualifizierten Kräfte gehalten oder angeworben werden können. Dabei konkurrieren die armen Staaten aber mit den bereits durch hohe Einkommenslevel charakterisierten Service- und Industriesektoren der reicheren Staaten – ein wirkliches Dilemma, das sich nur durch die gezielte Ausweitung der höheren Bildung jenseits der gegenwärtig spürbaren Engpässe beheben ließe.[74]

Indes bedrohen die regionalen Unterschiede den Zusammenhalt der Union. Das Wohlstandsgefälle zwischen dem besser gestellten Westen und dem ärmeren Osten könnte sich noch schärfer ausprägen. Der Wettbewerb unter den Bundesstaaten ist hart. Es zeigen sich erste Anzeichen eines »Bundesstaatsprotektionismus«, sogar Forderungen nach einer Einschränkung der innerindischen Freizügigkeit sind zu hören. Die indische Bundesregierung wird mit diesen Tendenzen sehr behutsam umzugehen haben, um weder die innerindische Ungleichheit zu verschärfen noch die partikularistischen Orientierungen der erfolgreicheren Bundesstaaten durch eine administrative Einebnung der Unterschiede zusätzlich zu motivieren.[75]

Daraus ergeben sich eine Reihe von Problemen, welche in Zukunft auch die politische Stabilität des Bundesstaates berühren könnten. Die armen Staaten fordern naturgemäß Staatsintervention und Zuschüsse durch eine starke Bundesregierung. Die reichen Staaten wollen weitere Liberalisierung und eine Reform des Föderalismus, die mehr Kompetenzen an die Regierungen der Einzelstaaten überträgt. Hier entsteht eine neue Frontlinie der indischen Innenpolitik.[76]

Risikofaktor Aids

Bei allen optimistischen Prognosen gibt es einen Risikofaktor für die indische Gesellschaft und Wirtschaft: Aids. Bereits heute ist Indien nach Südafrika das Land mit der zweithöchsten Zahl infizierter Menschen (um die fünf Millionen). Schätzungen gehen davon aus, dass am Ende des Jahrzehnts in Indien bis zu 25 Millionen HIV-Infizierte leben könnten. Indische Blutkonserven unterliegen unzureichenden Kontrollen und tragen zur weiteren Ausbreitung bei. Der Schätzwert für die Infektionsrate der Bevölkerung zwischen 15 und 49 Jahren liegt – bei hohen Unsicherheiten – zwischen 0,4 und 1,3 Prozent. Das Risiko steigt durch die sexuellen Gewohnheiten: Nur 51 Prozent der Frauen und 59 Prozent der Männer in der aktivsten Alterskohorte von 15 bis 24 Jahren benutzen Kondome.[77]

In sechs Bundesstaaten wurden bereits ein Prozent der Mütter vor der Geburt ihrer Babys positiv auf Aids getestet. Der niedrige gesellschaftliche Status von Frauen, die beispielsweise gegenüber infizierten Ehemännern den Gebrauch des Kondoms nicht durchsetzen können, hat die Ausbreitung der Krankheit begünstigt. Lange Zeit leugneten Regierung und Verwaltung das Problem oder erklärten es zu einem Sonderrisiko von Randgruppen wie Prostituierten und versuchten, mit repressiven Maßnahmen (Inhaftierung angesteckter Prostituierter) damit fertig zu werden. Erst seit 2003 zeigt sich eine deutliche Trendwende in der indischen Politik, eingeleitet von Premierminister Vajpayee und seiner Gesundheitsministerin Sushma Swaraj, die öffentlich AIDS-infizierte Kinder umarmte und damit nahezu einen Kulturwandel auslöste.

Seit 2004 gibt es ein extensives Programm der kostenlosen Versorgung für junge Ehepaare, infizierte Kinder unter 15 und Patienten in den sechs am schlimmsten betroffenen Bundesstaaten. Ein Jahr später waren jedoch statt der angestrebten 100 000 Personen lediglich etwas mehr als 7000 Menschen Nutznießer dieses Programms, und das versprochene Anti-Diskriminierungsgesetz lässt immer noch auf sich warten.[78]

Indien im Weltwirtschaftssystem

Die indischen Reformen wirkten sich unmittelbar auf die Positionen aus, die das Land in den Weltwirtschaftsinstitutionen vertrat. Der Wandel war umso augenfälliger, als er mitten in die Verhandlungen der Welthandelsorganisation bei der sich lang hinziehenden »Uruguay-Runde« über neue Handelserleichterungen fiel. Zu Beginn hatte Neu-Delhi noch seine herkömmliche Rolle gespielt: Obgleich Gründungsmitglied des Welthandelsabkommens GATT, posierte es traditionell als Wortführer der Entwicklungsländer mit dem Ziel, eine dirigistische Weltwirtschaftsordnung einzurichten, deren wesentlicher Zweck in der Umverteilung von Ressourcen von den reichen zu den armen Ländern bestehen und von neuen internationalen Bürokratien überwacht werden sollte. Der vom Westen in die Runde eingebrachten Verhandlungsmaterie – dem Schutz geistigen Eigentums, dem Investitionsschutz sowie der Liberalisierung des Dienstleistungs- und vor allem des Finanzsektors – stand Indien radikal ablehnend gegenüber. Delhi bestand auf national-autonomen Entscheidungsprozessen und konnte sich mit dem Gedanken supranationaler Sanktionsmechanismen im Welthandelssystem nicht anfreunden.

Bis 1991 hatte Indien von den Ausnahmeregelungen im GATT, die die Entwicklungsländer begünstigten (Zahlungsbilanzhilfe und Schutz junger Industrien) reichlich Gebrauch gemacht: 93 Prozent seiner Einfuhr unterlagen quantitativen Einschränkungen, die Regierung erteilte Importgenehmigungen grundsätzlich nur, wenn es keine einheimischen Wettbewerbsprodukte gab. Für bestimmte Importe wie Petroleum waren staatliche Monopole errichtet worden. Indiens Zollsätze erreichten für manche Güter 400 Prozent und lagen im Durchschnitt mit 125 Prozent exzessiv hoch. Der »Erfolg« dieser Maßnahmen war es, dass Indiens ohnehin geringer Welthandelsanteil zur Zeit der Unabhängigkeit (2,2 Prozent) auf 0,5 Prozent (1983) geschrumpft war. Durch die Reformen gelang bis 2000 eine langsame Erholung auf 0,7 Prozent, mittlerweile ist die Grenze von einem Prozent wieder überschritten worden.

Während die Uruguay-Runde noch lief, veränderten die Reformen die Rahmenbedingungen des indischen Handels. Die Steuerreform verlagerte indirekte Steuern wie die höchst schädliche Handelssteuer, aus denen der Staat achtzig Prozent seines Steueraufkommens bezog, auf die neue Mehrwertsteuer. Steuervergünstigungen sowie das Erfordernis von Importgenehmigungen für die meisten Rohstoffe, Halbfertiggüter und Kapitalgüter entfielen. Der Spitzenzollsatz fiel von 400 Prozent auf 65 Prozent, der Durchschnittszollsatz auf 27 Prozent. Quantitative Importbeschränkungen für landwirtschaftliche Produkte, Textilien und Industrieprodukte wurden schrittweise zurückgefahren.

Die veränderte indische Handelspolitik schlug sich in einer veränderten Haltung in der Uruguay-Runde und den anschließenden Verhandlungsrunden von Doha (2001) und Cancun (2003) nieder. Indien war nun bereit, über den Dienstleistungshandel und geistiges Eigentum zu verhanden sowie den neuen Sanktionsmechanismus mitzutragen. Dafür lehnte Indien vehement die Einführung von sozialen und Umweltstandards ab. Delhi bestand darauf, dass ein niedriges Regelungsniveau ein legitimer Wettbewerbsvorteil der Entwicklungsländer sei, das sich organisch aus dem Stand ihrer wirtschaftlichen Entfaltung ergebe und daher nicht als künstliches Handelshemmnis gelten dürfe. Indiens Argumentation hatte sich also von einem sozialistisch inspirierten Interventionismus hin zu einem radikalen Liberalismus verändert.[79]

Mit der Korrektur der Handelspolitik hat sich auch der Handel gewandelt. Indiens Anteil am Welthandel hat sich seit 1990 auf 1,4 Prozent erholt – das ist immer noch nicht viel für das große Land, aber der Trend ist deutlich. Auch Deutschland hat von diesem Boom profitiert. Das deutsch-indische Handelsvolumen ist in den letzten Jahren um jährliche Raten von zwanzig Prozent gewachsen, und wir haben dabei einen Überschuss erzielt.

Seit 1990 kletterte der Anteil der Exporte von Gütern und Dienstleistungen am indischen Bruttosozialprodukt von zehn Prozent auf zwanzig Prozent – Indien wird zum Handelsstaat. Der Wandel wirkt noch frappierender, wenn man nur die letzten Jahre betrachtet; seit 2000 sind Indiens Ausfuhren dreimal so stark gestiegen wie in der zweiten Hälfte der neunziger Jahre! Vorangetrieben wurde dieser Anstieg einmal mehr von der IT-Branche, deren Exporte im letzten Jahr um atemberaubende hundert Prozent wuchsen. Es wäre jedoch falsch zu glauben, Indiens Handelsposition hänge ausschließlich von dieser Branche ab. Im Gegenteil, seine Exporte haben sich stark diversifiziert und sind zum Nutzen des Landes gerade in dynamischen Handelssektoren platziert. So haben indische Produzenten zunehmend Raffinerieprodukte, organische Chemikalien und Elektrogerät abgesetzt, und in diesen

Sektoren stiegen ihre Ausfuhren stärker als das Welthandels-
volumen in diesen Gütern.

1990 nahmen Rohstoffe 28 Prozent der indischen Exporte
ein, der Anteil sank bis 2003 auf 22 Prozent. In der gleichen
Zeit stiegen Industriegüter von 71 auf 77 Prozent und – am
bemerkenswertesten – Hochtechnologiegüter von zwei auf
fünf Prozent. Die indischen Terms of Trade verbesserten sich
durch diesen Wandel in der Struktur der Ausfuhren hin zu
höherwertigen Gütern von hundert im Jahre 1980 auf 131
heute. Die Liberalisierung brachte große Vorteile für die indische Industrie. Ihr traditionellster Sektor, die Textilindustrie,
profitierte von der Beseitigung der Multifaser-Vereinbarung
Ende 2004, einer Schutzbestimmung zugunsten der Textil-
produzenten in den Enwicklungsländern. Innerhalb von zwei
Monaten stieg das indische Exportvolumen um 33 Prozent,
überwiegend durch die Ausdehnung seiner Textilexporte.[80]

Ebenso diversifiziert wie die Ausführgüter sind die indischen
Exportmärkte. Hier hat Indien vor allem in Asien enorm an
Boden gewonnen, das den ersten Platz als Abnehmer indischer Exporte einnimmt: Ein Drittel deckt die Nachfrage der
näheren und ferneren asiatischen Nachbarn. Die Europäische
Union nimmt zwanzig Prozent der indischen Ausfuhren auf,
die USA 17 Prozent. Zu den Märkten für indische Produkte,
die schneller wachsen als die der Industrieländer, zählen auch
Afrika und der Mittlere Osten.[81] Die Diversifizierung nach
Produkten und Regionalmärkten ist eine Stabilitätsstütze für
die indische Volkswirtschaft. Sie macht sie weniger anfällig
gegenüber branchenspezifischen oder regionalen Krisen.

Indiens Chancen

Im Verlauf meiner Beschäftigung mit der Volkswirtschaft
Indiens habe ich an mir selbst eine merkwürdige Beobachtung gemacht: Jede der fraglos vorhandenen Schwächen und
Rückständigkeiten erschien mir mit einem Male als eine Ent-
wicklungsreserve, die bei richtiger politischer Handhabung
zur Wachstumschance wird. Da indische Regierungen in den

letzten zwanzig Jahren ziemlich viel richtig gemacht haben, ist diese optimistische Betrachtungsweise durchaus nicht utopisch. Dass unberechenbare Risikofaktoren bleiben – Aids, Umweltprobleme, soziale und regionale Disparitätenkonflikte, das unübersehbare Explosionspotential ethnischer und religiöser Fragmentierung – darf nicht unerwähnt bleiben. Aber solche Risiken haben auch andere große Mächte; sie sind kein exklusiv indisches Problem.

Von diesen Ausgangsdaten aus verwandelt sich die Rückständigkeit Indiens in eine gewaltige Chance zur Wachstums-Aufholjagd: Nur ein Prozent der indischen Bevölkerung verfügt beispielsweise über ein Auto. Wer sich seinen ersten Kraftwagen kauft, wird vermutlich eher einen preiswerten und verbrauchsgünstigen Kleinwagen bevorzugen; dieses Marktsegment wird von indischen Herstellern zu siebzig Prozent beherrscht und daher das innerindische Wachstum antreiben, allerdings auch zu wachsenden Umweltproblemen beitragen. Damit ist ein wichtiger Merkpunkt der weiteren Aussichten angesprochen: Indiens Wirtschaftsreformen sind zwar exportorientiert, sein Wachstum ist aber in einem höheren Maße als das Chinas durch seinen Binnenmarkt angetrieben. Dessen Wachstumsreserven signalisieren also die Gelegenheit zu einer weiterhin positiven Entwicklung. Reserven gibt es beispielsweise auch in der Tourismusbranche, die zwar mit über zehnprozentigen Raten wächst. Dennoch zieht Indien heute noch weniger auswärtige Besucher an als Singapur. Hier liegt ein mehrstelliges Milliardenpotential für die indische Wirtschaft verborgen. Das hängt ab von der Infrastruktur – von den Flughäfen bis zur Beherbergung. Damit zeichnet sich jedoch ein weiterer kommender Boom für Investitionen und vor allem für die Bauindustrie ab.

Dass die größten Wachstumsreserven vermutlich im IT-Bereich liegen, mag angesichts der führenden Stellung Indiens in der Software-Produktion sehr überraschen. Und doch ist es so. Denn das Land ist rückständig, was die Zahl der PC- und Internet-Nutzer betrifft. Indien liegt hier in der Pro-Kopf-Nutzung weit hinter China und den größeren Staaten Südostasiens zurück; auf dem Global Information Society Index von 2001, der fünfundfünfzig Staaten verglich, landete Indien auf dem vierundfünfzigsten Platz – knapp vor Pakistan. Das hat vor allem mit der Überregulierung des Zugangs zu tun, die bis in die neunziger Jahre dauerte und als Handicap der indischen Entwicklung von der Regierung verhältnismäßig spät (2000) erkannt und korrigiert wurde. Seither befindet sich Indien in einer rasanten Aufholjagd, für die durch die gute Ausbildungsbasis eine Grundlage besteht.[82] Erhebliche Wachstumschancen bietet schließlich der unerschlossene Binnenmarkt für Konsumgüter bei einem sowohl horizontal – mehr Familien steigern ihr Haushaltseinkommen – als auch vertikal – relativ Wohlhabende werden noch reicher – wachsenden Wohlstand. Nur vierzig Prozent der indischen Haushalte haben Farbfernsehen, 25 Prozent Waschmaschinen, vier Prozent Handys, fünf Prozent Klimaanlagen. Es ist dem indischen Unternehmertum durchaus zuzutrauen, auch in diesem riesigen Marktpotential sein Talent zu entfalten.

Indien weist gute Grundlagen für ein weiteres, nachhaltiges Wachstum auf. Seine Sparquote beträgt 29 Prozent, seine Investitionsquote 31 Prozent. Seine Devisenreserven, die zu Beginn der Wirtschaftsreform auf nahezu null gesunken waren, liegen heute bei soliden 140 Milliarden US-Dollar. Der Anteil des Schuldendienstes am Export und an den Nettozuflüssen aus dem Ausland sank von 29,3 Prozent 1990 auf 18,1 Prozent 2003. Seit 2003 reihte die Weltbank daher Indien in die Gruppe der »weniger verschuldeten Länder« ein. Der verblüffende Zuwachs des Außenhandels fand bei näherem Hinsehen unter durchaus nicht optimalen Bedingungen statt. Dazu zählt zum einen der schon erwähnte missliche Zustand der Infrastruktur; er trägt dazu bei, dass indische Exporte doppelt so lange brauchen, um die USA zu erreichen, als solche aus Hongkong. Mit jeder Rupie Investition in die Häfen, Straßen, Kraftwerke oder Flughäfen verbessert sich auch Indiens Position als Exporteur. Dazu zählt zum anderen auch die schwerfällige Ausfuhrbürokratie, die vom Geist der Reformen noch nicht von Grund auf durchdrungen ist. Ein indischer Unternehmer benötigt fünfzig Prozent mehr Zeit, um seine Exporte durch die heimische Zollabfertigung zu schleusen als sein Konkurrent in Südkorea. Hier lässt sich mit verhältnismäßig geringen Mitteln viel für die indische Exportwirtschaft erreichen.[83]

Indien ist in den neunziger Jahren mit Raten von fünf und sechs Prozent gewachsen, zuletzt sogar mit acht Prozent. Heute beträgt sein Bruttosozialprodukt über sechshundert Milliarden Dollar. Damit ist die indische Volkswirtschaft die zehntgrößte der Welt. Wenn man nicht lediglich auf das Bruttosozialprodukt in Dollarzahlen sieht, sondern auf die darin ausgedrückten Kaufkraftäquivalente, liegt Indien mit mehr als drei Billionen Dollar weltweit bereits auf dem vierten Rang hinter den USA, Japan und China – und vor Deutschland.[84] Beträgt das Pro-Kopf-Bruttosozialprodukt etwa 600 Dollar (und damit die Hälfte des chinesischen Betrags), was Indien auf dem 118. Platz weltweit landen lässt, so sind es nach Kaufkraft gemessen fast 3000 US-Dollar. Das Bruttosozialprodukt pro Kopf – ein wichtiger Wohlstandsindikator – ist in den vergangenen fünfzehn Jahren um vier Prozent pro Jahr gewachsen! Und als Magnetpol für Auslandsinvestitionen lässt nur noch China die Indische Union hinter sich: Sie wuchsen in Indien zwischen 1990 und 2001 – von einem sehr niedrigen Niveau aus – um das Zwanzigfache auf vier Milliarden US-Dollar pro Jahr. Indien hat also wirtschaftlich immense Fortschritte gemacht und gute Chancen auf die Fortsetzung dieses Erfolgskurses.

Vergleich mit China

Der Vergleich Indiens mit China, das in seiner wirtschaftlichen Entwicklung weiter zu sein scheint und dessen Pro-Kopf-Bruttosozialprodukt doppelt so hoch ist wie das indische, wird oft gezogen und geht meistens zugunsten von Indiens großem Nachbarn aus – als Momentaufnahme. Natürlich kann hier nicht im Detail ein systematischer empirischer Vergleich der beiden Volkswirtschaften und ihrer Zukunftsaussichten gezogen werden. Aber eine exemplarische Betrachtung der beiden großen asiatischen Staaten zeigt, dass die Waage sich nicht zwangsläufig zugunsten Chinas neigt. Man könnte auch durchaus zu dem Schluss kommen, dass Indien trotz seines Rückstandes für den Wettbewerb um die Nr. 1 in Asien besser positioniert ist.

Ein vieldiskutierter Faktor ist die Demographie und die daraus hervorgehende Projektion für die Altersstruktur. Beide Länder haben enorme Fortschritte in der Anstrengung gemacht, das Bevölkerungswachstum zu senken. China war dabei erfolgreicher, hat es aber etwas übertrieben. Es wächst mit etwa 0,85 Prozent, während Indien seine Wachstumsrate von drei Prozent aus den fünfziger Jahren auf 1,45 Prozent abgesenkt hat. China sieht sich damit einer sehr dramatischen Umschichtung seiner Altersstruktur in verhältnismäßig kurzer Zeit gegenüber: Die Zahl der über sechzigjährigen Chinesen wird 2050 dreiunddreißig Prozent, die der gleichaltrigen Inder nur zwanzig Prozent ausmachen. Die indische Bevölkerung, dann die größte der Welt, dürfte sich Mitte des Jahrhunderts bei etwa 1,6 Milliarden Menschen stabilisieren. Indien dürfte damit bessere Chancen haben, eine kreative, dynamische Volkswirtschaft auf Dauer zu stellen, China hingegen wird sich vergleichbaren Problemen der Alterssicherung gegenübersehen wie heute die europäischen Länder. [85]

Ein großer Pluspunkt im Wettbewerb Indiens mit China ist die Rechtssicherheit. Indiens Rechtssystem ist unabhängig; man erinnere sich nur daran, dass der Premierministerin Indira Gandhi 1975 ihr Parlamentssitz von einem Gericht aberkannt wurde. Für Unternehmen ergibt sich hieraus eine weitaus größere Erwartungsstabilität als in anderen boomenden Entwicklungsländern. Gerade in der äußerst sensiblen Frage geistigen Eigentums schlägt sich das nieder. Während Investoren in der Volksrepublik China in der ständigen Furcht schweben müssen, dass ihre Produkte straflos kopiert werden und sie dann als Konkurrenten unterboten und ausgebootet werden, besteht diese Furcht in Indien kaum. Patentrechtsverstöße werden in der Regel konsequent und schnell gerichtlich geahndet. So trat im Januar 2005 ein Gesetz in Kraft, das die Produktion kopierter Arzneien ohne Lizenz verbietet.[86] Die Rechtssicherheit ist ein Ausfluss der indischen Demokratie,

die der stark aufwärts mobilisierten Bevölkerung Teilhabe-
chancen bietet, die ihr in China noch verwehrt bleiben. China
hat damit noch die enorme Aufgabe vor sich, das politische
System der wirtschaftlichen Modernisierung anzupassen; das
wird nicht ohne Kosten und Verwerfungen abgehen. Indien
hat dieses Problem nicht.

Auf der Soll-Seite ist allerdings zu verbuchen, dass Indien
auf dem Korruptionsindex von Transparency International
auf Platz 88 der 192 Staaten der Welt rangiert, zehn Plätze
hinter der chinesischen Konkurrenz. Aber die indische Unter-
nehmenskultur weist bessere Werte auf: Auf einem Index für
corporate governance in Asien landete Indien auf Platz sechs,
China nur auf dem neunzehnten Rang.

Im Bankenwesen hat die indische Regierung die Banken-
aufsicht. Sie hat dafür gesorgt, dass die von den Banken geforderten Sicherheiten internationalen Standards angepasst
wurden und dass die Zahl »fauler Kredite«, namentlich in
staatseigenen Banken, deutlich abgenommen hat. In China
gelten nicht weniger als fünfzig Prozent der Bankkredite als
»faul«, was einen düsteren Schatten auf die Stabilität der chinesischen Kreditwirtschaft wirft. In Indien sind es hingegen
nur fünfzehn Prozent.[87]

Ein weiterer Vorteil ist die Wirtschaftsstruktur. Indiens
Volkswirtschaft ist überraschend modern zugeschnitten.
Zwar macht die Landwirtschaft noch 22,7 Prozent des
Bruttosozialprodukts aus (1970: 46,1 Prozent; China heute:
14,4 Prozent). Aber der Dienstleistungssektor erwirtschaftet
über die Hälfte des Bruttosozialprodukts (1970: 33,3 Prozent; China heute: 32,5 Prozent), für ein Entwicklungsland
eine untypisch hohe Zahl, und das verarbeitende Gewerbe
liegt mit 26,6 Prozent (1970: 20,7) nahe an der EU (27,3
Prozent) und Deutschland (28,6 Prozent). Anders sieht das
jedoch bei den Arbeitsplätzen aus. Etwa ein Viertel der Beschäftigten sind im Servicebereich tätig, weniger als zwanzig
Prozent in der Industrie, und die große Masse – etwa sechzig
Prozent – in der Landwirtschaft. Die Modernitätsvorteile
der Wirtschaftsstruktur dürften sich in der kommenden Zeit
eher weiter ausprägen: Indiens Aufkommen an qualifizierten

Hochschulabsolventen soll 2008 doppelt so hoch liegen wie beim chinesischen Wettbewerber.[88]

Das indische Wirtschaftswunder speiste sich überwiegend aus einheimischem Kapital. In Indien besteht traditionell ein agiles, selbstbewusstes Unternehmertum, dass die semisozialistische Wirtschaftsphase überstanden hat und seit den neunziger Jahren eine beispiellose Blüte erlebt. Dieser private einheimische Sektor fehlt in China, wo der Aufschwung überwiegend durch ausländische Unternehmen getragen wird, die in das Land investiert haben. Indien verfügt über leistungsfähige Kapitalmärkte und ein differenziertes Börsensystem: An zweiundzwanzig Börsen werden mehr als neuntausend Unternehmen gehandelt.[89] In einem Vergleich gaben 52 Prozent der befragten indischen Firmen an, Probleme bei der Kapitalbeschaffung erfahren zu haben, aber achtzig Prozent der chinesischen. In China lenkt die Bürokratie Investitionen immer noch in den notleidenden Staatssektor.

Indien ist im Vergleich zu China weit weniger erfolgreich in dem Bemühen gewesen, auswärtiges Kapital anzuziehen. Aber auch hierin steckt eher Potential als bleibender Nachteil: Die produktive Nutzung von Auslandsinvestitionen, die bislang noch zögerlich einsickern (erst zehn Prozent der sechzig Milliarden US-Dollar, die China angezogen hat), die aber mit Sicherheit zum breiten Strom anwachsen werden, wenn Indien weiter liberalisiert und die psychologische Wirkung des wirtschaftlichen Erfolgs voll durchschlägt. So entdeckt die deutsche Wirtschaft den indischen Markt zusehends, Unternehmen wie *Siemens*, *Deutsche Post AG*, *Metro*, *Thyssen-Krupp*, *MAN*, *Allianz* oder *BMW* sind dort sichtbar aktiv. Die *Fraport AG* betreibt in einem Joint Venture den neuen Flughafen von Neu-Delhi. Die guten Geschäfte vor Ort erlauben den Ausbau der Aktivitäten auch ohne die Zufuhr von neuem Kapital aus dem Mutterland. Auch darf damit gerechnet werden, dass die wohlhabende indische Diaspora (Auslandsinder), die sich im Mutterland bislang bei Investitionen zurückhielt, künftig – wie schon lange die chinesische – dort massiv einsteigen wird.

Der Aufstieg der indischen Wirtschaft ermöglicht umgekehrt indischen Unternehmen die auswärtige Expansion. Gerade daran zeigt sich ein beträchtlicher Unterschied zwischen der immer noch staatswirtschaftlich dominierten chinesischen Binnenwirtschaft, wo die öffentlichen Unternehmen wie früher in Indien gegen die private einheimische Konkurrenz geschützt werden, und der Kraft des einheimischen Unternehmertums auf dem Subkontinent: Unter den 2000 größten Unternehmen der Welt (Forbes-Index) waren 2006 dreiundreißig indische und achtundzwanzig chinesische zu finden. Innerhalb von vier Jahren stieg die Zahl der Übernahmen von auswärtigen Firmen durch indische um das Siebenfache auf 192; eine der auch in Deutschland notierten spektakulären Aufkäufe war die der früheren *Höchst*-Tochter, des Faserherstellers *Trevira*, durch *Reliance Industries*. Mehr als fünfzig Prozent der Übernahmen spielen sich in Industrieländern ab.[90] Die Übernahmeversuche von *Mittal Steel* gegenüber dem europäischen Unternehmen *Arcelor* machen, während ich diese Zeilen schreibe, Schlagzeilen in der Wirtschaftspresse: Indiens große Unternehmen sind ernst zu nehmende »Global Player«.

Indien und China unterscheiden sich in der Art, wie sie ihre wirtschaftlichen Beziehungen zur Außenwelt definieren. China erweckt den Eindruck, dass dort klassisch merkantilistisch gedacht wird: Außenhandel als Teil einer nationalen Machtstrategie und dieser strategisch untergeordnet; Handelsbilanzüberschüsse um jeden Preis; Aufhäufung von Devisenreserven. Damit riskiert China mittelfristig Konflikte mit seinen Handelspartnern, die seine Expansion auf den Weltmärkten ganz erheblich behindern können. Indien hingegen scheint dem Merkantilismus fern zu stehen und heute eher in liberalen Kategorien zu denken.

Die Ergebnisse des Vergleichs lassen sich am besten in den Kategorien des Bertelsmann-Transformations-Index ausdrücken. Diese jährliche Bewertung der Leistung von Übergangsgesellschaften auf dem Weg zur marktwirtschaftlichen Demokratie fließen in zwei Werten zusammen: Der Status-Index bewertet, wo die Länder auf diesem Weg stehen, und der Management-Index benotet die Leistung der Verantwortlichen bei der Handhabung der Übergangsaufgaben. Beim Status-Index wird Indien in Asien nur von Taiwan und Südkorea geschlagen und befindet sich auf Augenhöhe mit Singapur und Thailand. Beim Management-Index liegt das Land unbestritten auf dem dritten Platz und deutlich vor Singapur. In beiden Kriterien gewinnt es klar gegen China (Status-Index: 7,21 gegen 4,42; Management-Index: 5,98 gegen 4,48).[91]

Gut aufgestellt, aber nicht risikofrei

Welche Bilanz können wir am Ende dieses Kapitels ziehen? Meinem Urteil nach hat Indien den gordischen Knoten durchschlagen, der in Gestalt eines erstarrten Wirtschaftsstaates die nationale Ökonomie in Fesseln hielt. Das Wirtschaftswachstum konzentriert sich im modernsten Sektor, bietet aber traditionellen Branchen breiteste Möglichkeiten der Entfaltung auf einem rasant wachsenden Binnenmarkt. Die Engpässe sind schmerzhaft, aber erkannt: Die massive Anstrengung der Regierung, die Infrastruktur aufzubessern, dürfte der Schlüssel zur nächsten Wachstumsphase sein.

Am bedenklichsten sind die verkrusteten Strukturen der Landwirtschaft, weil hier überkommene soziale Verhältnisse, Ideologie und Klientel-Politik in misslicher Weise zusammenspielen. Hier ist der gordische Knoten noch nicht gelöst, und die beste Hoffnung erwächst aus der Evolution des Parteiensystems. Daran hängen auch die regionalen Disparitäten, in denen sich die genannten ländlichen Strukturdefizite mit landesweiten politischen Kräftespielen zusammentun. Auch hier sehe ich in der Entwicklung des politischen Systems in Indien den entscheidenden Silberstreif am Horizont.

Aids hingegen ist die »wild card«, eine bedrohliche Gewitterwolke am Horizont. Wenn diese furchtbare Krankheit dieselbe Schneise in die indische Bevölkerung schlägt wie in manchen Teilen Afrikas – das heißt, ihre Todesernte in der wirtschaftlich aktiven, gebildeten, jungen Bevölkerung einbringt, kann die großartige Entwicklung in Südasien daran scheitern. Das Erwachen der indischen Politik in den letzten drei Jahren gibt auch hier eine gewisse Hoffnung, dass alles Erforderliche getan wird, um diese Gefahr zu bändigen.

Die indische Reform ist in die politischen Strukturen der Demokratie eingebettet. Die hat auf die Anforderungen einer in wachsendem Maße selbstbewussten und politisch aktiven Mittelschicht reagiert, aber auch auf die Wünsche der mittlerweile organisationsfähigen Armen. Die Reformen haben inzwischen eine breite Anhängerschaft gewonnen, denen gegenüber die Vertreter von Günstlingswirtschaft und Klientelismus an Boden verlieren. Beides spricht für eine neue, noch intensivere Reformphase. Umgekehrt profitiert die indische Demokratie von gewachsenen Handlungsspielräumen, die ihr das wirtschaftliche Wachstum und – absehbar – die steigenden Einnahmen des Fiskus eröffnen. Das dürfte beste Chancen zur weiteren Stabilisierung bieten.

Indiens wachsende wirtschaftliche Stärke untermauert den Weltmachtanspruch. China ist weiter, aber nicht so weit enteilt, dass Indien nicht die Hoffnung hegen könnte, annähernd auf Augenhöhe zu kommen. In mancher Beziehung ist die südasiatische Demokratie besser platziert als die ostasiatische Autokratie. Zusammen bilden die beiden Länder einen wirklich eindrucksvollen neuen Machtpool in der politischen Ökonomie des Globus. Wie sie damit umgehen, ob eher konfliktfreudig oder eher kooperativ, wird darüber entscheiden, wie weit die künftige Weltordnung von Asien aus gestaltet wird.

Die blutige Spur:
Indiens fragmentierte Gesellschaft

Wenn etwas Indien kennzeichnet, ist das die Vielfalt. Daraus ergibt sich die häufig gestellte Frage: Kann das überhaupt gut gehen? Angesichts der vielfältigen Gewaltkonflikte in Indien scheint diese Frage nur allzu berechtigt zu sein. Vor allem an der Frontlinie zwischen Hindus und Moslems ist viel Blut geflossen. Ein erstarkter Hindu-Nationalismus will »Herr im eigenen Haus« sein und die nichthinduistischen Inder – zwölf Prozent Moslems, 2,7 Prozent Christen, zwei Prozent Sikhs, ein Prozent Buddhisten – in die Zweitklassigkeit verweisen. In diesem Kapitel gehe ich diesen Konflikten nach, beantworte jedoch die Gretchenfrage »Kann das gut gehen?« noch nicht, notiere aber immerhin einige Beispiele gelungener innerer Friedensstiftung. Die größere Antwort bleibt dem fünften Kapitel vorbehalten.

Die Minderheitenfrage

Auf den ersten Blick ist Indien eine pluralistische säkulare Demokratie. Die verschiedenen Vergünstigungen für Minderheiten (neue Bundesstaaten, in denen sie die Mehrheit stellen, siehe unten; eigenes Zivilrecht für die Moslems) motivieren heftige Klagen der hindu-nationalen Bewegung. Bei Lichte besehen ist in die indische Demokratie jedoch die Hegemonie einer Bevölkerungsgruppe eingewoben, nämlich die der Hindus, die 82 Prozent der Bevölkerung ausmachen. Die eindeutigen Mehrheitsverhältnisse stellen im indischen Wahlsystem so oder so sicher, dass Hindu-Interessen stets berücksichtigt werden und im Konfliktfall dominieren. Die starke Rolle der Brahmanen in den führenden Parteien, im Kongress und in der BJP, verlängert ihre Herrschaftsstellung aus dem vormodernen Indien in die Moderne. Ihnen ist es im Wesentlichen zu »danken«, dass die religiösen und ethno-nationalen Identifizierungen im neunzehnten und zwanzigsten Jahrhundert – unter kräftiger Mithilfe der Kultur- und Herrschaftspolitik der britischen Kolonialmacht – zu einem überragenden Kennzeichen der indischen Politik und zum größten Risiko für die Demokratie herangewachsen sind. Der indische Staat hat dazu tendiert, Gewaltmaßnahmen gegen Akteure zu ergreifen, die diese Hegemonie in Frage stellen.[92]

Die indische Verfassung trägt dem Pluralismus Rechnung. Sie garantiert in fünf Artikeln (14–16, 19, 25) religiöse Nichtdiskriminierung und die Religionsfreiheit. Artikel 370–371 enthalten Sonderregelungen für die Minderheiten-Territorien wie Jammu-Kashmir, Nagaland, Sikkim, Assam, Manipur und Arunachal Pradesh, in denen beispielweise besondere kulturelle Traditionen, Eigentumsrechte und religiöse und soziale Praktiken geschützt werden. Minderheiten dürfen dort ihre eigenen Ausbildungsorganisationen einrichten. Bundesstaaten sind auf der Grundlage von Minderheitensprachen (etwa Telagu) neu gegründet worden. Nehru wollte zwar einen starken Staat, er wollte aber keinen Staat nach hindu-nationalistischem Zuschnitt.[93] Nur bei dem Schlachtverbot für Kühe und Kälber und der Erschwernis von Bekehrungen zeigt sich in der Verfassung wie im Rechtssystem eine gewisse »Schlagseite« zugunsten des Hinduismus. Eine Benachteiligung besteht auch darin, dass arme Christen und Moslems nicht in den Genuss der Fördermaßnahmen für die niederen Kasten kommen, da ihre Religionen per definitionem kastenlos sind (sie nehmen allerdings an anderen Fördermaßnahmen für Arme teil). Ansonsten ist die Verfassung »säkular« nicht im Sinne einer völligen Trennung von Staat und Religion, sondern einer Neutralität des Staates gegenüber den Religionen.[94]

Die Minderheitenfrage ist zusätzlich dadurch kompliziert, dass die Muslime, Christen und Sikhs zwar Minderheiten in Indien, in »ihren« Bundesstaaten Jammu-Kashmir, Nagaland und Punjab aber die Mehrheiten bilden – und dort auch nicht immer nett zu den Hindus sind. Minderheiten streben durchgehend danach, ein gewisses Maß an kultureller Autonomie zu erhalten. Je nach Größe der Volksgruppe und je nach ihren

Traditionen, ganz besonders aber aus den jeweiligen Erfahrungen mit der Hindu-Mehrheit und mit dem Staat haben sich drei Typen der Autonomie-Forderung ausgeprägt: Am radikalsten ist der Wunsch nach Sezession, wie er in Jammu-Kashmir und Punjab zum Ausdruck gekommen ist, aber in der Gründerzeit der Union und zum Teil bis in unsere Tage hinein auch von kleineren Stammesgruppen im indischen Nordosten vertreten wird.

Andere Minderheiten geben sich mit dem zufrieden, was der indische Staat ihnen bereit ist zu geben: das sind »eigene« Bundesstaaten. Damit hat man in den fünfziger Jahren die erste Welle der Sikh-Bewegung befriedet, indem man den großen Bundesstaat Punjab in zwei Teile zergliederte, von denen einer (das heutige Punjab) eine Sikh-Mehrheit hat, während im anderen, Harayana, Hindus die Mehrheit bilden. Die Ausgliederung von Tamil Nadu aus dem früheren Bundesstaat Madras hat die Wünsche der indischen Tamilen, gemeinsam mit ihren Vettern auf Sri Lanka einen eigenen Nationalstaat zu erhalten, abklingen lassen. Auch die dravidische Bewegung, die sich mit Sezessionsforderungen gegen die Brahmanen-Herrschaft im Südosten Indiens wandte, ist auf diese Weise nahezu vollständig in die föderale indische Demokratie eingegliedert worden.

Ähnliche Befriedungseffekte gingen von der Aufteilung des Bundesstaates Bombay aus. Die Teilung in Gujarat und Maharastra beendete blutige interkommunale Streitigkeiten zwischen verschiedenen hinduistischen Volksgruppen. Im Nordosten wurde Assam unter ethnischen und linguistischen Kriterien in Meghalaya (1971), Manipur und Tripura (1972) und Mizoram (1986) aufgeteilt, was das frühere Assam zu einem Rumpfstaat schrumpfen ließ. 1986 wurde dem Territorium Arunachal Pradesh (das auch von China beansprucht wurde) Bundesstaatlichkeit zuerkannt. Goa erreichte das 1985, Delhi 1998. Die letzten Kreationen waren Uttaranchal, das aus Uttar Pradesh, dem riesigsten Einzelstaat, herausgeschnitten wurde, und Jharkhand sowie Chhattisgarh, für die Bihar und Madhya Pradesh Federn lassen mussten.

Es ging jeweils um die Übertragung von Autonomie an

eine Gruppe, die so viel Aufsehen gemacht hatte, dass es politisch klüger schien, das geforderte territoriale Zugeständnis zu gewähren.[95] Wenn die fragliche Volksgruppe zu klein für eine so große Verwaltungseinheit war wie die Gurkhas in Westbengalen, die Bodos in Assam oder eine Reihe anderer Stämme im Nordostgebiet, hat man ihre Wünsche mit autonomen Regierungsbezirken befriedigt. 1988 wurde der Darjeeling Gorkha Hill Council eingerichtet. Die Unruhen unter den Gurkhas fanden damit ein Ende. Für die Zentralregierung war das keine geringe Konzession, denn Darjeeling liegt am »Flaschenhals« zwischen dem Subkontinent und den Gebieten Nordostindiens und ist daher von strategischer Bedeutung. 1993 erhielten auch die Bodos ihren Bodoland Autonomous Council. Doch dass nicht alle Autonomie immer befriedend wirkt, zeigte sich an diesem Fall. Denn da das Gebiet des Council eine nennenswerte Minderheit von Moslems und Hindus enthält, begannen die Bodos, einmal an der Regierungsmacht, wie selbstverständlich mit einer ethnischen Säuberung, von der zunächst die Moslems betroffen waren.[96]

Hindus und Moslems: Jammu-Kashmir

Von den Konflikten mit ethnischem oder religiösem Hintergrund ist der in Kashmir der brisanteste wegen seiner internationalen Dimension: Er konfrontiert die Atommacht Indien mit der Atommacht Pakistan. Besieht man ausschließlich seine *innere* Dimension, so bietet er ein Lehrstück verfehlter Regierungspolitik.[97] Die Lage in Kashmir war von Anfang an schwierig. Der Beitritt des mehrheitlich moslemischen, aber hinduistisch regierten Fürstentums zur Indischen Union war unter der Maßgabe eines besonderen Autonomiestatus erfolgt: Artikel 370 der indischen Verfassung begrenzte die Zuständigkeit der Zentralregierung auf die Verteidigung, auswärtige Angelegenheiten und Kommunikation.

Dabei ging es nicht nur um den Schutz der Rechte der muslimischen Mehrheitsbevölkerung, die in Gesamtindien natürlich der Minderheit angehörte. Vielmehr ist die innere Balance der Region Jammu und Kashmir selbst noch einmal höchst problematisch. Der Teil auf der indischen Seite der Line of Control, das heißt der provisorischen Grenze, besteht aus drei Subregionen, Jammu, dem eigentlichen Kashmirtal und dem an China grenzenden Hochland von Ladakh. In Jammu leben viele Hindus (66 Prozent der dortigen Bevölkerung) sowie Sikhs; die dortigen Moslems sind zumeist ethnisch Gujaris, keine Kashmiris, sie sprechen auch eine andere Sprache. Diese Menschen sind durchweg gegen die Selbstständigkeit Kashmirs und gegen den Anschluss an Pakistan. Dasselbe gilt für die Buddhisten, die das dünn besiedelte Ladakh bewohnen (55 Prozent) und inzwischen – gegen den einhelligen Protest der Moslems und der Hindus in Kashmir – einen autonomen Regierungsbezirk in der Ladakh-Region Leh erhalten haben, sowie für die schiitische Minderheit im Kargil-Distrikt und im Kashmir-Tal: Sie alle haben keine Lust, unter der Fuchtel der sunnitischen Kashmiris zu leben.

Ein belastbares und von der Zentralregierung auch respektiertes Autonomiestatut hätte sicherlich dieser komplizierten Lage und den Empfindlichkeiten der Kashmiris am besten Rechnung tragen können; umso mehr, als der kashmirische Islam durch Aufnahme von Elementen aus Buddhismus und Hinduismus alles andere als orthodox war und eine fast alle Kashmiris einigende Identität, die kashurische Sprache und eine ausgeprägte, die Religionen und Ethnien übergreifende eigene Kultur (»Kashmiriyat«) der erwünschten Eigenständigkeit zugrunde lagen.

Jedoch spielte die Problematik der pakistanischen Gebietsansprüche mit hinein. Diese Auseinandersetzung infizierte Neu-Delhi mit einem Verfolgungswahn-Bazillus gegenüber jeglichen Autonomieregungen der Nordostprovinz. Als der eigentlich indienfreundliche regionale Regierungschef Abdullah (»Der Löwe von Kashmir«), der nach dem Abgang des Maharadschas die Leitung der Region nach der Unabhängigkeit übernommen hatte, die formale Ratifizierung der Beitrittsakte immer weiter hinauszögerte, wuchs das Misstrauen in der

Bundesregierung, der kashmirische Chefminister liebäugele mit dem Anschluss an Pakistan. Abdullahs Partei, die »Nationale Front«, wurde von moslemischen Kashmiris dominiert. Deren Interessen vertrat sie robust, ohne deshalb der Union gegenüber illoyal zu sein. Abdullah führte indes Anfang der fünfziger Jahre eine energische Landreform durch. Sie ging auf Kosten der hinduistischen Pandits (deren Reihen auch die Familie Nehru entstammte) und begünstigte seine wichtigsten Wähler, muslimische Kleinbauern. Die Agitation der Pandits innerhalb der Kongresspartei trug bald Früchte: 1953 wurde Abdullah abgesetzt und inhaftiert, der erste von zahlreichen gravierenden Eingriffen in die Autonomie Kashmirs. Infolgedessen erfreute sich Kashmir in den ersten neunundvierzig Jahren nach der Unabhängigkeit lediglich zwölf Jahre lang einer gewählten, repräsentativen Regierung.[98]

1954 schränkte die Bundesregierung die Zuständigkeiten des Landesparlaments ein. Die 1956 verabschiedete Regionalverfassung stellt die Region in etwa mit den anderen indischen Bundesstaaten gleich. 1963 führte man die indischen Amtsbezeichnungen in Kashmir ein, der indische Rechnungshof, das Verfassungsgericht, die Zoll- und Finanzverwaltung und die Wahlkommission wurden in ihren jeweiligen Amtsbereichen für Kashmir zuständig: Schrittweise verlor Kashmir seine ursprünglich verbrieften Sonderrechte. Sheik Abdullah wurde freigelassen, im Jahre 1965 aber erneut inhaftiert, nachdem er es gewagt hatte, die Forderung nach einem Referendum über die Zukunft Kashmirs vorzubringen. In den nachfolgenden Jahrzehnten normalisierte sich die Lage dennoch einigermaßen. Abdullah wurde 1975 durch Indira Gandhi auf der Grundlage eines neuen »Kashmir-Abkommens«, das die Integration in die Indische Union bekräftigte, wieder zum Ministerpräsidenten gemacht; dass das ohne Wahl geschah, dokumentierte einmal mehr die Erosion kashmirischer Autonomie. Zugleich wurde der nur in Kashmir gebräuchliche Titel »Premierminister« durch den für alle Bundesstaaten Indiens geltenden »Chefminister« ersetzt.[99] Nach dem Tode Sheikh Abdullahs regierte in Kashmir weiterhin seine Regionalpartei, die Nationalkonferenzpartei, unter seinem Sohn

Faruk Abdullah. Gewalthandlungen blieben selten, was deutlich an der blühenden Tourismuswirtschaft abzulesen war.

Um Abdullah und seine Partei, die Nationalkonferenz, unter Druck zu setzen, hatte Indira Gandhi schon seit 1972 die fundamentalistische Jamaat-i-Islami unterstützt. Später entwickelte sich diese Gruppierung zu einer der Basisorganisationen des Guerilla- und Terror-Kriegs gegen die Zugehörigkeit Kashmirs zur Indischen Union.[100] Indira strebte energisch die stärkere Zentralisierung Indiens auf Kosten regionaler Autonomieansprüche an; vom harschen Vorgehen gegen die Sikhs wird noch die Rede sein. Infolgedessen bildete sich eine Gegenfront regionaler Regierungen, die nicht dem Kongress angehörten und die – nicht zuletzt aus besorgter Erinnerung an die Gandhi'sche Notstandsregierung 1975 bis 1977 – ihren Zentralisierungsbestrebungen Grenzen setzen wollte. Dieser Front schloss sich auch Faruk Abdullah zu Gandhis Ärger an. Natürlich missfiel ihr unter diesen Umständen die Stärke der Regionalpartei in Kashmir. Sie versuchte mit großem Einsatz, bei den Regionalwahlen 1983 mit ihrer Kongresspartei stärkste Kraft zu werden. Dies misslang in den Wahlen, die übrigens für die Parteien am Rande, die national-hinduistische BJP und die islamistische Jamaat-i Islami, keinen einzigen Sitz ergab – ein Zeichen für den Mangel an Radikalismus in dieser Region zu diesem Zeitpunkt.

Nach der Wahlniederlage beschuldigte Indira Gandhi Faruk Abdullah, den islamistischen Radikalismus zu begünstigen und heimlich mit den Sikh-Extremisten zusammenzuarbeiten. Nachdem sie gerade den Begriff des Säkularismus in der indischen Verfassung verankert hatte, agitierte sie nun mit der Parole »Hinduminderheiten in Kashmir in Gefahr!« und schob damit die religiösen Unterschiede in den Vordergrund.[101] Wie sein Vater dreißig Jahre zuvor wurde nun auch Faruk Abdullah als Chefminister abgesetzt. Gouverneur Jagmohan führte die Region de facto als Beauftragter der Zentralregierung. (Die von der Bundesregierung ernannten Gouverneure haben normalerweise eine rein zeremonielle Funktion wie etwa die englische Königin, während die gewählten Chefminister die Regierungsverantwortung tragen.) 1986 enthob die Regierung in Delhi schließlich auch Faruk Abdullahs schwachen Nachfolger seines Amtes, und der Gouverneur übernahm die Macht auch formal.

In Vorbereitung auf die Wahlen von 1987 nötigte Radjiv Gandhi, inzwischen Premierminister, Faruk Abdullah zu einer Koalition mit der Kongresspartei. Die Nationalkonferenzpartei verlor ihren kashmirischen Charakter und damit zwangsläufig ihren Rückhalt in der Bevölkerung. Andere, radikalere, sezessionistische und islamistische Parteien erstarkten, namentlich die Moslem United Front (MUF). Die Wahlen 1987 sahen die Regierungskoalition von Kongresspartei und Nationalkonferenzpartei als klaren Sieger. Viele Menschen in Kashmir empörten sich jedoch über Manipulationen. Der Wahlkampf von MUF-Kandidaten war behindert worden, Wählern in MUF-freundlichen Wahlkreisen hatte man die Stimmabgabe verwehrt. Die MUF brach auseinander, einige Spaltprodukte, die vor allem aus jüngeren, durch den Verlauf der Wahl völlig frustrierten Wahlhelfern bestanden, radikalisierten sich, der Widerstand nahm zu. Ein großer Teil der moslemischen Bevölkerung entfremdete sich von Indien und war bereit, die Rebellion zu unterstützen.[102]

In paradoxer Weise trug der bescheidene Entwicklungserfolg, den die Politik der Indischen Union zuvor in Kashmir erzielt hatte, zur Verschärfung der Lage bei: In der Bevölkerung gab es jetzt gut ausgebildete jüngere Menschen, die an öffentlichen Angelegenheiten interessiert und politisch mobilisiert waren. Die Entwicklungen standen ihren Partizipationsansprüchen im Wege; ein Ausweg wäre vielleicht durch ein gezieltes Programm wirtschaftlicher Entwicklung möglich gewesen. Aber ein von der Zentralregierung zugesagtes Finanzhilfepaket realisierte sich nie. Qualifizierte Beschäftigung blieb das Privileg der hinduistischen Pandits; sie stellten noch 1990 nur zwei Prozent der Bevölkerung im Kashmirtal, aber übten achtzig Prozent der qualifizierten Jobs aus. 1989 war ein Drittel der Kashmiris arbeitslos, die Zahl der Unbeschäftigten mit berufsqualifizierendem Abschluss stieg von 1986 bis 1991 von 100 000 auf 300 000. So wanderte ein erheblicher Teil der mobilisierten jungen Männer in die Militanz ab. Von 1989 an war die gewaltsame Rebellion manifest, die zunehmend Unterstützung aus Pakistan und Zulauf von ehemaligen Afghanistan-Kämpfern erhielt. 1990 wurde Jagmohan wiederum Gouverneur in der 800 000 Einwohner zählenden Hauptstadt des Bundesstaates, Srinagar.

Die Bundesregierung brachte zusätzliche Truppen und paramilitärische Einheiten ins Land. 1993 standen 175 000 Soldaten und 30 000 Paramilitärs in dem nordwestlichen Bundesstaat. Der Aufstand in Kashmir wurde in Neu-Delhi nicht als Rebellion einer entfremdeten Minderheit gesehen, die durch provokative Schritte der Bundesregierung in die Gewalt getrieben worden war, sondern vor dem Hintergrund des Grenzstreits mit Pakistan: Bereits bei den Kriegen 1947 und 1965 hatte Islamabad »Freischärler« vor den regulären Truppen hergeschickt, um die militärische Offensive vorzubereiten; 1999 sollte das wieder geschehen. Die Aufständischen galten also als »Fünfte Kolonne« des Hauptfeindes, und tatsächlich wurden sie vom pakistanischen Geheimdienst Inter Service Intelligence (ISI) bewaffnet und ausgebildet: Bis zu 20 000 junge Männer aus Kashmir sollen in pakistanischen Lagern trainiert worden sein. Entsprechend brutal gingen die indischen Sicherheitskräfte vor. Amnesty International, zeitweise aus Jammu und Kashmir ausgesperrt, berichtete über drastische Menschenrechtsverletzungen: ermordete Zivilisten, niedergebrannte Häuser, vergewaltigte Frauen, zahlreiche Folterungen. Die Einheimischen forderten eine unabhängige Untersuchung dieser Übergriffe, was die Zentralregierung ablehnte. Mehr als 5000 Petitionen wegen Verletzung der Habeas-Corpus-Rechte ließ Neu-Delhi unbeantwortet. Stattdessen setzte die Bundesregierung die Verfassung für Kashmir aus, und jetzt galt die »Terrorist and Disruptive Active Ordinance«, die zahlreiche Grundrechte außer Kraft setzte und den Sicherheitskräften Notstandsvollmachten verlieh. Unter dieser Verordnung wurden mehr als 65 000 Menschen verhaftet, aber nur eine Hand voll schließlich gerichtlich verurteilt. Dieser Repressions-Schub fachte den Aufstand noch weiter an. Notleidende waren nicht nur die kashmirischen Moslems, sondern auch die Hindus, die Ziel des islamistischen Terrors waren. Zwischen einhundert- und zweihunderttausend von ihnen verließen ihre Heimat.

Mitte der neunziger Jahre jedoch flaute das Niveau der Gewalt ab. Die Zentralregierung begann, energisch gegen die Exzesse von Armee und Polizei einzuschreiten; die Kashmiris waren zusehends kriegsmüde, nachdem – je nach Schätzung – zwischen 35 000 und 60 000 Menschen dem Konflikt zum Opfer gefallen waren. Sie sahen außerdem, wie sehr der Konflikt ihnen wirtschaftlich schadete: die Zahl der Touristen war von 80 000 (1989) auf 9000 (1995) geschrumpft. Die Bevölkerung entfremdete sich den kämpfenden Gruppen; diese ihrerseits waren untereinander zerstritten (die Schätzungen über ihre Zahl schwanken zwischen 30 und 158) und befehdeten sich gegenseitig. Das theokratische Staatsideal, das die Islamisten verbreiteten, war der Mehrheit der Leute in Kashmir ebenso verdächtig wie der propagierte Anschluss an Pakistan. Schließlich waren ihnen die nichtkashmirischen Kämpfer, die über die pakistanische Grenze kamen, unsympathisch. 1995 spaltete sich eine der bedeutendsten Guerillagruppen, die Jammu-Kashmir-Liberation Front (JKLF). Der von Pakistan aus gesteuerte Teil blieb auf Kriegskurs. Der in Kashmir beheimatete Teil, der sich von Pakistan für strikt nationale Ziele missbraucht und ans Gängelband genommen fühlte, distanzierte sich jedoch vom Terrorismus.[103]

Die Regionalwahl von 1996 – die erste seit 1987 – brachte eine ansehnliche Beteiligung und Faruk Abdullah wieder zurück ins Amt des Regierungschefs. Auch an der Wahl zur Lok Sabha 1998 nahmen die Kashmiris regen Anteil, obwohl die All Party Hurriyat Conference, der Zusammenschluss der radikalen Gruppen, beide Male den Boykott gefordert hatte. Das veranlasste deren Vorsitzenden Abdul Gani 1999 dazu, das Gespräch mit gemäßigten Parteien in Kashmir zu suchen. Der Aufstand verlor seinen Massencharakter und ging in sektiererische Gewalt über. Die Beziehungen zwischen Moslems und Hindus auf kommunaler Ebene normalisierten sich. In Srinagar wurde die Ausgangssperre aufgehoben. Neue Hotels, Kinos und Weinhandlungen öffneten. Die Rebellion lebte letzten Endes nur noch von der Unterstützung Pakistans und vom Einschleusen von Kämpfern über die »Line of Control«. Folgerichtig führte die Gewalt in Kashmir 1999 zur gefährlichsten Konfrontation der beiden südasiatischen Staaten: Der Konflikt ging von einer innerindischen Angelegenheit in einen internationalen Krieg über.

Aus den turbulenten Entwicklungen zwischen 1999 und 2002 ging Indien merklich gestärkt hervor. Einmal mehr hatte eine aus Pakistan gesteuerte Militäraktion die Kashmiris nicht mobilisiert. Im Gegenteil, die militante Hizbul Mujahedeen – unter den Widerstandsgruppen diejenige mit dem höchsten Anteil an Einheimischen – erklärte 2000 völlig überraschend eine Feuerpause, die sie aufgrund heftiger Kritik von in Pakistan sesshaften Konkurrenzgruppen nur widerwillig wieder aufgab. Diese Episode signalisierte mehr als alles andere die Entwicklung der Gefühle und Wünsche unter den Moslems in Kashmir: Das Verhältnis zu Pakistan ist von wachsender Entfremdung geprägt; man fühlt sich für staatliche Interessen missbraucht, die nicht die eigenen sind.

Aus der Position größerer Stärke wagte die indische Zentralregierung nun auch in Kashmir riskante Schritte. Ausgerechnet der BJP-Hardliner, Innenminister Advani, steuerte 2003 das erste Treffen mit der außerparlamentarischen Oppositionsgruppe All Party Hurriyet Conference. Prompt spaltete sich die Hurriyat Conference, die Gesprächswilligen erhielten Morddrohungen. Die Gesprächspartner einigten sich auf die Ablehnung von Gewalt und eine »ehrenvolle und dauerhafte Lösung« des Kashmir-Konflikts. Die Gespräche verstetigten sich, unter der neuen Regierung übernahm sogar der Premierminister selbst die Gesprächsführung und stellte Autonomie und Selbstregierung in Aussicht. Seine Regierung sieht den Ausweg in erster Linie in der Verbesserung der materiellen Lebensbedingungen in der Region; die Misshandlungen von gefangenen Kashmiris versucht man energisch abzustellen. Selbst von blutigen terroristischen Attentaten (wie Anfang Mai 2006) ließen sich die Partner nicht aus der Bahn bringen. Bezeichnend für die konstruktive Atmosphäre ist die gemeinsame Verurteilung solcher Gewaltakte.[104]

Hindus und Moslems:
Moslems in der Hindu-Mehrheit

Die Auseinandersetzung in und um Kashmir ist der sichtbare Brennpunkt des weiterreichenden Konflikts, der den Umgang der Hindu-Mehrheit mit den Minderheiten betrifft. Das Verhältnis zwischen hinduistischer Mehrheit und moslemischer Minderheit bleibt eine Schlüsselfrage für die Stabilität des Landes. Die in den letzten Jahrzehnten schärfer hervorgetretenen Spannungen sind umso tragischer, als der indische Islam durch die Begegnung mit der Hindu-Kultur selbst stark beeinflusst worden ist. Das beginnt mit dem Kastensystem, setzt sich mit der Übernahme von Hochzeits-, Initiations- und Trauerbrauchtum fort und betrifft selbst Tanz und Musik, die von fundamentalistischen Moslems vehement abgelehnt werden.[105] Die absolute Zahl der Moslems, die zwölf Prozent der Gesamtbevölkerung ausmachen, beträgt 130 Millionen. Das ist mehr als die Einwohnerzahl der meisten Staaten der Welt. Indien ist damit nach Indonesien und Pakistan und knapp vor Bangladesh das größte moslemische Land auf dem Globus, es beherbergt mehr Gläubige des Islam als jedes arabische Land!

Ihre Verteilung über den indischen Nationalstaat ist ungleich. In Jammu-Kashmir bilden sie die Mehrheit. Im indischen Süden überschreitet ihre Zahl die drei Prozent nicht. Im bevölkerungsreichen Uttar Pradesh hingegen sind sie mit siebzehn Prozent vertreten, in den Städten erreicht ihr Anteil vierzig Prozent. Dort prägen sie das handwerkliche Milieu, während die Oberschicht von Brahmanen gebildet wird. Indienweit zählen die Muslime zu den weniger begüterten Schichten, die unterdurchschnittlich verdienen. Im Westen hingegen, in Gujarat und Mumbai, gibt es reiche Händler, die sich zum Islam bekennen (das war vielleicht einer der Gründe, warum es in Gujarat gelang, den Mob gegen Mosleme zu hetzen, siehe unten).[106]

In einer bitter-ironischen Wende der Geschichte haben die beharrlichen Bemühungen Mohammad Ali Jinnahs, des »Gründervaters« des pakistanischen Staatswesens, die Stellung der Moslems in Indien fatal geschwächt. Vor der Teilung stellten sie ein Drittel der Gesamtbevölkerung und die Mehrheit in fünf Bundesstaaten. Das hätte ihnen in einem geeinten Indien beträchtliches politisches Gewicht gegeben. Die Vorstellung einer »ethnischen Säuberung«, wie sie in den Köpfen mancher radikaler Hinduisten heute herumschwirrt, wäre absurd erschienen. Durch die Abspaltung Pakistans schieden – bis auf Jammu-Kashmir – alle mehrheitlich moslemischen Bundesstaaten aus der Union aus, der Anteil der Moslems in den übrigen reduzierte sich durch den Exodus. Außerdem wanderten vor allem die Begüterten und Gebildeten aus. Das schwächte die Zurückbleibenden weiter. Diese gewaltige demographische Verschiebung resultierte in einer politischen Marginalisierung, die auch durch wohlmeinende Schutzmaßnahmen in der indischen Verfassung nicht völlig neutralisiert werden konnte.

Zu diesen Maßnahmen zählte an erster Stelle die zivilrechtliche Autonomie. Die Moslems unterliegen in Indien nicht dem geltenden bürgerlichen Gesetzbuch, sondern pflegen ein auf einer gemäßigten Scharia-Auslegung gründendes eigenes Zivilrecht islamischen Zuschnitts. Dies erlaubt beispielsweise die Vielehe; ein indischer Moslem darf mit bis zu vier Frauen verheiratet sein. Obgleich diese Möglichkeit nicht massenhaft genutzt wird – die meisten Moslems sind zu arm, um sich derart große Familien leisten zu können – und obgleich aufgrund des dramatischen Männerüberschusses in manchen Bundesstaaten Hindufrauen unerlaubterweise de facto mehrere Ehemänner haben (müssen), erregt das separate moslemische Zivilrecht Anstoß bei Hindu-Nationalisten. Sie vermuten hier den Grund für die höhere Geburtenrate der Moslems (die in Wirklichkeit vermutlich in ihrem unterdurchschnittlichen Einkommen begründet liegt) und fordern deren Unterwerfung unter das allgemein gültige Zivilrecht.

Seit der Staatsgründung haben Gesetze und höchstrichterliche Beschlüsse an der zivilrechtlichen Autonomie der moslemischen Minderheit manchen Abstrich gemacht. Die Bestimmung etwa, der zufolge moslemische Konvertiten, die eine andere Religion wählen, ihr Erbrecht verlieren, gibt es heute

nicht mehr. Der Trend deutet auf eine Annäherung der beiden
Corpora Juris hin, ohne bei der Mehrheit der moslemischen
Bevölkerung, die ganz andere Sorgen hat, bisher größeren
Anstoß zu erregen. Dies gilt allerdings nicht für die politischen Führungen, die mit großem Aufwand gegen jede Änderung protestieren. Damit führen sie wiederum den Hindus
das moslemische Verfassungsprivileg vor Augen und liefern
so den Fanatikern der Hindutva die Stichworte für ihre anti-
moslemische Agitation.[107]

Die von den liberalen Demokratie-Prinzipien unter der Fiktion der Chancengleichheit erwirkte Durchlässigkeit des Bil-
dungssystems für alle Teile der Bevölkerung bietet vermutlich
die beste Chance, Frustrationen über Diskriminierung unter
der zahlenmäßig starken moslemischen Jugend nicht aufkommen zu lassen. Schließlich ist Aziz Premj, einer der Gründer
des Software-Riesen Infosys und angeblich der reichste Inder,
ein Moslem, ebenso wie der »Vater der Atombombe« und
heutige Präsident Abdul Kalam. Und Hyderabad, eine Hoch-
burg des Islam in Indien, zählt zu den dynamischen Boom-
städten des indischen Wirtschaftswunders. Nicht zufällig
hat Bill Gates hier ein Software-Entwicklungszentrum eingerichtet, außer Israel der einzige Microsoft-Standort dieser Art
außerhalb der Vereinigten Staaten.

Diejenigen indischen Moslems, die den Aufstieg endlich
geschafft haben, sind integriert. Die große Masse der wenig
begüterten Anhänger des Propheten zeigt wenig Neigung
zur Sezession oder zum Terrorismus. Die indischen Moslems
sind vor allen Dingen am eigenen Fortkommen interessiert,
solange ihre kulturell-religiösen Rechte respektiert und sie
selbst nicht diskriminiert werden. Umso mehr an den Haaren
herbeigezogen scheint die Behauptung der Hindutva-Propagandisten, die indischen Moslems seien eine Gefahr für die
Nation. Die Ausnahme bildet die moslemische Bevölkerung
in Kashmir mit lediglich vier Millionen der 130 Millionen indischer Moslems. Und von denen sind die meisten auch frie-
dens- und integrationswillig – wenn nur die Zentralregierung
kompromissbereit wäre.

Für die Chancen der indischen Demokratie, mit diesen riskanten gesellschaftlichen Fragmentierungen in gewaltfreier Weise umzugehen, spielt die Parteienlandschaft eine entscheidende Rolle. Seit jeher gab es dort eine starke Strömung, Indien als Hindu-Nation zu verstehen, in der die nicht-hinduistischen Minderheiten eine bloß geduldete Position einnehmen. Die »Familie« dieser national-hinduistischen Organisationen (Sangh Parivar) wird von der »Nichtregierungsorganisation« Rashtriya Swayamsevak Sangh (RSS, Nationales Freiwilligen-Corps) angeführt. Die Organisation ist strikt hierarchisch ausgerichtet; der Aufstieg erfolgt aus den Ortsgruppen durch Kooptation. Nur Männer haben das Recht auf Mitgliedschaft. Deren Seelenverwandschaft mit finsteren Kapiteln der Menschheitsgeschichte machen die pro-nazistischen Neigungen des zweiten Führers des RSS, Golwarka, deutlich: Der zeigte wiederholt seine Bewunderung für die Nürnberger Rassengesetze und das Streben der Nazis, die arische Rasse reinzuhalten. Der RSS ist eine landesweite »kulturelle« Organisation, die mit ihren Ablegern alle Aspekte des sozialen Lebens betreut: Krankenhäuser, Wohltätigkeitsorganisationen, Erziehungseinrichtungen. Durch diese soziale Tätigkeit versucht der RSS, die schwierige Aufgabe zu bewältigen, auch die niederen Kasten und Dalits für die Sache des Hindu-Nationalismus zu gewinnen, die deren Interesse an sozialem Aufstieg eigentlich entgegensteht. Seine Stärke als Teil der indischen Zivilgesellschaft bezieht er aus der straffen Führung, der effektiven Organisation, einer klaren Ideologie, die Freund und Feind unmissverständlich – und mit großer Einfachheit – unterscheidet, und aus dem Geflecht von spezialisierten Schwester- und Tochterorganisationen, mit denen RSS jeden erdenklichen Aspekt privaten und gesellschaftlichen Lebens betreut.[109]

Am wichtigsten im Kranz dieser Organisationen ist die religiöse Bewegung Welt-Hindu-Rat (VHP). Die VHP schlägt die Brücke zwischen RSS und den religiösen Führern des Hinduismus. Neben Gurus und brahmanischen Priestern zählt die

115

VHP die indische Diaspora und die Geschäftswelt zu ihren Klienten; erfolgreiche Unternehmerclans wie die Dalmias, die Birlas oder die Modis haben sie großzügig finanziell unterstützt. Die Organisation übt starken Einfluss in der BJP aus. Der wiederum sitzt die noch radikalere, kleine Shiv-Sena-Partei als Wettbewerber um die extremistischen Stimmen im Nacken. Die »Jugend-Organisation« der VHP, die Bajrang Dal, ist die Schläger- und Killertruppe des Sangh Parivar, sozusagen ihre SA, die immer dann nach vorne geschickt wird, wenn es von der Propaganda zum Drangsalieren, Prügeln, Brandstiften, Foltern, Vergewaltigen und Töten übergeht.[110]

Diese hindu-nationalistischen Gruppen betreiben quer durch das Land Erziehungskampagnen, die die Jugend mit einer auf die Hindutva-Agenda umgeschriebenen Geschichtserzählung, mit tendenziösen Lehrbüchern und mit Vorurteilen gegen die indischen Moslems traktiert. Die Erziehungsorganisation des RSS, die Vidya Bharatik, unterhält 13 000 Einrichtungen mit 75 000 Lehrern und 1,7 Millionen Schülern. Die Agitation und die Operationen dieser fanatischen Gruppen sind maßgeblich dafür verantwortlich, dass in den knapp sechzig Jahren indischer Unabhängigkeit die Gewalt zwischen Hindus und Moslems ein bedeutend höheres Niveau erreichte als in den einhundertfünfzig Jahren britischer Kolonialherrschaft. Dadurch ist es diesen Gruppen gelungen, die ursprünglich eingegrenzten Spannungen zwischen Hindus und Moslems zu einem landesweiten Disput zu machen.[111]

Der Aufstieg des Hindu-Nationalismus und seiner politischen Partei, der BJP, wäre aber nicht möglich gewesen ohne den Zerfall der Partei der säkularen Ideologie, des Kongresses. Er ist vor allem dem unheilvollen Wirken von Indira Gandhi zu verdanken, der es tatsächlich fast »gelungen« wäre, die Fundamente der indischen Demokratie zu zerstören. Frau Gandhi versuchte, den Kongress ganz auf ihre Person auszurichten. Konkurrierende Parteiführer auf Länderebene setzte sie ab und installierte stattdessen Gefolgsleute; schließlich beseitigte sie innerparteiliche Wahlen vollständig. Mehr und mehr verlor der Kongress seine gesellschaftspolitische Vision, und stand nur noch für den Machtgewinn und Machterhalt bestimmter Individuen, denn Indira Gandhis Beispiel fand Nachahmung auf allen Parteiebenen. Das Parteileben zerfiel zugunsten personaler Beziehungen, in Klardeutsch: zugunsten von Liebedienerei gegenüber der Parteiführung.

Die Politik von Indira und Rajiv Gandhi diente vorrangig dem eigenen Machterhalt. Von Prinzipien geleitete Politik, wie sie für Mahatma Gandhi und auch für Nehru selbstverständlich war, war Vergangenheit. Auch mit hinduistischen Gefühlen und Symbolen spielte die Kongresspartei während dieser Zeit. Der Säkuralismus herrschte noch vor, konnte aber ausgehöhlt werden, wenn es der eigenen Machtpolitik diente. Mit dem Verblassen ihres Nimbus war die Kongresspartei mehr und mehr darauf angewiesen, Stimmen durch immer neue Klientelpolitik, vor allem Sondervergünstigungen für die Unterkasten, Dalits und Stämme einzuwerben. Das wiederum schwächte ihre Position beim Mittelstand, welcher sich der BJP zuzuneigen begann.[112]

Indira Gandhis Zentralisierungsbestrebungen betrafen nicht nur ihren Parteiapparat, sondern auch den indischen Staat. Damit stimulierte sie den Separatismus, auf den die Zentralregierung wiederum mit mehr Repression reagierte. Die Kashmir-Rebellion der achtziger Jahre half dem Hindu-Nationalismus bei seinem Aufstieg. Er erzeugte unter den Hindus im bevölkerungsreichen Norden eine Belagerungs-Mentalität, oder, wie es genannt wurde, einen »Minderwertigkeitskomplex der Mehrheit«.[113] Es entwickelte sich ein Teufelskreis eskalierender Gewalt, welcher den Hindu-Nationalisten das Motto für ihren Diskurs lieferte: die Einheit der Nation gegen die zerstörerischen moslemischen und christlichen »Fremdkörper« zu verteidigen. Für viele Inder war die BJP in den neunziger Jahren die einzige glaubwürdige, weil nicht moralisch verbrauchte Kraft und hatte die »richtige« Programmatik, nämlich die Verteidigung der indischen Nation.[114]

Christen wie Moslems wird vorgeworfen, als »artfremde« Kulturen die Hindutva durch Bekehrungen zu unterminieren, die durch Geldgeschenke, soziale Vorteile, Drohungen (etwa mit der Hölle) und andere unlautere Mittel erreicht worden seien. Da vor allem Dalits und Angehörige der Unterkasten und der benachteiligten Stämme diese Religionen wählen, um der Verdammnis als Bodensatz des hinduistischen Kastensystems zu entgehen, wird der sozialherrschaftliche Sinn dieser Kritik deutlich: Man will der beherrschten Basis der indischen Gesellschaft diesen Ausweg verwehren und versucht das, indem man die nationalkulturelle Wut der Hindu-Mehrheit auf die bekehrenden Sündenböcke lenkt.

Anti-Bekehrungsgesetze, die für den Religionswechsel die Genehmigung der lokalen Behörden verlangen und diejenigen, die mit »unlauteren Mitteln« die Bekehrung betreiben, bestrafen, sind mittlerweile von BJP-Regierungen in einer Reihe von Bundesstaaten durchgesetzt worden, unter anderem in Gujarat. Für »Rückbekehrungen« zum Hinduismus gelten diese Regeln natürlich nicht. Die BJP versucht gleichfalls die Schul-Lehrpläne zu »hinduisieren« – ohne Rücksicht auf die Konfession der unterrichteten Schüler. Murli Manohar Joshi, »Human Resources Minister« unter der letzten BJP-Regierung, forderte gar Astrologie und hinduistische Rituale als Gegenstand regulärer Kurse.[115] Nach der Machtübernahme durch die vom Kongress geführte Koalition unter Premier Manmohan ist diese Politik rückgängig gemacht worden.[116]

Die Hindutva-Bewegung ist eine Gründung von Brahmanen und hat dort auch ihre Basis. Die Mehrzahl der Aktivisten kommt allerdings aus den Mittelkasten. Auch »aufwärts mobile« Mitglieder von Unterkasten reihen sich gelegentlich ein. Sie klammern sich (verständlicherweise) an den endlich erreichten Wohlstand. Die extreme Dynamik der Gesellschaft macht Angst, ihn wieder zu verlieren. Die herkömmlichen Lebensverhältnisse sind aus dem Lot. Alles scheint bedrohlich. Dieses Gefühl der Verunsicherung lässt sich von den Gewaltunternehmern der Sangh Parivar gegen die »Sündenböcke« der Minderheiten lenken. Als Massenbewegung hat der Hindu-Nationalismus damit eine eher kleinbürgerliche Anhängerschaft.[117]

Anti-Moslemische Pogrome

RSS, Shiv Sena und BJP verlangten über Jahre hinweg die Zerstörung der Babri-Moschee in Adjodja, die angeblich auf einem Tempel über dem Geburtsort des Gottes Rama errichtet worden war. Nachdem noch 1990 der BJP-Vorsitzende Advani auf einer durch halb Indien führenden Prozession verhaftet worden war, bevor er Adjodja erreichen konnte, ließ man ihn und seine Horden zwei Jahre später gewähren und die Moschee zerstören. Erst nach den anschließenden Unruhen ging die Bundesregierung gegen die BJP vor – vier Chefminister in Bundesstaaten wurden abgesetzt. Da war es jedoch schon zu pogromartigen Ausschreitungen und anschließenden blutigen Kämpfen zwischen Hindus und Moslems mit Tausenden Toten gekommen. Offenbar hatte die Kongresspartei diese bewusst hingenommen, um sich selbst als Ordnungskraft gegen die radikalen Elemente der BJP profilieren zu können.[118]

Auch gegenüber Christen kam es aus der gleichen Quelle zu Gewalt in den Bundesstaaten Gujarat, Madhya Pradesh und Orissa, die in der Verbrennung eines australischen Missionars und seiner beiden Söhne 1999 im östlichen Küstenstaat Orissa kulminierte. Es spricht für die Stabilität rechtsstaatlicher Institutionen, dass die Täter im gleichen Bundesstaat zweieinhalb Jahre später verurteilt wurden. Die Hindu-Fanatiker verehren allerdings den Haupttäter, Dara Singh, als Nationalhelden.[119]

Der bislang schlimmste Exzess war das Pogrom von Gujarat im Jahre 2002. Nach einer bis heute nicht vollständig aufgeklärten Rangelei zwischen Hindu-Aktivisten und moslemischen Teeverkäufern in einem Fernzug in Godhra ging ein Waggon in Flammen auf, angeblich von Islamisten angezündet. Siebenundfünfzig Hindus kamen ums Leben, darunter Frauen und Kinder. Als Vergeltung inszenierten Hindu-Fanatiker ein Massaker in Gujarat und den angrenzenden Teilen des Bundesstaates Maharastra. Zwischen tausend und zweitausend Moslems wurden umgebracht, Frauen vergewaltigt, einhundertfünfzig Moscheen niedergebrannt. Einhundertfünfzigtausend Menschen verloren ihr Heim und mussten in

Lagern untergebracht werden. Die meisten Opfer waren in der Großstadt Ahmedabad zu beklagen.

Die BJP-Regierung von Gujarat verhielt sich auffällig passiv. Die Polizei verhinderte die Schlächtereien nicht, siebenunddreißig Beamte, die versuchten einzuschreiten, wurden hinterher versetzt oder in den Ruhestand geschickt. Die Obrigkeit versorgte die Flüchtlingslager auffällig schlecht. Das Ausmaß und die Geschwindigkeit der fanatischen Reaktion, die Tatsache, dass auch moslemisch geführte Unternehmen angegriffen wurden, bei denen der religiöse Hintergrund der Besitzer nicht allgemein bekannt war, ließ auf sorgfältige Vorbereitung schließen. Dalits und Adivasis wurden mobilisiert und angeblich auch für das Morden bezahlt, der Mob war bewaffnet und geführt.

Die Leiden der Opfer animierten nicht die ansonsten bei größeren Katastrophen übliche Spenden- und Hilfsfreudigkeit der hinduistischen Mittelklasse, die gleichgültig blieb. Premierminister Vajpayee erkannte die Risiken und distanzierte sich mit sehr deutlichen Worten von den Geschehnissen, für die sein Parteifreund vor Ort, Chefminister Modi, die Mitverantwortung trug. Für den gab Vajpayee allerdings eine Ehrenerklärung ab; Modi gewann trotz vielstimmiger Kritik aus anderen Bundesländern bei einer vorzeitig anberaumten Wahl noch im gleichen Jahr in einem Erdrutschsieg siebzig Prozent der Stimmen – ein bedenkliches Zeichen für das Ausmaß, in dem die brutalste Version der Hindutva-Ideologie diesen blühenden, wirtschaftlich äußerst erfolgreichen Bundesstaat beherrscht.[120]

Die besonders extremen Erscheinungsformen der Hindutva in Gujarat stechen ins Auge: Ist dieser Staat doch der Heimatstaat Mahatma Gandhis. Aber das ist kein Zufall. Die radikalen Elemente des Hindu-Nationalismus haben Gujarat gerade deswegen schon früh ins Visier genommen. Wenn man dort würde nachweisen können, so die Überlegung, dass das Zusammenleben zwischen Moslems und Hindus nicht möglich sei, dann sei der Traum Gandhis von einer einheitlichen indischen Nation aller Religionen diskreditiert. Also unternahm die versammelte Sangh Parivar besondere Anstrengungen, um Gujarat zum nationalen Exempel interkommunaler Gewalt zu machen – leider mit einigem Erfolg.[121]

Gujarat ist ein Beispiel für das mögliche Extrem an kommunaler Gewaltstrategie, welche die national-hinduistischen Gruppen zu entfachen bereit sind, wenn ihre Herrschaft unangetastet ist. Dort ist es ihnen gelungen, über ihre normale Basis (Brahmanen- und Mittelkasten) hinaus auch unter den Unterkasten-Arbeiterschichten und den Kleinbauern Stammwähler zu gewinnen.[122] Da das nicht der Normalfall ist, dürfte das Beispiel Gujarat nicht, wie radikale Hindutva-Propagandisten hoffen, zum all-indischen Modell werden. Die Feindschaft von Hindus gegenüber Moslems ist noch nicht zum alles überspannenden Charakteristikum indischer Kultur geworden. In einer Umfrage von 1996 lehnten 64 Prozent der Befragten und sogar ein etwa gleicher Anteil der Hindus aus höheren Kasten die Zerstörung der Babri-Moschee von Adjodja ab, den bis dahin eklatantesten Fall einer anti-moslemischen Ausschreitung durch radikalisierte Hindus.[123] Auch die Abwahl der BJP-geführten Bundesregierung 2004, also nach dem Gujarat-Pogrom, spricht für diese Einschätzung: Pluralistische Toleranz bleibt Kennzeichen indischer Kultur. Allerdings ist der böse Geist der Hindutva weiter vorgedrungen. Er beschränkt sich nicht auf die Mittelklasse und die von den fanatischen Hinduisten fanatisierbaren Dalits, sondern ist auch in »bessere Kreise« der Hauptstadt eingewandert. Denn die kommunale Gewalt zwischen Hindus und Moslems ist keineswegs ein prämodernes Phänomen, das sich eher in ländlichen Regionen abspielt (wo die armen Moslem-Bauern zudem besonders ungeschützt sind): Fünfundneunzig Prozent der Gewalttaten geschehen im urbanen Milieu, und fast fünfzig Prozent aller einschlägigen Todesfälle sind in lediglich acht Großstädten zu beklagen.[124]

Die Gewalt zwischen Moslems und Hindus ist also nicht flächendeckend, sondern hoch konzentriert: Die acht Städte, die die Hälfte der kommunalen Gewalt aufweisen, machen nur 28 Prozent der indischen Bevölkerung aus, die in Großstädten mit mehr als 100 000 Einwohner wohnen, achtzehn Prozent der gesamten städtischen und fünf Prozent der gesamten indischen Bevölkerung. Manche der Bundesstaaten, in denen diese Städte liegen, sind Schaufenster indischer Modernität wie Gujarat, in anderen herrschen eher traditionelle Verhältnisse in Wirtschaft und Gesellschaft. Genauso verteilt sind die Stätten ausgesprochener Friedlichkeit. Modernität ist also weder ein zwangsläufig gewalttreibender Faktor noch verlässlich eine Ursache von Befriedung.[125] Es stellt sich somit die Frage nach den besonderen Bedingungen, die den Unterschied zwischen den beiden Religionsgemeinschaften zum gewaltsamen Konflikt eskalieren lassen. Umgekehrt macht es Sinn, den Umständen nachzuspüren, die es etwa in Städten wie Calicut oder Lucknow erlauben, dass beide Bevölkerungsgruppen friedlich zusammenleben und sich von der Eskalation an anderen Orten nicht beeinflussen lassen.[126]

Ausschlaggebend für Friedlichkeit scheinen vor allem zwei Rahmenbedingungen zu sein: Erstens die Spaltung der jeweiligen Glaubensgemeinschaft in zwei deutlich unterschiedliche »Fraktionen«, denen der Kontakt über die Religionsgrenzen wichtiger ist als die exklusive Promotion der eigenen Kultur. In Lucknow und Surat beispielsweise waren die Gegensätze zwischen Schiiten und Sunniten stärker als die zwischen Moslems und Hindus. Und wo innerhalb der hinduistischen Bevölkerung starke soziale Unterschiede herrschen und auch politisch thematisiert werden wie etwa in Calicut, ergeben sich stärkere Kooperationen und Solidaritäten über die Grenzen der Religionsgemeinschaften hinweg; nicht die kulturelle, sondern die soziale Differenz wird artikuliert. Kulturalistische Gewaltunternehmer haben weniger Chancen, und für ehrgeizige Politiker zahlt es sich nicht aus, die Menschen über das Thema kultureller Gegensätze mobilisieren zu wollen. Unterkastenparteien fangen das Mobilisierungspotential ab und bauen Koalitionsbrücken zu den gleichermaßen unterprivilegierten Mitgliedern anderer Religionsgemeinschaften. Diese politische Struktur hat es schon immer in Südindien gegeben, wo deutlich weniger Gewaltausbrüche zwischen Moslems und Hindus vorgekommen sind. In den letzten beiden Jahrzehnten sind Unterkasten-Parteien auch in Uttar Pradesh und Bihar stark geworden, den zwei bevölkerungsreichen Hindu-

Staaten im Norden. Und auch dort hat die Gewalt zwischen Moslems und Hindus im Gefolge dieser Entwicklung deutlich nachgelassen.

Zweitens stellt ein transkulturelles Geflecht von Assoziationen (Gewerkschaften, Unternehmerverbände, Sportvereine, Leseclubs) ein Hindernis für die kommunale Gewaltmobilisierung dar, das kaum zu überwinden ist. Solche Verflechtungen können traditioneller Natur sein, vor allem dort, wo die lokale Wirtschaftsstruktur enge Beziehungen über die Religionsgrenzen hinweg ausgebildet hat, wie in Calicut, Lucknow oder in der Altstadt von Surat. In Surat etwa wird die Gemeinde der Hindu-Textilhändler von BJP-Bossen angeführt: Aber auch sie haben sich während der Babri-Moschee-Unruhen 1992 massiv für Frieden zwischen Hindus und Moslems eingesetzt, weil sie es sich nicht leisten können, die Wirtschaftsverbindungen zu ihren moslemischen Partnern und Arbeitern zu gefährden. Selbst eine gutwillige Obrigkeit kann die interkommunale Vergemeinschaftung gezielt fördern; ein solches Beispiel liegt in dem traditionell von interreligiöser Brutalität geschüttelten Bhiwandi, einer Nachbarstadt Mumbais, vor. Dort »zwang« ein Polizeipräfekt die Leitfiguren der Hindu- und der Moslem-Gemeinde zum Eintritt in interkommunale Nachbarschaftsorganisationen. Siebzig solcher Organisationen entstanden, jeweils unter dem Vorsitz eines Polizeibeamten. Nach drei Jahren waren diese Gruppierungen stark genug, um den Ausbruch von Gewalt nach der Zerstörung der Babri-Moschee in Adjodja zu verhindern, während im benachbarten Mumbai die Tempel und Moscheen brannten. Elite-Clubs über die Religionsgrenzen hinweg können hilfreich sein; weitaus wirksamer bei der Eindämmung kommunaler Gewalt sind jedoch interreligiöse Massenorganisationen.

Ein Gegenbeispiel ist Ahmedabad in Gujarat. Lange Zeit war Ahmedabad die »Hauptstadt« der Nationalbewegung Gandhis, mit vielen beispielhaften zivilgesellschaftlichen Organisationen und einer starken interkommunalen Gewerkschaft. Nach der Unabhängigkeit verlor die Kongresspartei ihre starke Stellung als Stütze der Zivilgesellschaft und wurde zur Staatspartei. Die Kader, die Gandhis Ideologie ergeben waren, wurden nach und nach durch Parteifunktionäre ersetzt, die für nichts standen als für die Eroberung und Erhaltung der politischen Macht. Das Geflecht der Nichtregierungsorganisationen, die Hindus und Moslems verbanden, zerfiel. Das Gleiche geschah mit der Gewerkschaft TMA, die staatlicherseits zur Monopolorganisation gemacht wurde. Damit entfiel die Notwendigkeit einer intensiven Arbeit unter der Mitgliedschaft. In den betroffenen Städten entwickelte sich dann – nicht zuletzt durch die Aktivitäten der Hindu-Nationalisten und sektiererischer Moslem-Gruppen – die Organisation der Zivilgesellschaft *innerhalb* der Religionsgemeinschaften, aber nicht *zwischen* ihnen. Damit entstand eine ideale institutionelle Grundlage für Gewaltunternehmer aus dem hinduistischen oder moslemischen Lager.[127]

Im von Gewaltausbrüchen geplagten Hyderabad wiederum kämpft man immer noch mit dem Erbe des letzten (moslemischen) Fürsten, eines klassischen Autokraten, der die Entstehung einer autonomen Zivilgesellschaft massiv bekämpfte und in allen Belangen die Muslim-Liga bevorzugte. Die Folgen sind eine völlig auf intra-kommunale Beziehungen eingerichtete Gesellschaft und der Ausbruch wilder Gewalt zwischen Hindus und Moslems bei jeder passenden Gelegenheit.

Sikhs und Hindus

Die Auseinandersetzungen zwischen der indischen Zentralregierung und der Autonomie-, später Sezessionsbewegung der Sikhs weisen verblüffende Ähnlichkeiten mit dem Kashmir-Konflikt auf. Die Religion der Sikhs hat sich aus dem Hinduismus entwickelt und hat Ähnlichkeiten mit ihm behalten. Gerade das ist jedoch das Problem; die Nähe lässt gläubige Sikhs immer wieder befürchten, im Mainstream-Hinduismus unterzugehen. Der »Säkularismus« der Kongresspartei wurde daher stets als der Versuch interpretiert, die religiösen Unterschiede einzuebnen und auf diese Weise alle Minoritäten in eine übermächtigen Hindu-Kultur einzupassen.[128] Daraus entwickelte sich eine Bewegung der Abgrenzung und »Reinheit« der Sikh-Religion. Die zentrale politische Forderung der Sikhs war die Schaffung eines eigenen Bundesstaats mit Sikh-Mehrheit und mit Punjabi als Amtssprache. Während dieser Bundesstaat, Punjab, 1966 gegründet wurde, drückte sich die Zentralregierung um die linguistische Konzession, denn man fürchtete, es werde eine zu große Nähe zum pakistanischen Pandschab entstehen.

Zwischen den Fronten der moslemischen und hinduistischen Kultur gezwängt, bildete sich unter den Sikhs eine starke Bewegung, die eigene religiös-kulturelle Eigenständigkeit durch die »Reinigung« der Sikh-Religion von fremden Elementen zu erhalten. Dies führte in den späten siebziger Jahren zu gewaltsamen Auseinandersetzungen zwischen der puristischen und der synkretistischen Sikh-Bewegung. Stein des Anstoßes war der Brauch der letzteren, einen lebenden Guru zu verehren, statt den zwölf klassischen Gurus der Sikh-Tradition zu huldigen. Die Radikalen erhielten Zulauf durch den sozialen Abstieg der Sikh-Kleinbauern, die die Verlierer der »grünen Revolution« waren. Die Technisierung der Landwirtschaft war im Punjab besonders erfolgreich. Nach der Reform produzierte dieser Bundesstaat mehr als die Hälfte des indischen Getreides. Hindu-Saisonarbeiter verdrängten die Kleinbauern. Das öffnete ihre Ohren für die nationalreligiöse Agitation der Radikalen. Zugleich brachte der gestiegene Wohlstand vielen Sikh-Jugendlichen eine höhere Erziehung ein, ohne dass der Bundesstaat die entsprechenden Beschäftigungsmöglichkeiten angeboten hätte – die Parallelen zu Kashmir sind unverkennbar. Der Mangel an Arbeitsplätzen hatte mit der Zurückhaltung der Bundesregierung zu tun, in dem militärisch gefährdeten, weil an Pakistan angrenzenden Gebiet wichtige Industrien zu platzieren.

Die jungen Sikhs interpretierten dies als gezielt diskriminierende Wirtschaftspolitik von Hindus dominierten Regierung und radikalisierten sich.[129] Ihre Studentenorganisation half, die militante Bewegung in den Städten zu verankern, in denen sie dann auch ihre wichtigsten Aktionen durchführten. Neben Angehörigen der indischen Sicherheitskräfte fielen kooperationswillige Sikhs und Geschäftsleute am häufigsten den Anschlägen zum Opfer. Die gezielte Attacke auf Unternehmer und Manager, gleichgültig ob sie Sikhs, Hindus, Moslems oder Ausländer waren, sollte die Pläne der Zentralregierung durchkreuzen, der Sezessionsprogrammatik durch kräftige wirtschaftliche Entwicklung den Wind aus den Segeln zu nehmen (also den ursprünglichen Klagegrund der Aktivisten zu beseitigen).[130]

Diese Bewegung wuchs in den frühen achtziger Jahren, als Indira Gandhi darum bemüht war, ihre eigene Macht zu befestigen. Dazu gehörte auch der Versuch, ihre Kongresspartei im Punjab, dem Stammland der Sikhs, stark zu machen. Zu diesem Zweck stärkte sie mit Hilfe des Inlandsgeheimdienstes gerade den militanten Flügel der Sikh-Bewegung unter dem jungen, radikalen Guru Jarnail Singh Bhindranwale, um die Akali Dal, die Sikh-Partei, die im Bundesstaat Punjab dem Kongress die heftigste Konkurrenz lieferte, zu schwächen. Natürlich gerieten die Radikalen außer Kontrolle – auch das eine Parallele zu Kashmir. Statt regionaler Autonomie forderten sie einen eigenen Nationalstaat, »Khalistan«, und verliehen ihren Forderungen durch zunehmende Gewaltaktionen Nachdruck.

Als sie den riesigen Komplex des »Goldenen Tempels« in Amritsar, des wichtigsten Heiligtums der Sikhs, unter ihre Kontrolle brachten und von dort aus terroristische Aktionen steuerten, schickte Frau Gandhi 1984 die Armee, um die Aufrührer niederzukämpfen. Es brauchte vier Tage und den Einsatz von Panzern, um mehrere tausend schwer bewaffnete Sikhs zu besiegen. Eine der zahlreichen Fehlleistungen des Geheimdienstes ließ die Armee im Unklaren darüber, dass der Gegner über panzerbrechende Waffen verfügte, was die Verluste der Streitkräfte erhöhte. Sie zerstörten dabei die unersetzliche Bibliothek der Sikhs. Danach schlossen sich noch mehr junge Sikhs den Radikalen an.

Zweitausendsechshundert Sikh-Soldaten in der Armee meuterten und machten sich auf den Weg in den Punjab, es kostete erhebliche Anstrengungen und weitere Verluste, um die Meuterer wieder einzufangen. Frau Gandhi wurde von zwei Sikh-Angehörigen ihrer Leibwache noch im selben Jahr ermordet. Als Antwort entfachte die Kongresspartei ein Pogrom gegen Sikhs in den Städten des Nordens. Als wenig später Radjiv Gandhi die Wahl für die Partei gewann, die diese Pogrome auf dem Gewissen hatte, bestätigte dies für viele Sikhs die Befürchtung, dass der Hindu-Mehrheits-Staat ihnen keinen sicheren Platz bot; die Sezessionsbewegung wurde nur noch stärker. Gandhi versuchte, die Bewegung durch eine Vereinbarung mit der Akali Dal zu spalten, die seine Mutter noch bekämpft hatte. Diese Einigung brachte bei den Regionalwahlen von 1985 die Akali Dal an die Macht, aber die Vereinbarung wurde seitens der Bundesregierung nicht eingehalten. Insbesondere schlug die Bundesregierung die Stadt Chandigarh nicht, wie versprochen, dem Punjab zu. Damit war die Chance auf Frieden vertan.

Mehrere Jahre tobte ein offener Bürgerkrieg im Punjab; dabei sollen die Aufständischen von Pakistan, das an den Punjab angrenzt, unterstützt worden sein. Weitere Hilfe kam aus der englischen, kanadischen und amerikanischen Diaspora. Von dort schickte man Geld und prangerte die Menschenrechtsverletzungen durch die indischen Sicherheitskräfte an, um die Gastländer propagandistisch gegen Indien einzunehmen. Indiens Image litt also auch außenpolitisch massiv unter dem inneren Konflikt. In den späten achtziger Jahren setzen langwierige Versuche ein, zwischen Zentralregierung und Aufständischen einen Kompromiss zu finden. Dabei wirkte es sich nachteilig aus, dass die Kongresspartei fürchtete, jegliches Zugeständnis könnte zu ähnlichen Forderungen von anderen sezessionswilligen Bewegungen führen.[131]

Ein erster Erfolg der indischen Befriedungsbemühungen gelang 1988, als die Radikalen zum zweiten Male den »Goldenen Tempel« besetzten. Die indischen Kräfte entschieden sich diesmal für eine Belagerung, nicht für den Sturm. Sie ließen volle Medienpräsenz zu. In der Öffentlichkeit verhielten sich die indischen Sicherheitskräfte manierlicher. Zugleich trat den Sikhs in aller Klarheit der Missbrauch der Tempelanlage durch die Extremisten vor Augen. Dieser öffentliche Verstoß gegen die religiösen Regeln unterlief den Anspruch der Sikh-Terroristen, die eigene Kultur gegen Verunreinigung zu schützen und führte dazu, dass ihnen fortan heilige Stätten der Sikhs nicht mehr als Rückzugsräume zur Verfügung standen. Um das Jahr 1993 ließ der gewaltsame Widerstand nach. Zwischen 1981 und 1993 hatten die Kämpfe mindestens 30 000 Menschenleben gefordert. Ironischerweise trug zur Befriedung ein regionales Bündnis zwischen der Akali Dal und der hindu-nationalistischen BJP bei, das die Dominanz der mittlerweile höchst verhassten Kongresspartei zerstört hat.[132]

Gerade diese Kongresspartei hat jedoch unter Premierminister Manmohan Singh 2005 den bislang bemerkenswertesten Schritt der Zentralregierung im Umgang mit Minoritäten getan, vielleicht, um den verlorenen Boden wieder zu gewinnen. Nach einer langjährigen Untersuchung entschuldigte sich der Premier für die Massaker an den Sikhs nach der Ermordung Indira Gandhis, führende Funktionäre, die damals Verantwortung getragen hatten, traten von ihren Ämtern zurück. Zugleich sprach die nationale Menschenrechtskommission mehr als hundert Opfern und ihren Nachkommen Entschädigungen zu. Hier könnte sich ein neuer Umgang der Regierung in Delhi mit dem Schlüsselproblem der Minderheitenpolitik angebahnt haben.[133]

Hindus und Stammesgemeinschaften: Assam und die nordöstlichen Territorien

Ein drittes Mal lässt sich das nun schon bekannte Muster in Ost- und Nordost-Indien ausmachen. Dieser Landesteil besteht fast zur Hälfte aus Stammesgemeinschaften, die sich gegen die Assimilation in die hinduistische Nationalkultur wehrten. Die Problematik wird daran deutlich, dass die Stammesbevölkerung acht Prozent der indischen Bevölkerung ausmacht, aber 55 Prozent der inneren Flüchtlinge. Auch hier ist die Geschichte mit Zugeständnissen der Zentralregierung gepflastert, die anschließend nicht erfüllt oder gebrochen wurden. Mit dem Aufwachsen einer neuen, besser ausgebildeten und politisch wachen Generation in diesen Minderheiten wuchs dann der Wille zum notfalls auch gewaltsamen Widerstand.[134]

Der Aufstand der Mizos im Grenzgebiet zu Myanmar dauerte fast vierzig Jahre, obwohl das Nachbarland diese Rebellion nicht begünstigte, sondern mit den indischen Behörden zusammenarbeitete. Erst 1984/85 führten Verhandlungen mit den Rebellen zur Gründung eines Bundesstaates Mizoram, der Rebellenführer Laldenga wurde als Chefminister eingesetzt. Dies ist eines der wenigen Beispiele, in denen die Gandhis zur inneren Befriedung beigetragen haben.

Auch die Sezessionsbestrebungen der (überwiegend christlichen) Nagas haben ihre Wurzeln noch in den Gründungsjahren. Die Kämpfe wurden so heftig, dass 1956 die Armee eingesetzt werden musste. Kurz danach erhielten die Nagas ihren Bundesstaat Nagaland, die Rebellion flaute ab, ohne bis heute völlig aufzuhören. Der Naga-Konflikt zeigt die Schwierigkeiten, in dem multiethnisch-multireligiösen Land solche Konflikte beizulegen. Unter den Nagas gibt es Kräfte, die die territoriale Autonomie auf alle Orte ausdehnen wollen, wo Nagas leben – zu Lasten der dortigen (meist hinduistischen) Mehrheitsbevölkerung. Die Regierungsseite wiederum hält den Nagas entgegen, ihre Ethnie sei eine späte Konstruktion christlicher Missionare, während sie das eigene Hindutum essentialistisch als »natürliche« (also nicht konstruierte) Gegebenheit sehen; diese subtile Ungleichheit in der Wahrnehmung eigener und fremder Identität ist eines der Grundprobleme, das die indische Demokratie zu lösen hat.[135]

Aufständische Bewegungen sind immer noch in Manipur (People's Liberation Army of Manipur), Tripura (Tripura National Volunteers) und Bodoland (Bodoland Security Force) aktiv. Eine wesentliche Ursache für die Nachhaltigkeit dieser gewaltsamen Konflikte ist die Schwierigkeit, die positiven Seiten der indischen Entwicklung in diese fernen, unterentwickelten Regionen zu bringen. Die dortigen Stämme fühlen sich vernachlässigt und schließen daraus, dass die Bundesregierung kein Interesse an ihrem Wohlergehen hat.[136]

Die Regierung Manmohan müht sich noch mehr als ihre

Vorgänger um eine Beilegung der zahlreichen kleinen Konflikte. Mit dem Achik National Volunteers Council in Meghalaya und der United People's Democratic Solidarity of Assam wurden jetzt schon mehrere Jahre Waffenstillstandsabkommen gehalten und jeweils verlängert, gleichfalls mit der noch aufständischen NSCN-IM in Nagaland. Neue Stillhalteabkommen wurden mit der Bru National Liberation Front in Mizoram und der NDFB in Bodoland 2005 abgeschlossen. Die größten Sorgen bereitet das Ausbreiten der radikal-maoistischen, gewaltsamen Naxalitenbewegung auf mittlerweile 170 Bezirke in fünfzehn Bundesstaaten.[137]

Innere Gewalt und Demokratie

Die Eskalations- und Deeskalationsprozesse in diesen Fällen gleichen sich. Die von der Mehrheit beherrschte Zentrale macht den Minderheiten Zugeständnisse, um diese dann wieder einzuschränken oder zurückzunehmen. Mittlerweile hat die Bildungs-Aufwärtsmobilität eine politisch interessierte junge Generation hervorgebracht, die sich das nicht mehr gefallen lässt. Die Zentrale reagiert mit Repression, die aufbegehrenden Minderheiten mit Forderungen nach Sezession und gewaltsamer Rebellion. Diese Gewaltakte warfen in den achtziger und neunziger Jahren einen Schatten über das politische Leben Indiens. Anfang des letzten Jahrzehnts im zwanzigsten Jahrhundert unterstützten bis zu fünf Prozent der indischen Bevölkerung Widerstands- und Sezessionsbewegungen.[138] Das spricht für die Entfremdung eines beträchtlichen Teils der Inder von ihrer Gesellschaft und ihrem Staat. Auf der anderen Seite steht der skrupellose Wille der gewaltbereiten Teile der Hindutva-Bewegung, die Vorherrschaft der Mehrheit auch mit Terror durchzusetzen. Die Wellenbewegungen der Gewalt und Gegengewalt werfen die Frage auf, ob mit der indischen Gesellschaft und ihrem politischen System etwas grundlegend nicht stimmt.

Kritiker haben darauf aufmerksam gemacht, dass der scheinbare Säkularismus der indischen Verfassung auf eine

subtile Weise die Wichtigkeit der Religion betont. Das Wahl-
recht gibt der dominierenden Bevölkerungsgruppe, den Hindus, ohnedies eine unbestreitbare Dominanz. Das Ausreizen
bestimmter Sonderrechte für Minderheiten betont dann eher
religiöse Unterschiede, als sie zu nivellieren. Die Religion tritt
damit als politisches Element im öffentlichen Diskurs viel
stärker in den Vordergrund, als dies bei einer strikt egalitären
Verfassung der Fall wäre. Dies wiederum gibt politischen Unternehmern, die mit der Thematik der politisierten Religion
mobilisieren, die Ansatzpunkte, um Anhänger zu gewinnen.
Damit verschärfen sich die Konfliktlinien entlang religiöser
Grenzen weiterhin.[139]

Andererseits schafft das demokratische System dann wieder Anreize für die Regierung, die Konflikte beizulegen. Ein
dauerhaft hohes Gewaltniveau mögen die mittelständischen
Wähler dann doch nicht; überall gibt es so etwas wie Kriegs-
müdigkeit, auch bei den Rebellen. Die Stimmen der unterdrückten Minderheiten sind bei knappen Ausgängen und
Koalitionsbildungen nicht zu vernachlässigen. Daraus entwickeln sich Impulse für einen Kompromiss. Aber kann die
Demokratie auch den hinduistischen Radikalismus bändigen,
oder bietet sie ihm nicht gerade die besten Chancen zur Entfaltung seiner verderblichsten Seiten? Diese Frage soll das
nächste Kapitel beantworten.

Das poltische Rätsel:
Indiens robuste Demokratie

Hier mache ich den Versuch, das größte Rätsel Indiens zu verstehen: Wie ist es möglich, dass ein so riesiges, so armes Land mit derartigen inneren Spaltungen, wie sie im letzten Kapitel beschrieben wurden, als Demokratie funktionieren kann. Indien existiert schon viermal länger als die erste deutsche Demokratie, die Weimarer Republik, und sein politisches System macht nicht den Eindruck, als würde es demnächst zusammenbrechen. Was sind die Entwicklungstrends dieser Demokratie, welche Kräfte halten sie in diesem erstaunlichen dynamischen Gleichgewicht?

Risiken der Demokratisierung

Indien ist gigantisch. Die Zahl 1,2 Milliarden Menschen ist zunächst eine abstrakte Größe. Was sie bedeutet, wird deutlicher, wenn man sie mit der Einwohnerzahl anderer Staaten vergleicht: Indien beherbergt so viele Menschen wie der gesamte amerikanische Kontinent (Nord und Süd!), Frankreich, Deutschland und Großbritannien zusammen. Zehn Bundesstaaten haben jeweils mehr als 50 Millionen Einwohner. Die alle unter den Hut einer Demokratie zu bringen, ist ein kühnes Unterfangen.

Demokratie gilt als dasjenige politische System, das am ehesten geeignet ist, den inneren Frieden herzustellen: Es bietet eine Fülle von Möglichkeiten, die eigenen Interessen im Konflikt mit anderen zu verfolgen, ohne Zuflucht zur Gewalt zu nehmen: die Wahlurne; die parteipolitische Tätigkeit; das zivilgesellschaftliche Engagement in Interessengruppen; die Debatte oder Verhandlung, schließlich den Gerichtsweg. Die vielfältigen Möglichkeiten erlaubter Aktivitäten sind zugleich ein Ventil für den Stau von Frust und Aggression.[140]

Allerdings weiß man, dass frisch demokratisierte Länder

Gefahr laufen, Stätten heftiger Gewaltausübung zu werden – nach innen und außen. Alte Eliten lassen ungern von der Macht und verteidigen ihre Positionen zur Not gewaltsam. Die Institutionen der Meinungs- und Versammlungsfreiheit bieten Gewaltunternehmern neue Instrumente, um für ihre Anliegen zu werben, die unter Autokratien verboten waren. Kommt dazu noch ein rapider sozialer und kultureller Wandel, der Menschen aus ihren gewohnten Lebensverhältnissen reißt, sie verunsichert und dementsprechend aggressiv macht, dann ist das Risiko häufiger Gewaltausbrüche hoch. Am stärksten betroffen sind Gesellschaften mit hoher innerer Fragmentierung, weil hier Fronten zwischen Gemeinschaften – ethnischer, sozialer, kultureller, religiöser Art – bereits gezogen sind. Diese Frontlinien eröffnen Gewaltunternehmern die Chancen, gegen den vermeintlichen inneren und äußeren Feind mobil zu machen. Sich demokratisierende Übergangsgesellschaften sind deshalb ausgesprochen gewaltträchtig.[141]

Demokratie ist also eine janusköpfige Veranstaltung: Sie enthält gleichzeitig das Potential hoher Gewaltsamkeit und die besten Mittel, sie einzudämmen und zu überwinden. Daraus ergeben sich die Chance einer allmählichen, nachhaltigen Stabilisierung und zugleich die Gefahr einer schleichenden Degeneration in ein immer gewalttätigeres Chaos. Welches der beiden Gesichter beherrscht Indien? Zeigt sich dort die Demokratie als Gewaltfabrik oder als ideales System friedlichen Konfliktmanagements?

Die Fragmentierung der indischen Gesellschaft

»Indien war nie ein ethnischer Monolith, der von Menschen mit einheitlicher Rasse, Religion und Sprache bewohnt war. Ein menschliches Konglomerat formierte sich durch Welle auf Welle von ankommenden Migranten; es war immer multi-ethnisch, multi-rassisch, multi-sprachlich und multi-religiös.« So beschreibt eine Abhandlung über Ethnizität in Indien korrekt Vergangenheit und Gegenwart des Landes und vergisst nicht zu bemerken, dass Indien nie Judenpogrome und Antisemitismus gekannt hat.[142] Die wichtigsten historischen Ethnien sind die indo-aryanische und die dravidische sowie eine kleine mongolischstämmige Minderheit.

Knapp acht Prozent der indischen Bevölkerung, also über achtzig Millionen Menschen (mehr als in Frankreich oder in Großbritannien wohnen), gehören Stammesgemeinschaften an, die sich auf eine Reihe von Bundesstaaten verteilen. Der Nordosten ist vorwiegend von Stämmen geprägt. In Assam machen sie elf Prozent, in Manipur 27 Prozent, in Tripura 28 Prozent, in Arunachal Pradesh 70 Prozent, in Maghalaya 81 Prozent, in Nagaland 84 Prozent und in Mizoram 94 Prozent der Bevölkerung aus. Aber auch in vorwiegend von Hindi-Bevölkerung bewohnten Bundesstaaten wie Madhya Pradesh (zwölf Millionen Angehörige von Stammesgemeinschaften), Orissa (sechs Millionen) oder Bihar (sechs Millionen), bilden sie beachtenswerte Minderheiten. Die Angehörigen der Stämme (»Adivasis«) sind bis heute dem Trend zur Marginalisierung unterworfen. Ihre Ländereien nehmen ihnen Bramahnen, Bergbaugesellschaften oder Holzunternehmen ab, ihre Dörfer gehen in Staudammprojekten unter oder werden in staatlichen Förderungsprogrammen vernachlässigt.[143]

Die Großethnien zerfallen aber wiederum in zahlreiche kleinere. Neben der ethnischen steht die religiöse Fragmentierung, von der schon ausführlich die Rede war, und die soziale, die sich im Kastensystem manifestiert. Unter den Hindus machen die oberen Kasten etwa sechzehn Prozent der Bevölkerung aus. Die »anderen rückständigen Kasten«, genau gesagt die mittlere Schicht, 44 Prozent. Die unteren Kasten liegen bei etwa fünfzehn Prozent, die Stämme – gleichfalls überwiegend Hindus, aber in der Kastenstatistik nicht erfasst – bei acht Prozent. Es bleiben die nicht-hinduistischen Minderheiten (siebzehn Prozent). Davon sind die Moslems mit etwa zwölf Prozent die stärkste Gruppe. Die Christen folgen mit etwas mehr als zwei Prozent vor den Sikhs mit zwei Prozent und Buddhisten und Jains mit etwas mehr als einem Prozent.[144]

Die Fragmentierung des Landes ist vielleicht an nichts so sichtbar wie an der Sprache: mehr als sechzehnhundert verschiedene Sprachen und Dialekte – davon 720 amtlich registriert – (und immerhin noch je nach Zählung fünfzehn bis zwanzig umfassendere Sprachengruppen) sind in dem Land beheimatet. Vierzehn Sprachen sind neben Hindi als offizielle Verkehrssprachen anerkannt, das heißt: sind in einem oder mehreren der achtundzwanzig Bundesstaaten und sieben Unionsterritorien Amtssprache. Hindi, die am weitesten verbreitete Sprache, gilt nur in zehn Bundesstaaten als Staatssprache, in zweien davon teilt sie sich dieses Privileg mit einer anderen Sprache. Englisch gilt als »assoziierte« Sprache, muss aber immer helfen, wenn Angehörige unterschiedlicher endogener Sprachfamilien sich nicht miteinander verständigen können, beispielsweise in Ansprachen von Politikern in den Medien.[145]

Diese Fragmentierung – oder, positiv gewendet: dieser Pluralismus – lässt sich letztlich auch in der Struktur des Hinduismus aufspüren. Dessen Olymp hat Platz für eine Vielzahl von Göttern, die nebeneinander als legitime Objekte der Verehrung stehen. Der Hinduismus, der zu einer der großen Weltreligionen geworden ist, ist religionsgeschichtlich eine schrittweise Addition lokaler und regionaler Schutzgötter. In diesem Prozess hat es zwar immer wieder Kodifizierungs- und Integrationsanstrengungen gegeben, die heute als Grundlagen einer Annäherung des Hinduismus an den Status einer Buchreligion genutzt werden und auch die intellektuelle Basis des Hindu-Nationalismus bilden. Trotz dieser Versuche, eine Hindu-Orthodoxie zu schaffen, ist der religiöse Pluralismus ein ideales Unterfutter für die Demokratie in einem derart fragmentierten Land. Sie lädt ein zur wechselseitigen Tolerierung und zum inter-religiösen Diskurs.[146] Die »Einheit in der Vielfalt« war von Anfang an Motto der Kongresspartei. Aber auch weitsichtige Kräfte in der national-hinduistischen BJP wie der frühere Premierminister Vajpayee pflegen diesen toleranten Pluralismus, zur Enttäuschung manch radikalerer Anhänger, die den Nationalhinduismus lieber als Keule gegen die ungeliebte moslemische Minderheit benutzen würden.

Das nationale Verständnis von Indien als einem Land toleranter Vielfalt scheint sich in den urbanen Zentren und im bürgerlichen Milieu mehrheitlich durchgesetzt zu haben, obgleich hier auch die wichtigste Basis der Hindutva liegt. Unklar ist, wie weit es die Unterschichten und die ländlichen Regionen durchdrungen hat. Diese Fragmentierung zwischen einem modernen, (groß)städtischen Sektor und einer der vormodernen Traditionen verhafteten ländlichen Bevölkerung prägt die politische Kultur im zeitgenössischen Indien. Allerdings ist das Ausmaß politischer Gewalt auf dem Lande im Vergleich zum urbanen Milieu verhältnismäßig gering.[147]

Das Kastensystem

Das Kastensystem prägt immer noch die indische Gesellschaftsstruktur.[148] Die Kaste bezeichnet diejenige gesellschaftliche Gruppe, innerhalb deren Inder und Inderinnen heiraten (etwa Eltern nach Partnern für ihre Kinder suchen) und gewöhnlich gesellschaftlich verkehren. Menschen, die außerhalb ihrer Kaste heiraten, verlieren ihre Zugehörigkeit und sinken sozial ab. Kasten sind häufig durch gleiche oder ähnliche Berufe gekennzeichnet und insoweit den deutschen Zünften des Mittelalters vergleichbar. Sie bilden eine strikte Hierarchie, die in groben Zügen durch die vier in den frühen hinduistischen Schriften bezeichneten Varna (Kastengruppen) gegliedert werden: An der Spitze stehen die Brahmanen (fünf Prozent). Ihre ursprüngliche Funktion als schriftgelehrte Priester hat sich im Mittelalter und in der Neuzeit ausdifferenziert. Sie versahen seither Aufgaben als Dorfvorsteher, Lehrer, Verwaltungsbeamte, Steuerschreiber und sind aufgrund ihrer Führungsstellung in den ländlichen Regionen häufig zu Großgrundbesitzern geworden. Für die Brahmanen ist das Kastensystem – wenigstens in seiner Grobeinteilung in die vier Großkasten – Teil der sittlichen Ordnungsprinzipien, die das gute Leben in der Gesellschaft und eine gute Regierung anleiten sollen. Dass ihnen das System Herrschaftsprivilegien zuspielt, ist natürlich kein Zufall.[149]

Als nächste in der Hierarchie kommen die Krieger (Kshatriyas), dann die Händler, Bürger und Großbauern (Vaishyas), zuletzt die Handarbeiter, Kleinbauern, Tagelöhner, niedere Dinstleistungsberufe (Shudras, oft auch als »andere rückständige Kasten« bezeichnet). Die Kastenlosen, Unberührbaren oder, wie sie sich selbst nennen, »Niedergetretenen« (Dalits) – etwa sechzehn Prozent der Bevölkerung – bilden den Bodensatz der Gesellschaft. Diese »Vierteilung« ist aber nur die Grobgliederung. Berufliche, ethnische, sprachliche, regionale, lokale und religiöse Differenzierungen in Unterkasten (Jati) führen zu einer unendlich fragmentierten Feinstruktur der indischen Gesellschaft. Indologen sind sich über die genaue Zahl der Kasten nicht einig. Dass es mehrere tausend sind, ist hingegen Konsens.

Die Grenzziehung wird aufrechterhalten durch die Verbindung der Kaste mit dem Reinheitsgebot des Hinduismus. Da der Kontakt mit einer niederen Kaste (Berührung, Entgegennahme von Nahrung, gemeinsames Essen und Trinken) die Angehörigen der höheren Kaste – im schlimmsten Fall dauerhaft – verunreinigt, besteht ein hoher Anreiz, die gegebenen Hierarchien aufrechtzuerhalten. Die strukturierende Wirkung des Kastensystems in der indischen Gesellschaft ist so stark, dass sie das soziale Verhalten und die innere Ordnung der moslemischen und christlichen Minderheiten, deren Religionen mit dem Kastenwesen eigentlich nicht vereinbar sind, nachhaltig beeinflusst hat.

Die Verfassung verbietet kategorisch die Praxis der Unberührbarkeit (Artikel 15, 17, 25 Absatz 2, 29 Absatz 2) und zählt ausdrücklich verbotene Praktiken auf, wie Schließung von Tempeln und Wasserstellen für Dalits. Die Kongresspartei legte nach der Unabhängigkeit eine Reihe von Programmen und Gesetzen auf, um die Diskriminierung auch durch strafrechtliche Verbotsbestimmungen zu beseitigen und den Dalits durch gezielte Fördermaßnahmen den Aufstieg in der Gesellschaft zu ermöglichen. Diese Gesetze hatten zwar durchaus einen gewissen Erfolg. Aber vielerorts halten schiere Gewohnheit und das interessierte Bemühen der Oberkasten die Diskriminierung aufrecht. Dalits werden nicht in

Tempel gelassen, ihnen wird die Landnutzung versagt, der Zutritt zu Hotels verweigert, der Zugang zu Schulen und zu medizinischer Versorgung erschwert.[150]

Die Zugehörigkeit zur Kaste – seiner »erweiterten Familie« – lernt das indische Kind von früh an. Die Erziehung zielt darauf ab, ein lebenslanges Verpflichtungsgefühl gegenüber dieser weiteren Verwandtschaft zu verinnerlichen. Abstrakte Normen und Werte – bis hin zu denen der indischen Verfassung – sind demgegenüber zunächst einmal sekundär. Diese Gesellschaftsstruktur unterhalb der demokratischen Institutionen begünstigt Patronage- und Klientelsysteme. Der demokratische Wettbewerb hat umgekehrt dazu geführt, dass auf einzelne Kasten und Subkasten ausgerichtete Politiken entwickelt wurden, mit denen gewisse Politiker sich ihre Wählerschaft zu sichern suchten. Zudem sind kastenspezifische Parteien entstanden und waren gerade in den letzten Jahren zunehmend erfolgreich.

Das Kastenwesen hat die Bürokratie und das Militär des demokratischen Indiens durchdrungen. In der Bürokratie wirkt sich aus, dass bei Einstellungen und Beförderungen die Kastenzugehörigkeit eine Rolle spielt. Es erwachsen dadurch kastenbasierte Netzwerke, die mehr untereinander als auf den Dienstwegen kommunizieren. Dadurch entstehen erhebliche Reibungsverluste durch zweckwidrige Rivalitäten. Im Militär hat man lange Zeit die Praxis der bevorzugten Rekrutierung aus den »kriegerischen Rassen« fortgesetzt, mit der das britische Empire seine Herrschaft über Indien aufrechterhalten hatte. Die Sikhs beispielsweise, die zwei Prozent der Bevölkerung darstellen, stellen elf Prozent der Armeebataillone, während es kein einziges »bengalisches« Bataillon, sondern nur einige wenige Kompanien gibt. Die Sikhs stellen überdies ein Fünftel der Offizierskadetten. Vor allem in den Infanterieeinheiten ist die »Kastenreinheit« auf Kompanie- und Bataillonsebene gang und gäbe. Dem Trend nach verliert dieses Rekrutierungssystem an Wichtigkeit, aber es wird wohl noch mehrere Generationen dauern, bis es vollends verschwunden ist.[151]

Das Kastensystem prägt die indische Gesellschaft und wird

das auch weiterhin bis zu einem gewissen Grade tun, solange der Zusammenhalt der Kaste das fehlende Sozial- und Rentensystem ersetzten muss. Es hat aber auch Folgen für die Art und Weise, wie Inder die Welt sehen: Es macht rangbewusst und weckt Interesse für Statusunterschiede. Beides ist in der indischen Außenpolitik und beim Umgang der indischen Diplomatie mit ihren Partnern zu beobachten. Tatsächlich zählt Indien zu den statusbewusstesten Staaten im internationalen System.[152]

Modernisierung muss nicht zwanghaft dem westlichen Weg folgen (wie viele Menschen bei uns glauben), sie kann unterschiedliche Pfade nehmen, je nach dem kulturellen Ausgangspunkt der sich modernisierenden Gesellschaft. Aber bestimmte grundlegende Entwicklungen sind ihr überall gemeinsam: Die wachsende horizontale und vertikale Arbeitsteilung und die damit einhergehende Differenzierung der Tätigkeitsprofile der Menschen sowie die gleichfalls vertikale und horizontale Mobilität der Gesellschaft, die starre traditionale Positionierungen aufbricht. Die Alphabetisierung und wachsende Volksbildung sowie die Forderung nach Teilhabe, die die gebildeten und hochmobilen Menschen entwickeln. Um kein Missverständnis aufkommen zu lassen: Eine Gesellschaft, die Arbeitsteilung, soziale Mobilität und breite Bildung nicht zulässt, kann sich nicht entwickeln. Sie bleibt arm. Eine Gesellschaft, die Teilhabe nicht zulässt, gleicht einem kochenden Wasserkessel, dessen Deckel gewaltsam festgehalten wird, während das Feuer darunter immer weiterbrennt. Dieses Problem hat heute China; das Problem mit den anderen drei Prozessen hat die indische Gesellschaft: Fraglos behindert das Kastensystem soziale Mobilität, optimale innergesellschaftliche Vernetzung, effektives Regieren und die Entwicklung nichtpersonaler Loyalitäten und steht quer zum Gleichheitsgedanken der Demokratie.[153] Aber wie sich gezeigt, hat, ist das Kastensystem nicht völlig immobil, und die Mobilität hat in der Moderne zugenommen. Andernfalls wäre die indische Entwicklung bis zum heutigen Stand nicht möglich gewesen. Brahmanen finden sich im Militär oder betreiben Geschäfte; Kinder aus der Händlerklasse werden

Lehrer; Unberührbare sitzen im Parlament und werden Unternehmer. Auch zwischen den Kasten ist Mobilität häufiger geworden. Das Kastensystem ist auf dem Land hierarchischer, starrer und ausgeprägter als in der Stadt, wo eine Tendenz zur Abschleifung der Grenzen deutlich zu beobachten ist. Dazu trägt maßgeblich bei, dass moderne Berufe in den klassischen Defintionen der Kaste natürlich nicht vorkommen und damit den Menschen aus »niedrigen« Kasten und den »unberührbaren« »Dalits« Aufstiegschancen bieten.

Die indische Gesellschaft unterzieht sich seit etwa zwei Jahrzehnten einer Revolution, die das Niveau manifester Gewalt in der Gesellschaft deutlich gesteigert hat, zugleich aber auch die Chance bietet, die extremen Ungleichheiten zu überwinden und so – perspektivisch – Indien nachhaltiger zu stabilisieren. Ausgangspunkt war die Gleichstellung der Menschen niederer Kastzugehörigkeit, einschließlich der »Unberührbaren« und der kastenlosen Mitglieder einheimischer Stämme durch die indische Verfassung. Später verabschiedete die Lok Sabha, das indische Parlament, weitere Gesetze, die der praktischen Gleichstellung dienten. Ihre verfassungsmäßigen Rechte und die Wirkung der Fördermaßnahmen halfen, die Angehörigen der niederen Kasten mutiger und selbstbewusster zu machen. Die Unvereinbarkeit zwischen abstrakter Gesetzeslage und sozialer und politischer Wirklichkeit provozierte lokale Rebellionen. Durch die systematische Förderung der Kastenlosen im Bildungssystem – durch die Gesetzgebung der fünfziger und sechziger Jahre sind bis zu zwanzig Prozent der Plätze in Schulen und Universitäten für sie reserviert – finden sich heute auch genug Repräsentanten aus diesen Schichten, die deren Anliegen politisch wirksam artikulieren können. Die erste Wahl eines Dalit, Raman Narayan, 1997 zum indischen Präsidenten, machte diese revolutionäre Entwicklung für die Welt sichtbar.

Auf dem Land versuchen die oberen Kasten häufig, Herrschaft und Statusüberlegenheit mit ungesetzlichen Mitteln zu behaupten: mit Terror, Vigilanten, Killerkommandos und mit Hilfe höriger staatlicher Organe wie lokaler Polizei und Justiz. Die Rebellen reagieren gleichermaßen gewaltsam. Fast die Hälfte der indischen Regierungsbezirke wird von gewaltsamen Zusammenstößen heimgesucht. Aber langsam gewinnen Unterkastenangehörige und Stämme durch eigene Parteien oder als Mitglieder auf breiterer sozialer Basis stehender Parteien regional an Gewicht. Die indische Politik wird auf diese Weise einem fundamentalen Wandel unterzogen, der nicht weniger schwer wiegt als die Regionalisierung des Parlamentarismus in den achtziger Jahren.[154]

Die Demokratisierung der Gemeindepolitik treibt diesen Prozess rasant voran, wird ihre volle Wirkung aber erst in ein bis zwei Generationen entfalten. Bis 1993 lag die Regierung auf lokaler Ebene in der Hand der jeweiligen Machthaber, normalerweise bei den Großgrundbesitzern brahmanischer Herkunft. 1993 wurde der 73. Verfassungszusatz in die Verfassung aufgenommen. Er schreibt allen Bundesstaaten vor, Gemeindeverwaltungen durch Wahl bestimmen zu lassen. Nichtgewählte Regierungen erhalten keine Mittel der Bundesregierung. Die Verfassungsbestimmung schreibt außerdem Quoten in der Gemeindeverwaltung für die Angehörigen der niederen Kasten und Kastenlosen sowie für die Stämme fest. Zwar lassen sich auch Wahlen durch die Oberschicht manipulieren, aber mit dem 73. Verfassungszusatz ist ein mächtiger Anstoß für eine allmähliche Umwälzung der Machtverhältnisse auf dem Land gegeben, also dort, wo immer noch mehr als sechzig Prozent der indischen Bevölkerung zu Hause ist.[155]

Der Hindu-Fundamentalismus kann als eine strategische Antwort der Brahmanen und anderer höheren Kasten auf diese voranschreitende Emanzipation der Dalits gedeutet werden. Die Mobilisierung um die religiöse Identität lenkt den Zorn und die Aggression der unterprivilegierten Kasten auf ein anderes Hassobjekt, die Moslems. Es entsteht eine Solidarität zwischen Ausbeutern und Ausgebeuteten, die das Risiko einer auf Gleichstellung abzielenden Bewegung mindert, indem ein anderer Sündenbock ins Visier genommen wird.[156]

Wohlstand und Armut

Die indische Mittelklasse von ungefähr 300 Millionen Menschen lebt in einem bescheidenen Wohlstand. Zwischen diesem Wohlstand und der Armut einer noch größeren Zahl von Bürgerinnen und Bürgern klafft eine große Lücke. Weniger als ein Prozent der Inder besitzt Aktien und profitiert von der boomenden Börse Sensex. Nur sieben von eintausend Einwohnern besitzen ein Auto, also nicht einmal ein Prozent. Zur Masse der Armen auf der Welt trägt Indien mit fünfhundert Millionen Menschen den größten Anteil bei. Vierhundert Millionen sind Analphabeten. Rund dreihundert Millionen – mehr als ein Viertel der indischen Bevölkerung – erfüllen mit einem Tageseinkommen von weniger als einem Dollar das traurige Kriterium »sehr arm«. Dies schlägt sich im Human Development Index des Entwicklungsprogramms der Vereinten Nationen (0,602 für Indien) nieder; damit lag Indien knapp unter dem regionalen Schnitt von 0,628. Regionaler Führer ist Sri Lanka mit 0,751. Die ärmsten zwanzig Prozent der indischen Gesellschaft verfügen über 8,9 Prozent des Einkommens, während das reichste Bevölkerungszehntel 28,5 Prozent einstreicht. Im Verlauf der Reform hat sich die Ungleichheit anscheinend eher noch erhöht (vermutlich weil der Bodensatz der Armut erhalten bleibt, während der Wohlstand steigt). In einem Staat wie Punjab allerdings, der an der Spitze der wirtschaftlichen Entwicklung marschiert und durchweg hohe Wachstumsraten aufweist, ist die Ungleichheit zurückgegangen.[157]

Die große Masse der armen Menschen lebt in Indiens ländlichen Gebieten, die insgesamt noch mehr als die Hälfte der indischen Bevölkerung beherbergen. Der zweitgrößte Teil fristet sein Leben in den Slums der Vorstädte in der Hoffnung, vom dortigen Boom früher oder später auch profitieren zu können. Immerhin gelang hier mit den Wirtschaftsreformen bereits eine merkliche Besserung. In den Städten war zwar seit den fünfziger Jahren der Armutsanteil von 35 Prozent bis 1978 noch auf 40,5 angestiegen. Bis 2000 sank er jedoch auf zehn Prozent. In den ländlichen Regionen kletterte er zunächst von 47 Prozent auf 50,5 Prozent, um bis 2000 auf 25,3 Prozent zu sinken. Das ist immer noch eine sehr hohe Quote, aber der Trend ist jedenfalls ermutigend. Dies lässt sich an der Entwicklung des Human Development Index ablesen, mit dem das Entwicklungsprogramm der Vereinten Nationen misst, wie sich ein Land entwickelt und wie diese Entwicklung bei den Menschen ankommt. 1975 betrug dieser Index für Indien 0,412 (das Maximum, 1, bemisst sich am erreichten Stand der entwickeltsten Länder). 2003 war der Index für Indien auf 0,602 gestiegen.[158]

Die Euphorie, die jeden Betrachter erfassen muss, der den Weg der indischen Wirtschaft in den letzten zwei Jahrzehnten betrachtet, sollte also nicht über die gewaltigen Aufgaben hinwegtäuschen, die noch vor dem Land liegen. Seine soziale Frage ist noch nicht gelöst, wenn auch die Tendenz stimmt. Das geht bereits aus der dürren Kennziffer des Bruttosozialprodukts pro Kopf hervor, die bei 620 Dollar liegt – nicht am Ende der Skala der Entwicklungsländer, aber eben auch nicht an der Spitze, nicht auf Augenhöhe mit Malaysia, Botswana, Costa Rica oder China, die ein vierstelliges Bruttosozialprodukt pro Kopf aufweisen.

Frauenfrage und Zivilgesellschaft

Die Stellung der Frau ist im traditionellen indischen Gesellschaftsleben dem Manne untergeordnet, obgleich in Indien eine Frau, Indhira Gandhi, als zweimalige Premierministerin das politische Leben maßgeblich bestimmt hat. Im Frauen-Entwicklungs-Index des Entwicklungsprogramms der Vereinten Nationen nimmt Indien mit 0,586 nur den 98. Rang ein (1 ist das Optimum). In der Region führt Sri Lanka mit einem Gender Development Index Wert von 0,747, Pakistan ist Letzter mit 0,508. Die Kluft zwischen der Gleichberechtigung in der Verfassung und der realen Diskriminierung im Alltagsleben ist vielleicht die finsterste Rückständigkeit der indischen Gesellschaft.

Die Alphabetisierungsrate der Frauen liegt unter fünfzig

Prozent und erreicht damit nur 65 Prozent der Rate der Männer. Allerdings holen die Frauen rasant auf: Bei Jugendlichen liegen sie bei 80 Prozent der Männer, und bei den Grundschülern bei 94 Prozent. Frauen sind nur halb so oft wirtschaftlich tätig wie Männer und verdienen im Durchschnitt nur etwa vierzig Prozent des männlichen Einkommens. Sie haben nur neun Prozent der Sitze im indischen Parlament inne.[159]

Frauen werden oft gegen ihren Willen verheiratet, und Söhne gelten mehr als Töchter. Dieses System wird durch die Mitgiftpraxis immer wieder von Neuem gefestigt: Eltern wissen, dass sie ihre Töchter nur an den Mann bringen, wenn sie eine fürstliche Mitgift beisteuern. Sie wissen also, dass neugeborene Töchter später zu Abstrichen im eigenen Wohlstand und in der Altersversorgung führen werden. Die umgekehrte Praxis der Schwiegereltern, die Mitgiftforderungen immer höher zu treiben, verstärkt den Effekt weiter.

Indische Ehepaare haben mit einer überproportionalen Abtreibungsrate bei weiblichen Föten und mit dem Mord an neugeborenen weiblichen Babys auf diese perverse Anreizstruktur reagiert. Dies ist nicht nur für sich genommen verwerflich, sondern hat natürlich auch äußerst negative demographische Folgen. Die Mörder am weiblichen Leben verwehren den gehätschelten Söhnen das spätere Lebensglück. Eine grausige Ironie: In Gesamtindien ist das Verhältnis von neugeborenen (überlebenden) Mädchen zu Jungen 927 zu 1000; 1991 lag die Rate noch bei 945 zu tausend. Die Kindersterblichkeit beträgt bei Jungen 69,8 auf tausend, bei Mädchen 70,8. Die indische Bevölkerung von 1,1 Milliarden Menschen hat 28 Millionen mehr Männer als Frauen, obgleich die Lebenserwartung des weiblichen Bevölkerungsanteils höher ist. Im Bundesstaat Punjab, wo die Abwertung der Frauen besonders stark ausgeprägt ist, weil der Sikhismus die kriegerischen Tugenden verehrt, kommen gar nur 775 Mädchen auf 1000 Jungen zur Welt.

Weil der Männerüberschuss naturgemäß zu einer verstärkten »Nachfrage« nach jungen Frauen führt, zwingt man häufig Frauen (gesetzwidrig) zur Vielmännerehe. Gewalt gegen Frauen schließt den Mord an jungen Ehefrauen ein, deren

Mitgift den Erwartungen nicht entspricht, und gelegentlich die Verbrennung von Witwen.[160] Diese barbarischen Sitten werden im modernen Indien weitaus seltener und mit weiter abnehmender Tendenz praktiziert, sind aber auf dem Lande wiederum stärker vertreten als in der Stadt. Sie weisen besonders drastisch auf die fortbestehende Ungleichheit zwischen den Geschlechtern in der alltäglichen Lebenswelt hin.

Die Zentralregierung hat einschlägige gesetzliche Vorkehrungen getroffen, um die in der Verfassung verankerte Gleichberechtigung durchzusetzen: Vielmännerehe, Mitgiftjagd und die Geschlechtsbestimmung von Föten (wofür es eine ganze medizinische Branche gibt) sind verboten. Doch wird es einige Zeit dauern, mit diesen Gesetzen bestehende patriarchalische Bräuche zu überwinden. 2006 wurde aufgrund des Gesetzes erstmals ein Mediziner zu zwei Jahren Gefängnis verurteilt; er hatte einer von den örtlichen Behörden angeheuerten Schwangeren enthüllt, dass sie ein Mädchen zur Welt bringen würde und auch gleich die Abtreibung angeboten.[161] Das drastischste Anreizsystem hat der Bundesstaat Andhra Pradesh eingeführt: Ehepaare, die ein einziges weibliches Baby haben und sich danach sterilisieren lassen, erhalten zum zwanzigsten Geburtstag der Tochter eine Prämie von 2300 US-Dollar![162]

In Indien ist eine vitale Frauenbewegung aktiv,[163] nicht nur in der urbanen Mittel- und Oberschicht, sondern auch auf dem Land. Dort ist die Stellung der Frau aufgrund der stärker verwurzelten traditionellen Kultur noch viel schwächer als in der Stadt. Das schlägt sich beispielsweise im Landbesitzrecht nieder; der Titel liegt normalerweise beim Mann, und diese Gewohnheit wurde auch in Regierungsprogrammen der Land(um)verteilung beibehalten. Im Todesfall des Mannes oder bei der Scheidung standen die Frauen, die lebenslang die Landwirtschaft mitbetrieben hatten, mit leeren Händen da. Im großen Bundesstaat Bihar begründete man dies damit, dass Frauen aufgrund eines Tabus den Pflug nicht bedienen dürfen. Seit 1980 gibt es dort eine von Mahatma Gandhis Methoden inspirierte »Pflügerinnenbewegung« unter den Frauen. 1983 gelang es, die amtliche Registrierung von neuverteiltem Land auf beide Ehepartner umzustellen – ein Beispiel für den Erfolg der Frauenbewegung.[164] Gelegentlich hilft auch – wie beim Kampf gegen die Diskriminierung der Dalits – der Staat mit Gesetzen weiter. Seit 1992 bestimmt ein Verfassungszusatz, dass ein Drittel der Dorf-Gemeinderäte (Panchayat) mit Frauen besetzt sein muss. Ende des Jahrzehnts gab es mehr als eine Million Gemeinderätinnen.

Speerspitze der indischen Frauenbewegung ist wohl die Self-Employed Women's Organisation (SEWA). Sie organisiert wirtschaftlich tätige Frauen im »informellen« Sektor, der einen ganz erheblichen Teil der indischen Wirtschaftstätigkeit ausmacht. Dort gibt es keine durchsetzbaren arbeitsrechtlichen Bestimmungen und natürlich keine Gewerkschaften. SEWA kämpft hier für menschliche Arbeitsbedingungen und gegen geschlechtsspezifische Diskriminierung bei der Entlohnung. Sie hat Kooperativen gegründet, um die Mittelsmänner zu umgehen, die zwischen den (häufig in Heimarbeit wirkenden) Frauen und dem Markt exorbitante Profite abschöpfen, während die Arbeiterinnen mit einem Hungerlohn auskommen müssen. Sie hat Banken eingerichtet, die billige Kleinkredite für Frauen anbieten und es ihnen damit ermöglichen, sich selbstständig zu machen. Da arme Frauen vom Land kaum die Mittel haben, für ihre Bankgeschäfte in die Stadt zu reisen, hat SEWA die »mobile Bank« im Kleinbus eingerichtet. SEWA betreibt auch Abendschulen, in denen Frauen lesen und schreiben lernen können. Überdies ist SEWA nicht weltanschaulich oder religiös ausgerichtet und trägt so zur Integration zwischen den verschiedenen Gruppen der fragmentierten indischen Gesellschaft bei (das hat ihnen gelegentlich Drohungen der Hindu-Nationalisten eingebracht, deren spalterischem Geschäft SEWA im Wege steht).[165]

Die indische Frauenbewegung hat dennoch eine gute Perspektive, weiter an Einfluss zu gewinnen. Der Handlungsspielraum für Frauen erweitert sich; die Realität kommt dem Verfassungsgebot, wenn auch auf Umwegen und unter Schmerzen, ständig näher. Dieser Umstand zeigt sich deutlich in der gesunkenen Fruchtbarkeitsrate. Kamen in den fünfziger Jahren noch mehr als sechs, in den siebziger Jahren noch

5,4 Kinder auf jede Frau, so ist diese Rate auf 3,1 gesunken. Inderinnen sehen nach wie vor ihre Rolle in der Familie; aber sie schauen über deren Rand immer selbstbewusster hinaus. Wenn die Wahl des Dalit Narayanan zum indischen Präsidenten den Aufstieg der »Unberührbaren« dokumentierte, dann die (wenn auch kurzzeitige) Amtsführung der Dalit-Frau Mayawati von der »Bahujan Samaj Party« (Partei der Entrechteten) als Chefministerin des volkreichsten Bundesstaats Uttar Pradesh – ausgerechnet in Koalition mit der BJP, was wiederum deren erstaunliche Flexibilität beweist.[166]

Bleibt die Stellung der Frau in der Gesellschaft ein Kampfplatz um die weitere Emanzipation, so ist ihre Stellung in der Zivilgesellschaft bereits fortgeschritten. Dies erweist sich in einem zweiten wichtigen zivilgesellschaftlichen Pfeiler, der Umweltbewegung. Diese wird in erheblichem Maße vom weiblichen Geschlecht getragen. Indien ist eines der Länder mit den größten Umweltschäden; das gegenwärtige starke wirtschaftliche Wachstum treibt diesen Trend weiter voran. Das vielleicht ernsthafteste Problem ist die Wasserversorgung. Indien hat eine hohe Bevölkerungsdichte. Sein Wasserbedarf ist enorm. Zugleich verlangen Industrie, Landwirtschaft und Verbraucher mit wachsenden Ansprüchen nach dieser knappen Ressource. Einer Schätzung zufolge wird die Verfügbarkeit pro Kopf unter diesen konkurrierenden Ansprüchen bis 2025 um sieben Prozent sinken. Außerdem gilt bereits siebzig Prozent des indischen Trinkwassers als verschmutzt. Für die indische Umweltbewegung besteht hier ein vorrangiger Handlungsbedarf.[167]

Weltweit bekannt machten diesen Teil der Zivilgesellschaft die »Baumumarmungsaktionen« (Chipko Andolan). Sie starteten in den siebziger Jahren im Bergland von Uttar Pradesh, nachdem dort gezielter Straßenbau privaten Holzkonzernen ermöglicht hatte, Wälder in großem Maßstab maschinell abzuholzen. Dies stieß bei Einheimischen auf Widerstand: Sie sahen sich ihres natürlichen Habitats und einer wichtigen Einkommensmöglichkeit beraubt. Im Stil der Gandhi'schen Gewaltlosigkeit umarmten die Einheimischen die bedrohten Bäume, wenn sich die Fällkommandos näherten, und ketteten sich oft auch an den Bäumen fest. Die Bewegung verzeichnete zwei wichtige Erfolge: Das kommerzielle Holzschlagen am Rande des Himalayas wurde unter Indira Gandhi auf Höhen von über 1000 Metern verboten, und die Region erhielt als Uttaranchal den Status als eigener Bundesstaat.[168]

An vielen Fronten kämpft die Umweltbewegung gegen Staudammprojekte: Hier stehen verständliche Anliegen von Dorfbewohnern gegen die Absicht des Staates, die reichen Wasserkraftressourcen zu nutzen, um die Energieknappheit der indischen Volkswirtschaft zu mildern. Bekannt ist der Kampf gegen das Sarda-Sarovar-Staudammprojekt am Narmada-Fluss in Gujarat. Er ist insofern bemerkenswert, als es sich hier um eine Koalition zwischen wohlhabenden Bauern (normalerweise eher Anhänger hindu-nationalistischer Bewegungen) und Adivasis handelt. Der Widerstand begann 1978 und währt bis heute. Den Dammbau als solchen konnte er nicht verhindern, aber immer wieder geplante Erhöhungen der Dammkrone stoppen, womit noch weitere Dörfer und weiteres Ackerland in den Fluten versunken wären. Außerdem überzeugte Medha Patkar, die Führerin des Widerstands, die Weltbank davon, dass Kredite für das Projekt mit den Umweltgrundsätzen der Institution nicht vereinbar wären.[169]

Die Vitalität der indischen Zivilgesellschaft ist die größte Hoffnung des Landes, auch die kommunale Gewalt unter Kontrolle zu halten. Ihr liberaler und sozialer Teil steht jedoch im Wettbewerb mit hindu-nationalistischen Kräften. Denn die Stärke der Sangh Parivar beruht ja auch auf ihrer Vernetzung in der Zivilgesellschaft. Nach den Pogromen, die diese »dunkle« Seite der Zivilgesellschaft in Gujarat angezettelt hatte, waren es erst einmal nicht offizielle Regierungsinstanzen, sondern zwei Dutzend Menschenrechts- und andere Nichtregierungsorganisationen, die die Gewaltakte untersuchten und dokumentierten und so als »Gewissen der Nation« fungierten.[170]

Die indische Demokratie
und ihre Herausforderungen

Indien ist seit seiner Gründung demokratisch verfasst. Es hat auch das Zwischenspiel der Notstandsregierung unter Indira Gandhi ohne bleibenden Schaden überstanden. Eine fatale Nebenwirkung war jedoch, dass sich der geächtete radikal-hinduistische RSS aufgrund seines Einsatzes für die Bürgerrechte rehabilitieren konnte.

Frau Gandhi rief den Notstand angeblich wegen innerer Instabilität aus. Der wahre Grund war aber ein richterliches Urteil aus dem Jahre 1975 gegen sie wegen Wahlmanipulation, das ihr den 1971 gewonnenen Parlamentssitz aberkannte. Binnen vierzehn Tagen erwirkte sie vom indischen Präsidenten die Erklärung des Notstands. Oppositionspolitiker wurden verhaftet, insgesamt mehr als einhunderttausend indische Bürgerinnen und Bürger. Die Regierung erhielt unbegrenzte exekutive Vollmachten, Menschen- und Bürgerrechte wurden eingeschränkt, die Zensur über die Presse verhängt sowie sechsundzwanzig politische Organisationen verboten.

Die Notstandserklärung enthüllte einen beunruhigenden Zug von Indira Gandhis Politik: Bis zu einem gewissen Grade importierte sie Sowjetideologie nach Indien: Das Land würde von pro-imperialistischen Kräften unterminiert (fast eine Kopie der Rechtfertigung des sowjetischen Einmarsches in Prag 1968), und um den Weg des Fortschritts weiterzugehen, seien nun einmal Einschränkungen von Freiheit nötig. Während des Notstands wurde Indien zur »sozialistischen Demokratie« erklärt. Aber der Spuk währte nur bis 1977.[171]

Ohne Frage entsprach und entspricht die indische Demokratie nicht dem Lehrbuch-Ideal; der Bertelsmann-Transformations-Index verbucht sie unter »defekte Demokratien«, womit sie in Asien immer noch recht günstig platziert ist. Das Parlament ist gegenüber der Exekutive sehr schwach; Gesetze werden kaum debattiert, sondern die Gesetzgebung besteht faktisch aus der Zustimmung zu Verordnungen der Exekutive, die zumeist aus der Bürokratie, nicht etwa von deren gewählten Spitzen, stammen. Die dynastischen Anflüge des Nehru/Gandhi-Clans (die mit Sonia Gandhi bereits die vierte Vorsitzende der Kongresspartei stellen) muten in einer Demokratie auch seltsam an (obgleich man in diesem Zusammenhang auch an die Bush-Familie in den USA denken muss). Auf der Ebene der Bundesstaaten und auf lokaler Ebene ist die Lage eher noch bedenklicher. Die Beteiligung der Legislative ist noch begrenzter, Klientelismus und Patronage noch ausgeprägter, Korruption noch weiter verbreitet. Auf lokaler Ebene ist gar die organisierte Kriminalität häufig in die Politik verwickelt.[172]

Den größten Korruptionsskandal in der bisherigen indischen Demokratiegeschichte gab es Ende der achtziger Jahre. Der schwedische Waffenproduzent *Bofors* hatte indische Offizielle reichlich »geschmiert«, um einen Milliardenauftrag über die Lieferung von Haubitzen und zugehöriger Munition zu erhalten. Der Geldstrom ließ sich bis in die höchste Führung verfolgen: Rajiv Gandhi war selbst darin verwickelt. Dafür erhielt er die Quittung in Gestalt einer bitteren Wahlniederlage 1989.

Gerade an diesen peinlichsten Episoden der Gandhi-Dynastie lässt sich indes das segensreiche Wirken der demokratischen Mechanismen unter den spezifischen Bedingungen Indiens dokumentieren. Frau Gandhi zielte auf eine noch weitaus stärkere Zentralisierung der indischen Politik (und der Machtverhältnisse in der Kongresspartei) ab, als sie die Indische Union und die Position der Parteiführerin ohnedies boten. Ausgebootete Parteirivalen wandten sich daher der Basis in ihren Bundesstaaten zu, wo sie regionale Parteien ins Leben riefen. Die rechtsorientierte BJP nutzte die allgemeine Unzufriedenheit, um sich von einer eher regional verwurzelten und den höheren Kasten verpflichteten Partei zu einer Volkspartei rechts der Mitte auszudehnen. Kurzfristig führte das zu Frau Gandhis Sturz, mittelfristig – nach dem erneuten Intermezzo von Indira und Radjiv Gandhi an der Spitze des Landes – zu einer endgültigen Wandlung der parlamentarischen Demokratie in Indien: von der Vorherrschaft einer Partei, die staatsparteiliche Züge angenommen hatte, zu einem auf Koalitionen gestützten System, in dem jeweils regionale Parteien an der Regierung beteiligt waren.

Gesellschaftliche Fragmentierung und Föderalismus

Indien ist ein riesiges Land. Es lässt sich nicht reibungslos von der Zentrale aus regieren. Der regionalen Vielfalt hat die indische Verfassung durch eine föderalistische Struktur Rechnung getragen: Ein Teil der gesetzgeberischen und exekutiven Kompetenz ist wie in Deutschland oder in den USA den Regierungen der Bundesstaaten übertragen, die den Besonderheiten und den spezifischen Wünschen der jeweiligen Bevölkerung besser entsprechen können. Es gibt neunundzwanzig Bundesstaaten, dazu kommen sechs zentral verwaltete Territorien.

Allerdings ist dieser Föderalismus – anders als in Deutschland oder Amerika – durch eine Bestimmung eingeschränkt, die die Verfassung der Indischen Union von den britischen Kolonialherren übernommen hat. Es handelt sich um Artikel 356, die »Präsidentenregel«: Unter Anwendung dieser Klausel kann der indische Präsident eine gewählte Bundesstaats-Regierung absetzen und einem ernannten Gouverneur vorübergehend die exekutiven Aufgaben übertragen. Es handelt sich um ein Instrument der Kolonialmacht, unbotmäßigen indischen Politikern die Provinzialverwaltungen, die man ihnen zugestanden hatte, jederzeit wieder entziehen zu können. In die indische Verfassung hatten die Führer des Kongresses diesen demokratie- und föderalismuswidrigen Artikel als Mittel aufgenommen, die Einheit der Union um jeden Preis zu erhalten.

Dahinter stand die Furcht vor den auseinander strebenden Kräften der indischen Gesellschaft. In der Praxis war dieser Artikel dem Zusammenhalt jedoch in der Bilanz eher schädlich als nützlich. Er bot dem Zentralisierungsehrgeiz der Gandhi-Dynastie in den siebziger und achtziger Jahren ein allzu leicht handhabbares Instrument, dessen Nutzung das Gewaltniveau in den umstrittenen Regionen steigerte und die dahinter stehenden politischen Konflikte eher verschärfte. Die Geschichte Kashmirs bietet hierfür ein eindrucksvolles Lehrstück. Es mag daher als Beweis des Reifungsprozesses der indischen Demokratie und ihrer wachsenden Fähigkeit gelten, mit inneren Konflikten souveräner umzugehen, dass die Bundesregierung den Artikel 356 seit den neunziger Jahren immer seltener gegen »unbotmäßige« Bundesstaatsregierungen einsetzte.[173]

Die Parteienlandschaft in Indien weist unter siebenundvierzig politischen Parteien nur sieben von nationaler Ausdehnung aus; der Rest hat seinen Schwerpunkt in einem bestimmten Bundesstaat und dementsprechend vor allem dessen Belange vor Augen. Gleichzeitig existiert in vielen Staaten ein Zwei- oder Drei-Parteien-System, welches für eine bestimmte Grundstabilität im Lande sorgt.[174] Die Beteiligung mehrerer Regionalparteien an der Regierung sorgt für einen Ausgleich der Regionalinteressen durch Kompromiss – statt wie früher durch mehr oder weniger gerechte Verteilungsentscheidungen der Staatspartei. Zugleich zwingt die Notwendigkeit zur Koalition mit einer Gruppe regionaler Parteien, die in ihrem Bundesstaat oft Volkspartei sind und dort eine verhältnismäßig breite Anhängerschaft haben, auch einen Koalitionsführer wie die BJP dazu, trotz einer stark rechtsorientierten Basis die Mitte nicht allzu weit nach rechts zu verlassen. Beides trägt zur Stabilität und zu einem verhältnismäßig moderaten, nicht-polarisierenden Kurs der Regierungspolitik bei.

Das wachsende Gewicht regionaler Belange hat eine Strategie der Bundesregierung gewissermaßen durch »Lerneffekt« im Laufe der Zeit immer stärker gemacht. Sie besteht darin, föderalistische Instrumente einzusetzen, um die Forderungen auch radikaler, selbst gewalttätiger partikularer Gruppen in einem gewissen Umfang zu befriedigen (während man der Gewalt natürlich auch entschieden und manchmal exzessiv Widerstand leistet). Als Gegenleistung müssen die Rebellen die Souveränität, Autorität und Integrität der Indischen Union anerkennen. Häufig ist diese Strategie zu spät in Anschlag gebracht worden, und das hat den Blutzoll beträchtlich erhöht, wie in der Auseinandersetzung mit den Sikhs oder in Kashmir. Immer wieder ist es so jedoch gelungen, den größten Teil der Gewalttäter auf die Bahn der politischen Interessenvertretung zu lenken und die unbelehrbare Minderheit zu isolieren, die sich dann mit polizeilichen Mitteln wirksam bekämpfen ließ. Die Reintegration gewaltsamen Protests durch angemessene

Konzessionen zählt zu den großen Leistungen der indischen Demokratie. Sie ist ein Schlüssel, um zu verstehen, wie das Land nach den Gewaltwellen immer wieder ins Gleichgewicht zurückgefunden hat.

Sicherheitsstaat, demokratische Stabilität und die dritte Gewalt

Das überzogene Streben der Gandhis nach Zentralisierung und Machtkonzentration in den achtziger Jahren verursachte einen Militarisierungsschub, der Gefahren für die Demokratie mit sich gebracht hat: Bis zu vierzig Prozent der regulären Streitkräfte waren zeitweilig in inneren Konflikten eingesetzt. Noch mehr schlug sich die Militarisierung im Wachstum der paramilitärischen Verbände nieder, die einen großen Teil der Last in den inneren Kämpfen tragen. Deren Zahl liegt heute bei etwa 1,7 Millionen und übertrifft damit die der Streitkräfte. Das bedeutet eine Verzehnfachung gegenüber dem Gründungsjahr der Indischen Union, während die regulären Streitkräfte sich »nur« vervierfacht haben. Die Kommandeure der Paramilitärs haben, anders als die Streitkräfte, direkten Zugang zur politischen Führung. Die Angehörigen dieser Einheiten, deren Ausbildung für die Aufgabe des inneren Konfliktmanagements häufig zu wünschen übrig lässt, sind für die meisten Menschenrechtsverletzungen in den bürgerkriegsartigen Kämpfen verantwortlich.

Das Parlament hat auf Betreiben der Zentralregierung eine Reihe von bedenklichen Sondergesetzen erlassen, die dem Kampf gegen Terrorismus und Sezessionsbewegungen dienen sollen. Der »Armed Forces Special Powers Act« von 1958 gestattet es dem Militär, ohne Durchsuchungsbefehl Hausdurchsuchungen und ohne Haftbefehl Verhaftungen vorzunehmen. Tödliche Gewalt darf ohne Bestrafung ausgeübt werden, wenn dies »in gutem Glauben« geschieht. Der »National Security Act« von 1980 erlaubt die Vorbeugehaft bis zu zwei Jahren gegen vermeintlich »für die indische Sicherheit gefährliche« Menschen. Der »Terrorists Affected Areas Act«

(1984) schuf Spezialgerichte für den Umgang mit gewaltsamer Rebellion. Diese Gerichtshöfe dürfen nichtöffentliche Verhandlungen abhalten. Der »Terrorist and Disruptive Activities Prevention Act« (1985) wird für bestimmte Regionen für begrenzte Perioden angewandt; eine Verlängerung bedarf der Zustimmung durch das Parlament. Er gestattet Haft bis zu einem Jahr, Gerichtsverhandlungen unter Ausschluss der Öffentlichkeit, das Verbot des Verhörs von Zeugen durch die Verteidigung, die Schuldvermutung als Ausgangspunkt, die Feststellung von Schuld durch bloße Mitgliedschaft. In Punjab und Kashmir ist dieses Gesetz extensiv angewandt worden. Erst in den letzten Jahren ist eine gewisse Entspannung und eine Aufarbeitung der zahlreichen Menschenrechtsverletzungen zu verzeichnen, die im Zuge der Militarisierung innerer Konflikte geschehen sind.

Die indische Justiz hat die schlimmsten Exzesse gestoppt. Denn zu den wesentlichen Errungenschaften der indischen Demokratie gehört die weitgehend gewahrte Unabhängigkeit der hohen Gerichtsbarkeit, einschließlich des für Verfassungsfragen zuständigen Supreme Court. Der dritten Gewalt ist eine heute weitaus robustere Gegenwehr gegen Korruption und gegen die gelegentliche Unterstützung politischer Gewalt durch die Exekutive zu verdanken.[175]

Öffentlichkeit und Demokratie

Die Öffentlichkeit hat die Militarisierung der inneren Sicherheit und den damit verbundenen Abbau demokratischer Schranken zunächst mitgetragen. Dazu trägt vermutlich der Geländegewinn des Hindu-Nationalismus ebenso bei wie die Sorge um die persönliche Sicherheit und die des indischen Staates angesichts terroristischer Gewalt. Insbesondere ist die Furcht vor Subversionsversuchen von außen (Pakistan!) groß. Und der erste indische »Fernsehkrieg« um Kargil 1999 hat eine Welle patriotischer Aufwallung erzeugt, was sich etwa am Anschwellen der Zahl freiwilliger Meldungen zum Militär niederschlug.[176]

Das Einverständnis mit den Maßnahmen des Sicherheits-
staates sollte aber nicht darüber hinwegtäuschen, dass die große Mehrheit der indischen Bevölkerung die Demokratie und
ihre Werte trägt. Unter dem Druck der Öffentlichkeit wurde
1993 eine nationale Menschenrechtskommission mit Unter-
suchungsrechten gegenüber der Polizei und den paramilitärischen Verbänden eingerichtet. Sie hat aktiv in Gerichtsver-
fahren eingegriffen, eine Reihe von kritischen Untersuchungen
angestellt und damit der Justiz geholfen, die schlimmsten Exzesse zu beenden.[177]

Die Legitimität der Demokratie ist im Laufe der Jahrzehnte
gestiegen. In einer Umfrage aus dem Jahre 1996, noch bevor die positiven Auswirkungen der Wirtschaftsreformen
breitere Kreise erreichten, befürworteten fast siebzig Prozent
der Befragten die demokratische Regierungsform, eine Steigerung um fünfundzwanzig Prozent in fünfundzwanzig Jahren.
Dieses positive Votum resultiert daraus, dass sechzig Prozent
der Inder überzeugt sind, durch ihre Wählerstimme Einfluss
auszuüben. Fünfundzwanzig Jahre früher hatten diese Frage
weniger als fünfzig Prozent bejaht. Bei der moslemischen
Minderheit war diese Auffassung mit 61 Prozent sogar leicht
überdurchschnittlich ausgeprägt. Für die künftige Stabilität
der indischen Demokratie ist richtungweisend, dass 61 Prozent der Wähler unter fünfundzwanzig Jahren an ihren Einfluss glaubten, das sind neun Prozent mehr als bei denjenigen,
die sechsundfünfzig Jahre oder älter waren.[178] Diese System-
zufriedenheit der Inder spiegelt sich in der Wahlbeteiligung
wieder, die für nationale Wahlen mit durchschnittlich 55 Prozent höher als in den USA liegt.

Die Entwicklung des Parteiensystems
zum Koalitionszwang

Die Entwicklung des Parteiensystems hat dazu geführt, dass
die Kongresspartei nicht mehr der (einzige) Garant des säkularen Charakters der indischen Demokratie gegen den national-hinduistischen Angriff ist. Diese Rolle teilt sie sich heute

mit den regionalen Parteien und den Parteien der niederen Kasten. Den ersten Durchbruch schaffte dieser Trend in Tamil Nadu schon in den sechziger Jahren, wo die Bewegung der »einheimischen« dravidischen Bevölkerung sich gegen die bis dahin unbegrenzt herrschende brahmanische Oberschicht durchsetzte. Seither regieren miteinander rivalisierende dravidische Parteien den Bundesstaat abwechselnd. In Kerala und Westbengalen hat sich die kommunistische Partei als führende Kraft etabliert. Ihr ist es gelungen, die Unterkasten zu politisieren und zum Wahlgang zu veranlassen. Dieser zunächst auf Süd- und Ostindien beschränkte Trend setzt sich mittlerweile auch im bevölkerungsreichen »Hindugürtel« des Nordens durch, in Uttar Pradesh, Bihar und Haryana. Unterstützten die niederen Kasten früher vorbehaltlos die von den höheren Kasten geprägte Kongresspartei im Gegenzug gegen Sonderprogramme zu ihren Gunsten oder liefen sie der BJP zu, so machen sie mittlerweile über ihre eigenen Parteien selbstständig Politik.[179]

In den regionalen Parteien sind die Minderheiten naturgemäß stärker vertreten. Ihre Stärke ist nicht zuletzt Folge der politischen Mobilisierung einer ländlichen Mittelklasse, die im Zuge der grünen Revolution aufgestiegen ist, sich weder von Kongress noch mittlerweile von der BJP angemessen vertreten fühlt und vor allem ihre regionalen Interessen vor Augen hat. Der Durchbruch zeichnete sich 1998 mit der Wahl von sage und schreibe achtundzwanzig Regionalparteien in die Lok Sabha ab (damit gehörten mehr als die Hälfte der Abgeordneten zur Gruppe der Groß- und Mittelbauern).

Die neue politische Landschaft, in der keine Partei das Land mehr derartig dominiert wie die Kongresspartei in den ersten vierzig Jahren seines Bestehens, erfordert Koalitionen. Keine der großen Parteien, BJP und Kongress, kann hoffen, aus eigener Kraft die notwendige absolute Mehrheit in der Lok Sabha zu erobern, um die Regierung zu stellen. Das Mehrheitswahlrecht veranlasst Koalitionsabsprachen bereits vor den Wahlen: Nur Wahlabsprachen machten es möglich, in der Lok Sabha die stärkste Fraktion zu stellen, weil man damit gezielt zu Mehrheiten in den Wahlkreisen kommt.

Wahlabsprachen erfordern aber auch, künftigen Koalitions-
partnern Sitze zu überlassen und die eigene Wählerschaft zu
deren Unterstützung aufzurufen. Koalitionszwänge machen
damit Hoffnungen auf absolute Mehrheiten zunichte.

Die BJP hat das schneller verstanden als der Kongress,
da sie als Herausforderer nur durch Koalitionsbildung die
Macht des übermächtigen Platzhalters aushebeln konnte. Die
Kongresspartei, die sich vierzig Jahre daran gewöhnt hatte,
das Land wie einen Einparteienstaat zu beherrschen, tat sich
mit den neuen Zwängen der Koalitionsbildung, die Ende
der achtziger Jahre unumgänglich wurden, sehr schwer. Das
Mehrheitswahlrecht hatte ihr die Chancen geboten, auch mit
relativer Mehrheit zahlreiche Wahlbezirke zu gewinnen und
so in der Lok Sabha zu soliden Mehrheiten zu gelangen, ohne
im Land über die absolute Mehrheit der Stimmen zu verfügen. Das Spiel mit Koalitionen und Wahlabsprachen, die für
die einzelnen Wahlbezirke Mehrheiten garantierte, mochte sie
zunächst nicht. Denn das hieß, von vorneherein in manchen
Bezirken den eigenen Kandidaten zurückzuziehen, um dem
aussichtsreichsten Koalitionspartner den Wahlgewinn zu ermöglichen. Mittlerweile scheint der Kongress das neue Spiel
erlernt zu haben. Sonia Gandhi als Parteichefin der Kongresspartei und Manmohan Singh als Premierminister haben das
gezeigt. Damit ist ein wichtiger Vorteil der BJP neutralisiert –
die beiden größten indischen Volksparteien sind wieder auf
Augenhöhe, was die Strategiefähigkeit im Machtspiel betrifft.

So erlitt das von der BJP geführte Bündnis der Nationalen
Demokratischen Allianz bei den Wahlen zur Lok Sabha 2004
eine empfindliche Niederlage gegen das Bündnis der Kongresspartei, die Vereinigte Progressive Allianz (UPA). Viele
Inder nahmen der BJP wohl die passive Haltung der Landesregierung von Gujarat während der Pogrome 2002 übel,
während der radikale Teil der Stammwählerschaft durch die
Kompromissbereitschaft demotiviert war. Der hohe Anteil
der Regionalparteien – 37 Prozent der Abgeordneten – unter-
streicht, dass mit Großideologien zwar relative, aber keine
absoluten Mehrheiten zu gewinnen sind. Das Kabinett weist

2006 mehr Mitglieder aus den Unberührbaren und aus Minderheiten auf denn je – ein Zeichen für den tiefgreifenden Wandel in der indischen Demokratie.

Die Mechanik der Demokratie
und die Stabilität Indiens

Die größte Gefahr für die föderale Struktur Indiens scheint auf den ersten Blick vom Hindu-Nationalismus und seiner Partei, der BJP, auszugehen. Die Partei-Ideologie ist die einer homogenen Hindu-Kultur, innerhalb deren Raum für kulturell (nicht: religiös) assimiliationswillige Angehörige anderer Religionen ist. Das Gewaltpotential dieses Programms ist offensichtlich und in den Pogromen in Gujarat auf abscheuliche Weise zum Ausdruck gekommen. In der unterstützenden Basis, dem RSS und der VHP, sind eine Überlegenheitsideologie, ein Grad von Intoleranz für alles Nicht-Hinduistische und ein Maß an Gewaltbereitschaft virulent, die mit den liberalen Grundsätzen der indischen Verfassung nicht vereinbar sind. Blickt man auf den Aufstieg dieser Kräfte in den letzten drei Jahrzehnten zurück, so könnte man von der Furcht erfasst werden, der indischen Demokratie stünde ein ähnliches Schicksal bevor wie der Weimarer Republik. Die Hindutva-Ideologie sieht sich jedoch fünf strukturellen Problemen gegenüber, an denen nach aller Wahrscheinlichkeit der Versuch scheitern wird, die Innenpolitik in Indien vollständig zu prägen. Dazu bedürfte es der absoluten Mehrheit. Und die wird sie wohl aus Gründen nicht erobern können, die in den grundlegenden Regeln der indischen Demokratie und in der strukturellen Vielfalt der indischen Gesellschaft liegen.

Erstens sind die religiösen Minderheiten eine politisch nicht vernachlässigbare Größe. Die Sikhs sind in Punjab konzentriert, die Buddhisten in Ladakh, die Christen in Kerala. Damit haben sie in den dortigen Wahlkreisen einen direkten, zählbaren Einfluss auf die Auswahl der Abgeordneten. Noch bedeutender der muslimische Faktor: Die zwölf Prozent an der Gesamtbevölkerung übersetzen sich in 197 (von 543)

Wahlkreisen in Wähleranteile zwischen zehn und fünfzig Prozent. Im Wettlauf zwischen zwei großen Nationalparteien kann diese Quote leicht den Ausschlag geben, wenn die Moslems darauf verzichten, eine »religiöse« Partei zu unterstützen. Das können sie in zehn weiteren Wahlkreisen tun, wo ihr Anteil die fünfzig Prozent überschreitet. Das bedeutet, dass sie in nahezu zwei Fünfteln aller Wahlkreise ausschlaggebend oder das »Zünglein an der Waage« sein können. Für die Hindutva-Ideologen ist es daher schwer, eine Mehrheit zu gewinnen. Denn je stärker sie werden, desto höher der Anreiz für die Minderheiten, sich selbst wirksam politisch zu engagieren.[180]

Zur Hindutva gehört – zweitens – zwangsläufig auch die Propagierung der Kasten-Hierarchie; man kann zugespitzt sagen, dass sie ein Programm zur Erhaltung der gefährdeten Herrschaftsrolle der Brahmanen ist.[181] Mitglieder der höheren Kasten stellen denn auch die Stammwählerschaft der BJP. Versteht man die Agenda der Partei in dieser Weise, so wird die scheinbare Vergeblichkeit des ganzen Bemühens sichtbar: Moslems, Sikhs, Christen, Buddhisten, Stämme, Dalits und niedere Kasten machen mehr als achtzig Prozent der Bevölkerung aus. Die Dalits stellen 17 Prozent, die anderen »rückständigen Kasten« fast fünfzig Prozent. Davon erreichen zwar einige bereits das Niveau des unteren Mittelstandes und damit das Spektrum der BJP-Stammwählerschaft, viele sind aber auch den Armen und Unterprivilegierten zuzurechnen.

Teile der höheren Kasten vertreten liberale Ideen. Für sie ist das Kastenwesen ein rotes Tuch. Zwar kann es punktuell gelingen, Kastenlose oder hinduistische Stammesangehörige als Killermob für Gewaltaktionen gegen Moslems oder Christen aufzuhetzen. So haben sich in den letzten Jahren RSS und Bajrang Dal verstärkt bemüht, Adivasis, das heißt Stammesangehörige, über das Thema »Gegen-Bekehrung« gegen die religiösen Minderheiten zu mobilisieren. Für die dauerhafte Unterstützung eines Systems, das ihre Minderwertigkeit für immer festschreibt, sind sie jedoch nicht zu haben.[182]

Die Kongresspartei und Regionalparteien können Sonderprogramme zugunsten der Dalits und der Unterkasten auflegen. So ist die vom Kongress geführte Bundesregierung 2006 dabei, die Quote für Dalits und Stammesangehörige an Hochschulen auf die jungen Menschen aus den »anderen rückständigen Klassen« auszudehnen, die etwa 47 Prozent der Bevölkerung ausmachen. Insgesamt sollen 49,5 Prozent der Studienplätze für die Quoten-Berechtigten reserviert werden. Das stößt bei den Angehörigen höherer Kasten auf heftige Kritik. Denn die Zahl der Studienplätze ist viel geringer als die der Bewerber. In der Diskussion ist sogar, dieses System auf die Wirtschaft auszudehnen.[183] Der BJP fällt es schwer, diese Programme zu unterstützen, ohne den harten Kern ihrer Unterstützer zu verprellen. Sie kritisiert diese Programme mit dem Argument, dadurch würde die Einheit der Hindus zerstört. Diese Begründung ist aber wenig überzeugend für diejenigen armen Hindus, die von den Verteilungsmaßnahmen begünstigt sind und deren miserable Lebensverhältnisse solche Hilfen bitter nötig machen. Deswegen lässt die BJP solche Programme gelegentlich passieren oder unterstützt sie halbherzig, allerdings mit dem Risiko, damit die Stammwählerschaft zu verärgern.[184]

Die Entwicklung der indischen Wirtschaft befördert die zunächst durch staatliche Programme inszenierte Aufwärtsmobilität der Dalits und »anderer rückständiger Kasten« weiter – und nachhaltiger. Die Werbung der VHP um die niederen Kasten und die Dalits unter der umgreifenden Parole »Wir sind alle Hindus« ist angesichts der gesellschaftlichen Wirklichkeit nur begrenzt erfolgreich.[185] Gut ausgebildete, durch den eigenen Erfolg selbstbewusst gewordene »Unberührbare« engagieren sich auf ihre eigene Weise in der Politik. Vor allem auf regionaler Ebene entstanden in den letzten beiden Jahrzehnten im Norden zahlreiche Regionalparteien der Unterkasten. Sie bilden eine Barriere für die Mobilisierungsversuche der BJP und ihrer Bündnisorganisationen um reine Hindutva-Themen. Zugleich sind potentielle Koalitionspartner sowohl für die Kongresspartei wie für die BJP entstanden, denen die Nationalparteien Zugeständnisse anbieten müssen; für die BJP bedeutet das zwangsläufig die Verwässerung ihres Hindutva-Programms.[186]

Überdies sind – drittens – für viele Hindus, nicht nur für Stammesangehörige, regionale Belange wichtiger als das national-hinduistischen Projekt. Die Angehörigen der dravidischen Ethnie in Tamil Nadu beispielsweise wählen vorzugsweise Regionalparteien, und das Gleiche gilt in zunehmendem Maße auch für andere Gegenden Indiens (im Nordosten von Bengalen bis Tripura zum Beispiel oder in den neuen, 2000 gegründeten Bundesländern Jharkand, Uttaranchal und Chhattisgarh). Damit ist es für das nationalhinduistische Lager praktisch unmöglich, in Indien die Mehrheit zu erringen (Tamil Nadu, mit einer starken ethnischen dravidischen Identität, ist typischerweise ziemlich selten von religiös motivierten Unruhen heimgesucht worden.[187]) Zwar bietet das Mehrheitswahlrecht theoretisch eine kleine Chance, praktisch kann es aber offensichtlich nicht gelingen, diese Chance zu nutzen, weil immer noch zu viele Wahlkreise unter anderen Gesichtspunkten vergeben werden als nach dem einzigen Kriterium indischer Hindu-Größe. Damit bleibt für die BJP nur die Koalition eine Möglichkeit zu regieren. Koalitionen mit Kasten- und mit Regionalparteien bedeuten aber zwangsläufig Abstriche an der Hindutva-Programmatik. In der Regierungspraxis Premierminister Vajpayees von 1999 bis 2004 fanden sich die drei meistpropagierten Forderungen der Hindutva nicht: der Bau eines Ram-Tempels in Ayodya auf den Ruinen der Babri-Moschee, die Abschaffung des Kashmir-Autonomieartikels 370 der Verfassung und die Abschaffung des speziellen Zivilrechts auf Grundlage der Scharia für die indischen Moslems.[188]

Koalitionsbildung erfordert es, Führungspersönlichkeiten in den Vordergrund zu stellen, welche für die Koalitionspartner akzeptabel sind, wie etwa Vajpayee. Radikale haben es damit schwer, an die absolute Spitze zu kommen. Die BJP hat unter Premierminister Vajpayee das Land ausgesprochen maßvoll und gut regiert, hat außenpolitisch die Politik der guten Nachbarschaft des Vorgängers Gujral fortgeführt und den Ausgleich mit Pakistan aktiv gesucht. Im Innern gab es in der Kulturpolitik Schritte zur stärkeren Hinduisierung, in der Rechts- und Verfassungspolitik packte man jedoch kein einziges »heißes Eisen« an – eine segensreiche Folge von Koalitionsabsprachen. Der Zwang zur Mäßigung wiederum frustriert den radikalen Flügel der Unterstützer und kann zu einer Abspaltung der Radikalen führen. Die mittlere Linie der BJP unter Vajpayee geriet daher während seiner Regierungszeit unter starken Beschuss aus den radikalen Reihen.[189] Das wiederum marginalisiert die extremen Anhänger der Hindutva politisch, schränkt die Erfolgsmöglichkeiten der BJP an der Wahlurne ein und führt sie noch mehr in Richtung politische Mitte.

Die vierte Bremse eines ungehemmten Hindutva-Nationalismus ist in der Unterstützerbasis der BJP zu suchen. Ihre Funktionäre und ein Teil der Anhänger finden sich überwiegend in der begüterten Oberkaste, unter den Gebildeteren und im urbanen Milieu sowie den reicheren Bauern. Diese Ober- und Mittelklasse macht bis zu 100 Millionen Menschen aus. Zwar lässt sich statistisch sicherlich ein bestimmter Anteil davon radikalisieren und auch zur Teilnahme an Gewaltexzessen verführen. Zugleich ist es aber ebenso wahrscheinlich, dass ein großer Anteil genau solche Aktionen verurteilen wird, weil die resultierende Instabilität die eigenen besitzbürgerlichen Interessen gefährden könnte. Das gilt selbst für einen Teil der Aktivisten aus dem aufwärtsmobilen Milieu der niederen Kasten[190]: Diese Menschen haben etwas zu verlieren, und je nachhaltiger der indische Aufschwung währt, umso mehr ist es. Der soziale Hintergrund des Unterstützermilieus legt der BJP-Führung also auch nahe, eine Mittellinie zwischen Verbalradikalismus und praktisch-politischer Mäßigung zu fahren. Das schafft ein ständiges Oszillieren der BJP zwischen biederer Mitte und Gewalt-Radikalismus. Die kräftige Unterstützung durch die indische Diaspora, die sich auch radikalere Parolen gefallen lässt, hilft eben am Wahltag nur begrenzt weiter.[191]

Der fünfte Hemmschuh liegt in der Wertorientierung der Inder. Viele Bürgerinnen und Bürger Indiens, bei den Dalits, aber auch in der Mittel- und Oberklasse, das heißt der entscheidenden Basis der BJP, sind der indischen Verfassung verbunden. Sie würden keine Agitation akzeptieren, die demokratiefeindlich wäre. Das zwingt auch die Anhänger der Hindutva, ihren politischen Diskurs im Wertrahmen der Demokratie zu halten. Damit sind bestimmte Themen, die den fanatischen Hindu-Nationalisten eigentlich unter den Nägeln brennen, vom normalen politischen Diskurs ausgesperrt. Diese müssen sich vielmehr darum bemühen, ihre Anliegen in einer Sprache zu formulieren, die zu der demokratischen Wertorientierung des indischen »Mainstream« passt. Der hindu-nationalistische Diskurs musste sich daher zumindest auf Bundesebene darauf beschränken, im Rahmen der demokratischen Grundprinzipien die Verbindung zwischen Säkularismus, Demokratie und Minderheitenschutz allmählich aufzuweichen. Auf diesem Weg ist er durchaus ein Stück vorangekommen, aber keineswegs so weit, dass er die indische Demokratie nationalhinduistisch aus den Angeln heben könnte. Denn da stehen noch die anderen »Bremsen« im Wege. Diese Hindernisse sind für die Fanatiker des Hindu-Nationalismus zu hoch.[192]

Im Ergebnis heißt das: Die indische Gesellschaft ist einfach zu pluralistisch gestrickt, um einer einzigen Identität zu gestatten, von Delhi aus als Mehrheitspartei den Kurs zu diktieren. Der Kongress konnte das lange Zeit nur deshalb, weil er sich selbst als Repräsentant dieses Pluralismus konstruiert hat und die gesamte intellektuell-brahmanische Schicht durch seine Rolle im Unabhängigkeitskampf auf seiner Seite hatte. Die Förderprogramme der Indischen Union verhalfen breiteren Schichten zur Aufwärtsmobilität in die Bildung und damit zur politischen Artikulationsfähigkeit. Mit dem Niedergang der Kongresspartei unter dem Gewicht ihres eigenen, drei Jahrzehnte währenden Machtmonpols und mit dem Aufkommen von Regional- und/oder Kastenparteien, in denen die aufsteigenden niederen Kasten sich politisch selbst vertreten, ist diese zentralistische Abweichung vom indischen Standard des Pluralismus vorbei: Koalitionsbildung ist gefragt, und das heißt zwangsläufig Kompromiss zwischen unterschiedlichen Identitäten (dass auch die Parteien der unteren Kasten herzlich korrupt regieren können wie in Bihar oder Uttar Pra-

desh, steht auf einem anderen Blatt).[193] Das läuft mit größter
Wahrscheinlichkeit – bei allen Exzessen der radikalen, mit
der BJP verbundenen Massenorganisationen – auf eine allgemeine Tendenz der Hindu-Partei zur rechten Mitte hinaus.
Und das geht nicht ohne innere Zerreißproben ab, wie gerade
die Periode nach der Abwahl aus der Bundesregierung 2004
zeigt: Der erzwungene Rücktritt des Parteivorsitzenden Advani 2005 nach allzu freundlichen Äußerungen in Richtung
Pakistan hat die Wucht des Flügelkampfes in der BJP eindrucksvoll dokumentiert.[194]

Die Diskussion weist darauf hin, wie irreführend es sein
kann, unsere eigenen Erfahrungen und politischen Instinkte
zum Maßstab der Beurteilung anderer Länder mit anderen
politischen Kulturen zu machen. Aus deutscher Perspektive
ist ein Nationalparlament mit mehr als vierzig Parteien ein
Hort von Instabilität und Unbeständigkeit. Für die indische
Gesellschaft ist es aber wahrscheinlich die angemessene Repräsentation mit der vielversprechendsten Stabilitätsgaran-
tie.

Von Gandhi zur Bombe:
Indiens militärische Macht

Zur Weltmacht gehört, wie der Name schon sagt, Macht. In unserer Zeit ist die Bedeutung »weicher« Macht, das heißt wirtschaftlicher Einflussmöglichkeiten, Verhandlungsgeschick in der multilateralen Arena, kulturelle Präsenz und Vorbildwirkung, deutlich gestiegen. Das ist eine Folge der Globalisierung. Dieser Umstand verleiht Ländern wie Schweden, der Schweiz, Malaysia oder Kanada mehr internationales Gewicht, als das Erbsenzählen von Flugzeugen, Raketen und Panzern vermuten ließe. Aber um beim Konzert der ganz Großen mitzuspielen, kommt ein Land ohne militärische Macht nicht aus.

Im Folgenden schaue ich mir Indiens Machtmittel mit einem Schwerpunkt auf den militärischen Ressourcen an. Naturgemäß nimmt die Diskussion der indischen Kernwaffen dabei einen beträchtlichen Raum ein, denn ohne Indiens Verhältnis zu seinem atomaren Spielzeug zu verstehen, begreift man auch Indien nicht richtig. Auch stelle ich die Frage, wie Indiens Demokratie mit seinem Militär und seinen Kernwaffen umgeht.

Indiens Ethik und die Kernwaffen:
Ein widersprüchliches Verhältnis

Kann es eine größere Diskrepanz geben als die zwischen Mahatma Gandhis gewaltfreiem Konfliktaustrag und dem eisernen Willen Indiens, Beherrscher der furchtbarsten Waffe zu werden, welche die Menschheit je erfunden hat? Wurde nicht im Mai 1998 mit der Serie der nuklearen Testexplosionen in der Wüste von Pokhran das Erbe des großen Inders Gandhi ein für alle Mal zu Grabe getragen? Dass dieses Ereignis symbolisch, aber auch machtpolitisch für eine Neupositionierung Indiens in der Weltpolitik stand, kann heute kaum mehr in

Frage gestellt werden. Um die Gründe und die Bedeutung dieser schicksalsschweren Entscheidung zu verstehen, lohnt es sich, kurz die Geschichte der indischen Kernwaffen nachzuzeichnen.

Gandhi selbst war über den Abwurf der Atombombe 1945 entsetzt. Seine gewaltfreie Ahimsa-Philosophie setzte auf die Einwirkung der Opfer auf die Täter. Das verlangte den unmittelbaren Kontakt zwischen beiden. Die Logik des Atomkrieges unterbrach diesen Kontakt für immer. Gandhi sah in der Atombombe das Indiz für die Entgleisung der westlichen Zivilisation, ihre Abkehr von der Humanität. An die zähmende Wirkung der Abschreckung wollte er nicht glauben. Atomwaffen, einmal erworben, würden auch eingesetzt werden. Die Kernwaffen waren den humanen Werten der Hindu-Kultur, wie er sie sah, fremd.[195]

Zum Gandhi'schen Erbe zählte die Blockfreiheit. Gandhi hat dieses Konzept zwar nicht selbst entwickelt, dies blieb dem ersten indischen Premierminister, Jawaharlal Nehru, überlassen. Die Blockfreiheit war die konsequente Umsetzung der Gandhi'schen Konfliktphilosophie unter den herrschenden internationalen Umständen: Sich nicht auf eine der beiden Seiten zu schlagen, was womöglich zur Eskalation des gefährlichen Konflikts beigetragen hätte, sondern beharrlich zu vermitteln, sich aber auf jeden Fall aus gewaltsamen Zusammenstößen der weltpolitischen Antagonisten herauszuhalten.

Blockfreiheit umfasste jedoch (wie Neutralität) eine unausgesprochene Motivation zugunsten der Kernwaffen. Wer ohne den Schutzschirm einer Allianz überlegenen Streitkräften von stärkeren Staaten und Bündnissen gegenübersteht, wer ohne die nukleare Garantie einer Atommacht seine Unabhängigkeit gegenüber Kernwaffenstaaten behaupten muss – braucht der nicht selbst nukleare Abschreckungsmittel, um seine Souveränität zu verteidigen? Selbst ein allianzgebundenes Land wie Frankreich hat diese Idee als Kern des Gaullismus entwickelt und bis heute daran festgehalten: Um im äußersten Falle unabhängig entscheidungsfähig zu sein, benötigt man die Chance, sich allein auf das eigene Abschreckungsmittel stützen zu können. Umso mehr musste ein solcher Gedanke den Eliten eines großen, auf seine Eigenständigkeit bedachten Landes wie Indien mit seinem Kolonialkomplex einleuchten. Und Selbstverteidigung ließ der Hinduismus ohne weiteres zu – das hatte auch Gandhi eingeräumt.[196] Keinerlei ethische Probleme hatte natürlich der Hindutva-Nationalismus mit einer indischen Atombombe: Er sah den Hinduismus in einem Abwehrkampf gegen aggressive, imperiale Kulturen, gegen den Westen, den Islam und China. In diesem Abwehrkampf war es die Pflicht, sich aller Mittel zu bedienen, die zu Gebote standen. Dazu zählten auch Kernwaffen, sobald indische Wissenschaftler und Techniker in der Lage sein würden, solche Waffen für ihr Land herzustellen.

Die Geschichte von Indiens Kernwaffenprogramm weist indes im Unterschied zu anderen Kernwaffenstaaten Eigentümlichkeiten auf, die auf die gegensätzlichen politisch-ethischen Impulse zurückzuführen sind. Indien führte seine erste nukleare Explosion fast ein Jahrzehnt nach dem Erreichen der technischen Möglichkeit dazu durch (1974). Es dauerte weitere vierundzwanzig Jahre, bis eine indische Regierung sich zu weiteren Tests durchringen konnte. Und selbst danach gab es keineswegs den zügigen Aufbau einer Nuklearstreitkraft mit dazugehöriger Kommandokette, sondern wieder mehrere Jahre nukleares »Gebummele«.

Diese merkwürdige Unentschlossenheit eines so großen und stolzen Landes weist auf tiefe Widersprüchlichkeiten in der dahinter liegenden Sicherheitsphilosophie hin. Die Gandhi'sche Aversion, der Anspruch auf Weltmacht, die Behauptung von Unabhängigkeit ziehen in unterschiedliche Richtungen. Die kleine Schnittmenge betrifft die eindeutige Ablehnung »nuklearer Apartheid«: Den Anspruch der Kernwaffenbesitzer auf ein Oligopol, wie er sich im Atomwaffensperrvertrag niederschlug, weisen *alle* Standpunkte, die sich in Indien ausmachen lassen, ob pro- oder antinuklear, als moralisch unvertretbare Form eines verkappten Rassismus und Kolonialismus zurück.[197] Als prekärer ethischer Kompromiss kann eine »nukleare Minimalphilosophie« gelten, die sich aus folgenden Bestandteilen zusammensetzt: begrenzte Anerkennung von Kernwaffen als einer Quelle nationaler Sicherheit, ein *politisches* Verständnis der Kernwaffen (abschreckungs-, aber nicht einsatzfähig) und der Versuch, den eigenen Kurs gegenüber Forderungen von außen, Kernwaffen aufzugeben, oder gegenüber dem Druck der Verhältnisse, das Arsenal unbegrenzt auszuweiten, zu behaupten.[198]

Die Entwicklung des Nuklearprogramms

Bereits 1944 wurde die erste kerntechnische Forschungsstätte von der überragenden Figur des Wissenschafts-Establishments, Homi Bhabha, eingerichtet. Ein entscheidender Fortschritt gelang durch den Erwerb eines britischen (APSARA, 1956) und eines kanadischen Forschungsreaktors (CIRUS, 1960) im Zuge des von Präsident Eisenhower angestoßenen Programms »Atome für den Frieden«. Homi Bhabha und Premierminister Nehru steuerten nicht zielsicher die indische Atommacht an, aber sie hielten sich die Option offen.

Die Frage wurde in dem Augenblick akut, als China 1964, kurz nach dem Sieg im Grenzkrieg gegen Indien, in den Club der Kernwaffenbesitzer eintrat. Indische Versuche, Sicherheitsgarantien von den USA, Großbritannien oder der Sowjetunion zu erhalten, scheiterten. Neu-Delhi musste erfahren, dass die Blockfreiheit, Bestandteil der indischen Identität, ihre Kosten mit sich brachte: Gegenüber einem Land, das an seinem blockfreien Status festhalten wollte, waren die Nuklearmächte nicht bereit, das mit dem atomaren Schutzschirm verbundene Risiko einzugehen, von dem Schützling in einen Konflikt hineingezogen zu werden.

Indien versuchte es anschließend mit einer Alternative: Als der Atomwaffensperrvertrag (Nuklearer Nichtverbreitungsvertrag, NVV) 1966 bis 1968 verhandelt wurde, setzte sich die indische Diplomatie dafür ein, diesen Vertrag zu einem verbindlichen nuklearen Abrüstungsvertrag zu machen. Zum indischen Entsetzen gestand der Vertrag jedoch den fünf existierenden Atommächten, also auch China, das Recht auf Kernwaffenbesitz zu. Zwar wurden sie auf die nukleare Abrüstung verpflichtet, diese Verpflichtung wurde jedoch weder zeitlich konkretisiert noch unter Überwachung gestellt. Indien sah – nicht zu Unrecht – die dauerhafte Teilung der Welt in »Habenichtse« und Atommächte voraus.[199]

Die Entscheidung über einen eigenen Test wurde indessen immer wieder aufgeschoben. Gandhis Erbe wirkte innerhalb der Kongresspartei immer noch als Hemmschuh gegen die Waffenlobby, ebenso die moralisch-internationalistische Orientierung Nehrus, die eher nach einer multilateralen Lösung verlangte als nach einem nationalen Alleingang. Sein Nachfolger Shastri schwankte zwischen den Kräften innerhalb der Kongresspartei (und der Atomenergie-Kommission), die aus Status- und Sicherheitsgründen verlangten, Indien solle es China gleichtun, und den wirtschaftlichen Besorgnissen und moralischen Überzeugungen (seinen eigenen und denen der Gandhianer), die gegen die Bombe sprachen. Shastri diskutierte als erster hochrangiger Politiker öffentlich den Vorschlag des Nestors der indischen Atomforschung, Homi Bhabha, eine »friedliche« Kernexplosion zu zünden – ein scheinbar rettender Ausweg aus dem Dilemma, in dem sich der Nachfolger Nehrus fand.[200]

Dringlicher wurde das Problem unter strategischen Gesichtspunkten während des Bangladesh-Krieges gegen Pakistan 1971, als die USA eine Flugzeugträgergruppe mit dem kernwaffenbestückten Träger Enterprise in den Golf von Bengalen schickten. Seitens der indischen Führung wurde dies als unverhohlene nukleare Drohung interpretiert; noch direktere Signale kamen aus Beijing. Der Freundschaftsvertrag mit Moskau, den Neu-Delhi im gleichen Jahr abschloss, galt als unzureichender Notnagel, um die Sicherheit Indiens zu gewährleisten. Also entschied sich Indira Gandhi – auch aus innenpolitischen Gründen in einer zunehmend turbulenten Lage – einen Test durchführen zu lassen. Kennzeichnend für die fortbestehende Unentschlossenheit der Führung zwischen Mahatma Gandhi und Machtpolitik ist die Tatsache, dass man dieses Ereignis verschämt eine »friedliche Kernexplosion« nannte.

Für diesen ersten Test zahlte Indien seinen Preis. Kanada, Lieferant des Forschungsreaktors, mit dessen Hilfe Indien das Plutonium für den Test gewonnen hatte, brach jegliche nukleare Zusammenarbeit ab. Die Vereinigten Staaten verhängten ein Technologieembargo; 1978 verbot der Nuclear Non-Proliferation Act jegliche kerntechnische Zusammenarbeit mit Staaten, in denen nukleare Aktivitäten nicht der Überwachung der Internationalen Atomenergie-Organisation (IAEO) unterstellt waren. Für Indien wurde es schwieriger, Kernbrennstoff zu besorgen, um die Nuklearstation Tarapur (amerikanisches Design) zu beschicken. 1982 konnte Indira Gandhi Präsident Reagan, unter dessen Regierung atomare Nichtverbreitung der strategischen Auseinandersetzung mit der Sowjetunion untergeordnet blieb, zu einer Ersatzteillieferung an Tarapur bewegen.

Hinter dem relativen Entgegenkommen der USA wollte die Sowjetunion nicht zurückstehen. Sie lieferte in den achtziger Jahren Schwerwasser für die mit Natururan beschickten indischen Reaktoren, ohne damit die Forderung zu verbinden, dass die Nutzung dieses Materials von der IAEO überwacht werden sollte. Das war mit ihren Verpflichtungen aus den Richtlinien der Gruppe der nuklearen Lieferländer nur mit einiger Mühe zu rechtfertigen und zeigt, welches Gewicht Moskau der engen Beziehung mit Indien zumaß.[201]

Die Verschlechterung der Sicherheitslage

Die scheinbare Ruhephase der achtziger Jahre bedeutete keinen Stillstand in der Nuklearfrage. Denn die indische Sicherheitslage verschlechterte sich durch die Fortschritte des Kernwaffenprogramms in Pakistan. Nicht nur war es dem »Vater der pakistanischen Bombe«, Abdel Kader Khan, gelungen, aus der Uran-Anreicherungsanlage des europäischen URENCO-Konzerns in Almelo Pläne für Ultrazentrifugen und Listen möglicherer Zulieferer zu entwenden. Sondern China, eng mit Pakistan liiert, leistete nunmehr tätige Hilfe für Pakistans Nuklear- und Raketenprogramme. Chinesische Ingenieure halfen Pakistan bei der Anreicherung, Pakistan erhielt Blaupausen für Kernwaffen, und China assistierte beim

Bau eines Reaktors zur Plutonium-Produktion in Khushab. Den wichtigsten Beitrag zum Raketenarsenal Pakistans leistete China mit der Lieferung der nuklearfähigen Mittelstreckenrakete M-11. Chinesische Fachleute halfen beim Bau der pakistanischen Raketenfabrik in Rawalpindi mit Rat und Ausrüstungen.[202]

Indische Versuche, die USA zu stärkerem Druck auf Islamabad zu bewegen, um die nuklearen Aktivitäten zum Stillstand zu bringen, endeten ergebnislos. Gegen die sowjetische Besetzung Afghanistans war Pakistan als Basis für die von Washington unterstützten Mujaheddin-Kämpfer unverzichtbar. Indien stand einer chinesisch-pakistanischen Kernwaffenallianz gegenüber, die die Supermacht USA stillschweigend tolerierte, ja durch die Militärhilfe an Pakistan sogar unterstützte. Neu-Delhi sah sich aufgrund der neuen Gefährdungen veranlasst, das eigene Nuklearprogramm zu aktivieren. Indira Gandhi billigte 1983 einen neuen Test, zog die Order aber kurze Zeit später wieder zurück.[203]

Rajiv Gandhi unternahm einen erneuten Anlauf, um die weltpolitische Gleichstellung mit anderen Mitteln als einem eigenen Kernwaffenprogramm zu erreichen. Seine Initiative von 1988 – die 1992 von Premierminister Rao noch einmal aufgenommen wurde – zielte auf globale Abrüstung nach einem vereinbarten Zeitplan. Damit wollte er den (in indischen Augen) fatalen Defekt des Atomwaffensperrvertrags beheben, nämlich die dauerhafte Diskriminierung gegen die Nichtkernwaffenstaaten. Von den USA kam nicht einmal eine Reaktion. Amerika war auch trotz indischer Bitten weiterhin nicht bereit, wirksam gegen das pakistanische Kernwaffenprogramm und seine Unterstützung durch China einzutreten. Damit stellte ein weiteres Mal Washington die Weichen: Indien bewegte sich auf eine eigene Kernwaffe zu. Unter dem Eindruck seiner gescheiterten Abrüstungsinitiative und der ständig fortschreitenden Kernwaffenfähigkeiten Pakistans gab Rajiv Gandhi 1998 seinen Atomwissenschaftlern das Plazet, die Sprengkopf-Montage voranzutreiben. Er und sein Nachfolger Singh präsidierten über die Indienststellung einsatzfähiger Kernwaffen, von Tests sahen sie weiterhin ab.[204]

Mit dem Ende des Kalten Krieges wurde indes Indiens Schwebeposition, seine Ungewissheit zwischen allen Stühlen, mehr und mehr unhaltbar. Die Sowjetunion, die ihre schützende Hand über das Land gehalten hätte, gab es nicht mehr. Die USA mussten nicht mehr befürchten, Delhi durch zu viel Druck endgültig ins Lager des weltpolitischen Gegners zu treiben: Washington hatte plötzlich viel mehr Handlungsfreiheit, und es konnte sich vorerst darauf verlassen, dass Moskau seinen Initiativen keinen Widerstand entgegensetzen würde, wenn es sie nicht sogar unterstützte.

Indien beobachtete zudem sorgfältig den Aufstieg Chinas. Mehr und mehr rückte das Reich der Mitte in der Weltpolitik auf, wurde mitbestimmend, brachte die eigenen Interessen in die Gestaltung internationaler Politik ein. Zudem modernisierten die Chinesen im Zuge ihres wirtschaftlichen Aufschwungs stetig ihre Streitkräfte. Indien wollte mit China auf Augenhöhe sein; und es wollte sicherlich nicht militärisch in ein nicht mehr aufholbares Hintertreffen geraten. Die entscheidende Lücke war der legale chinesische Kernwaffenbesitz im Unterschied zum virtuellen Charakter des indischen Potentials.

Der Weg zu den Kernwaffenversuchen

Die amerikanische Politik in den neunziger Jahren trieb Indien – ganz entgegen den Absichten Washingtons – immer weiter auf den Augenblick zu, an dem Neu-Delhi sich zu seinem Kernwaffenstatus offen bekennen würde. Nach dem Irak-Krieg 1991 trat das Verbreitungsproblem in den Mittelpunkt der Politik der USA. Die Regierung des ersten Präsidenten Bush unternahm den Versuch, das Nuklearproblem in Südasien in einem multilateralen Forum zu lösen. Washington übte Druck auf den indischen Premierminister Rao aus, Verhandlungen mit Pakistan, den USA, Russland und China aufzunehmen – mit dem Ziel, Südasien kernwaffenfrei zu machen. Rao bat zunächst um bilaterale Konsultationen mit den USA; diese zogen die Inder mit großem Geschick mehrere Jahre hin, bis sie 1995 vorbereitet waren, die fälligen Kernwaffentests auszuführen. Rao erteilte die Erlaubnis dazu. Doch Satellitenbeobachtungen setzten die US-Regierung in Kenntnis von diesen Vorbereitungen. Weitreichende wirtschaftliche Sanktionen wurden angedroht, sollte Indien seine Absichten wahrmachen. Am 18. Dezember, nur drei Tage vor dem festgesetzten Termin, blies Rao deshalb die Versuche ab.

1996 gab Premierminister Vajpayee, der dieses Amt nur für zwölf Tage innehaben sollte, gleichfalls den Test-Befehl, zog ihn aber zurück, als klar war, dass er das Vertrauensvotum in der Lok Sabha nicht überstehen würde. Er hielt es nicht für richtig, die Nachfolgeregierung mit den Konsequenzen einer Entscheidung zu belasten, die sie nicht selbst getroffen hatte. In jedem der folgenden Jahre kam Indien nahe an die Entscheidung, ohne dass die Premierminister (Gowda und Gujral) sich letztlich entschließen konnten. Seit 1995 stand die Frage von Kernwaffentests ständig auf der Tagesordnung indischer Nuklearpolitik.[205]

Die äußeren Umstände wurden für Indien noch schwieriger. 1994 begannen in Genf Verhandlungen über einen umfassenden Teststopp. Alle Kernwaffenstaaten beachteten zu dieser Zeit ein Testmoratorium, und es war abzusehen, dass ein Vertrag zur Beendigung aller Nukleartests bald zustande kommen würde. Diese Aussicht wurde noch wahrscheinlicher durch die politische Verpflichtung, den Teststopp bis 1996 abzuschließen, welche alle Mitglieder des NVV eingingen, als sie 1995 diesen Vertrag auf unbegrenzte Zeit verlängerten. Dieses Ereignis war für Indien ein schwerer Schlag: Denn Neu-Delhi interpretierte diesen Beschluss als die Erlaubnis für die fünf »offiziellen« Kernwaffenstaaten, auf ewig ihre Arsenale behalten zu dürfen. Die Nichtkernwaffenstaaten sahen das ganz anders: Sie verstanden die Ergebnisse der Konferenz als eine feste Verpflichtung für die fünf, zügig abzurüsten. Wie sich inzwischen herausgestellt hat, teilten die fünf Kernwaffenstaaten weitgehend das indische Verständnis: Die fünf dachten gar nicht daran, ihre privilegierte Stellung aufzugeben. In der bodenlosen Naivität ihrer so genannten Realpolitik schienen sie ernsthaft zu glauben, die Welt würde ihr

Atomwaffenoligopol auf ewig tolerieren. Indien sah sich also auf Dauer zu einem zweitklassigen Status verdammt, wenn es nicht aus der Zwangsjacke ausbrechen würde. Zudem würde die absehbare Testverbotsnorm es immer schwerer machen, den letzten Schritt zum Kernwaffenstatus zu gehen, ohne sich selbst international zu isolieren.

In der Zwischenzeit hatte die indische Bomben-Lobby geschickt eine neue Diskursstrategie entwickelt: Das Erbe von Gandhi und Nehru wurde jetzt plötzlich zugunsten indischer Kernwaffen in Anschlag gebracht: Da gegenüber den Kernwaffenstaaten kein anderes Druckmittel helfe, müsse Indien als moralische Weltmacht in die Offensive gehen und Kernwaffen anschaffen, die es dann auf den Altar der Abrüstung legen solle, um die anderen Atommächte endlich auch zu Abrüstungsschritten zu bewegen. Zugleich gelang es, in der Teststoppdebatte Teile der Linken gegen den Vertrag einzunehmen, indem man auf dem Instrument des Antiamerikanismus spielte. Der Teststopp wurde aus einer Idee, die ursprünglich von Nehru stammte, zu einem US-amerikanischen Instrument, um die eigenen Kernwaffen zu behalten und andere am Gleichziehen zu hindern. So wie die Menschheit oft vom »Krieg, um alle Kriege zu beenden«, geträumt hatte, entwickelten die smarten indischen Bomben-Strategen jetzt die These von der »Bombe, um alle Bomben abzuschaffen«.[206] Dass der konservative US-Senat und später die Bush-Administration durch ihre vehemente Ablehnung des Teststoppvertrags Indien aus dieser Patsche helfen würden, ahnte damals niemand.

Mitte der neunziger Jahre zeichnete sich ein interessantes Meinungsbild unter der Elite Indiens ab. Eine klare Mehrheit (58 Prozent) sprach sich für die ambivalente Regierungspolitik aus, an der Option festzuhalten, ohne sie wirklich auszuüben. Das Lager der Kernwaffenbefürworter umfasste immerhin ein Drittel des Samples (wobei die Militärs zurückhaltender waren als der Durchschnitt). Die absoluten Kernwaffengegner machten nur acht Prozent aus – so sehr war das konsequent gandhische Lager geschrumpft! Fast neunzig Prozent wären bereit gewesen die indische Bombe auf dem Altar weltweiter nuklearer Abrüstung zu opfern, auch drei Viertel der Bombenbefürworter.[207]

In der indischen Zivilgesellschaft gibt es eine klare Gegnerschaft zu den Kernwaffen. Gandhis Erbe ist nicht vollständig verloren gegangen. Den beredtesten Ausdruck hat Arundhati Roy dem Anliegen der Abrüster verliehen.[208] Praktische Wirksamkeit hat diese Haltung nicht entfalten können. Die Kernwaffenlobby war einfach besser positioniert, und die internationalen Ereignisse, namentlich die finstere Entschlossenheit der Kernwaffenmächte, an ihrem Status festzuhalten, schwächte ihre Position im indischen Diskurs.

Mit offenem Visier:
Die Tests von 1998

Die Koalitionsregierung unter Führung der BJP durchtrennte den gordischen Knoten. Nationalistischer und machtbewusster als ihre Vorgänger und seit jeher Anhänger eines offiziellen indischen Kernwaffenstatus, hatte sie keine Angst vor der drohenden internationalen Kritik. Unmittelbarer Auslöser, aber nicht tieferer Grund war der erfolgreiche Test der pakistanischen Mittelstreckenrakete Ghauri im Frühjahr 1998. Premierminister Vajpayee gab – getreu den Ankündigungen im Wahlkampf – die Kernwaffenversuche frei. Nur wenige Tage nach der indischen Testserie antwortete Pakistan in gleicher Münze: Südasien war endgültig nuklearisiert.

Indiens Kernwaffenprogramm enthält übrigens einen drastischen Beweis für die Absurdität des Bemühens der fanatischen Hinduisten, Nicht-Hindus als unindische Elemente aus der nationalen Gemeinschaft auszugrenzen: Zwei der »Väter der indischen Atombombe« sind beziehungsweise waren nämlich keine hinduistischen Bramahnen: Homi Bhabha, der erste Vorsitzende der indischen Atom-Energie-Organisation entstammte einer parsischen Familie. Abdul Kalam, Direktor der Defence Research and Development Organisation, treibende Kraft des indischen Raketenprogramms und schließlich auch der nuklearen Testserie von 1998, ist Moslem; mittlerweile ist er der Präsident des Landes geworden. Die Hindus haben den Patriotismus also nicht gepachtet.

Das internationale Echo war tatsächlich negativ: Der Sicherheitsrat verurteilte in seiner Entschließung 1172 die Tests und verlangte die Rückkehr zum Status quo ante, allerdings ohne schwerwiegende Konsequenzen zu ziehen. Mehrere Länder, darunter die USA, Japan und die Europäische Union, verhängten Sanktionen, die nicht übermäßig schmerzten und nach drei Jahren bereits wieder aufgegeben wurden. Indien zahlte für seine Entscheidung also einen verhältnismäßig geringen Preis. (Welche Folgen dieses Modell für andere Länder hat, die mit Kernwaffen liebäugeln, werden wir in den nächsten Jahren noch sehen.)

Doktrin und Strategie

Auch acht Jahre nach dem Test bleibt unklar, wohin sich das indische Nuklearpotential bewegt und was die Strategie und die Doktrin sein mögen, die seine weitere Gestaltung und seinen möglichen Einsatz leiten. Klar ist nur, dass Indien offensichtlich in Nachahmung der Supermächte auf eine »Triade« abzielt, die aus landgestützten Raketen, Bombern, und U-Booten mit nuklear bestückten Raketen besteht. Der dritte Bestandteil der »Triade« wird vor allem mit Blick auf China für nötig gehalten. Der einzige Hinweis auf eine mögliche Doktrin war die »Draft Nuclear Doctrine«, die der nationale Sicherheitsbeirat 1999 veröffentlichte. Dieses aus Nichtregierungs-Experten bestehende Gremium sah eine Minimalabschreckung, den Verzicht auf einen Rüstungswettlauf und den kategorischen Verzicht auf den Erst-Einsatz von Kernwaffen vor. Daraus erkennt man, dass es keine Planung gibt, durch präemptive Schläge gegen gegnerische Arsenale den Schaden eines Nuklearkrieges für das eigene Territorium zu begrenzen. Da das Dokument niemals offiziell angenommen wurde, tappt man über die Ausrichtung der indischen Kernwaffenpolitik indes nach wie vor im Dunkeln.[209]

Indien hat eine nicht unriskante Lehre aus dem Kargil-Konflikt und der Krise von 2001/2002 gezogen: begrenzte konventionelle Kriege sind möglich. Der Zustand wechselseitiger nuklearer Abschreckung gibt Indien eine gewisse militärische Handlungsfreiheit gegenüber Pakistan: Es gilt nur, die vitalen pakistanischen Interessen zu verschonen. Wenn diese Bedingung erfüllt ist, lässt sich durchaus auch auf pakistanisches Territorium vorstoßen – Indien muss nur verdeutlichen, dass die Sache »nicht böse gemeint ist«, das heißt, dass man nicht vorhat, Pakistan auseinander zu nehmen. Das Risiko einer solchen Wanderung am Rande der Nuklearschwelle ist offenkundig.

Denn wo Pakistan seine Linie zieht, wie es indische Operationen wahrnimmt und wann es seine vitalen Interessen gefährdet sieht, wird in Islamabad, nicht in Delhi entschieden. Die Pakistanis haben erklärt, Kernwaffen einsetzen zu wollen, wenn Indien eine wirtschaftliche oder eine Seeblockade verhängt, die Indus-Ebene militärisch bedroht, sich in die pakistanische Innenpolitik einmischt oder den Fluss des Indus-Wassers einschränkt. Jeder dieser Punkte unterliegt kniffligen Urteilen im Einzelfall. Bedeutet es den Beginn einer Blockade, wenn die indischen Marine vor der pakistanischen Küste kreuzt? Was versteht Islamabad unter einer politischen Einmischung? Das Risiko eines Missverständnisses oder schlichtweg unterschiedlicher Maßstäbe ist riesengroß.[210]

In Indiens nuklearstrategischen Planungen stehen zwei Bedrohungen im Vordergrund: Pakistan und China. Was Pakistan angeht, muss Indien in Rechnung stellen, dass die pakistanische Ghauri-Rakete mit 2500 Kilometern Reichweite alle Bevölkerungszentren Indiens erreichen kann. Die chinesische Bedrohung konkretisiert sich in der Raketenbasis 53 in Kumming in der Südprovinz Yunnan, die CSS-2-Raketen mit einer Reichweite von 2800 Kilometern und mobile CSS-5-Raketen mit 1800 Kilometern Reichweite beherbergt. Die Basis 56 in Xining in Nordmittelchina ist weniger relevant, obwohl dort neben CSS-2 auch CSS-3-Raketen stationiert sind, die mit einer Reichweite von 4750 Kilometern auch indische Ziele abdecken. Sie sind aber vermutlich als »stille« Abschreckung gegenüber Russland gemeint, falls sich die Beziehungen gegen den augenblicklichen Trend verschlechtern sollten.[211]

Die indische Atommacht, die dieses Potential neutralisieren soll, wird sich noch einige Jahre im Aufbau befinden. Was Neu-Delhi unter »Minimalabschreckung« versteht, wird sich erst dann ablesen lassen, wenn dieser Aufbau zu Ende ist. Über das gegenwärtige Spaltstoffpotential lassen sich nur sehr spekulative Schätzungen anstellen. Die Unsicherheit ist so groß, weil man nicht weiß, wie Indien seine bislang nicht unter Überwachung der IAEO stehenden Leistungsreaktoren gefahren hat, das heißt, ob es dort Waffenplutonium erzeugt und abgezweigt hat. Sicher ist nur, dass die beiden Forschungsreaktoren CIRUS und Drushva im Bhabha-Kernforschungszentrum Waffenmaterial erzeugt haben. Das dürfte heute für ungefähr achtzig Sprengköpfe ausreichen.

Unter indischen strategischen Experten variieren die Schätzungen für die »minimale Abschreckung« zwischen 25 und mehr als 250 Sprengköpfen. Auch ist man sich nicht einig darüber, ob gegnerische Nuklearstreitkräfte oder Städte im Visier der indischen Zielplaner sein sollten. Von offizieller Seite hört man über diese Fragen wenig; das Verteidigungsministerium hat von etwa 200 Sprengköpfe, verteilt auf eine triadische Struktur, gesprochen. Ob das das letzte Wort ist, wird sich zeigen. Allerdings dürfte das in jedem Fall bedeuten, dass die beiden Reaktoren CIRUS und Drushva, die der militärischen Plutonium-Produktion dienen, noch einige Jahre weiterlaufen werden und Indien sich einem Stopp der Spaltstoffproduktion für Waffenzwecke so bald nicht anschließen wird. Denn die Waffeningenieure werden wohl nicht auf das zwar nutzbare, waffentechnisch aber minderwertige Plutonium aus Leistungsreaktoren zurückgreifen wollen.[212]

Gegenüber Pakistan bieten die Kurzstreckenraketen Prithvi und Trishul eine hinreichende Abschreckung. Abhängig vom Standort der Waffen liegen Karatschi, Lahore und Islamabad in Reichweite. Gegenüber China kann sich Indien auf die Agni I (1000 bis 1500 Kilometer Reichweite), die Agni II (2000 bis 2500 Kilometer Reichweite), die beide 2004/2005 erneut getestet wurden, sowie die Langstreckenbomber Canberra und SU 30 stützen. Diese Bomber können in der Luft nachbetankt werden. Ein neues Element sind die gemeinsam mit Russland entwickelten Marschflugkörper (BrahMos) in einer Anti-Schiff- und einer Anti-Landziele-Variante, die nuklearfähig sein sollen und mehrere hundert Kilometer weit fliegen. Indien hat zudem mehrere Satelliten in den Weltraum verbracht (auch die Antriebstechnik für Agni stammt aus dem Weltraumprogramm). Die Indian Space Research Organisation in Bangalore treibt das Weltraumprogramm zügig voran. Das lässt darauf schließen, dass das Land in absehbarer Zeit über ballistische Raketen mit interkontinentalen Reichweiten verfügen wird.[213]

2003 wurde eine nationale Kommando-Autorität eingerichtet. Der Premierminister trifft die letzte Entscheidung über den Kernwaffeneinsatz im Rahmen eines kleinen Kabinettsausschusses. Die operative Planung und die Durchführung politischer Entscheidungen liegt bei einem zweiten Ausschuss, in dem die Atomenergiekommission und das Militär beteiligt sind.[214]

Indiens Kernwaffenstatus und die USA

Eine unerwartete Folge der neuen indischen Lage war eine größere Flexibilität in Positionen der Rüstungskontrolle und der Nichtverbreitung. Indien überlegte ernsthaft, ob es dem Teststopp beitreten sollte: Jedenfalls hätte das, trotz erheblichen innenpolitischen Widerstands, eine vertretbare Konzession sein können. Dazu kam es nicht, weil die Vereinigten Staaten sich gegen den Vertrag wandten. Auch gegen ein Abkommen, das die Produktion von Spaltmaterial zu Waffenzwecken verbieten würde – im Jargon »Cut-off« genannt – hatte Indien nun nicht mehr Grundsätzliches einzuwenden. Es brauchte vielleicht noch etwas Zeit, bis es genug Plutonium für sein angestrebtes Arsenal produziert hatte, wäre aber dann durchaus bereit, den Beitritt zu erwägen, wenn denn ein solches Abkommen einmal verhandelt würde. Dem Atomwaffensperrvertrag, bis dahin ein rotes Tuch für die indische Diplomatie, brachte man plötzlich Sympathien entgegen. Zwar erkannte der Vertrag Indien nicht als Kernwaffenstaat an, aber das änderte natürlich wenig am faktischen Status. Und dass hier eine Norm allen anderen Staaten der Welt, die noch keine solchen Waffen besaßen, das Nachziehen verbot, war Indien jetzt nur recht: Denn das befestigt die eigene nukleare Sonderstellung.

Andere frühere Grundpositionen wurden gleichfalls überdacht. So entwickelte Indien zusehends Sympathien für die Idee der »Counterproliferation«, das heißt für den Einsatz militärischer Gewalt, um Kernwaffenprogramme zu unterbinden. Denn darin sah man nun eine nützliche Drohung gegenüber Pakistan, sollte der Nachbar seinen nuklearen Status für aggressive Politik zu nutzen suchen (wie es 1999 tatsächlich geschah). Auch die Idee der Raketenabwehr hielt man mit Rücksicht auf Pakistan für gar nicht mehr so schlecht. Beide Positionsänderungen rückten Indien unversehens näher an Haltungen Washingtons – eine Neujustierung des Verhältnisses zur Supermacht wurde mehr und mehr zur greifbaren Möglichkeit.

Indien hat es gelernt, das nukleare Risiko in Südasien geschickt als Vehikel für die Annäherung an die Supermacht zu nutzen. Früher hatten die USA und andere Staaten Neu-Delhi mit dem ständigen Hinweis genervt, dass die Nuklearisierung Südasiens das Katastrophenrisiko aus dem indisch-pakistanischen Konflikt potenzieren würde. Dies war eines der zentralen Argumente gegen die indischen und pakistanischen Kernwaffen-Programme gewesen. Beide Länder hatten dieses Risiko immer heruntergespielt und auf das eigene Verantwortungsgefühl verwiesen. Das Misstrauen gegen die Fähigkeit der südasiatischen Länder, ein stabiles Abschreckungssystem aufrechtzuerhalten, nehmen diese geradezu als rassistisches Vorurteil wahr. Jetzt jedoch spielte Indien dieses Risiko mit großem Geschick gegenüber Washington aus. Während des Kargil-Kriegs 1999 und der schweren Krise nach der Anschlagsserie 2002 signalisierte Indien, dass es sich gezwungen sehen könnte, den Konflikt eskalieren zu lassen. Damit gelang es, die USA zu aktiven Vermittlungs-Aktivitäten zu veranlassen, bei denen sie sich auf die Seite Indiens als des angegriffenen Staates stellten. Diese Parteinahme Washingtons gegen Pakistan, den Bündnispartner im »Terrorkrieg«, verbuchten die Inder als Erfolg der neuen nuklearen Diplomatie und als Bestätigung der schicksalhaften Entscheidung von 1998.[215] Hatte noch 1994 die Befürchtung bestanden, der Sprung über die nukleare Schwelle würde die Beziehung zur Supermacht auf lange Zeit verderben und entsprechend nachhaltige strategische und wirtschaftliche Nachteile nach sich ziehen, so stellte sich jetzt heraus, dass die Kernwaffentests wie ein reinigendes Gewitter zwischen den Hauptstädten beider Länder gewirkt hatten. Nachdem sich die Wolken einmal verzogen hatten, schien die Sonne schöner als je auf die amerikanisch-indischen Beziehungen: Es entwickelte sich eine regelrechte atomare Kumpanei.

Indien ist dem Nichtverbreitungsvertrag nie beigetreten. Aber es hat sich bemüht, zur Weiterverbreitung von Kernwaffen nicht beizutragen. Das gandhische Verdikt über die Amoralität dieser Waffen mag dazu beigetragen haben. In den achtziger Jahren liebäugelte die Atombürokratie mit der Ausfuhr eines Forschungsreaktors nach Iran. Die politische Spitze hörte dann aber doch auf die Bitte der Vereinigten Staaten, von diesem Transfer lieber abzulassen, obgleich die amerikanisch-indischen Beziehungen damals auf einem deutlich schlechteren Stand waren als heute.[216]

Einen ersten Erfolg in ihrem Bemühen, das Technologieembargo der Supermacht aufzubrechen, konnten die Inder 2004 verbuchen. In der »Next Steps in Strategic Partnership Initiative« eröffneten die Amerikaner Indien die Chance, nicht-sensitive Technik für ihre Raumfahrt- und Kernenergieprogramme aus den USA zu beziehen, falls sie ihre Exportgesetzgebung den amerikanischen Erfordernissen anpassen würden; die Intiative sah weiteren Hochtechnologietransfer und die Zusammenarbeit in der Raketenverteidigung vor. Noch spektakulärer war dann im Juni 2005 die Bekanntgabe des Entwurfs für ein nukleares Kooperationsprogramm, das Premierminister Manmohan Singh und Präsident Bush auf dessen Indien-Reise im März 2006 unterzeichneten.

Beide Länder verpflichteten sich, ein Moratorium für Kernwaffentests zu beachten und in Genf den Abschluss eines Vertrages zur Beendigung der Spaltstoffproduktion für Waffenzwecke voranzutreiben (bei dem die USA jedoch keine internationale Verifikation der Vertragseinhaltung sehen wollen). Indien wird ein »wasserdichtes« nukleares Exportkontrollsystem aufbauen und auch die Regeln des Raketen-Technologie-Kontroll-Regimes beachten. Außerdem wird es seinen zivilen von dem militärischen Brennstoffkreislauf trennen und vierzehn kerntechnische Anlagen der Kontrolle der IAEO unterstellen. Die beiden Forschungsreaktoren, die bislang Plutonium für das Waffenprogramm lieferten, bleiben außerhalb der Kontrollen, ebenso die experimentellen Schnelle-Brüter-Reaktoren, die Wiederaufbereitungsanlagen und die Anreicherungsfabrik. Im Gegenzug sagte die amerikanische Regierung – vorbehaltlich der Zustimmung des Kongresses – die Zusammenarbeit in der zivilen Kerntechnik zu. Damit brachen die USA politische Verpflichtungen aus dem Atomwaffensperrvertrag und den Vereinbarungen der Gruppe der nuklearen Lieferländer. Indien tauchte aus der nuklearen Quarantäne auf und wurde wie ein Mitglied des Atomwaffensperrvertrages behandelt. Dies bedeutet einen unvorstellbaren Triumph indischer Diplomatie und eine Bestätigung für die Richtigkeit der Entscheidung der Regierung Vajpayee, sich offen zu den eigenen Kernwaffen zu bekennen. Was das für die weitere Verbreitung von Kernwaffen heißen wird, damit dürfen wir uns in unseren Alpträumen beschäftigen.

Indien und die Kernwaffen: Bilanz

Betrachtet man im Rückblick Indiens Situation, seine Politik und die Entwicklung seines Nuklearprogramms, so scheint das Ergebnis angesichts des Verhaltens der Großmächte schicksalhaft. Zwar trieb die Nuklearbürokratie das Programm von Anbeginn an zielstrebig voran, eine kleine Gruppe von akademischen Strategen machte jahrzehntelang lautstark

Propaganda dafür, aber Premierminister oder Direktoren der Atomenergiekommission waren immer wieder stark genug, um den Wünschen der technischen oder strategischen Enthusiasten entgegenzutreten.

Die öffentliche Meinung spielte eine geringe Rolle. Sie unterstützte zwar überwiegend mehrheitlich die indische Nuklearoption und äußerte nach den Tests von 1974 und 1998 mit deutlichen Mehrheiten ihre Zustimmung, die Regierungen gewannen jeweils an öffentlicher Sympathie hinzu. Aber die Nuklearfrage blieb angesichts der wirtschaftlichen Lage oder innerer Unruhen völlig nebensächlich im Denken der meisten Inder. Dennoch gibt die spontane Zustimmung zu denken. Sie zeigt, dass die Gründe, aus welchen sich die kleinen Entscheidungseliten schrittweise auf die Bombe zubewegten, von der breiten Masse der Inder geteilt wurden: Stolz auf die technischen Fähigkeiten des Landes, entschiedene Abwehr gegen »technologischen Kolonialismus« und »nukleare Apartheid« sowie Besorgnisse hinsichtlich der nationalen Sicherheit. Über Indiens Kernwaffen ist zwar im stillen Kämmerlein entschieden worden, aber die Entscheidungsgründe waren wohl repräsentativ und hätten wahrscheinlich auch in einem nationalen Referendum standgehalten.[217]

Indien wollte Kernwaffen nicht um jeden Preis. Es bat in den sechziger Jahren um eine nukleare Schutzgarantie und erhielt nichts. Es scheiterte mit seinen Forderungen nach Sicherheitsgarantien der Kernwaffenstaaten und nach einem Abrüstungsplan, als der NVV verhandelt wurde. Es sah sich 1971 mit groben chinesischen und subtilen amerikanischen Nukleardrohungen konfrontiert. Neu-Delhi erzielte keine Resonanz mit seinen Sondierungen für einen ständigen Sicherheitsratssitz. Ende der siebziger Jahre bot Ministerpräsident Desai den Vereinigten Staaten und der Sowjetunion an, Indiens komplettes Atomprogramm unter Aufsicht der IAEO zu stellen, wenn die Supermächte den nuklearen Rüstungswettlauf beendeten.[218] Die beiden ·Supermächte jedoch rüsteten eifrig weiter und verbissen sich in den achtziger Jahren in den zweiten »Kalten Krieg«. Rajiv Gandhi lief mit seinen Abrüstungsplänen der achtziger Jahre fehl, als er in der Vollversammlung der Vereinten Nationen vorschlug, bis zum Jahre 2010 in drei Schritten die Kernwaffen vollständig abzubauen. In der Zwischenzeit sollte kein weiterer Staat Kernwaffen erwerben – auch Indien nicht. Auch dieses Angebot fand nicht die geringste Resonanz. Rajiv Gandhi stieß mit seiner Bitte an die USA und China, das pakistanische Kernwaffenprogramm zu stoppen, gleichfalls auf taube Ohren.

Stattdessen sah sich Indien als prominentestes Ziel der Bemühungen Mitte der neunziger Jahre, die Tür zum nuklearen Club zu schließen. Ein letztes Mal beantwortete Delhi diese Versuchte mit der Forderung, Augenhöhe durch Abrüstung herzustellen. Die Kernwaffenmächte waren zu der Selbstbeschränkung, die sie dem südasiatischen Riesen abforderten, selber nicht bereit. Darauf zog Indien schließlich – spät genug – seine Konsequenzen. Ist das wirklich unverständlich? Letztlich tragen die Vereinigten Staaten, Großbritannien, Frankreich, die Sowjetunion und China, die 1998 im Sicherheitsrat der Vereinten Nationen alle empört mit dem spitzen Finger auf Indien zeigten, die größere politische Verantwortung für eine Entscheidung, der die Politiker aus Neu-Delhi, im Dilemma zwischen Mahatma Gandhi und Realpolitik, solange auszuweichen bemüht waren.

Der indische Fall ist ein Lehrstück für die völlige Unfähigkeit der fünf Kernwaffenstaaten, den ständigen Mitgliedern des Sicherheitsrates, ihrer Verantwortung für die Weltsicherheit gerecht zu werden. Die Eliten dieser Länder sind bis zum Gurgelknopf mit ihrem eigenen Ego vollgesogen. Ihr Horizont reicht von zwölf Uhr bis mittags. Zu einer langfristigen Strategie, die von ihnen Augenmaß und weise Selbstbeschränkung verlangt, sind sie notorisch unfähig. Stattdessen verfolgen sie jeden kurzfristigen Vorteil mit ungebrochener Leidenschaft. Die indischen Kernwaffen sind ein Resultat dieser gravierenden Verhaltensstörung. Weitere Schadensmeldungen aus anderen Ländern werden in den kommenden Jahren folgen.

Indiens konventionelle Militärmacht

Indiens Verteidigungspolitik stützt sich nicht nur auf die Kernwaffen. Indien verfügt mit 1,3 Millionen aktiven Soldaten und 1,1 Millionen Reservisten über die drittgrößten Streitkräfte der Welt, über eine beeindruckende Luftwaffe und eine zusehends operationsfähige Hochseemarine. Dazu kommen 1,3 Millionen Personen in paramilitärischen Einheiten, die in inneren Konflikten für Ruhe sorgen sollen. All das weist darauf hin, dass Gandhis Pazifismus die indische Sicherheitspolitik nie bestimmt hat, wenngleich unter Nehru der Verteidigungshaushalt das Stiefkind öffentlicher Ausgaben blieb. Aber bereits Nehru dokumentierte die Entschlossenheit Indiens, im nationalen Interesse Gewalt anzuwenden, in der Auseinandersetzung mit Portugal, der letzten auf indischem Territorium verbliebenen Kolonialmacht, nachdem Frankreich seine Stellungen auf dem Verhandlungsweg an Indien übertragen hatte. Nachdem die indische Diplomatie daran gescheitert war, ähnliche Vereinbarungen mit Lissabon zu schließen, nahm die Armee die drei Kleinkolonien Goa, Daman und Diu 1961 mit Gewalt: Auch für Indien war das Militär Instrument der Politik mit anderen Mitteln.[219] Die Kriege mit Pakistan, die Interventionen in Sri Lanka und den Malediven dokumentieren das.

Die Armee als wichtigste Teilstreitkraft hat vier Aufgaben zu versehen: die Landesverteidigung gegen externe Bedrohungen, das Niederschlagen innerer Aufstände, die Aufrechterhaltung von Recht und Ordnung, wenn Polizei und Paramilitärs diese Funktion nicht ausreichend versehen und Nothilfe nach Naturkatastrophen. Der Schwerpunkt auf der inneren Sicherheit ist aus deutscher Perspektive auffällig. Das Militär verbraucht – mit sinkender Tendenz – drei bis dreieinhalb Prozent des Bruttosozialprodukts. Anders als in China wachsen die Verteidigungsausgaben nicht stärker, sondern weniger als die Volkswirtschaft insgesamt. Von 2003 bis 2005 stieg der Verteidigungshaushalt von 16,5 Milliarden auf 22 Milliarden US-Dollar, also um 33 Prozent. Sieben Prozent dieses Anstiegs gehen allerdings auf Kosten der Aufwertung der Rupie gegenüber dem US-Dollar.

Das indische Heer hält 1,1 Millionen Soldaten unter Waffen. Speerspitze sind die drei Panzerdivisionen mit modernen russischen T-90-Panzern und die acht unabhängigen Panzerbrigaden, die im Falle eines großen Krieges mit Pakistan die Aufgabe hätten, die Offensive in die Ebene des Panjab zu tragen. Von noch größerer Wichtigkeit für Indien sind die zehn Gebirgsjägerdivisionen und die neununddreißig Gebirgs-Artillerie-Regimenter, denen die Landesverteidigung gegen die Bedrohungen im Norden, aber auch die größte Last des Antiguerilla-Krieges in den Bergregionen zufällt. Das Heer kontrolliert die Luftabwehr mit 3500 fixierten und 2500 tragbaren Luftabwehrraketen sowie 2300 FLAK-Geschützen.

Die Luftwaffe hält 852 Kampfflugzeuge im Dienst. Ihr modernstes Flugzeug ist die russische S-30. Bemerkenswert sind auch die drei zwar alten, aber kernwaffenfähigen Canberra-Fernbomber britischer Herkunft. Unter den Kampfbombern finden sich neben Flugzeugen sowjetischer/russischer Herkunft auch 48 französische Mirage 2000. Nachdem 2005 mit den USA ein weitreichendes Verteidigungs-Kooperationsabkommen geschlossen wurde, werden indische Piloten wohl bald auch amerikanische Kampfflugzeuge fliegen dürfen; die Rede ist von einer Version der F-16, die fortgeschrittener ist als die der Luftwaffe Pakistans, sowie von F-18 Hornets. Zur Luftwaffe gehören auch sechzig Angriffs-Hubschrauber.

Das Flaggschiff der indischen Marine ist der ursprünglich britische Flugzeugträger Hermes, dessen Schlagkraft auf dreißig Sea-Harrier-Flugzeugen beruht. Neuerdings ist ein Träger russischer Herkunft dazugestoßen, und Indien baut an einem eigenen Flugzeugträger. Acht Zerstörer, siebzehn Fregatten und achtundzwanzig Korvetten ergänzen die Hochsee-Überwasserflotte mit insgesamt vierundfünfzig Hauptkampfschiffen. Hinzu kommen neunzehn Jagd-Unterseeboote. Die Marine erwies ihre Effizienz bei dem Hilfseinsatz für die vom Tsunami heimgesuchten Nachbarn Sri Lanka, Malediven und Indonesien. Zweiunddreißig Schiffe und 20 000 Seeleute waren dabei im Einsatz. Die langen indischen Küsten werden von einundfünfzig Patrouillebooten und achtzehn Minensuchbooten überwacht. Die Marineflieger verfügen über vierunddreißig Kampfflugzeuge. Dass die indische Machtprojektion erst in den Kinderschuhen steckt, zeigt die geringe Zahl der Marinesoldaten: Eine Brigade mit 1200 Soldaten und sieben Landungsbooten stellt die gesamte amphibische Streitmacht Indiens dar.

Da nehmen sich die paramilitärischen Einheiten mit ihren fast 1,3 Millionen imponierender aus. Wichtige Rollen spielen die Assam Rifles mit 64 000 Angehörigen, die in die diversen ethnischen Konflikte im indischen Nordosten verwickelt sind, die 36 000 Mann starke indo-tibetanische Border Police mit Spezialisierung im Antiguerilla-Kampf im Hochgebirge, die Special Frontier Force, deren 10 000 Mann Wache an der indisch-chinesischen Grenze halten, und die Antiterrorismus-Einheit der National Security Guards mit 7357 Mann.

Indiens Streitkräfte haben seit langem an Operationen der Vereinten Nationen teilgenommen. Indien beteiligte sich an der Überwachung des Waffenstillstands in Korea (1953) und Indochina (1954). Es stellte nach dem Suez-Krieg 1956 ein Infanteriebataillon für die Friedenserhaltung im Gaza-Streifen bereit, 1958 entsandte man Soldaten für die UN-Überwachungsmission im Libanon. Ein großes indisches Kontingent nahm an der UN-Operation im Kongo (1961) teil. Auch in Angola 1988, Somalia 1993/1994, Ruanda 1994, Bosnien 1994 (UNPROFOR) und Sierra Leone 1999 waren Inder stationiert. Insgesamt haben 68 000 indische Soldaten an 41 der 59 UN-Friedensoperationen teilgenommen. Gegenwärtig sind indische Truppen in sechs Missionen tätig. Die größten Kontingente liegen im Kongo (3550 Mann), in Äthiopien/Eritrea (1564 Mann) und im Libanon (648 Mann). Weitere indische Soldaten tun in Burundi, der Elfenbeinküste und im Sudan Dienst. Insgesamt ist Indien mit fast sechstausend Soldaten und Militärbeobachtern (plus etwa 200 Polizisten) einer der größten Truppensteller für die Vereinten Nationen.[220]

Militär und Demokratie

Die Demokratie in einer so fragmentierten Gesellschaft funktioniert nur, wenn die verfassungsmäßige Unterordnung der Uniformierten unter die gewählte Regierung nicht in Frage steht.[221] Die indische Verteidigungspolitik liegt in den Händen der zivilen gewählten Führung und ihrer Bürokratie. An der Spitze des National Security Management System steht der nationale Sicherheitsrat unter Vorsitz des Premierministers. Nachgeordnet ist die Strategic Policy Group, der der Kabinettssekretär (Leiter des Pemierministeramts) vorsteht und dem die Stabschefs der Teilstreitkräfte und die Direktoren der Geheimdienste angehören. Sie bereiten Entscheidungen des Sicherheitsrats vor. Ein nationaler Sicherheitsberatungsausschuss führt dem Sicherheitsrat die Kenntnisse von Nichtregierungs-Experten im Sicherheitssektor zu.

Der Einfluss des Militärs sogar auf diejenigen politischen Entscheidungen, die ihr eigenes Fach betreffen, ist ungewöhnlich begrenzt. Sie wirken nur eingeschränkt auf die Strategieentwicklung oder den Beschaffungsprozess ein und haben keinen direkten Kontakt mit dem Parlament. Über lange Perioden stand sogar zwischen ihnen und dem Verteidigungsminister ein Vermittler, nämlich die zivile Verteidigungsbürokratie. Ernennungen und Beförderungen sind Sache des Ministers, der von der zivilen Bürokratie beraten wird. Der Versuch des Chefs der Marine, das Vorschlagsrecht für seinen Stellvertreter zu erstreiten, endete 1999 mit seiner Entlassung. Die relative Marginalität der Streitkräfte zeigt sich auch daran, dass seit der Unabhängigkeit ihr Sold im Vergleich zu den Gehältern der Verwaltung immer weiter zurückgeblieben ist.

Ursache für diese Unterordnung ist nicht nur die große Distanz Mahatma Gandhis zu allem Militärischen. Vielmehr sahen sich die politischen Führer des unabhängigen Indiens, die der Kolonialmacht jahrzehntelang Widerstand geleistet hatten, einer Militärorganisation gegenüber, die in dieser Zeit im Dienste ebenjener Kolonialmacht gestanden und den Widerstand gelegentlich gewaltsam bekämpft hatte. Das unabhängige Indien übernahm ja die indischen Kolonialtruppen von der imperialen Macht. Das Misstrauen, das die Politiker gegenüber den Uniformierten hegten, war verständlich und tat der Stabilisierung der Demokratie zunächst einmal gut. Es stellte sich jedoch heraus, dass die Distanz zwischen beiden im Konfliktfall für Indien gefährlich werden konnte: Dies zeigte sich im Krieg gegen China 1962.[222]

Nach dem Desaster in diesem Krieg stellte die politische Führung ihre Interventionen in die operativen Entscheidungen der Streitkräfte ein. Sie bestimmte politische Ziele und entschied über die Strategie, die Streitkräfte waren für die Operationen verantwortlich. Zu diesem Teilrückzug sah sich die Politik aufgrund öffentlicher Forderungen gezwungen. Das Misstrauen gegen die Streitkräfte war aber keineswegs vergangen. Umso energischer versuchte die Bürokratie, die zivile Kontrolle über das Militär durch ein ausuferndes Berichtswesen zu behaupten. Nach dem Kargil-Krieg 1999, der dem Militär einen deutlichen Prestigezuwachs brachte, verbesserte sich sein Zugang zur Politik. Am zivilen Primat hat das nichts geändert. Für die Demokratie ist es begrüßenswert, wenn die Aufsicht durch nichtgewählte zivile Bürokraten von gewählten Regierungsvertretern abgelöst wird.[223]

Eine umfangreiche Meinungsumfrage unter Offizieren versuchte, der Putsch-Aversion des Offizierscorps auf den Grund zu gehen. Die wichtigsten Gründe, die die Befragten für ihre politische Abstinenz nannten, waren die Professionalität der Armee, die sich in den Streitkräften widerspiegelnde Pluralität Indiens, die Stabilität der demokratischen Herrschaftsform und die schiere Größe des Landes.[224] Die Loyalität des Offizierscorps ging nicht einmal während der Rebellion von mehreren tausend Sikh-Soldaten nach dem Sturm auf den Goldenen Tempel 1984 verloren: Unter den Rebellen war kein einziger der zahlreichen Sikh-Offiziere.[225]

Das Offizierscorps mag unzufrieden sein mit der Art, wie die militärisch-zivilen Beziehungen angelegt sind. Ein pensionierter Konteradmiral beschwerte sich etwa darüber, dass in Indien »der diplomatische Schwanz mit dem nationalen Sicherheits-Hund wackelt«[226], aber es ist eben typisch, dass er das *nach* dem Ende seiner Dienstzeit äußerte. Es ist auch bekannt, dass das Militär die zahlreichen inneren Einsätze überhaupt nicht schätzt.[227] Aber es meutert nicht. Diese Verfassungsloyalität des Militärs ist eine große Stärke der indischen Demokratie.

Die indischen Streitkräfte bildeten lange eine geschlossene Gesellschaft von durch Kastengrenzen bestimmten Kleinverbänden. Mit dem Volk kamen sie nur dann in Kontakt, wenn es bei inneren Unruhen einzugreifen galt – Integration wird man das kaum nennen können. Indien betreibt eine Freiwilligenarmee, die Soldaten dienen für siebzehn Jahre. Das Training bestand überwiegend aus Drill, Selbstständigkeit und Entscheidungsfähigkeit wurden nicht gefördert. Das Soldatenbild Indiens ist das Gegenteil vom »Bürger in Uniform«. Der »Esprit de Corps« der indischen Offiziere, der aus der Tradition der britisch-indischen Armee in die des freien, unabhängigen Indiens herübergewachsen ist, beruhte zunächst auf der relativen Homogenität der von Großbritannien für »kriegerisch« gehaltenen Kasten, vor allem der Brahmanen und Sikhs. Seit den achtziger Jahren freilich ist die Basis des Offizierscorps viel weiter über Regionen und Kasten gestreut. Sie ist damit repräsentativer für die indische Gesellschaft geworden.[228]

Demokratie und Verteidigungspolitik

Während die *zivile* Kontrolle über das Militär gewährleistet ist, mangelt es an *demokratischer* Kontrolle über die nationale Sicherheits- und Militärpolitik. Ist in anderen Demokratien der Militärhaushalt Gegenstand kritischer Prüfung durch das Parlament, so kommt das indische Verteidigungsbudget durch Verhandlungen zwischen der Verteidigungs- und der Finanzbürokratie zustande. Die Militärs sind nur insoweit daran beteiligt, als sie ihre diversen Beschaffungswünsche »nach oben« melden. Die beiden Zivilbürokratien sehen dann zu, was angesichts der finanziellen Möglichkeiten nach Abzug der Fixkosten (Personal, Zahlungen für bereits bestellte

Ware, das heißt vergangene Verpflichtungsermächtigungen) übrig bleibt, und verteilen das auf die Beschaffungsvorhaben. Eine klare Priorisierung findet nicht statt, auch gibt es keine Vollkostenrechnung einschließlich künftiger Abschreibungen, so dass die Kosten der Waffensysteme nicht durchschaubar sind.

Der Haushalt, den das Parlament endlich zu sehen bekommt, ist in derart grobe Kategorien eingeteilt, dass die Abgeordneten Kosten und Nutzen einzelner Beschaffungsmaßnahmen nicht erkennen können. Die Streitkräfte und die zivile Militärbürokratie, die eine weitreichende Geheimhaltungs-Kultur pflegen, wehren sich gegen eine Detaillierung der Haushaltsposten. Da der ständige Ausschuss für Verteidigung der Lok Sabha keine Vollmacht hat, Regierungsvertreter zu zitieren und rechtlich zur Aussage zu nötigen, und die Regierung ihrerseits dem Parlament Informationen aus Gründen der nationalen Sicherheit vorenthalten darf, findet de facto und de jure keine parlamentarische Kontrolle statt. Auch der indische Rechnungshof prüft das Kosten-Nutzen-Verhältnis von beschafften Waffensystemen nicht. Weder dem Verteidigungsausschuss noch interessierten Journalisten, Wissenschaftlern oder der Öffentlichkeit stehen brauchbare Informationen zur Verfügung. Alles verschwindet im Nebel einer exzessiven Geheimhaltung. Infolgedessen ist das Korruptionsrisiko hoch und das Vertrauen der Öffentlichkeit in die Streitkräfte wird nicht gestärkt. Typischerweise klammerte der »Freedom of Information Act« der Gujral-Regierung 1997, der den Informationsfluss über das Regierungshandeln verbessern sollte, die Streitkräfte und den Auswärtigen Dienst aus.[229]

Dieselben Demokratiedefizite zeigen sich in der Geschichte des Kernwaffenprogramms. Schlüsselentscheidungen trieb die Atomenergiekommission derartig weit voran, dass für die politische Führung Entscheidungszwänge zu bestehen schienen. In den sechziger Jahren geschah das gar gegen den Wunsch des Vorsitzenden der Atomenergie-Kommission. Das wissenschaftliche Establishment verstand sich nicht als Auftragsempfänger der gewählten Vertreter des Volkes, sondern als eine selbsternannte Einflusselite, die aus eigenen, autonomen Interessen Politik machte. Die Entscheidungen selbst fällte eine denkbar kleine Gruppe von Spitzenpolitikern. So waren die Außen- und Verteidigungsminister anscheinend weder 1974 noch 1998 an den schicksalhaften Entschlüssen über die Tests beteiligt. Die vollzogen sich auf Rat der Atomwissenschaftler im engen Zirkel um den jeweiligen Premierminister beziehungsweise die Premierministerin. Von öffentlicher Debatte kann schon gar nicht die Rede sein: Das liegt in der Art, wie Bürokratien und Regierungen mit den äußerst sensitiven nuklearen Fragen umgehen – stets unter einem Schleier der Geheimhaltung. In dieser Beziehung ist Indien nicht einzigartig. Es zeigt sich hier eine grundlegende Spannung zwischen Kernwaffen und Demokratie.[230]

Auch Entscheidungen über Krieg und Frieden liegen in der Hand des Premierministers. Er entscheidet über den militärischen Einsatz der indischen Streitkräfte. Das Parlament kann derartige Entscheidungen nur zur Kenntnis nehmen.

Indiens »weiche« Macht

Im Zeitalter der Globalisierung misst sich die Macht eines Landes nicht mehr nur an ihren Sprengköpfen und Divisionen. Die Fähigkeit, auf subtileren Wegen andere davon zu überzeugen, die eigenen Positionen zu unterstützen, tritt mehr und mehr in den Vordergrund. Diese Fähigkeit beruht auf verschiedenen Ressourcen »weicher Macht«, die ein Staat einsetzen kann, um seine Ziele zu verfolgen.[231] Das sind Wirtschaft und Technologie, Kultur und Kommunikation, Diplomatie und Multilateralismus. Indien hat hier eine Menge zu bieten, hat aber sein Potential bislang noch bei weitem nicht ausgereizt, weil bisher der Doppelkomplex – Überlegenheit und Minderwertigkeit – seines kolonialen Erbes im Wege stand. Jetzt scheinen die Inder dieses Handicap hinter sich zu lassen.

Über Indiens Wirtschaft brauche ich hier nicht mehr viel zu sagen. Sofern die Reformen voranschreiten, werden künftige indische Regierungen ein immer attraktiveres Mittel in der Hand haben, neue Freunde zu gewinnen, alte Verbündete bei der Stange zu halten und frühere Feinde zum Nachdenken darüber zu bringen, ob bessere Beziehungen zu Neu-Delhi sich letztlich nicht doch auszahlen werden. Die immensen Aussichten des indischen Marktes machen gute Beziehungen für alle Handelsstaaten zu einem Muss. Auf diesem Markt verkaufen und dort investieren zu können wird eine Grundbedingung für wirtschaftliche Wohlfahrt in allen exportorientierten Staaten sein. Der Respekt, mit dem westliche Länder chinesischen Empfindlichkeiten entgegenkommen, wird in kürzester Zeit auch für Indien gelten.

Indien marschiert weit vorne mit in zwei Spitzentechnologien, IT und Biotech, und positioniert sich in einer dritten, Nanotechnologie. Die wirtschaftliche Zusammenarbeit mit einem wichtigen Technologiehalter ist wichtig für Länder, die in der Weltwirtschaft mitmischen oder sich wenigstens zügig entwickeln wollen. Daher steht Indien schon jetzt ein wirksames Instrument in seinen Außenbeziehungen zur Verfügung. Es bietet seinen Partnern Zugang zu seinem Indian Technical and Economic Cooperation Programm (ITEC), das Ausbildungsplätze für Kandidaten aus Entwicklungsländern zur Verfügung stellt.

Mit seiner Spitzenstellung in der Software-Produktion sollte Indien in der Lage sein, einer der Knotenpunkte elektronischer Kommunikation im 21. Jahrhundert zu werden. Noch ist es nicht so weit, was an der zu geringen Breite der Computer-Nutzung in Indien liegt. Angesichts der Wachstumsraten auch der privaten IT-Nutzung ist es eine Frage der Zeit, bis indische Teilnehmer zu den dominierenden Kräften internationaler Kommunikationsnetzwerke zählen.

Was den Faktor »kulturelle Macht« betrifft, ist die große indische Diaspora eine ausgesprochene Stärke. Gelegentlich wirkt sie auch als Schwäche, dann nämlich, wenn Exilanten und Migranten, die rebellierenden Minderheiten angehören, sich gegen das Mutterland wenden und seine Interessen zu schädigen suchen. Am schmerzlichsten hat Indien diese negative Wirkung im Jahre 1985 erfahren. Damals brachte eine radikale Gruppe von Sikhs in Kanada ein Passagierflugzeug der Air India vor der irischen Küste zum Absturz. Es war der opferreichste Terroranschlag vor dem 11. September 2001.[232] Aber hauptsächlich unterstützen die Auslandsinder das Mutterland im politischen Gefüge der weltpolitischen Spieler und erlauben es, in für Indien geostrategisch und geoökonomisch wichtigen Regionen Einfluss auszuüben. Die indische Diaspora ist stark in der gesamten Umrahmung des Indischen Ozeans, in der Karibik, in den USA, in Kanada, Großbritannien und den Niederlanden. Die Regierung in Neu-Delhi hat die Bedeutung dieses »kulturellen Kapitals« erkannt und 2004 ein Ministerium für die Angelegenheiten der Auslandsinder eingerichtet, um das Potential besser zu nutzen.

Anders als die Diaspora wirkt »Bollywood« aus Indien selbst heraus. Die Produkte der indischen Filmindustrie propagieren indische Kultur pur. Sie sind nicht nur im eigenen Land, sondern in den Entwicklungsländern innerhalb und außerhalb Asiens populär, weil die »Underdogs« der Dritten Welt ihre Helden sind. Auch im Westen beginnen sie sich zu verkaufen und subtile Sympathiewerbung für indisches Denken und Fühlen zu machen.

Der vierte kulturelle Machtfaktor sind die indischen Universitäten, vor allem die Spitzeninstitute der Technologie. Zunehmend werden sie für Studierende aus dem Ausland attraktiv. Ausländische »Alumni«, also frühere Studierende, bleiben ihrem Universitätsland lebenslang verbunden, wenn die Universität das richtig organisiert. Unsichtbare Fäden emotional angereicherter Loyalität wird Führungspersonal in aller Welt mit Indien verknüpfen, wenn die indische Bildungspolitik ihre Karten richtig spielt. Das heißt aber in erster Linie: Ausweitung der Studienplätze und das Augenmerk nicht nur auf die Förderung des eigenen akademischen Nachwuchses. Mit »Bildungsmessen« kommt die Regierung diesem Interesse nach: Indische Universitäten und Fachhochschulen zeigen in von den Botschaften und Konsulaten organisierten Ausstellungen, was sie zu bieten haben, um auswärtige Studierende anzuwerben.

Indiens diplomatisches Corps ist gut ausgebildet, sprachgewandt und erfahren. Lange Jahre hatte es jedoch den Ruf, den Prinzipienstreit über den konkreten Verhandlungserfolg zu stellen. Indische Diplomaten legten zu Verhandlungsbeginn Wert darauf, moralische Ebenbürtigkeit oder gar Überlegenheit zu etablieren, eine Folge der Kombination von Minderwertigkeits- und Überlegenheitskomplex, welcher die indische politische Kultur in den ersten Jahrzehnten der Unabhängigkeit prägte. Dies führte häufig zu Irritationen, die dem Verhandlungsziel nicht zuträglich waren. Im Vergleich zu dieser politisch-symbolischen Zielsetzung schien das eigentliche Verhandlungsobjekt nachrangige Priorität zu genießen; das Fehlen von Verhandlungsergebnissen war der Karriere von Diplomaten nicht unbedingt schädlich. Ein Kenner hat das indische System »einigungsavers« genannt.[233]

Hier zeichnet sich eine Änderung ab. Indiens Diplomaten wirken sachlicher und weniger prätentiös. Das mag mit dem wachsenden Erfolg zusammenhängen, der die Wirkung der kombinierten Komplexe durch ein zunehmendes Selbstbewusstsein ersetzt. Es mag auch aus der Einsicht erwachsen, dass bei der vielfältigen Interessenverflechtung Indiens mit seinen Verhandlungspartnern Kompromisse wichtig sind, um nationale Ziele zu erreichen. Gerade die Abkehr von den sozialistischen Autarkievorstellungen und das Einlassen auf Interdependenz treibt den Bedarf an zweckmäßigen Regelungen für kooperative Beziehungen voran. Die jedoch verlangen danach, zielorientiertes Verhandeln über symbolisches Posieren zu stellen.

Weiche Macht und der Multilateralismus: Die Ressource der Zukunft

Nehrus außenpolitische Philosophie hatte eine Präferenz für *globalen* Multilateralismus. Daher konzentrierte er seine multilaterale Diplomatie auf die Blockfreien-Bewegung und auf die Vereinten Nationen. Im *regionalen* Multilateralismus sah er das Risiko, dass Indien neutralisiert, durch Koalitionen in die Defensive gedrängt oder durch auswärtige Einmischung in seiner inneren Sicherheit gefährdet werden könnte. Diese Befürchtungen scheinen mit dem wachsenden indischen Selbstbewusstsein und der gefestigten Beziehung zu den USA zu verschwinden: Indien zeigt neuerdings auch ein wachsendes Interesse am regionalen Multilateralismus.

Indiens Verhältnis zu den Vereinten Nationen war zwiespältig. Einerseits unterstützt Neu-Delhi die UNO seit Nehru. Es hat auch kontinuierlich an friedenserhaltenden Aktionen der Vereinten Nationen teilgenommen.[234] Andererseits fürchtet(e) man eine Einmischung der Weltorganisation in den Kashmir-Konflikt (wozu Äußerungen von Generalsekretären, zuletzt Kofi Annan, beigetragen haben). Der humanitäre Interventionismus der Weltorganisation trifft auf Misstrauen. Indien kann sich als demokratisches Land dem Wunsch, drastische Verbrechen gegen die Menschlichkeit oder gar Völkermord kollektiv zu unterbinden, nicht entgegenstemmen. Es fürchtet aber, dass »humanitäre Intervention« auch für Kashmir ins Gespräch gebracht werden könnte. Auf die einseitige NATO-Intervention in Kosovo reagierte Neu-Delhi – wie Beijing – empfindlich (übrigens auch auf das mandatierte Eingreifen in Osttimor).[235] Hier laufen indische und chinesische Positionen parallel, beide orientieren sich an einem klassischen Ideal der Souveränität. Die Einschränkung der Staatensouveränität unter der Norm der Verantwortlichkeit für die eigene Zivilbevölkerung, die in den neunziger Jahren vorangeschritten ist, sollte eigentlich im Sinne der Philosophie der indischen Verfassung sein. Sie stößt aber in der indischen Elite auf den Vorbehalt der Missbrauchsmöglichkeit. Indien mit seiner Kolonialismus-Erfahrung nimmt deshalb gegenüber der Ausweitung der Kompetenzen der Vereinten Nationen eher eine Bremserrolle ein.

Die ambivalente Haltung Indiens zu den Vereinten Nationen hat eine Parallele in der Menschenrechtspolitik. Sie speiste sich aus der Erfahrung einer kolonial-rassistischen Repression. Unter Nehru konzentrierte sich indische Menschenrechtpolitik auf die blockfreie Agenda: Es ging um die Unterdrückung von Menschen der Dritten Welt durch den westlichen Spätkolonialismus (etwa den portugiesischen in Afrika) beziehungsweise deren Nachfolger, worunter Indien neben dem Apartheidregime in Südafrika auch die israelische Besetzung der palästinensischen Gebiete im Gazastreifen und in der Westbank rechnete. Indien trat ebenso nachdrücklich für die wirtschaftlichen und sozialen Rechte ein. Die klassisch *liberale* Menschenrechtsthematik fand in Neu-Delhi – obgleich die indische Verfassung auf deren Prinzipien aufgebaut ist – wesentlich weniger Interesse. Das erlaubte es auch, ohne zu großen Zynismus die innenpolitischen Verhältnisse in der Sowjetunion zu ignorieren.

Aber auch das Prinzip des Selbstbestimmungsrechts, das Indiens antikolonialer Gesinnung zunächst einmal sympathisch war, wurde durch die Lage in Kashmir problematisch. Die Erklärung der Vereinten Nationen zur Selbstbestimmung von 1960 fand ihre Umsetzung in den beiden Übereinkommen über Wirtschaftsrechte und über bürgerliche und politische Rechte von 1966. Indiens Dilemma offenbarte sich in der Erklärung seines Delegierten, das Selbstbestimmungsrecht gelte für Völker unter Fremdherrschaft, nicht aber »für souveräne, unabhängige Staaten oder für Teile des Volkes einer Nation«.[236]

Mit dem Ende des Ost-West-Konflikts geriet Indien unter stärkeren Druck seitens der Vereinigten Staaten und einiger internationaler Organisationen, da diese Geschehnisse mit dem Höhepunkt der Gewaltexzesse im Punjab und in Kashmir zusammenfielen. Pakistan und die Sikh-Diaspora taten ihr Bestes, um eine Kampagne gegen Indien zu inszenieren. Die indische Position zur Menschenrechtsthematik entwickelte sich zusehends defensiv: Es ging darum, Schaden für das indische Ansehen, wenn nicht sogar für die eigene Außenwirtschaft, abzuwenden. Eine aggressive eigene Agenda ließ sich unter diesen Umständen nicht mehr vertreten. Eine Kombination von Rechtfertigung und Behauptung der eigenen Souveränität gegen die externe Kritik beherrschte die Szene.[237]

Indien ging Mitte der neunziger Jahre zu einer geordneten Gegenoffensive über. Das Absinken des innergesellschaftlichen Gewaltniveaus machte das leichter. Die Einrichtung der nationalen Menschenrechtskommission 1993 zählte zu diesen Offensivmaßnahmen. Eine systematische diplomatische Arbeit und ein solides Bündnis mit China und Iran sowie engere Kontakte mit der Europäischen Union ließen 1994 eine antiindische Resolution Pakistans in der Menschenrechtskommission der Vereinten Nationen scheitern. Mit der Verknüpfung von Terrorismus und Menschenrechtsverletzung versuchte nun Indien, Pakistan wegen seiner Unterstützung für die Terroristen in Kashmir in die Defensive zu manövrieren. Wichtigstes Instrument war der Entwurf eines umfassenden Anti-Terrorismus-Abkommens, den Indien 1996 in die Generalversammlung einbrachte.

So unterschiedliche Denkschulen es in Indien auch gibt – in einem sind sich alle einig: im Misstrauen gegenüber einer vom Westen dominierten Ordnung. Diese Hegemonie, so die indische Befürchtung, unterwirft noch die hehrsten Prinzipien, die unbeflecktesten Normen, die bestkonstruierten Institutionen dem Risiko einer Manipulation aus Herrschsucht oder egozentrischen Interessen. Dem Sicherheitsrat traut die politische Elite Indiens auch nicht über den Weg (zumindest nicht, solange man dort nicht vertreten ist). So wäre Indien eine Entscheidung durch die Vollversammlung über einschlägige Vorschläge des Sicherheitsrats mit qualifizierter Mehrheit wesentlich sympathischer.[238]

Diese Ressentiments werden jedoch gleichfalls in dem Maße verschwinden, in dem Indien durch seinen wirtschaftlichen Fortschritt und seine politischen Erfolge an Selbstbewusstsein gewinnt. In der Personalpolitik der UN war das Land schon immer zielstrebig und erfolgreich. Es ist abzusehen, dass es sowohl den regionalen wie den globalen Multilateralismus zunehmend virtuos und ohne die Hemmungen der Vergangenheit handhaben wird. Der ständige Sitz im Sicherheitsrat, der die Handlungsspielräume erheblich erweitern wird – ob er nun das Veto-Recht mit sich bringt oder nicht –, ist nur eine Frage der Zeit. Die USA werden früher oder später den Antrag stellen, Indien dort zu platzieren. Liegt der Vorschlag erst einmal auf dem Tisch, wird keines der übrigen ständigen

Mitglieder den indischen Zugang verhindern wollen – der Zorn Neu-Delhis gegen das Veto brächte zu große Nachteile mit sich. Das wird auch China so sehen. Und Pakistan ist einfach nicht stark genug, die Vollversammlung gegen den großen Nachbarn zu mobilisieren.

Die südasiatische Vormacht:
Indien und seine Nachbarn

In diesem Buch wird Indien »auf Kredit«als Weltmacht behandelt. Die Voraussetzung dieser globalen Stellung ist die Führungsstellung des Landes in seiner eigenen Region. Zu Südasien gehören außer Indien noch Pakistan, Nepal, Bhutan, Bangladesh, Sri Lanka und die Malediven. Myanmar und Afghanistan sind »Pufferstaaten« zwischen Südasien und den angrenzenden Regionen Südostasien, Zentralasien und Mittlerer Osten.[239]

Indien und seine Nachbarn teilen lange Grenzen: 1463 Kilometer lang ist allein diejenige zwischen Myanmar und Indien, gar 4053 Kilometer führt die Grenze um Bangladesh herum. Mit China gibt es drei Grenzabschnitte, die sich auf 3380 Kilometer addieren: Im Osten zwischen Bhutan und Myanmar, in der Mitte zwischen Nepal und Bhutan, im Westen zwischen Pakistan und Nepal. Die Grenzen mit den kleinen Nachbarn belaufen sich auf 605 Kilometer (Bhutan) und 1690 Kilometer (Nepal). Die problematischste Grenze, die mit Pakistan, dehnt sich über 2912 Kilometer. Indiens maritime Interessen ergeben sich aus seiner 7000 Kilometer langen Küstenlinie, die im Westen Richtung Arabische See und Afrika, im Osten Richtung Südostasien weist.

Indien hat nahezu zehn Mal so viel Einwohner wie der nächstgrößte Staat, das sind 75 Prozent der gesamten Bevölkerung Südasiens, sein Bruttosozialprodukt macht sogar mehr als 80 Prozent der regionalen Wirtschaftskraft aus, seine Streitkräfte sind fast viermal so groß wie die Pakistans. Von der »Papierform her« gibt es gar kein Vertun: Indien ist die Vormacht in Südasien – aber entspricht der Papierform auch die politische Realität?

Indien und seine Nachbarn

Wie Indien im Zeitraum seit der Unabhängigkeit seine kleineren Nachbarn behandelt hat, entspricht eher einer indischen Kopie britischer Empire-Politik als dem Umgang einer großen Demokratie mit ihren schwächeren (und häufig auch demokratischen) Nachbarstaaten. Indiens Linie war von Anbeginn, dass die südasiatischen Länder sich seiner Führung beugen sollten und sich nicht mit außerregionalen Mächten zusammentun durften, um die indische Vormacht auszubalancieren. Nehru hatte erwartet, dass Indiens Führungsposition sich durch die regionalen Größenverhältnisse auf »natürlichem Wege« durchsetzen werde. Allerdings half er diesem Ziel durch eine Reihe bilateraler Verträge nach, mit Bhutan 1949, mit Sikkim und mit Nepal 1950, mit Burma (Myanmar) 1951 und mit Ceylon (Sri Lanka) 1954. All diese Vertragswerke schrieben die indische Vormachtrolle fest.[240] Größeren Druck auf die Nachbarstaaten müsse Indien nicht ausüben, glaubte Nehru. Selbst gegenüber Pakistan gab er sich eher nachsichtig.

Indira Gandhi verlieh der regionalen Vormachtpolitik durch die nach ihr genannte Indira-Doktrin den Charakter eines regionalen Imperialismus. Unter ihrer Herrschaft glaubte Indien in fast paranoider Weise einer Umzingelungspolitik ausgesetzt zu sein, die China, Pakistan und die Vereinigten Staaten inszenierten. In den kleineren Nachbarn sah man bestenfalls instabile Einfallstore für die feindliche Koalition, schlimmstenfalls willige Schachfiguren in den Eindämmungsplänen der »Verschwörer« gegen die verdiente Vorrangstellung Indiens in Südasien. Die Indira-Doktrin verlangte von den Nachbarn, sämtliche Streitfragen strikt bilateral zu regeln und keine internationalen Organisationen oder außerregionale Staaten um politische Intervention oder Vermittlung zu bitten. Indien wünschte auch kein multilaterales regionales Forum, selbst wenn daran keine externen Mächte beteiligt wären – man wollte nicht einmal die Möglichkeit dulden, dass die kleineren Länder sich gegenseitig unterstützten. Indiens strategische Ziele liefen darauf hinaus, China entweder abzuschrecken und einzudämmen oder in einem konventionellen Krieg durch ein militärisches Patt zu stoppen, Pakistan entscheidend besiegen zu können, und alle Nachbarstaaten – sowie Einflussstaaten auf die Region wie die USA – von einem Bündnis mit Pakistan oder China abzuhalten.[241]

Indien investierte erhebliche Energien und Ressourcen in die Durchsetzung der Indira-Doktrin. Es erneuerte die Verträge mit Nepal (1971, 1979) und Bangladesh (1972) und verleibte Sikkim der Indischen Union ein (1974). Indira Gandhi wollte die Vorherrschaft Indiens auf dem Subkontinent unmissverständlich demonstrieren. Nicht auf die freiwillige Anerkennung der Nachbarn oder ein eindeutiges Erfolgsmodell verließ sie sich, sondern auf Druck und auf den Versuch, externe, potentiell rivalisierende Mächte auszusperren. In den achtziger Jahren wies Indien – zusammen mit Pakistan – die weltweit höchsten Steigerungsraten bei den Rüstungsausgaben auf, auch noch in der Phase, als sich anderswo die Ost-West-Entspannung bereits in einer bescheidenen Friedensdividende niederschlug.

Das Verhältnis zu Pakistan und der Kashmir-Konflikt

Pakistan akzeptierte den indischen Anspruch auf die Vormachtstellung in Südasien nicht und dachte nicht daran, sich dem Verlangen nach Bilateralismus und nach dem Verzicht auf Bündnisse mit äußeren Mächten zu fügen. An dieser wichtigsten regionalen Beziehung Indiens in Südasien scheiterte die Indira-Doktrin in erster Linie.

Der Kashmir-Konflikt mit Pakistan war für Indien schicksalhaft. Er absorbierte gewaltige politische und strategische Energien und band einen überproportionalen Teil seiner militärischen Kräfte im Nordwesten. Der Streit geht auf den hastigen Abzug der britischen Kolonialmacht 1947 zurück. Die nicht unter direkter britischer Kontrolle stehenden halbautonomen Fürstentümer hatten die Wahl, selbständig zu bleiben oder sich Indien oder Pakistan anzuschließen. Der hinduistische Maharadscha von Jammu und Kashmir zögerte. Er liebäugelte mit der Selbstständigkeit, bis pakistanische Freischärler in sein Land einfielen, um den Anschluss des mehrheitlich von Moslems bewohnten Landes an Pakistan zu erzwingen. Auf das Hilfeersuchen des Fürsten schritten die indischen Streitkräfte ein. Das Land wurde zunächst provisorisch geteilt (ein dritter Teil fiel an China), der Verlauf der »Line of Control«, also der faktischen, aber nicht offiziell anerkannten Grenze zwischen Indien und Pakistan, blieb umstritten.

Wie Indien beansprucht Pakistan das ganze Kashmir. Der Verbleib des Kashmir-Tals bei Indien stellt aus pakistanischer Sicht die eigene Staatsräson in Frage, das Land aller Moslems in Südasien zu sein; der Gründer Pakistans und Führer der Muslim-Liga, M. A. Jinnah, hatte mit der »Zwei-Nationen-Theorie«, wonach Hindus und Moslems zwei getrennte Nationalitäten seien, die Forderung nach einem islamischen Staat, Pakistan, begründet. Demgegenüber vertrat der indische National-Kongress das säkulare Bild von Indien als einem multi-ethnischen, multi-religiösen Land mit gemeinsamer Geschichte und Kultur. Hinduistische Clans aus Kashmir sind führend in der indischen Politik vertreten – das prominenteste Beispiel sind die Nehrus. Für den Hindu-Nationalismus der BJP und ihrer Anhängerschaft kommt es ohnedies nicht in Frage, indisches Territorium abzutreten.

Kashmir gilt als strategisch wichtig. Aus pakistanischer Sicht stellt es das indische Einfallstor nach Lahore und sogar Islamabad dar. Indien sieht größte Gefahren im pakistanischen Zugriff auf den Karakorum-Pass und die Ebenen von Haranya, den Punjab und Delhi. Die Kashmir-Region ist das Grundproblem des Konflikts zwischen Indien und Pakistan, der mittlerweile vier Kriege hervorgebracht hat: Der Waffenstillstand, mit dem der Teilungskrieg 1948 endete, ließ die »Line of Control« vor allem im Hochgebirge im Unklaren. Den zweiten Krieg begann Pakistan 1965 in einer Phase vermeintlicher indischer Schwäche, nachdem der große Nachbar 1962 eine bittere Niederlage im Gebirgskrieg gegen China erlitten und 1964 seinen großen Staatsmann Nehru verloren hatte. Vielleicht hatte auch die relative Befriedung Kashmirs im Rahmen der indischen Demokratie die pakistanische Militärführung dazu getrieben, einen Eroberungsversuch zu unternehmen, bevor die Integration der Region in die Indische Union unumkehrbar sein würde. Im Vertrauen auf sein Bündnis mit der Volksrepublik China wollte Pakistans Präsident Ayub Khan den indischen Zugang zu Kashmir abschnüren. Stattdessen standen wenig später indischen Truppen vor der wichtigen pakistanischen Stadt Lahore. Der Waffenstillstand von Taschkent, unter sowjetischer Vermittlung verhandelt, nötigte Pakistan eine Gewaltverzichtserklärung ab.

Der dritte Krieg begann 1971 als innerpakistanischer Bürgerkrieg: Der ostpakistanische Politiker Mujibur Rahman hatte einen beeindruckenden Wahlsieg gefeiert, der ihn eigentlich zum Ministerpräsidenten des Gesamtstaates hätte machen sollen. Als Westpakistan dies nicht tolerierte, kam es zur Abspaltungsbewegung in Ostbengalen, die das pakistanische Militär mit Gewalt und Staatsterror zu unterbinden suchte. Indien litt unter einem millionenfachen Flüchtlingsstrom und sah die günstige Gelegenheit, sich der geostrategischen Umklammerung des lästigen Gegners ein für alle Mal zu entledigen. Die Regierung versuchte dies zunächst auf friedlichem Wege: In einer diplomatischen Weltreise mühte sich Indira Gandhi in Europa und in den Vereinigten Staaten, den Westen zu Druck auf Islamabad zu veranlassen, damit die Militärherrscher die Sezession Ostbengalens ohne weiteres Blutvergießen zuließen.[242]

Als die westlichen Länder, wie gewohnt, kein Interesse für das zeigten, was die indische Regierung vortrug, entschloss sich Neu-Delhi zur Gewalt. Mit einem schnellen Zangenangriff bereiteten die indischen Streitkräfte Pakistan eine vernichtende Niederlage, deren Ergebnis die Selbstständigkeit Bangladeshs war. Pakistan musste im Simla-Abkommen zugestehen, eine Lösung des Kashmir-Konflikts nur bilateral mit Indien zu suchen und von der Internationalisierung des Streites abzusehen, die Pakistan immer gewollt hatte. Es gelang Indira Gandhi jedoch nicht, die Anerkennung der »Line of Control« als offizieller Grenze durchzusetzen, womit der Konflikt de jure zu Ende gegangen wäre. Auch diesem Abkommen fühlte sich jedoch die nachfolgende pakistanische Politik nicht verpflichtet

In den achtziger Jahren entfaltete sich zwischen der inneren Entwicklung Pakistans, seiner Selbstbehauptungsstrategie und dem Wachstum des militanten Islamismus eine fatale Wechselwirkung, die das indisch-pakistanische Verhältnis nicht unberührt ließ. Pakistan wurde zur Etappe des antisowjetischen Widerstands in Afghanistan und zur Heimat von Millionen afghanischer Flüchtlinge. Zwischen deren Lagern in Westpakistan – Rekrutierungsbasen des Widerstandes und Indoktrinationsschulen für moslemische Militanz – und den dortigen Stammesgebieten entstand eine Spirale der Radikalisierung. Der pakistanische Geheimdienst ISI unterstützte die radikalen Elemente des Widerstandes (und später im postsowjetischen afghanischen Bürgerkrieg die Taliban), während unter General Zia ul Haq Pakistan selbst einen Islamisierungsprozess durchmachte.

Parallel zu dieser konfliktverschärfenden pakistanischen Politik wurde auch die indische Haltung provokativer, was sich in den entschiedenen Bemühungen der Zentralregierung und der sie tragenden Kongresspartei niederschlug, die Kontrolle über Kashmir zu verstärken. 1984 unternahm Indien einen Vorstoß auf dem Siachen-Gletscher, besetzte pakistanische Positionen und verteidigte sie in heftigen Feuergefechten. (Dieser Gletscher beherrscht den Zugang zum Karakorum-Pass, der natürlichen Verbindung zwischen Pakistan und China, und ist daher von hohem strategischem Interesse. Deshalb wird dort auf 5000 Meter Höhe immer wieder gekämpft.) Zwei Jahre später inszenierte Indien ein Großmanöver (»Brassstacks«), das der Vorbereitung eines Großangriffs auf Pakistan ähnelte. Auf entschiedene Gegenmaßnahmen Pakistans hin wurde das Manöver vor seinem eigentlich geplanten »Höhepunkt« wegen des zu großen Kriegsrisikos abgebrochen.[243]

Ausgerechnet am Ende der sowjetischen Besetzung Afghanistans, als Pakistan neue Handlungsspielräume gewann und zugleich islamistische Freischärler »arbeitslos« wurden, bot sich aufgrund der aufflammenden Unruhen in Kashmir für die pakistanische Führung nach langen Jahren wieder die Gelegenheit, sich den alten territorialen Träumen zu widmen. Militärführung und ISI gingen mit den Militanten ein Bündnis ein, das auf die Destabilisierung des indischen Kashmir durch Terror abzielte. Während Pakistan half, Kämpfer einzuschleusen, wusch es öffentlich seine Hände in Unschuld, weigerte sich jedoch, gegen die Basen der »Freiheitskämpfer« im eigenen Lande vorzugehen. Indien reagierte auf den wachsenden Terror durch massive Repression und die Verstärkung seiner Truppen in der Region.

1990 kam es fast zu einem Krieg zwischen den beiden »verdeckten« Nuklearmächten. Premierministerin Benazir Bhutto versprach in einer Rede im pakistanischen Kashmir einen »tausendjährigen Krieg« für die Befreiung des indischen Landesteils. Unter dem Druck der nationalistischen Militärs und des ISI stimmte sie zu, die Unterstützung für den Aufstand zu verstärken. Indien brachte neue Truppen an die Grenze. Die USA gewannen den Eindruck, dass Pakistan zumindest eine Kernwaffe scharf machte. Eine energische diplomatische Intervention der USA konnte den gewaltsamen Zusammenprall abwenden.[244]

Eine Konsequenz dieses Beinahe-Zusammenstoßes war der Abschluss eines vertrauensbildenden Abkommens zwischen den beiden Ländern, die das Risiko eines Nuklearkonflikts jetzt auch beunruhigte. Bereits 1971 hatte man einen »heißen Draht« eingerichtet, über den die Militärstäbe im Krisenfall direkt miteinander sprechen konnten. Jetzt versprachen Indien und Pakistan in einem Abkommen, das 1991 in Kraft trat, die kerntechnischen Anlagen der Gegenseite – ob zivil oder militärisch – nicht anzugreifen, und tauschten Listen über die Standorte aus. Sie werden jährlich auf den neuesten Stand gebracht. 1990 verabredeten sie außerdem die Vorankündigung größerer Militärmanöver und von Raketentests, drei Jahre später erhielten auch die Luftwaffenchefs einen direkten »heißen Draht«. All diese Maßnahmen sollten Bremsvorgänge in Prozesse militärischer Eskalation einbauen.[245]

Die Entspannung hielt allerdings nicht an. Pakistan hatte mittlerweile den Widerstand in Kashmir weitgehend »pakistanisiert«. Anders als zu Beginn des Aufstands würde er ohne die massive personelle und materielle pakistanische Hilfe zusammenbrechen.[246] Das hält die Spannung zu Indien bis heute aufrecht. Nicht einmal die Kernwaffentests von 1998 vermochten einen stabilen Abschreckungszustand zu begründen, der jeglichen Krieg zwischen den beiden Kontrahenten unmöglich machte. Dabei sah es im Februar 1999 so aus, als werde ausgerechnet die BJP-Regierung den Durchbruch im Verhältnis zu Pakistan schaffen. Premierminister Vajpayee eröffnete mit einer Reise nach Lahore die neue Busverbindung zwischen dem indischen und pakistanischen Teil Kashmirs. In bester Atmosphäre verabschiedeten er und sein pakistanischer Kollege Sharif die Lahore-Erklärung, in der sich Indien – ein Zugeständnis – zu Gesprächen über Kashmir bereit fand.

Nur kurze Zeit später kam es indes zu einem kühnen Angriff Pakistans jenseits der »Line of Control«: Sharif hatte bereits vor Vajpayees Besuch in den von Generalstabschef Musharraf entworfenen Angriffsplan eingewilligt. Die Regierung in Islamabad erklärte wahrheitswidrig, es handele sich um Freiheitskämpfer, nicht um reguläre Truppen, und sie selbst trage keine Verantwortung. Die von Indien im Winter nur schwach beschirmte Gebirgsgegend der Region Kargil wurde von pakistanischen Kräften genommen. Zunächst saßen die Eindringlinge auf den Höhen und konnten die indischen Stellungen bei den Städten Kargil und Drass beschießen. Der Angriff hatte eine weitreichende strategische Bedeutung. Die Einnahme der Region würde die Kontrolle über den Zojila-Pass zwischen Kargil und dem Bezirk Leh in Ladakh einbringen und die indischen Truppen auf dem Siachen-Gletscher abschneiden. Deren Nachschub wurde bereits durch die Kämpfe stark beeinträchtigt. Ein Sieg hätte Pakistan die Kontrolle über den Karakorum-Pass gegeben.

Indien gelang es jedoch unerwartet früh, Ersatztruppen heranzuführen. In einem zähen Gebirgsjäger-Kampf gelang es mit Unterstützung der indischen Luftwaffe, die die Stellungen des Gegners mit einem Dauerbombardement überzog, die Eindringlinge aus ihren Stellungen zu werfen. Der zehnwöchige Krieg an der einhundertfünfzig Kilometer weiten Frontlinie forderte nach Angaben Indiens in den eigenen Reihen 417 Gefallene und fünfzehn Vermisste. Auf pakistanischer Seite sollen nach der gleichen Quelle 690 Soldaten und 150 Freischärler gefallen sein. Tausende Zivilisten wurden verwundet, getötet oder mussten fliehen.[247]

Indiens Premierminister Vajpayee widerstand den Forderungen, indische Truppen über die »Line of Control« vordringen zu lassen. Dies hätte die Gefahr einer nuklearen Eskalation nach sich gezogen. Allerdings zeigte der Kargil-Krieg, dass die im Ost-West-Konflikt gewonnene scheinbare Erkenntnis, zwischen Kernwaffenstaaten seien begrenzte Kriege durch das Eskalationsrisiko von vornherein ausgeschlossen, nicht zutreffen. Vielmehr gab der pakistanische Generalstabschef Musharraf wohl gerade deswegen das Signal zum Angriff, weil er glaubte, sich auf die begrenzende Wirkung der Abschreckung verlassen zu können. Aus dieser Sichtweise werden begrenzte Kriege durch Kernwaffen nicht etwa verhindert, sondern gerade erst möglich gemacht. Man spricht vom »Stabilitäts/Instabilitäts-Paradox«: Nukleare Abschreckung etabliert zwar Stabilität, weil sie einen totalen Krieg um den Preis wechselseitiger Vernichtung unmöglich macht. Jedoch lässt gerade diese Situation begrenzte Kriege zu, da beide Kontrahenten annehmen dürfen, der Feind werde den Konflikt nicht bis zu einem totalen Sieg eskalieren lassen. Das wiederum enthält das Risiko von Fehlwahrnehmungen und des Überschreitens unbekannter oder übersehener »Roter Linien«, sodass die für unmöglich gehaltene Eskalation doch geschehen könnte.[248] Das indisch-pakistanische Nuklearverhältnis bewegte sich auf einen solchen riskanten Zustand zu. Das offenbarte Musharrafs Kalkül im Kargil-Krieg, aber auch die Äußerungen des indischen Verteidigungsministers vom Januar 2000, wonach ein begrenzter konventioneller Krieg im Schatten nuklearer Abschreckung möglich sei.[249]

Die Kargil-Krise rief massive Vermittlungsbemühungen der Clinton-Administration auf den Plan. Mit General Zinni hatte ein hochrangiger Emissär vor Ort Pakistan den Rückzug nahe gelegt. Diese amerikanische Forderung war durch Telefonate der Außenministerin und des Präsidenten unterstrichen worden. Die USA hatten sich auf die Seite Indiens geschlagen, ein für die beiderseitigen Beziehungen folgenreicher Schritt.

Der 11. September 2001 schuf für die Bush-Regierung einen weiteren Grund, um am Ausgleich zwischen Pakistan und Indien zu arbeiten, waren doch beide Länder wichtige Verbündete im »Krieg gegen den Terror«. Auch hätte man meinen können, dass dieses Ereignis und die Schlüsselrolle Pakistans in der amerikanischen Strategie, die Präsident Musharraf ins Fadenkreuz der militanten Islamisten gestellt hatte, zu einer Abkühlung zwischen Pakistan und den Kämpfern in Kashmir führen würde. Das war jedoch nicht eindeutig der Fall. Neu-Delhi sah weiterhin Unterstützungshandlungen Islamabads für Terroristen in Kashmir. Mit amerikanischer Ermutigung (und einigem Druck auf Musharraf) kam es bereits im Mai 2001 zu einem weiteren Spitzentreffen, das unerwartet in eine regelrechte Verhandlung überging. Im Vorfeld hatte Indien eine Reihe von vertrauensbildenden Maßnahmen vorgeschlagen, die von Stipendien für pakistanische Studenten an indischen Universitäten bis zur Reiseerleichterungen für Kashmiris reichten. Musharraf stellte erwartungsgemäß die Kashmir-Frage in den Mittelpunkt seines Verhandlungsinteresses. Der Entwurf für die »Agra-Erklärung« enthielt detaillierte Vorgaben für einen Verhandlungsrahmen. Neue Hoffnung auf Entspannung keimte auf.

Dass sie dennoch letzten Endes nicht zustande kam, lag an drei ungelösten Kontroversen: Indien verlangte erstens parallele Fortschritte in der Kashmir-Frage und die Normalisierung der Beziehungen, Pakistan ein schrittweises Vorgehen, das heißt Kashmir zuerst, dann der Rest. Zweitens forderte Indien die sofortige Einstellung der pakistanischen Unterstützung für den Terrorismus in Indien, Pakistan wollte sich ohne Fortschritte in Kashmir jedoch nicht festlegen. Drittens bestand Indien auf der Fortgeltung früherer Vereinbarungen, namentlich des Simla-Abkommens (keine externe Mediation), während Pakistan nach wie vor einer Internationalisierung der Konfliktbearbeitung den Vorzug gab.

Die erneute Terrorwelle 2001/2002 führte zu einer weiteren hochgefährlichen Krise. Die pakistanische Führung war möglicherweise frustriert über die indischen Äußerungen, man müsse mit den Verhandlungen wieder bei null anfangen, da man sich in Agra nicht habe einigen können. Jedenfalls setzte sie die Unterstützung für den grenzüberschreitenden Terror fort. Im Oktober 2001 kostete ein Anschlag auf das Regionalparlament in Srinagar achtunddreißig Menschen das Leben. Während Faruk Abdullah, der Regierungschef von Jammu und Kashmir, einen Vergeltungsschlag gegen Pakistan über die »Line of Control« verlangte, wartete Neu-Delhi noch ab.

Als allerdings am 13. Dezember desselben Jahres ein Attentatsversuch gegen das Parlament in der indischen Hauptstadt weitere vierzehn Opfer forderte, reagierte die Regierung mit einer Totalmobilisierung und der Massierung seiner Truppen entlang der pakistanisch-indischen Grenze. Der Botschafter wurde aus Islamabad zurückgezogen, die Transportverbindungen zu Pakistan wurden gekappt. Indien stellte ein Ultimatum: Pakistan habe jegliche Unterstützung für den Terrorismus gegen Indien einzustellen, andernfalls sehe man sich zur Anwendung von Gewalt gezwungen. Achtzig Prozent der indischen Bevölkerung befürworteten Vergeltungsschläge. Ein Großkrieg zwischen den beiden jungen Kernwaffenstaaten schien bevorzustehen. Nach einem weiteren Anschlag auf einen Armeestützpunkt in Jammu mit dreiunddreißig Toten war er anscheinend nicht mehr vermeidbar. Unklar blieb, ob Musharraf in diese Anschläge wirklich verwickelt war oder ob radikale Islamisten auf diese Weise versuchten, den verhassten Kollaborateur zu diskreditieren.

Das rief die USA und Großbritannien auf den Plan, die sich mit dem Risiko eines nuklearen Krieges zwischen den Mitgliedern der Anti-Terror-Koalition konfrontiert sahen. Anders als jahrzehntelang von Indien befürchtet, wirkte sich die diplomatische Intervention zu seinen Gunsten aus. Amerika verlangte von Pakistan ultimativ die Einstellung der Unterstützung terroristischer Kräfte im Kashmir-Konflikt. Auch die Ausbildungslager auf pakistanischem Boden sollten geschlossen werden. Unter diesem Druck machte Musharraf die erwünschten Zugeständnisse, obgleich deren Umsetzung immer noch zu wünschen übrig ließ.[250] Die Infiltration über die pakistanisch-indische Grenze ging weiter, allerdings auf einem deutlich niedrigeren Niveau als zuvor. Indien baute den militärischen Druck daraufhin ab. Als vorteilhaft erwies sich dabei, dass die Kongress-Opposition der Versuchung widerstand, die nationalistischen Gefühle aufzuputschen und die Regierung der Beschwichtigungspolitik zu bezichtigen. Vielmehr unterstützte sie den behutsamen Abbau der Spannungen.

Für die indische Seite ergab sich ein immenser politischer Gewinn. Die Vereinigten Staaten erkannten die Wahlen in Jammu und Kashmir im Sommer 2002 als fair und frei an und erklärten, die neue Regionalregierung sei legitimer Vertreter des Volkes. Damit machte Washington deutlich, dass die Forderung nach Selbstbestimmung erfüllt und weitere Maßnahmen in diese Richtung – etwa ein Referendum über die Unabhängigkeit – nicht erforderlich seien. Den politischen Forderungen aus Pakistan wurde der Boden unter den Füßen weggezogen: Bush hatte sich voll und ganz hinter die indische Position gestellt.

Indien genießt daher seit der Jahrtausendwende zum ersten Mal den Luxus, gegenüber Pakistan aus einer Position der Stärke zu handeln. Daran ändert auch die Tatsache nichts, dass Pakistan der chinesischen Flotte in Gwadar Hafenrechte gewährt und neuerdings auch mit ihr zusammen übt. Premierminister Vajpayee nutzte diesen Vorteil im April 2003 zu einem Angebot an den schwierigen Nachbarn. Sein Zwölfpunkteplan enthielt im Wesentlichen Reiseerleichterungen, Verkehrsverbindungen und Austauschprogramme. Als neues Verfahren richteten die beiden Regierungen einen »gemischten Dialog« ein. Er enthält als Diskussionspunkte alle territorialen Streitfragen einschließlich Kashmir, umstrittene indische Wasserprojekte, von denen Pakistan den Rückgang des Zuflusses aus dem Indus-Quellgebiet befürchtet, vertrauensbildende Maßnahmen, Fragen der wirtschaftlichen Zusammenarbeit sowie der menschlichen und kulturellen Kontakte. Dieser umfassende Dialog hat bis 2006 kontinuierlich stattgefunden, wenn auch bislang ohne durchschlagende

Ergebnisse. Dennoch verbessert es die Atmosphäre merklich, dass die beiden Parteien über die sie trennenden Fragen und ihre Kooperationschancen miteinander reden. Die Einschleusung von Terroristen aus Pakistan in das indische Kashmir ging deutlich zurück, worauf Indien seine Truppen in dem umkämpften Bundesstaat verringerte. Damit erfüllte es eine Forderung der kashmirischen All Party Hurriyet Conference, was der inneren Befriedung dient.[251] Der Waffenstillstand hält jetzt bereits seit 2003.

In diesem verbesserten Klima wurde 2004 ein Abkommen über vertrauensbildende Maßnahmen möglich: Beide Seiten wollen Raketentests im Vorhinein ankündigen, den Gefahren von Unfällen mit Kernwaffen oder deren Inbesitznahme oder Einsatz durch Unbefugte vorbeugen, die Kommunikationsverbindungen stärken und auf weitere Nukleartests verzichten. Zwischen den beiden Außenministerien richteten Pakistan und Indien – wie zuvor schon zwischen den militärischen Oberkommandos – direkte Verbindungen ein. Indien registriert seither einen weiteren Rückgang der Infiltration Kashmirs, obgleich es gelegentlich, wie im April 2006, noch zu blutigen Anschlägen kommen kann. Aber insgesamt hat die Zahl der Anschläge und der Opfer mit der Zahl der aktiven militanten Kämpfer in Kashmir deutlich nachgelassen.

Indiens Pakistan-Politik weist Ähnlichkeit zur Ostpolitik Willy Brandts auf: die Verdichtung der wirtschaftlichen Beziehungen, die Einbindung Pakistans in regionales Wirtschaftswachstum und die energische Förderung des Kontaktes zwischen den Menschen beider Länder. Und sie zeigt Erfolge. Präsident Musharraf hat mehrere Male angedeutet, dass Pakistan von der alten Forderung nach einem Referendum in Kashmir abrücken könnte. Beide Länder vereinbarten, keine neuen Militärposten entlang der »Line of Control« zu installieren. Erste Fortschritte verzeichneten die Verhandlungen über einen anderen Grenzstreit, im Sir Creek an der Küste von Gujarat.[252]

Nach dem verheerenden Erdbeben im pakistanischen Teil Kashmirs, das im Oktober 2005 Tausenden das Leben kostete, öffnete Indien die Grenze; die Zugänge von Pakistan aus waren verschneit und verschüttet. Indien stellte Pakistan Transporthubschrauber zur Verfügung und verzichtete selbst auf internationale Hilfe für die in Mitleidenschaft gezogenen Landesteile, so dass diese sich auf das pakistanische Kashmir konzentrieren konnte. Indien gestattete pakistanischen Kräften, indisches Territorium zu überschreiten. Nur auf diese Weise war es pakistanischen Kashmiris möglich, im Katastrophengebiet nach ihren Verwandten zu suchen. Ein solcher Akt menschlicher Großzügigkeit wäre noch ein Jahrzehnt zuvor kaum denkbar gewesen.

Von 2004 bis 2006 verdoppelte sich der beiderseitige Handel auf erstmals über eine Milliarde US-Dollar, eine Folge des Fortschritts beim Aufbau der südasiatischen Freihandelszone SAFTA. Die beiden Länder eröffneten weitere Buslinien im Punjab und im Kashmir. Fünf Grenzübergänge über die »Line of Control« sind mittlerweile offen. Wechselseitige Besuche von Parlamentariern begannen 2003 und finden seither regelmäßig statt. Zwischen friedenswilligen gesellschaftlichen Akteuren entstanden Verbindungen. Indische Filme spielen in Pakistan mit großem populärem Erfolg und sind nach jahrelangem Verbot auch wieder offiziell zugelassen.[253]

Es könnte durchaus sein, dass es sich hierbei um einen langfristigen Trend der Normalisierung zwischen den Nachbarstaaten handelt. Der indische Süden (Bangalore, Madras) und Osten (Kalkutta, Hyderabad, Assam) sind in der Kashmirfrage nicht in gleicher Weise emotional engagiert wie Delhi, Uttar Pradesh, Haryana oder Punjab. In Pakistan wiederum fühlt der Westen (Quetta) oder Süden (Karachi) nicht mit der gleichen Leidenschaft wie die Elite im nahen Islamabad oder im pakistanischen Punjab, wo der größte Teil der militärischen Elite herstammt. Noch auffälliger sind die Unterschiede zwischen den Generationen, wie eine Umfrage in Indien unter 20- bis 35-Jährigen im Jahre 2001 ergab. Für die Jüngeren standen in Kashmir weniger Emotionen auf dem Spiel als für die beiden Vorgänger-Generationen. Sie wiesen auch keine tiefen anti-pakistanischen Gefühle auf und forderten mehrheitlich Verhandlungen über die Frage (was die Älteren mehrheitlich abgelehnt hatten). Sie registrierten, dass die Kashmiris mit der Behandlung durch die indische Zentralregierung unzufrieden waren, dass Kashmir mehr Autonomie braucht und die Bundesregierung den Konflikt nutzt, um von anderen Problemen abzulenken. Wenn diese Leute in Führungspositionen hineinwachsen, könnte die indische Haltung gegenüber dem ungeliebten Nachbarn gelassener werden.[254]

Bangladesh

Nachdem Ostbengalen mit indischer Hilfe zur Selbstständigkeit als Bangladesh gelangt war, hätten die beiden Ländern eigentlich beste Beziehungen entwickeln können. Jedoch ergaben sich schnell ähnliche politische Spannungen wie zwischen Indien und fast allen seinen Nachbarstaaten. Indien erwartete, das Bangladesh sich dankbar in ein hegemonial geführtes Südasien einfügen würde. Bangladesh war froh, Freiheit von der Bevormundung der Westpakistanis gewonnen zu haben und nicht gewillt, eine Unterwerfung gegen die nächste einzutauschen. Indien wiederum war öfter beunruhigt von den innenpolitischen Turbulenzen im – nach Pakistan – größten südasiatischen Nachbarland und versuchte wiederholt, in die ostbengalische Innenpolitik hineinzuwirken. Diese Einmischung kam dort schlecht an.

Vier weitere Störfaktoren existieren im bilateralen Verhältnis. Erstens: die Wassernutzung. Bangladesh ist Unterlieger der Wasser von Ganges und Brahmaputra, die zuvor durch Indien fließen. Sein Landwirtschaftssystem ist an die natürlichen Wechsel der Fließmengen (Schneeschmelze, Monsun) angepasst. Indische Wassernutzungsprojekte bedrohten die Landwirtschaft von Bangladesh. Das indische Projekt, in großem Maßstab Wasser aus dem Ganges nach Kalkutta abzuleiten, sorgte für böses Blut. Andererseits drohte der unregulierte Durchfluss des großen Stromes dem Flachland immer wieder mit katastrophalen Überschwemmungen, nachdem die Rückhaltefähigkeit der Himalaya-Wälder durch unkontrollierte Abholzungsaktionen dramatisch geschwunden war.

Ein Vorschlag der USA, eine multinationale Wassernutzungsordnung zu finanzieren, wies Indien in den siebziger Jahren unter der Indira-Doktrin zurück: Man befürchtete, eine solche Beziehung, so nützlich sie auch sein möge, würde der Supermacht zu viel Einfluss auf dem Subkontinent einräumen. Über Jahre trug der Streit zu den Spannungen zwischen den beiden Staaten bei. Erst Premierminister Gujral gelang es 1996, durch eine Änderung des Gangeswasservertrags dieses Problem beizulegen.

Der zweite Streit betrifft die Migration und damit das Grenzproblem. Viele Moslems aus Ostbengalen wandern nach Westbengalen und nach Assam ein. In Assam stoßen sie auf die massive Ablehnung der Einheimischen, die eine Überfremdung durch die andere Ethnie befürchten. In Westbengalen schauen die dortigen Hindus mit Sorge auf die quantitativen Verschiebungen im Verhältnis der Religionen. Indien verlangt von Bangladesh schärfere Grenzkontrollen. Dort bestehen aber Bedenken dagegen, die Freizügigkeit der eigenen Bevölkerung einzuschränken. Zudem ist die Auswanderung ein willkommenes demographisches Ventil für das sehr arme und unterentwickelte Land. Zudem ist die Grenzziehung im Golf von Bengalen, wo bedeutende Öl- und Gasvorkommen liegen, zwischen beiden Ländern umstritten. Verschiedentlich ist es an der Grenze schon zu Scharmützeln zwischen den Grenzschützern der beiden Seiten gekommen.

Eng damit zusammen hängt der dritte Streitpunkt: Terrorismus. Indien befürchtet, dass die normalen Wanderbewegungen von Terroristen missbraucht werden, um unerkannt nach Indien zu gelangen. Die Regierung in Delhi wirft Bangladesh vor, gegen diese Gefahr zu wenig zu tun und Pakistan freie Hand zu lassen, in Ostbengalen Terroristen zu rekrutieren und gegen Indien in Stellung zu bringen. Die Regierung in Bangladesh hingegen ist nicht von der Idee begeistert, dass der hinduistisch dominierte Hegemon in die Politik der inneren Sicherheit eines Landes mit (moderater) islamischer Identität hineinregiert. Denn das würde die inneren Spannungen zwischen den orthodoxeren und liberalen Ausprägungen des Islam in Bangladesh nur verschärfen.

Die vierte Spannungsursache sind die wirtschaftlichen Beziehungen. Bangladesh liegt wie ein Querriegel zwischen dem Subkontinent und Nordostindien. Der Siliguri-Korridor ist ein Engpass von gerade zwanzig Kilometern Breite. Ohne verbesserte Transportwege durch Bangladesh in diese am meisten unterentwickelte Region der Indischen Union wird dort kein wirtschaftliches Wachstum in Gang kommen. Aber Bangladesh zögert: Das imperiale Gebaren Neu-Delhis in der Vergangenheit trägt hier seine Früchte. Das kleinere Land fürchtet, womöglich noch mehr unter den Einfluss Indiens zu geraten. Aus gleichem Grunde ist man zurückhaltend gegenüber dem indischen Wunsch, weitaus größere Mengen Erdgas aus Ostbengalen abzunehmen, obgleich Indien der »natürliche« Markt ist. Die wirtschaftlichen Beziehungen zwischen beiden Ländern haben sich in der Vergangenheit einseitig zu indischen Gunsten entwickelt: Indiens Exportoffensive steht eine nur unwillige und schleppende Öffnung der eigenen Märkte für die Güter des Nachbarlandes gegenüber.[255]

Insgesamt kam Indien mit dem Nachbarn besser aus, wenn er demokratisch regiert wurde, verschärften sich die Gegensätze und stieg das indische Misstrauen, wenn die Militärs in Dhaka das Sagen hatten. Das mag mit dem indischen Verdacht zusammenhängen, dass der pakistanische Einfluss in den Streitkräften des ostbengalischen Nachbarlandes noch stark war – viele Offiziere hatten ihr Handwerk ja vor der Selbstständigkeit von westpakistanischen Instruktoren gelernt. Die Militärregierungen in Bangladesh trugen durch Versuche, sich gegenüber China, Pakistan und den USA zu öffnen, ihrerseits dazu bei, die indische Paranoia zu verstärken. Umgekehrt hatte die Regierung Zia-ur Rahmans in den siebziger Jahren Grund zur Beschwerde, operierten doch Anhänger seines Rivalen Mujib aus dem indischen Grenzgebiet heraus und teilweise mit Unterstützung indischer Truppen.[256]

Dabei gab es eine Art »Sperrklinken-Effekt«: Nach der Redemokratisierung verbesserte sich das Verhältnis zwar, erreichte aber nicht mehr die Qualität vor dem letzten Militärputsch, sodass Indien und Bangladesh bis in die neunziger

Jahre schrittweise immer mehr Reibungen miteinander entwickelten. Eine Folge davon war, das Dhaka der chinesischen Marine Hafenrechte in Chittagong überließ. In der zweiten Hälfte der neunziger Jahre entspannte sich dann die Lage wieder; gemeinsame Flottenmanöver und das Training von ostbengalischen Offizieren an indischen Führungsschulen gäbe es sicherlich nicht in einer Situation erhöhter politischer Spannung.[257] Im Frühjahr 2005 gab es jedoch einen Rückschlag, als Indiens Premierminister Manmohan Singh kurzfristig die Teilnahme am SAARC-Gipfel in Dhaka absagte, der damit platzte. Eine Reihe von Gewaltakten und Attentaten auf führende Oppositionspolitiker hatten das Missfallen Neu-Delhis erregt, das zugleich seine Unzufriedenheit mit der Entwicklung der wirtschaftlichen Beziehungen signalisierte. Vielerorts wurde das als ein Rückfall in den imperialen Stil kritisiert. Indien wechselte dann seine Position auch schnell wieder, und der Gipfel konnte mit halbjähriger Verzögerung stattfinden.

Nepal und Bhutan

Die beiden Himalaya-Kleinstaaten Nepal und Bhutan beziehen ihre Wichtigkeit für Indien aus ihrer strategischen Lage zwischen dem Subkontinent und China. Die indische Befürchtung war immer, dass China schlagartig ein größeres konventionelles Drohpotential gegenüber Indien entfalten könnte, wenn diese beiden Länder (und das 1976 von Indien annektierte Sikkim) unter chinesischen Einfluss kämen. Diese Erwägung gewann Gewicht durch die chinesische Annexion Tibets in den fünfziger Jahren. Auch einen Brückenkopf Pakistans wollte man dort auf keinen Fall. Dass diese indische Befürchtung nicht unbegründet ist, erwies sich bei der Entführung eines indischen Passagierflugzeug vom Flughafen der Hauptstadt Nepals, Kathmandu, im Jahre 1999, die dem pakistanischen Geheimdienst zugeschrieben wurde. Nach dem Triumph im Kargil-Krieg erlebte die indische Regierung hierdurch eine Demütigung, sah sie sich doch genötigt, einen der übelsten Terroristen, Maulana Masood Azhar, im Austausch gegen die Geiseln freizulassen.[258]

Indiens Sorge, die kleineren Nachbarn könnten zu Angriffsbasen gegen Indien mutieren, bewog bereits Nehru, eigentlich Vertreter »weicher« regionaler Hegemonie, Knebelverträge mit Nepal und Bhutan abzuschließen. Nepal wurde verpflichtet, nur über Indien Handel zu treiben und nur mit indischer Zustimmung Waffen zu beziehen. Nepal durfte keine Ausländer beschäftigen, die indische Sicherheitsinteressen gefährden könnten, und Neu-Delhi erhielt den ersten Zugriff, wenn Katmandu Entwicklungsprojekte ausschrieb. Außerdem durfte Indien nach dem Vorbild der britischen Kolonialherren die kampfstarken Gurkhas als Elitetruppe für die indische Armee rekrutieren.

Mit Nepal entwickelten sich während der Ägide der Indira-Doktrin massive politische Konflikte. Nepal wagte es, Beziehungen mit Beijing zu intensivieren und 1988 (in bescheidenem Umfang) Waffen aus China zu importieren. Außerdem verlangte die Regierung in Kathmandu eine Änderung der ungleichen Verträge mit Indien. Daraufhin ließ Premierminister Rajiv Gandhi die Verträge ohne Ersatz auslaufen. Damit erlegte Indien dem Nachbarn ein Handelsembargo auf: Handelswege und Grenzübergänge waren geschlossen. Diese einseitige Zwangsmaßnahme traf Nepal umso härter, als es sich im Allgemeinen an die Regeln des Freundschaftsvertrags gehalten hatte und seine Volkswirtschaft daher vollständig vom Handel mit und durch Indien abhängig war. Die Verschlechterung der wirtschaftlichen Lage in Nepal verringerte die innenpolitischen Verteilungsspielräume der Regierung. Das spielte der maoistischen Guerilla-Bewegung in die Hände, führte zu Spannungen auch in den Städten und destabilisierte die prekäre Demokratie bis zu ihrem Zusammenbruch. Dass Indien sich gleichzeitig mit ernsten Mahnungen für die Demokratie im Nachbarland einsetzte, war daher ein bitterer Zynismus. Die Beziehungen haben sich dann in den neunziger Jahren wieder gebessert, was sich 1996 in einem Wassernutzungsvertrag über den Grenzfluss Mahakali niederschlug. Indien ist heute an der Stabilisierung des Nachbarn wirklich interessiert. Die maoistische Guerilla hat nämlich Kontakte mit der gleichgesinnten, seit Jahrzehnten in Indien aktiven maoistischen Splittergruppe der Naxaliten angeknüpft. Dieses Netzwerk ist nur zu zerreißen, wenn Ruhe im Nachbarland einkehrt. Das aber ist ohne eine Demokratisierung nicht vorstellbar. Zu sehr hat sich der autoritäre Monarch in den Augen seines Volkes desavouiert. Je instabiler der kleine Nachbar ist, desto größere Risiken bestehen für Indien, dass auf dem Boden Nepals alle möglichen Gruppierungen eine Operationsbasis finden könnten, die von dort über die Grenze Unruhe stiften. Angesichts dieses Interesses ist der behutsame Umgang der indischen Regierung mit Nepal bemerkenswert. Zwar hat die Bundesregierung seit 2005 auf eine Stabilisierung und auf Zugeständnisse von König Gyanendra an die Opposition gedrungen. Sie hat aber geduldig hingenommen, dass der Monarch den indischen Botschafter wiederholt brüskiert hat. In einer freundlichen Geste an den höchst standesbewussten Gyanendra hat man schließlich Karan Singh, den Sohn des letzten Maharadschas von Jammu und Kashmir und Ex-Botschafter in Washington, zum Sonderbotschafter für Nepal gemacht und ihn mit der Vermittlung betraut[259] – ein unübersehbarer Stilwandel gegenüber der plumpen Art, Druck auf die Nachbarn auszuüben, wie sie während der Ära der Indira-Doktrin üblich war.

Auch Bhutan musste seine Außenpolitik laut Vertrag praktisch von Indien entwerfen und durchführen lassen. Dennoch entwickelte es Kontakte zu China und wünschte, vollwertige diplomatische Beziehungen zu etablieren sowie Botschafter auszutauschen. Dem widersetzte sich Indien mit aller Macht, was natürlich auch das chinesisch-indische Verhältnis belastete. Und auch gegenüber Bhutan führte Neu-Delhi Klage über die Duldung terroristischer Aktivitäten, die sich gegen Indien richteten: Die sezessionistische United Liberation Front of Assam unterhält im kleinen Nachbarland ein Ausbildungslager.

Die Beziehungen Indiens gerade zu den beiden Himalaya-Staaten dokumentieren in Reinform die absichtswidrigen, negativen Folgen einer aus defensiv-imperialem Denken entwickelten Doktrin: Je mehr Indien auf den Grundsätzen der Indira-Doktrin bestand, mit denen der indische Einfluss gesichert werden sollte, desto stärker wurden die Motive der beiden Länder, die verbotenen Beziehungen zu China zu entwickeln. Ohne dass Beijing mehr tun musste, als einigermaßen freundlich gegenüber Nepal und Bhutan zu sein, konnte es politische Geländegewinne verbuchen.[260] Erst im Rahmen der Gujral-Doktrin einer freundlichen Nachbarschaftspolitik wuchsen die positiven Einflussmöglichkeiten Delhis wieder.

Sri Lanka und die Malediven

Wie andere kleinere Länder Südasiens versuchte auch Sri Lanka aus dem Zwangskorsett indischer Hegemonie auszubrechen. Es entwickelte Beziehungen zu China und den Vereinigten Staaten, war in der Blockfreien-Bewegung höchst aktiv und liebäugelte Anfang der achtziger Jahre gar mit einer Mitgliedschaft in der ASEAN. Möglicherweise hat diese Demonstration von Selbstständigkeitswillen in besonderer Weise zur Motivation Neu-Delhis beigetragen, in den blutigen ethnischen Konflikt auf der Insel militärisch zu intervenieren.

Die schlimme Erfahrung der indischen Intervention in Sri Lanka offenbarte vielleicht mehr als alle anderen Nuancen der Geschichte indischer Nachbarschaftspolitik die konzeptionellen Defizite, die der Umgang Neu-Delhis mit den kleineren Nachbarstaaten aufzuweisen hatte. Dass dies auch in dieser Beziehung geschah, könnte überraschen: Denn gerade gegenüber Sri Lanka gestattete sich Indira Gandhi 1974 eine der wenigen territorialen Konzessionen. Damals erkannte sie den umstrittenen Anspruch des Inselstaats auf das kleine Eiland Kachchatwhivu im Rahmen einer umfassenden Regelung der Seegrenzen an. Im Gegenzug stellte sich Colombo loyal hinter das indische Konzept der »Friedenszone Indischer Ozean«, das ideologische Rahmenwerk für die Dominanz Indiens in seiner Region, und unterstützte die Kritik Indira Gandhis am amerikanischen Stützpunkt auf Diego Garcia.

Der sich immer weiter zuspitzende Konflikt zwischen der sinhalesischen (buddhistischen) Mehrheit und der tamilischen (hinduistischen) Minderheit auf der Insel vor der südostindischen Küste berührte Indiens Interessen. Erstens sind die Tamilen Titularbevölkerung in einem großen und wirtschaftlich bedeutenden Küstenstaat, Tamil Nadu. Es gibt vielfältige Verbindungen über den schmalen Meeresarm, der Sri Lanka vom Festland trennt. Viele indische Tamilen sympathisieren mit ihren Vettern und Cousinen auf der Insel. Diese Sympathie stieg zusätzlich durch die plumpe Art, in der die sinhalesisch dominierte Regierung in Colombo mit der Insurrektion im Norden Sri Lankas fertig zu werden versuchte. Die »Befreiungstiger« erhielten massive materielle Unterstützung aus dem indischen Bundesstaat. Schließlich entschloss sich sogar die Regierung von Tamil Nadu, die von Regionalparteien dominiert wurde (und wird), der Guerillagruppe Hilfe zu gewähren.

Zweitens versuchte die Regierung in Sri Lanka, unter Umgehung Indiens mit dem Konflikt fertig zu werden und Vermittler von außen heranzuziehen. Hilfe suchte sie bei Israel, China, Pakistan, den USA und durch das Anheuern britischer Söldner. Dies widersprach der indischen Sicherheitsdoktrin, wonach kein außenstehender Staat sich in die Angelegenheiten Südasiens einmischen und auch kein südasiatischer Staat eine solche Einmischung suchen dürfe. Mit dem Auftrag an den Geheimdienst RAW, die »Befreiungstiger« zu unterstützen, wollte Frau Gandhi deshalb zwei Fliegen mit einer Klappe schlagen: ein vermeintlich feindseliges Regime auf Sri Lanka destabilisieren und Wählerstimmen in Tamil Nadu gewinnen.

Die indische Politik wurde des Weiteren beeinflusst von Kongress-Politikern aus Tamil Nadu, die aus wahlpolitischem Opportunismus oder aus echter ethnopolitischer Sympathie auf eine Intervention drangen, und von Kräften im Geheimdienst, die eine Gelegenheit für Indien sahen, durch ein wirksames Eingreifen in den Konflikt seine regionale Machtstellung zu befestigen. Aus dem Geheimdienst kamen deshalb einseitig schönfärberische Befunde über die Möglichkeiten, durch eine Intervention den Konflikt auf der Insel zu beenden.

Unter Rajiv Gandhi verstärkte Indien seine Unterstützung für die radikalen tamilischen Organisationen, darunter auch die »Befreiungstiger«. Operativ wurde diese Politik vom Geheimdienst RAW umgesetzt. Er richtete Trainingslager für die Guerillas ein und versorgte sie mit Geld, Waffen, Nachrichtentechnik und sogar mit Handbüchern für ihre Operationen. Damit wurde Druck auf die Regierung in Colombo gemacht, einem indischen Eingreifen zuzustimmen. Der Druck wurde noch durch den Auftrag an die indische Luftwaffe verstärkt, Hilfsgüter über der Hauptstadt des tamilischen Nordostens, Jaffna, abzuwerfen. 1987 musste Sri Lanka einem Vertrag zustimmen, der die Stationierung indischer Truppen in Sri Lanka zur Befriedung des Konflikts autorisierte und Colombo verpflichtete, von der Einschaltung anderer Staaten abzusehen.

Die Vorstellung der indischen Regierung, es werde sich um einen friedenserhaltenden Einsatz unter etwas schwierigeren Bedingungen handeln – eine Einsatzform, in der die indische Armee reichliche Erfahrungen aufzuweisen hatte –, erwies sich schnell als falsch. Dazu trug der Schachzug der Regierung in Sri Lanka bei, ihre Truppen nach dem Eintreffen der indischen Soldaten in den Süden des Landes zu verlegen. Die indischen Verbände waren damit nicht mehr die Mittler zwischen den Fronten, sondern in den Augen der tamilischen Kämpfer selbst Besatzer und Hindernis der erwünschten Sezession. Die vom Geheimdienst erhofften Informationsgewinne blieben entweder aus oder wurden nicht an die Streitkräfte weitergegeben. Infolgedessen wurden die Inder, die auf dem Höhepunkt der Kämpfe mehrere Divisionen im Nachbarland stationiert hatten, in einen nicht gewinnbaren Dschungel-Guerillakrieg gegen die »Befreiungstiger« verwickelt, die der indische Geheimdienst zuvor selbst trainiert hatte. Wie Vietnam für die USA und Afghanistan für die Sowjetunion entwickelte sich der dreijährige Krieg für die indische Armee zu einem traumatischen Desaster. Bis zu siebzigtausend Soldaten hatte man auf der Insel stationiert. Das Abenteuer endete in einem ruhmlosen Abzug, das heißt in einer Niederlage. Zwölfhundert Gefallene ließ die Armee zurück, ihr Ruf war durch zahlreiche Menschenrechtsverletzungen während der Operation getrübt. Wenig später erklärte der damalige Außenminister Gujral, Indien werde in Zukunft vom Einsatz des Militärs in Nachbarstaaten absehen. Rajiv Gandhi selbst wurde zum späten Opfer der eigenen Politik, als er 1991 während des Wahlkampfs von einer tamilischen Selbstmordattentäterin getötet wurde.

Wiederum ist es das Verdienst der BJP-Regierung, Indien endgültig auf einen moderateren Kurs geführt zu haben. Sie unterstützte diskret die Regierung in Colombo, leistete humanitäre Hilfe und setzte durch, dass die Hilfe für die »Befreiungstiger« aus Tamil Nadu nachließ. Auch legte man die Scheuklappen der Indira-Doktrin ab und duldete die Hilfe Dritter, beispielsweise die norwegische Vermittlung zwischen den Kampfparteien.[261] Indien hat mittlerweile erkannt, dass es überhaupt kein Interesse am territorialen Zerfall Sri Lankas hatte – man will ja keinen Präzedenzfall für Kashmir! Mit dem Freihandelsabkommen von 1999 versuchte man, den kleineren Nachbarn zu stabilisieren. Da die Bundesregierung mit Rücksicht auf die Regionalparteien in Tamil Nadu nicht selbst zugunsten der Regierung in Sri Lanka aktiv werden konnte, duldete man – eine weitere bedeutsame Abkehr von der Indira-Doktrin – Waffenkäufe des Inselstaats aus Israel und sogar aus Pakistan.[262]

Im Vergleich zur Intervention in Sri Lanka verlief der militärische Eingriff Indiens in der kleinen Inselrepublik der Malediven 1988 relativ unblutig, effektiv und erfolgreich. Dabei folgte Indien dem Wunsch der gewählten Regierung, die von einem militärischen Söldnerputsch, man könnte auch sagen: einer privaten Invasion, bedroht war. Das indische Eingreifen beendete den Spuk in kürzest möglicher Zeit. Der Kontrast zu den gleichzeitigen Kämpfen der indischen Armee in Sri Lanka hätte nicht größer sein können. Präsentierte sich Indien dort als schwerfälliger und erfolgloser regionaler Hegemon, so wirkte es auf den Malediven als wirksame Ordnungsmacht.

Wende zum Multilateralismus?

Der Multilateralismus hatte es schwer auf dem Subkontinent. Indiens Vormachtpolitik setzte auf bilaterale Beziehungen, in denen die indische Überlegenheit zum Tragen kam. Vermutlich war es der Wunsch, diesem Druck zu entgehen, der Bangladesh 1981 zu der Initiative veranlasste, in Südasien eine regionale Wirtschaftskooperation ins Leben zu rufen: SAARC (South Asian Association for Regional Cooperation). Indien war von dieser Idee nicht begeistert. Nachdem die Initiative aber auf dem Tisch lag und regen Zuspruch erhielt, wäre eine Blockade mit größeren politischen Kosten verbunden gewesen. Doch Indien erhielt unerwartete Hilfe: Pakistan insistierte auf politischen Fortschritten, das heißt einer Lösung des Kashmir-Konfliktes, bevor es wirtschaftlichen Integrationsschritten zustimmen wollte. Ausgerechnet der regionale Erzfeind übernahm also die Hauptverantwortung für die Stagnation von SAARC.

Da bei der Gründung vereinbart worden war, strittige Themen auszuklammern und Entscheidungen jeweils nur einstimmig zu fassen, konnte die Organisation keine großen Sprünge machen. Ihre üppige Organisationsstruktur – mit jährlichen Gipfeltreffen, Außenministerrat, der operativen Leitung durch den ständigen Ausschuss der Politischen Direktoren aus den Außenministerien, einer Reihe von technischen Ausschüssen und einem Generalsekretär mit Sekretariat – stand im Gegensatz zum mageren Output, der sich aus einer minimalen praktischen Zusammenarbeit ergab. Dieser Effekt war vom Indien der Indira-Doktrin gewollt. Das Beste, was Beobachter SAARC während dieser Phase bis in die neunziger Jahre bescheinigen konnten, war die Erleichterung des Bilateralismus in Südasien: Gipfel und Außenministerrat boten Foren an, wo die Würdenträger Gespräche führen konnten. Sie erlaubten damit eine Verdichtung der zweiseitigen Kontakte jenseits der aufwändigen Reisen in die Hauptstädte. Viel mehr bedeutete SAARC bis zu diesem Zeitpunkt nicht. Die Gipfeltreffen mussten aufgrund der pakistanisch-indischen Spannungen sogar wiederholt verschoben werden.

In den neunziger Jahren war die indische Südasien-Politik endgültig in der Sackgasse gelandet. Die Beziehungen zu allen Nachbarn waren voller Konflikte und Spannungen. Die plumpe Hegemonialpolitik Neu-Delhis hatte allenthalben Motive und Bestrebungen nur verstärkt, sich von außerhalb der Region Unterstützung zu holen. Indiens Politik wirkte widersprüchlich und unglaubwürdig. Neu-Delhi verlangte nach weltpolitischem Pluralismus, nach der Einbindung der amerikanischen Global-Hegemonie in vereinbarte Regeln und nach breiter Partizipation in globalen Entscheidungen. Die indische Südasienpolitik folgte exakt gegensätzlichen Maximen. Dieser Widerspruch versah die anti-indischen Kräfte in den Nachbarländern mit einer Rechtfertigungsgrundlage für die Diversifizierung ihrer Außenbeziehungen. Vor allem China profitierte, aber auch die Vereinigten Staaten (etwa in Sri Lanka). Die Malediven und Nepal hatten 1989 gar einen besonderen UN-Mechanismus zum Schutz kleiner Staaten angeregt.[263] Für indische Strategen mit Klarsicht war die Indira-Doktrin auf ganzer Linie gescheitert.

Die Globalisierung machte zugleich eine Strategie der politischen und wirtschaftlichen Abschottung regionaler Räume obsolet. Dass die kleineren Länder daran interessiert waren, Beziehungen zum Wachstumsmarkt China zu entwickeln oder amerikanische Investitionen anzuziehen, verstand sich von selbst. Sich diesem Trend entgegenzustemmen, verlangte immer höheren Einsatz mit immer geringerer Wirkung. Außerdem entwickelte sich in Indien im Zuge der Wirtschaftsreformen mehr und mehr selbst das Interesse, die Handelsbarrieren zu den Nachbarn abzubauen und die wirtschaftlichen Beziehungen in der ganzen Region auf eine dauerhafte, geregelte Basis zu stellen, um optimale Wachstumsbedingungen zu schaffen. Dann konnten sie jedoch nicht mehr kurzfristigen politischen Opportunitätserwägungen je nach Wohl- oder Fehlverhalten des betroffenen Nachbarn unterworfen bleiben.

Der indische Premier Gujral zog Mitte der neunziger Jahre die Notbremse, nachdem bereits unter seinem Vorgänger Rao das Umdenken eingesetzt hatte. Die »Gujral-Doktrin«[264]

zielte zwar auch darauf ab, externe Einflüsse auf dem Subkontinent zu begrenzen. Sie setzte dazu jedoch nicht länger die rigiden Instrumente Indira Gandhis ein. Sie trug vielmehr dem Grundgesetz hegemonialer Ordnung Rechnung, wonach der Hegemon bei der Bereitstellung öffentlicher Güter (etwa Sicherheit oder Rahmenbedingungen für wirtschaftliche Entwicklung) überproportional Kosten tragen muss. Daher gestand Gujral für Indien eine asymmetrische Leistungspflicht zu: Er gab die Forderung auf, die Nachbarn müssten für indische Vorleistungen und Zugeständnisse stets gleichwertige Gegenleistungen erbringen.

Mit der Gujral-Doktrin entwickelte sich die indische Politik auf dem Subkontinent flexibler. Der neue Wasservertrag mit Bangladesh zeigte die Richtung an. Die Wirtschaftsblockade Nepals endete, die dortige Regierung erhielt diskrete indische Unterstützung im Antiguerilla-Kampf. Die Hilfe für die Aufständischen in Sri Lanka lief aus. Delhi übte demonstrativ Druck auf die Helfer in Tamil Nadu aus, um Sri Lanka zu verdeutlichen, dass Indien keine Spielchen mehr mit dem ceylonesischen Bürgerkrieg zu spielen gedachte. Die Vermittlung anderer – Norwegen – tolerierte und unterstützte man stillschweigend. Während Indien wohl aus eigener Kraft den Bürgerkrieg im Nachbarland nicht beenden kann, steht es seiner Beilegung auch nicht mehr aus kurzsichtigen machtpolitischen Erwägungen im Wege.[265]

Gujral korrigierte die indische Aversion gegen den regionalen Multilateralismus und verhalf SAARC zu neuem Leben. Zum ersten Male engagierte sich Indien dort. Der indische Premier wollte von der Klausel im SAARC-Statut über »unterschiedliche Geschwindigkeiten« Gebrauch machen. Demnach konnte Indien mit seinen willigen Nachbarn auch dann gemeinsame wirtschaftliche Projekte und Regeln entwickeln, wenn Pakistan aus politischen Gründen nicht mitmachte. Pakistan stand es frei, seine Prioritäten zu ändern und sich anzuschließen. Diese Öffnung ermöglichte 1996 den Abschluss eines präferentiellen Handelsabkommens, das heißt den Versuch, den brachliegenden regionalen Handel anzukurbeln. Die Wiederbelebung von SAARC unterstützte das allmähliche Wachstum einer »Track Two«-Bewegung, das heißt der transnationalen Kooperation von Organisationen aus dem Nichtregierungslager, deren Treffen wiederum ein Forum für informelle Begegnungen von Regierungsvertretern boten: Der Multilateralismus in Südasien verdichtete sich.[266]

Die neue Doktrin blieb allerdings nicht ohne Kritik in der indischen Öffentlichkeit. Dennoch fiel die nationalistisch gesonnene BJP-Regierung nicht wieder auf die Indira-Doktrin zurück. Gujral war klug genug gewesen, seine Schritte mit der Führung der BJP zu besprechen, und das zahlte sich jetzt aus. Abgesehen von der harten Reaktion gegenüber Pakistans fortgesetzter Unterstützung der Rebellion in Kashmir setzten die beiden Vajpayee-Regierungen 1998 und nach 2001 in großen Zügen Gujrals »weiche« Behandlung der kleineren Nachbarn fort.

Indien sah nach 2001 sogar die Chance, SAARC zu einer nützlichen Instanz im Kampf gegen den Terror zu machen. Es war maßgeblich daran beteiligt, als die Mitgliedsstaaten 2004 ein Zusatzprotokoll zur Terrorismusbekämpfung abschlossen, das unter anderem die Aufstellung einer Geheimdiensteinheit für die Kontrolle von Finanzströmen vorsah. Auch Pakistan unterzeichnete. Auf dem gleichen Gipfel in Islamabad unterschrieben die Außenminister den Vertrag über die Freihandelszone SAFTA, der im Januar 2006 in Kraft trat. Bemerkenswert, dass für die am wenigsten entwickelten Länder Privilegien vorgesehen wurden, etwa das Recht, ihre Außenhandelszölle in einem langsameren Tempo zu senken als die übrgen Mitglieder. Die Regierung von Manmohan Singh führte das Engagement seiner Vorgänger Gujral und Vajpayee gegenüber SAARC fort. Die Vorbereitung auf SAFTA hat schon positive Konsequenzen gezeitigt: In den letzten Jahren wuchsen die indischen Exporte in die Nachbarländer mit über fünfzig Prozent im Jahr, die Importe von dort mit über dreißig Prozent. Damit kommt der so lange brachliegende Wirtschaftsverkehr in der Region endlich in Schwung.[267]

Der multilaterale Auftrieb hat sich paradoxerweise gerade durch den Ausfall des Gipfeltreffens im Frühjahr 2005 bestätigt: In früheren Zeiten wäre damit ein Jahr lang Sendepause gewesen. 2005 wurde das Treffen in der zweiten Jahreshälfte nachgeholt und verlief konstruktiv. Indien handhabt den regionalen Multilateralismus inzwischen mit solcher Gelassenheit, dass es auch gegen den Beobachterstatus Chinas in der südasiatischen Organisation nichts einzuwenden hatte, den SAARC im Herbst 2005 beschloss.

Gütige Hegemonie?

Indiens ständig wachsende Macht und die zunehmende Anerkennung durch andere wichtige Spieler im internationalen System geben dem Land Kraft und Selbstbewusstsein. Auf dieser Grundlage kann sich die selbstbegrenzende Philosophie der Gujral-Doktrin im wohlverstandenen eigenen Interesse weiter entwickeln und lässt sich harte Macht in den Hintergrund und weiche in den Vordergrund stellen.[268] Dasselbe Selbstvertrauen macht es Indien heute möglich, die Nützlichkeit von Aktivitäten anderer Länder in »seiner« Region nüchtern anzuerkennen und ohne Ressentiments zu tolerieren wie etwa die Vermittlungsbemühungen Norwegens in Sri Lanka, die gemeinsame Einflussnahme mit den USA und Großbritannien (nach vorherigen Konsultationen) in Nepal oder eben die amerikanisch-pakistanischen Beziehungen.

Wenn die Nachbarn vor Indien keine Angst haben müssen, sondern in dem nahen Giganten die Chancen der eigenen wirtschaftlichen Entwicklung und indirekten Einwirkung auf die Weltpolitik sehen, stellen sie Indiens Führungsanspruch nicht mehr in Frage und suchen bei anderen Ländern keine Bündnisse, sondern normale Beziehungen. Die indische Hegemonie lässt sich dann mit viel weniger Energieeinsatz verwirklichen. Indien muss keine Mehrfrontenkonflikte mehr fürchten und kann dann auch dem – auf sich gestellt ja hoffnungslos unterlegenen – Pakistan mit größter Gelassenheit begegnen.

Ein Indiz für diesen Trend, der Machtbewusstsein in gelassene Kompromissbereitschaft umsetzt, mag das Angebot von Premierminister Manmohan Singh vom März 2006 an

Pakistan sein, einen Friedensvertrag auf Grundlage des Status quo abzuschließen.[269] Damit würde die »Line of Control« zur offiziellen Landesgrenze. Pakistan müsste auf die indischen Teile von Kashmir und Jammu verzichten, aber Indien würde jeglichen Anspruch auf die Nordterritorien und Azad Kashmir, die in pakistanischem Besitz befindlichen Regionen, aufgeben – sicher sehr zum Ärger eingefleischter indischer Nationalisten.

Südasien weist keine indisch-pakistanische »Bipolarität« mehr auf, wenn die Region es denn jemals tat. Indien ist es gelungen, seine Dominanz zu festigen. Die Vereinigten Staaten und China haben das durch ihre veränderte Politik gegenüber Indien und Pakistan anerkannt. Beijing kann nicht mehr hoffen (und hofft wohl auch nicht mehr), Indien durch die Trumpfkarte Pakistan und durch enge Beziehungen mit den kleineren Nachbarstaaten auszubalancieren.[270] Das vermindert die Bedrohungslage für Indien und eröffnet weitere Spielräume, Islamabad entgegenzukommen. In seiner konsolidierten regionalen Vormachtstellung hat sich Indien die wichtigste Voraussetzung für eine starke Position in der Welt geschaffen.

Der zweite Ring:
Südostasien, Zentralasien, Ostafrika, der Nahe und Mittlere Osten

Im Westen sind wir gewöhnt, auf Indien lediglich als regionale Vormacht auf dem südasiatischen Subkontinent zu schauen.[271] Für Indien selbst endet seine Mission jedoch nicht an den regionalen Grenzen, und diese Sichtweise prägt die indischen Aktivitäten jenseits Südasiens. Sie werden einerseits bestimmt von der Perspektive der regionalen Vormacht und andererseits von dem Anspruch, als Weltmacht im Konzert der Großen mitzuspielen, also von den beiden miteinander verwobenen Bestandteilen des indischen Selbstbildes. Hinzu treten strategische und wirtschaftliche Interessen. Daraus ergibt sich der Wunsch einer stärkeren politischen, wirtschaftlichen, kulturellen und auch militärischen Präsenz in Südostasien, Zentralasien, dem Nahen und Mittleren Osten und der Ostküste Afrikas.

Der »zweite Ring« um das Mutterland spielt in der Tradition des strategischen Denkens in Indien eine große Rolle. Der große antike Denker Kautilya, neben Sun Tzu in China und Thukydides in Griechenland der größte und tiefsinnigste Analytiker der strategischen Verhältnisse ante dominum, hatte eine einfache, aber wirksame strategische Regel aufgestellt: Die Nachbarn sind potentielle Feinde, die Nachbarn der Nachbarn (also der zweite Ring) potentielle Verbündete. Unter heutigen Bedingungen wirkt das zu schematisch, und die indische Politik folgt dieser Maxime klugerweise nicht sklavisch. Aber der Blick der Herrschenden im Südkontinent richtet sich seit jeher über die engeren Grenzen der eigenen Region hinaus, und die in der Moderne gewachsenen Interessen bestärken sie in ihrer weiteren geographischen Perspektive: Außendruck auf Pakistan ausüben beziehungsweise dessen Einfluss neutralisieren zu können (in Zentralasien und im Mittleren Osten); ein sanftes Gegengewicht zu China zu schaffen (in Zentralasien, Südostasien und Ostasien); Handel (in Südostasien und Ostafrika); Seewege (an der afrikanischen Gegenküste und in Südostasien); Energiebedarf (in Zentralasien, im Nahen und Mittleren Osten und in Afrika).

Dieser »zweite Ring« schließt – bis auf das von Land umschlossene Zentralasien – alle Ränder des Indischen Ozeans ein. Nicht weniger als fünfzig Küstenstaaten säumen ihn. Die Länder Südasiens bilden seine östliche Grenze. Afrikas Ostküste begrenzt ihn im Westen. Seine nördlichste Ausdehnung erreicht er im Mittleren Osten, am Persischen Golf. Dass der Ozean der »Indische« heißt, bedeutet den Indern etwas. Zu den Interessen kommt das Gefühl des Besitzes hinzu.

Aus der Sicht der regionalen Vormacht zählt der Einfluss in der *Peripherie* Südasiens zu den entscheidenden Instrumenten, die eigene Nachbarschaft reibungsfrei zu kontrollieren. Das entspricht der geopolitischen Logik Kautilyas, dass die Einwirkung auf die eigenen Nachbarn um so effektiver ist, wenn sie von zwei Seiten geschehen kann. Auch hier spielt historisches Gedächtnis mit, denn die existentiellen Bedrohungen für Indien kamen durch Invasionen von außerhalb zustande: Durch die Eroberer des Mittelalters, die aus Zentralasien und durch den Iran vordrangen, durch die Seemächte, die vom Indischen Ozean und aus dem Pazifik die Küsten des Subkontinents attackierten, und durch das weite Vordringen der japanischen Armee im Zweiten Weltkrieg, die erst kurz vor der »Haustür« gestoppt werden konnte.

In der Sicht der politischen Elite des Landes ist die Projektion indischer Macht weit vor die eigenen Grenzen ein notwendiger Teil des Preises, der für das Eintrittsbillet in die globale Champions League zu entrichten ist. Dieser Preis ist nicht ausschließlich, aber doch teilweise in militärischer Währung zu bezahlen: Daraus resultieren die Anstrengungen des letzten Jahrzehnts, die indische Marine von einem Instrument des Küstenschutzes zu einem Mittel eindrucksvoller Präsenz auf den anliegenden Weltmeeren zu machen.

Am deutlichsten hat dies der frühere Außenminister Jaswant Singh mit seiner Unterscheidung von »Südasien« – der Subkontinent – und des »südlichen Asien« ausgedrückt,[272] wozu die Nachbarregionen Zentralasien und Südostasien zu rechnen sind. Singh sah in den Nachbarregionen genauso »natürliche« Gebiete indischer Einflussnahme wie in Südasien selbst. Indiens selbstdefinierte Identität als eine Macht von Weltgeltung verlangt nach der Projektion seines Einflusses über die unmittelbare regionale Sicherheitszone hinaus. Dieses Selbstbild wird durch das Vorhandensein einer nennenswerten Diaspora in einigen dieser Nachbarregionen mitgetragen, wo sie durchweg eine wirtschaftlich wichtige Rolle einnimmt.

Indiens weitere Regionalpolitik reflektiert deutlich, in welch hohem Maße die Denkschemata des britischen Imperialismus im strategischen Denken in Neu-Delhi verankert sind. In der Zeit des »Großen Spiels«, des »Great Game« des 19. Jahrhunderts gegen Russland, betrachtete die politische Elite Großbritanniens Indien als Zentrum der britischen Interessen östlich von Suez. Die Beziehungen Großbritanniens zu den näher und weiter entfernten Regionen wurden unter dem Gesichtspunkt bearbeitet, wie die Stabilität und Sicherheit dieses Zentrums am besten zu gewährleisten sei. Ähnlich sieht Indien sich heute als das Zentrum einer Großregion um den Indischen Ozean, das durch ausgreifende Diplomatie, wirtschaftliche und sicherheitspolitische Beziehungen in dieser Großregion Ordnungspolitik betreibt und damit auch den eigenen Interessen an Stabilität und Sicherheit dient.

Dabei scheinen insbesondere drei Gesichtspunkte darüber zu entscheiden, welche Schwerpunkte die indische Politik setzt: erstens die Bedeutung der jeweiligen Region für die engeren indischen Sicherheitsinteressen, das heißt für die Auseinandersetzung mit Pakistan und die Rivalität mit China; zweitens die Bearbeitung des strategischen Vorfeldes; und drittens wirtschaftliche Interessen, namentlich die Versorgung der schnell wachsenden Wirtschaft mit Energieressourcen. Dabei steht Indien im asiatischen Westen, in Zentralasien und im Nahen und Mittleren Osten stets der Konkurrenz Pakistans gegenüber. Freilich hat Indien den simplen Vorteil der Größe: Wenn der dortige Partner keine besonderen Gründe hat, das kleinere südasiatische Land vorzuziehen, sucht er wahrscheinlich die engere Beziehung mit dem stärkeren.

Südostasien

In Südostasien, einer bis in die achtziger Jahre kriegsgeschüt-
telten Region, hatte Indien mit seinen guten Beziehungen zu
Vietnam lange einen schweren Stand bei dessen misstrauischen
Nachbarn. Das Ende des Ost-West-Konflikts änderte jedoch
die Ausgangslage. So erfolgte unter Premierminister Rao zu
Beginn der neunziger Jahre eine entschiedene Hinwendung
zu Südostasien. Dort wird indischer Einfluss von einer statt-
lichen Diaspora gestützt: In Südostasien liegt die Zahl der
indischen Einwanderer und »Gastarbeiter« bei mehr als
fünf Millionen, in Myanmar (2,5 Millionen) und Malaysia
(1,6 Millionen) sind die meisten Auslandsinder angesiedelt.
Ein Sonderfall in größerer Distanz ist Fidschi im Pazifischen
Ozean. Dort leben mehr als 330 000 Inder, das heißt mehr
als 40 Prozent der Bevölkerung, die wirtschaftlich ungemein
erfolgreich sind; das hat dort bereits zu Spannungen mit der
Urbevölkerung geführt.[273]

Raos Fokus auf Südostasien war ein logischer Schritt im
Zusammenhang mit der von ihm eingeleiteten Wirtschaftsreform, boomten doch damals die Wachstumsmärkte der
ASEAN-Region. Dem wirtschaftlichen Interesse entsprach
aber auch das strategische Interesse, ASEAN nicht der chinesisch-amerikanischen Konkurrenz zu überlassen, sondern
selbst Einfluss auszuüben. Besonders motiviert wurde Neu-
Delhi von der wachsenden Präsenz Chinas in Myanmar, dessen isoliertes Regime dankbar nach der Unterstützung durch
die kommende Großmacht griff. China nutzt die Beziehungen zur Militärdiktatur aus drei Gründen: um seine Provinz
Yunnan zu entwickeln, als Zugang zur westlichen ASEAN
und für seine militärische Position am Ostrand des Indischen
Ozeans. Rangun wiederum freut sich der chinesischen Unterstützung, ohne strategisch von China abhängig zu sein, denn
es hat kein Sicherheitsproblem mit Indien.

Indien begann einen Dialog mit ASEAN 1992 und gewann
eine feste institutionelle Basis für dieses Vorhaben durch seine
Aufnahme ins ASEAN Regional Forum 1996. Dies war ein
größerer diplomatischer Erfolg, gelang es doch, den gleich-

zeitigen Beitritt Pakistans zu verhindern. Auf dem ersten »ASEAN plus eins«-Gipfel mit Indien, 2002, vereinbarte man Schritte, um eine Freihandelszone zwischen Indien und ASEAN einzurichten. Seit 2005 wird sie implementiert. Ab 2004 trafen sich vor dem Gipfel auch die Außenminister zu Konsultationen. Im selben Jahr schlossen die ASEAN und Indien die »Partnerschaft für Frieden, Fortschritt und gemeinsamen Wohlstand« ab; Indien trat gleichfalls dem Vertrag für Freundschaft und Kooperation bei, dem alle ASEAN-Staaten angehören. Indien stimmte im gleichen Jahr der Aufnahme Pakistans in das ASEAN Regional Forum (ARF) 2004 zu, errang dabei aber einen großen Erfolg: Pakistan musste zugestehen, in das ARF keine Themen einzubringen, die den indisch-pakistanischen Konflikt betreffen.

2005 erreichte eine Koalition von Japan, Indonesien, Vietnam und Singapur, dass Indien zum Ostasien-Gipfel eingeladen wurde. Dieses neue multilaterale Forum bringt die ASEAN-Staaten China, Südkorea, Japan sowie neuerdings Australien und Neuseeland und eben auch Indien zusammen. Die USA sind nicht eingeladen. Wie in Zentralasien wollte China Indien ausschließen, konnte sich aber gegen den Widerstand einer pro-indischen Koalition nicht durchsetzen. Vor allem Japan wirkt aktiv darauf hin, Indien in die Gleichgewichtsbeziehungen der Region einzubeziehen.[274] Mittlerweile begreift Indien seine besondere Beziehung zu ASEAN als Chance, den unterentwickelten Nordosten des Landes endlich wirtschaftlich voranzubringen. Der Ausbau der Straßenverbindung durch Myanmar nach Südostasien ist ein Projekt mit hoher Priorität geworden, durch das sich auch die chinesische Präsenz in diesem Land ausgleichen lässt.[275]

Indien hat seine frühere Kritik am Regime in Rangun abgedämpft und sich der ASEAN-Politik des »konstruktiven Engagements« gegenüber seinem östlichen Nachbarn angeschlossen. Dahinter mag die strategische Überlegung stehen, dass beim Nachbar nicht nur der chinesische Einfluss ausbalanciert werden muss, sondern dass Myanmar ja auch die Brücke nach Südostasien darstellt: Will Indien sich mit den dortigen Wachstumswirtschaften vernetzen, so macht die Isolierung der burmesischen Militärdiktatur keinen Sinn. Im Rahmen dieser neuen Strategie hat Indien aus eigenen Mitteln eine Straßenverbindung zwischen der Hauptstadt des östlichen Bundesstaats Manipur, Imphal, nach Mandalay in Myanmar finanziert, womit sich der Grenzhandel endlich ausbauen lässt. Indien ist außerdem brennend an den Energievorkommen im Nachbarland interessiert. Das Militär in Myanmar hingegen sieht möglicherweise in Indien ein willkommenes Gegengewicht zum allgegenwärtigen China, zumal der Zustrom chinesischer Migranten in den Norden des Landes die Herrscher beunruhigt.[276]

Mit der engeren bilateralen Beziehung zu Myanmar strebt Indien eine weitere subregionale wirtschaftliche Verklammerung an, die Bangladesh, Sri Lanka und Thailand einbezieht, also eine eng verflochtene wirtschaftliche Kooperation um den Golf von Bengalen ins Auge fasst (»BIMST-EC«, das heißt: die Initialen der beteiligten Länder plus »Economic Cooperation«). Diese subregionale Gemeinschaft soll die Brücke zwischen der indischen Volkswirtschaft und dem Wirtschaftsraum der ASEAN bilden, der Myanmar und Thailand als Mitglieder angehören. Wenn das Vorhaben gelingt, gewinnt das bettelarme Ostindien eine völlig neue Entwicklungsperspektive. Es wird dann eine echte Brücke zwischen der blühenden indischen Volkswirtschaft und dem südostasiatischen Wachstumspol.

Die strategische Stellung Indiens in der Region machte in der Folge des 11. September ebenfalls Fortschritte. Die Terrorismusbekämpfung eröffnete ein Gebiet enger Zusammenarbeit mit übereinstimmenden Sicherheitsinteressen. Noch dazu betrieb die Supermacht USA diese Zusammenarbeit auf das Energischste, so dass Indien keine besonderen diplomatischen Anstrengungen unternehmen musste, um mit den südostasiatischen Nachbarn ins Gespräch zu kommen. Für das Ausbalancieren der chinesischen Präsenz war die Einladung der USA, amerikanische Konvois durch die Straße von Malakka zu eskortieren, eine willkommene Gelegenheit.

In Port Blair, der Hauptstadt der indischen Inselgruppe

der Nikobaren, deren südöstlichste Zipfel nur einhundert Kilometer vom indonesischen Sumatra entfernt liegen, hat das indische Verteidigungsministerium das erste integrierte Kommando der drei Teilstreitkräfte, das Far Eastern Command (FEC), eingerichtet. Damit hat Indien ein deutliches Signal gegeben, wie wichtig es die Region nimmt. Von dort aus lassen sich die maritimen Bewegungen in der Straße von Malakka und im Golf von Bengalen überwachen. Das FEC bildet ein Gegengewicht zu den chinesischen Stellungen an der Küste von Myanmar. Im Konfliktfall gibt es Indien sogar die Gelegenheit, das dortige chinesische Marinekontingent zu blockieren und China den Zugang zum Indischen Ozean zu verwehren.

Die Beziehungen zu Indonesien betreibt Indien seit Jahren mit besonderer Intensität. Neben der strategischen Bedeutung des maritimen Nachbarn sind sich die Inder der Tatsache bewusst, dass nach ihnen Indonesien die bevölkerungsstärkste Demokratie in Asien mit hoher ethnischer und religiöser Vielfalt ist und insoweit dieselben Werte verwirklicht und dieselben Probleme zu bewältigen hat. Für die kulturelle Zusammenarbeit bürgt die große hinduistische Gemeinde auf Bali. Der Handel hat 2004 mit drei Milliarden US-Dollar bereits eine gewichtige Bedeutung erlangt. Einen deutlichen Sympathiegewinn erreichte Indien in Indonesien und in Thailand durch seine schnelle und effektive Hilfe nach der Tsunami-Katastrophe; auch dass Neu-Delhi auf einen Anteil an der internationalen Soforthilfe verzichtet hat, obwohl es die drittgrößten Schäden zu verzeichnen hatte, imponierte den Nachbarn. Dort fiel auch auf, dass Chinas Beiträge klar hinter den indischen zurückblieben.[277]

Wachsenden Wert legt die indische Marine auf die enge Kooperation mit südostasiatischen Partnern. Die Zusammenarbeit mit Ländern wie Vietnam und Indonesien gilt als eine diskrete Möglichkeit, um die chinesische Präsenz in der Südchinesischen See und in Myanmar zu neutralisieren. Mit beiden südostasiatischen Nachbarn pflegt Indien Militärabkommen. In diesem Rahmen helfen die Inder bei der Instandhaltung der Luftwaffe und Marine Vietnams, deren

Bestandteile die Sowjetunion lieferte. Mit diesem Gerät kennt sich Indien aus. Indien unterstützt Vietnam außerdem bei der Ausbildung der Soldaten. Indonesien assistiert es bei der Rüstungsplanung und mit technischer Hilfe. Mit der indonesischen Marine fahren indische Kriegsschiffe bereits gemeinsame Seepatrouillen.[278]

Indien kombiniert in seinem Verhältnis zu Südostasien geschickt seine Instrumente weicher und harter Macht. Es dehnt die wirtschaftliche und technische Kooperation aus. Es pflegt die kulturellen Beziehungen: Indische Folkloregruppen sind in der ganzen Region unterwegs, die erste Indien-ASEAN-Autorallye bestimmte 2004 wochenlang die Schlagzeilen der Sportpresse. Stipendien für Studierende aus der ASEAN verhelfen zum Studium an Indiens Elitehochschulen. Das auffälligste Muster sind jedoch die Visiten der indischen Küstenwache und der Marine in den Häfen der südostasiatischen Partner (und gelegentliche Gegenbesuche). 2004/2005 fuhren indische Kriegsschiffe in Häfen in Indonesien, Malaysia, den Philippinen, Singapur und Vietnam ein. Mit Besuchen auf den Salomon-Inseln und wechselseitigen »call on ports« mit der australischen Marine demonstrierte Indien zugleich sein Interesse am weiteren Umfeld des »zweiten Rings«. Mit Malaysia, Indonesien und Brunei pflegt Indien die Zusammenarbeit in der Raumfahrt, die typischerweise zivile und militärische Aspekte hat.[279]

Neu-Delhi will mit seinen ASEAN-Beziehungen aus der Einkapselung in Südasien herauskommen und anerkannter Akteur in der weiteren Region werden. Zu diesem Zweck möchte es Mitglied im ASEAN-EU Dialog (ASEM) und im Asia-Pacific Economic Cooperation (APEC) werden. Die USA wehrten sich bislang gegen die APEC-Mitgliedschaft Indiens. Die inzwischen viel herzlicheren Beziehungen lassen erwarten, dass der Widerstand bald in Unterstützung umschlagen könnte.[280] Indien möchte den regionalen Einfluss Chinas auf ein erträgliches Maß beschränken. Die territorialen Ansprüche Beijings im Südchinesischen Meer treffen nicht auf indische Sympathie. Ihre Verwirklichung würde eine massive chinesische Präsenz zu nahe an den Indischen Ozean heranrücken. Die Erdöl- und Erdgasreserven Südostasiens werden auch in Zukunft einen Teil des indischen Primärenergie-Bedarfs decken. Sichere Seewege sind daher wichtig.

Zentralasien

Bereits zu sowjetischen Zeiten hatte Moskau den indischen Freunden eine bescheidene politische und wirtschaftliche Präsenz in den zentralasiatischen Republiken der Sowjetunion erlaubt. Als diese nach dem Auseinanderfallen des kommunistischen Imperiums ihre Selbstständigkeit erlangten, war es nicht verwunderlich, dass Indien als eines der ersten Länder volle diplomatische Beziehungen mit den jungen Nationalstaaten etablierte. Allerdings sackte der indische Handel zunächst einmal ab, nachdem andere – vor allem China – Zugang zu den Märkten der Region erhielten. Erst allmählich fassten die indischen Exporteure nun dort wieder Fuß.

Ein gewichtiges gemeinsames Interesse verbindet Neu-Delhi mit den zentralasiatischen Regierungen: Die Bedrohung durch den politischen Islamismus, einschließlich seiner terroristischen Variante. Da für beide Seiten die Brutstätten dieses Problems in Afghanistan lagen, definierte sich das indische Verhältnis zu Zentralasien im Wesentlichen über das Schicksal dieses Pufferstaats. Die Entwicklungen in Afghanistan in den achtziger und neunziger Jahren trafen Indiens Sicherheitspolitik hart. Indien hatte sich bei den siegreichen anti-sowjetischen Mujaheddin unbeliebt gemacht, weil es stets versäumt hatte, die blutige Intervention des sowjetischen Freundes öffentlich zu kritisieren. Pakistan hingegen genoss bei den Siegern starken Einfluss, hatte es doch den ganzen Krieg hindurch vorbehaltlos Unterstützung geleistet. Ohne die Basis in Pakistan wäre der Sieg über die überlegenen Verbände der kommunistischen Supermacht unmöglich gewesen. Pakistan feierte mit dem Sturz des früheren Sowjet-Freundes Nazibullah einen strategischen Triumph, der es gegenüber dem indischen Nachbarn stärkte.

Als dieser Positionsgewinn Pakistans durch den innerafghanischen Bürgerkrieg in Gefahr zu geraten drohte, gelang ein zweiter Coup, als die fundamentalistischen Taliban-Milizen die Oberhand gewannen. Die Taliban waren ein Geschöpf des pakistanischen Geheimdienstes ISI, und durch die engen Beziehungen zwischen den pathanischen Stämmen in Westpakistan und der größten innerafghanischen Ethnie der Paschtunen, der auch die Taliban entstammten, schien ein dauerhafter Einfluss Pakistans im Nachbarland garantiert zu sein. Indiens Gegenstrategie, die Unterstützung für die Nordallianz, die weiterhin die Taliban bekämpften, hatte in den späten neunziger Jahren keine Perspektive: Denn es schien nur eine Frage der Zeit zu sein, bis die Taliban und die mit ihnen verbündeten Kampfverbände der al-Qaida Osama bin Ladens die letzten Widerstandsnester im Norden und Nordwesten des Landes ausgerottet haben würden. Dort hielt die Nordallianz noch gerade fünf bis zehn Prozent des gesamten afghanischen Territoriums. Die gemeinsame Unterstützung für diesen letzten Widerstand verband die zentralasiatischen Staaten, vor allem Tadschikistan und Usbekistan, mit der Indischen Union.

Es kam indes anders. Der 11. September 2001 wurde zum regionalstrategischen Waterloo für Pakistan. Die Vereinigten Staaten erzwangen den Abbruch der Unterstützung des Taliban-Regimes und die Gewährung von Stützpunktrechten in Pakistan. Wenig später war Mullah Omar, der Führer Afghanistans, durch das Zusammenspiel der amerikanischen Luftwaffe, amerikanischer Spezialkräfte und der Bodentruppen der Nordallianz gestürzt. Mit dem Karsai-Regime konnte Indien sofort freundschaftliche Beziehungen etablieren, während das Verhältnis zwischen Karsai und Pakistan kühl blieb.

Der Entwicklung wirtschaftlicher Beziehungen zwischen Indien und Afghanistan stand aber die Weigerung Pakistans im Wege, die Zugangsmöglichkeit zu gewähren. Hier liegt ein wesentliches Motiv für die Entwicklung engerer Beziehungen zwischen Indien und dem Iran. Denn in einer Dreiecksverständigung zwischen Teheran, Kabul und Neu-Delhi öffnete der Iran seinen Hafen Chahbahar für den indisch-afghanischen Handel und offerierte Zollsenkungen für diesen Zweck. Indien verpflichtete sich im Gegenzug, in einen Transport-Korridor von dort in das afghanische Binnenland, vor allem in den Straßenbau, zu investieren. Das pakistanische Hindernis wurde damit umgangen.

Indien zählt zu den tatkräftigsten Unterstützern der Karsai-Regierung. Zwischen 2002 und 2006 hat Indien Hilfe im Wert von 550 Millionen US-Dollar geleistet. Humanitäre und infrastrukturelle Entwicklungsprojekte (Zivilluftfahrt, Straßenbau, Dämme, Krankenhäuser, Telecomnetze) und die Ausbildung von Diplomaten, Richtern, Polizisten und Medizinern standen im Vordergrund. Für Indien nimmt Afghanistan eine strategisch wichtige Position zwischen dem Gegner Pakistan und den für Indien so wichtigen Regionen in Zentralasien und dem Persischen Golf ein. Zunehmend betrachtet es die eigene demokratische Konstitution als vorteilhaften Einflussfaktor, weil es dadurch einen Kompetenzvorsprung bei der Entwicklung sich demokratisierender Länder wie Afghanistan hält.[281]

Indiens Präsenz in Zentralasien basiert auf der gemeinsamen Gegnerschaft gegen den islamistischen Terrorismus und auf seinem Interesse an den dortigen Energieressourcen. Der Einfluss bleibt allerdings hinter dem russischen, amerikanischen und auch dem chinesischen noch deutlich zurück. Indien würde gerne Aufnahme in die Shanghai-Organisation für Kooperation finden, in der die fünf zentralasiatischen Länder mit Russland und China in Sicherheitsfragen zusammenarbeiten. Der Schwerpunkt liegt dabei auf der Terrorismus-Bekämpfung. Der indische Wunsch scheiterte bislang am Widerstand Chinas. Beijing war nur bereit, den indischen Beitritt zuzulassen, wenn auch Pakistan aufgenommen würde; das bestätigte zwar die mittlerweile ausgewogene Haltung Beijings zu den beiden südasiatischen Nachbarn, kam den indischen Interessen aber nicht weit genug entgegen. Denn Indien wollte den eigenen Beitritt nicht an die Mitgliedschaft Pakistans knüpfen. China versucht den Einfluss Indiens in jener Region einzudämmen, die an den empfindlichen Westgrenzen Chinas liegt. Mittlerweile sind sowohl Indien als auch Pakistan und Iran Beobachter, während dieser Status den USA verwehrt blieb.[282]

Die frühere enge Verbindung zwischen Islamabad und den Taliban macht es für Indien relativ einfach, den pakistanischen Einfluss in Zentralasien zu begrenzen. Für die zentralasiatischen Länder, die unter der Unterstützung des Taliban-Regime für islamistische Guerilla- und Terrorbewegungen in der Region zu leiden hatten, vor allen Dingen Tadschikistan und Usbekistan, bleibt ein schwelendes Misstrauen gegen Islamabad, solange die Verbindung zwischen der Regierung Pakistans und dem islamistischen Radikalismus nicht glaubwürdig gekappt wurde.[283]

Zentralasien ist für Indien noch aus einem anderen Grund attraktiv: wegen seiner beträchtlichen fossilen Energiereserven. Vor allen Dingen das Erdgas aus Turkmenistan und Kasachstan ist für Indien angesichts seines steigenden Verbrauchs wirtschaftlich wichtig. Die staatliche indische Erdöl- und Erdgasgesellschaft ONGC investiert stark in Öl- und Gasfelder der ganzen Region. Da sich auch China für diese Vorkommen interessiert, aber über bessere geographische Voraussetzungen verfügt, um dieses Interesse durchzusetzen, könnte sich hier ein indisch-chinesischer Wettbewerb anbahnen. Das neue indisch-chinesische Energieabkommen könnte nun diesen Wettbewerb in die Bahnen der Kooperation lenken.

Für Indien machen Vereinbarungen über den Bezug von Erdgas aus der Region nur dann Sinn, wenn es gelingt, mit Pakistan Einvernehmen zu erzielen. Denn der ungeliebte Nachbar liegt als Landbarriere zwischen Indien und den Quellländern der begehrten Energierohstoffe. Vom Energiesektor geht also ein nicht zu unterschätzender Impuls aus, sich mit Pakistan zu verständigen, etwa um Anschluss an die bereits vereinbarte turkmenisch-afghanisch-pakistanische Erdgas-Pipeline zu gewinnen, ein Projekt, das sich – anders als das geplante iranisch-pakistanisch-indische Projekt – starker amerikanischer Unterstützung erfreut.[284] Damit spielt ein neues Element in den sonst eher antagonistischen indisch-pakistanischen Beziehungen eine Rolle.

Dass Indien seine Beziehungen zu dieser Region stark durch

die sicherheitspolitische Brille sieht, macht die Stationierung von Militärattachés in allen dortigen Botschaften Indiens deutlich. Russland scheint eine Präsenz Indiens in Zentralasien eher zu begrüßen, vermutlich wegen der gemeinsamen Interessen an einer Eindämmung des islamistischen Einflusses. Mit Tadschikistan traf Indien 2002 eine Vereinbarung über die Nutzung einer Luftwaffenbasis; sie soll inzwischen in Betrieb sein. Gemeinsam mit den dortigen Streitkräften üben indische Piloten, Fallschirmspringer und Infanteristen. Eine breite sicherheitspolitische Zusammenarbeit hat sich auch mit Usbekistan entwickelt: Austausch von Geheimdiensterkenntnissen, gemeinsames militärisches und paramilitärisches Training und Arbeitsgruppen zur Terrorbekämpfung. Dass diese indischen Aktivitäten der Repressionspolitik des autoritären Regimes in Usbekistan zugute kommen, spielt für Indien offensichtlich keine Rolle.[285]

Der Nahe Osten und der Persische Golf

Der Persische Golf, der nördliche Winkel des Indischen Ozeans, ist zur Zeit die strategisch wichtigste Region der Welt. Für Indien wird hier in der Zukunft ein Schwerpunkt der eigenen Interessen liegen. Als Weltmacht muss es dort präsent sein. Als Wirtschaftsriese braucht es Zugang zu den Energiereserven. Und als Vormacht am Indischen Ozean muss es beanspruchen, Ordnungsfunktionen auch am Persischen Golf auszuüben. Für die indische Wirtschaft ist der Persische Golf von großer Bedeutung. Hier leben 2,5 Millionen Menschen indischer Herkunft, die meisten davon (1,5 Millionen) in Saudi-Arabien. Ihre finanziellen Rücküberweisungen an das Mutterland sollen jährlich fünf Milliarden Dollar übersteigen, ein beträchtlicher Beitrag für die indische Zahlungsbilanz. Noch wichtiger ist natürlich die Rolle der Region in der indischen Erdölversorgung: Die Hälfte des indischen Verbrauchs am »schwarzen Gold« kommt von dorther, und es ist abzusehen, dass diese Abhängigkeit mit den rapiden Wachstumsraten noch wachsen wird. Die langfristige vertragliche Bindung Indiens an die Lieferländer am Persischen Golf spricht hier eine deutliche Sprache; auch in Ägypten hat sich die staatliche indische Erdgasgesellschaft *GAIL* in eine ägyptische Firma eingekauft.

Die strategische Bedeutung der Region hat das indische Militär auf den Plan gerufen: Mit Saudi-Arabien, Iran, Katar und Oman hat es reguläre Kontakte etabliert und führt regelmäßig gemeinsame Übungen durch. Gerade in Saudi-Arabien, seinem bedeutendsten Handelspartner im arabischen Raum und seinem wichtigsten Erdöllieferanten, versucht Indien, gemeinsame Strategien für die Bekämpfung des islamistischen Terrors zu entwickeln. Denn im Irak hatte man bereits 1991 den wichtigsten arabischen Verbündeten in der Region verloren. Indien stand dem säkularen Baath-Partei-Regime näher als den zum Teil islamistischen Monarchien. Die konservativen Golf-Staaten, vor allem Saudi-Arabien und die Vereinigten Arabischen Emirate, fühlten sich mehr zu Pakistan hingezogen und gewährten Islamabad großzügige finanzielle Hilfe und Vorzugspreise auf Erdölprodukte.

1990, am Vorabend des Golf-Kriegs, hatte Indien daher zunächst versucht, die Blockfreien-Bewegung zugunsten des Irak zu mobilisieren. Als freilich Saddam Hussein die Evakuierung von 200 000 Indern aus der Golfregion unterband, schwenkte Neu-Delhi um und erlaubte sogar das Auftanken amerikanischer Flugzeuge auf indischem Boden. Diese Erlaubnis musste Premierminister Singh jedoch zurückziehen, als ein öffentlicher Sturm der Entrüstung in der antiamerikanisch gesonnenen Bevölkerung einsetzte. Seither musste sich Indien nolens volens um bessere Beziehungen zu den konservativen Golfstaaten kümmern. Dort hatte es jedoch einen schweren Stand in der Konkurrenz mit Pakistan.

Manche indische Strategieexperten sprechen heute davon, dass der indischen Marine die Sicherung der Seewege vom Persischen Golf zum Subkontinent als wichtigster Auftrag zuwächst. Dabei wird auf den Störfaktor Pakistan verwiesen (das allerdings momentan über keine konkurrenzfähige Seemacht verfügt). Fraglos hat man aber auch China, den großen Konkurrenten um die fossilen Brennstoffe Arabiens und

Persiens, im Auge, das in pakistanischen Häfen Ankerrechte erworben hat. Die beiden asiatischen Großmächte könnten in ein, zwei Jahrzehnten mit massiver konkurrierender Marinepräsenz im Indischen Ozean in einen Seestreitkräfte-Wettlauf verwickelt sein, der an Brisanz mit dem britisch-deutschen vor dem Ersten Weltkrieg mithalten könnte.[286]

Indiens Verhältnis zur nahöstlichen Welt hat noch eine weitere Facette: die Beziehung zu Israel. Zwei Faktoren haben diese bis in die achtziger Jahre hinein bestimmt: Zum einen die ablehnende Haltung Gandhis und Nehrus gegenüber der Gründung des Staates Israel, zum anderen die pro-arabische Haltung der Blockfreien-Bewegung, die auch Indien als blockfreie Führungsmacht band. Mahatma Gandhi hatte die Teilung Palästinas abgelehnt, und Indien stimmte in der Generalversammlung 1947 gegen die entsprechende Resolution und 1949 gar gegen die Aufnahme Israels in die Vereinten Nationen. Dabei könnte es eine Rolle gespielt haben, dass die indischen Eliten Israel als religiös definierten Staat verstanden, also als nahöstliche Kopie Pakistans, und weder die säkulare Orientierung der israelischen Gründer noch den demokratischen Charakter Israels angemessen gewürdigt hatten.

In den nachfolgenden Kriegen zwischen Israel und den arabischen Nachbarn hatten die indischen Einlassungen eine deutliche Schlagseite zugunsten der Araber. Diese Konstellation war insoweit bemerkenswert, als Indien keine greifbaren Gegenleistungen erhielt. Im Gegenteil, in seinen Auseinandersetzungen mit Pakistan musste es immer wieder erleben, dass sich die blockfreien arabischen Länder in Solidarität mit dem muslimischen Bruderland übten. Das war für Indien eine ernüchternde Erfahrung, die allerdings an der Grundeinstellung Delhis über Jahrzehnte nichts änderte. Nur auf der indischen Rechten wuchs die Kritik an der pro-arabischen Orientierung; die BJP sollte später die Änderung vorantreiben. Nicht einmal reguläre diplomatische Beziehungen mit Israel bestanden. Konsularische Vertretungen waren das Äußerste, was der indischen Regierung zulässig erschien. Zwischen den Geheimdiensten entwickelte sich freilich bereits seit 1962 ein kontinuierlicher Austausch; die Sicherheitsinteressen, namentlich die Auseinandersetzung mit der terroristischen und irredentistischen Bedrohung, waren allzu ähnlich, um nicht aufzufallen. Und von israelischer Seite gab es gegenüber der Kooperation mit der großen Demokratie auf dem Subkontinent keine Vorbehalte.

Das hinderte die indische Regierung jedoch nicht an weiteren Sympathiebekundungen zugunsten der Araber. Als Höhepunkt der anti-israelischen Außenpolitik brachte Indien 1975 die berüchtigte Resolution 3379 in die Vollversammlung der Vereinten Nationen mit ein, die Zionismus und Rassismus gleichsetzte. Just an dieser Resolution dokumentierte sich später jedoch der zu Beginn der neunziger Jahre einsetzende Wandel: 1991 votierte Indien in der Vollversammlung für ihre Aufhebung. Ein Jahr später nahmen Israel und Indien volle diplomatische Beziehungen zueinander auf. Insofern ist das indisch-israelische Verhältnis wie das indisch-amerikanische symptomatisch für die weltpolitische Wende in der Außenpolitik des südasiatischen Staates.

Aus israelischer Sicht sind zwei Gesichtspunkte wichtig: Sich nicht in eine derartige Gegnerschaft zu Pakistan manövrieren zu lassen, dass der Alptraum der »islamischen Bombe« durch eine immer engere Beziehung zwischen dem Kernwaffenbesitzer Pakistan und Israels Feinden Wirklichkeit wird. Der kerntechnische Technologietransfer von Pakistan in den Iran durch den pakistanischen Atomwissenschaftler Abdel Kader Khan und sein Nuklearschmuggel-Netzwerk gab diesen Befürchtungen Nahrung. Israel muss daher Pakistan gegenüber verdeutlichen, dass die immer wieder aufkommenden Gerüchte über einen gemeinsamen indisch-israelischen Schlag gegen Pakistans nukleare Infrastruktur gegenstandslos sind. Die zweite Rücksicht, die Israel in seiner Indien-Politik zu nehmen hat, betrifft die USA. Solange Washington in der Nuklearfrage gegen Indien stand, war es für Israel nicht einfach, eine enge militärtechnische Kooperation zu entwickeln. Seit die USA sich Indien annähern, haben sich die Möglichkeiten einer solchen Kooperation ausgeweitet.[287]

Daher ist zwischen den beiden Staaten eine enge wirtschafts- und sicherheitspolitische Beziehung entstanden, die der aufwendig inszenierte Indien-Besuch von Premierminister Ariel Sharon im September 2003 der Außenwelt demonstrierte. Israel hat heute Russland als Waffenlieferant für Indien fast erreicht; die Aufklärungsdrohnen israelischen Ursprungs erwiesen sich im Gebirgsgelände während des Kargil-Krieges mit Pakistan 1999 als ausgesprochen nützlich. Die wohl wichtigste Anschaffung Indiens aus Israels Rüstungsfabriken ist das Luftwarnsystem Phalcon, das sowohl gegenüber Pakistan als auch gegenüber China von strategischer Bedeutung ist. Indien und Israel beabsichtigen zudem, in der Raketenabwehr zusammenzuarbeiten, denn Indien ist am israelischen Arrow-System interessiert. Das zweite Kerngebiet in der sicherheitspolitischen Kooperation ist die Terrorbekämpfung. Hier kann Israel Erfahrungen und Technologien für die Grenzkontrolle in unwegsamem Gelände anbieten und damit Indiens wichtigsten Bedarf decken. Der indisch-israelische Handel wächst rasant, zuletzt mit 25 Prozent, und erreicht ein Volumen von deutlich mehr als zwei Milliarden US-Dollar. Gemeinsame Wissenschaftsprojekte behandeln Nanotechnologie, Biotechnologie und neue Materialien – alles Gebiete mit möglichen militärischen »Abfallprodukten«.

War während des Kalten Krieges die Befürchtung negativer Reaktionen der moslemischen Minderheit in Indien ein Argument für die pro-arabische Schlagseite indischer Politik, so machten die engeren Beziehungen zu Israel zwar negative Schlagzeilen in der arabischen Welt, stießen aber bei den indischen Moslems auf keine nennenswerte Kritik.[288] Indien versucht, seine wichtigen wirtschaftlichen Beziehungen mit den Ländern am Persischen Golf und seine engen verteidigungspolitischen Beziehungen zu Israel getrennt zu halten – bisher mit einigem Erfolg. Indien hat in der Vollversammlung der Vereinten Nationen die Kritik des Internationalen Gerichtshofs an dem israelischen Mauerbau in Palästina unterstützt; andererseits tritt es für einen palästinensischen Staat mit »wohldefinierten und sicheren Grenzen« ein, ohne aber darauf zu bestehen, dass dies die Grenzen von 1967 sein sollen – das kommt den Interessen des israelischen Partners

entgegen.[289] Die Araber haben registriert, dass in der Paläs-
tina-Frage Indiens Votum für eine Verurteilung Israels nicht
länger garantiert ist wie in Zeiten des Ost-West-Konflikts.
Da die Beziehungen zu Indien aber auch für die arabischen
Staaten aus strategischen und wirtschaftlichen Gründen zusehends interessant werden, hat das nicht zur rapiden Verschlechterung im arabisch-indischen Verhältnis geführt.

Das Ende der sowjetischen Besetzung Afghanistans, noch
mehr aber der Aufstieg des islamistischen Fundamentalismus haben es Indien leichter gemacht, schrittweise bessere
Beziehungen zur arabischen Welt zu entwickeln. Zuvor war
es immer äußerst problematisch gewesen, den pakistanischen
Vorwurf zu kontern, Indien unterdrücke seine moslemischen
Bewohner, vor allem die in Kashmir. Jetzt jedoch sehen sich
die meisten Regierungen arabischer Länder selbst im Fadenkreuz terroristischer Angriffe. Gegenüber Pakistan besteht
neuerdings ein gewisses Misstrauen, dass Islamabad nach wie
vor radikale Elemente unter den Islamisten fördern könnte. Mit Indien sieht man eine wachsende sicherheitspolitische
Gemeinsamkeit. Auch Saudi-Arabien, der konservativste
Golfstaat, ist näher an Indien herangerückt, wie der Besuch
des saudischen Königs Abdullah im Januar 2006 dokumentierte.[290]

Die indischen Regierungen betrachten seit den frühen neunziger Jahren die Energieversorgung im Zuge des wirtschaftlichen Aufschwungs mehr und mehr unter strategischen
Gesichtspunkten. Infolgedessen geht es um eine nachhaltige
Festigung der Beziehungen zu den Golfstaaten. Dies kommt in
der Gründung gemeinsamer Kommissionen und im Abschluss
von Abkommen über Investitionsschutz, Doppelbesteuerung
und dergleichen zum Ausdruck. 2005 schloss Indien mit den
Mitgliedern des Golf-Kooperationsrats (Saudi-Arabien, Ku-
weit, Vereinte Arabische Emirate, Bahrain, Katar und Oman)
ein Rahmenabkommen über wirtschaftliche Zusammenarbeit
ab. Damit haben die Partner ihre Beziehungen auf eine rechtlich verlässliche Basis gestellt.[291]

Der wohl bemerkenswerteste Aspekt der Politik Neu-Delhis in der Region ist die wachsende Gemeinsamkeit zwischen Indien und der Islamischen Republik Iran. Der schiitische Iran hält dort einige Distanz wegen der Diskriminierung, der die schiitische Minderheit dort ausgesetzt ist. Auch mit den von Pakistan geförderten Taliban hatte Iran Schwierigkeiten. Zwei Nachbarn, die jeweils behaupten, ihre Version von Politik sei der reine Ausfluss islamischen Glaubens, harmonieren schwer miteinander. Ende der neunziger Jahre waren beide nahe an einer militärischen Auseinandersetzung. Iran und Pakistan sind daher keine natürlichen Busenfreunde. Das macht Iran für Indien wertvoll, falls sich die Besserung der indisch-pakistanischen Beziehungen nicht fortsetzen sollte. Indien baut den iranischen Hafen bei Chahbahar aus und soll aufgrund einer Vereinbarung von 2003 dort und auf anderen iranischen Stützpunkten Nutzungsrechte im Krisenfall besitzen. Indien hilft bei der Instandhaltung der aus Russland stammenden iranischen Waffen. Die iranische und die indische Marine üben regelmäßig miteinander.[292]

Wie Indien ist Iran das Land einer lange in die Vergangenheit zurückreichenden Nationalkultur und die Heimat von Minderheiten. Außerdem teilt man das Ressentiment gegen den Westen. Überdies verbindet beide das energiepolitische Interesse als Empänger und Lieferant. Für Indien ist Iran, gegenwärtig prominentestes Mitglied auf Amerikas »Achse des Bösen«, als Lieferant von Erdöl und Erdgas von großem Interesse. Man hat sich wechselseitig durch langfristige Lieferverträge aneinander gebunden. Der Plan einer Pipeline von Iran durch Pakistan nach Indien würde das Verhältnis der drei Staaten auf eine völlig neue Basis stellen. Iran ist daran interessiert, weil es völlig neue Märkte in großem Maßstab erschließt und eine aufstrebende Macht dauerhaft an Teheran bindet. Delhi unterstützt das Projekt nach anfänglicher Skepsis mittlerweile aktiv – gleichfalls zum Missfallen Washingtons. Die USA zeigen wenig Neigung, sich auf diese Sache einzulassen. Das wiederum erschwert die Verwirklichung des Projekts, weil es ohne eindeutige amerikanische Duldung schwer werden wird, eine internationale Finanzierung dieses Riesenprojekts auf die Beine zu stellen.[293]

In seinen Beziehungen zu den arabischen Ländern und zu Iran hat Indien ständig den Drahtseilakt zu bewältigen, auch auf das vitale Verhältnis zu den USA zu achten. Die indische Atomenergiekommission hätte in den neunziger Jahren unter dem Eindruck sinkender Zuweisungen seitens der Bundesregierung gern die eigene Schatulle durch die Ausfuhr von Forschungsreaktoren aufgebessert; Kandidaten waren überwiegend nahöstliche Länder, nämlich Ägypten, Syrien, Iran und Algerien. Dagegen hatten die USA die größten Bedenken. (Das einzige außerregionale Land auf der Liste war Kuba. Auch diese Idee gefiel Washington natürlich nicht.) Also realisierte Indien kein einziges dieser Projekte. Das iranische gedieh allerdings so weit, dass die amerikanische Regierung in Neu-Delhi vorstellig werden musste, bevor Indien einlenkte.[294]

Das indisch-iranische Verhältnis ist einer der Prüfsteine für die herzliche indisch-amerikanische Zusammenarbeit. Indien hat in einer anderen Angelegenheit Washingtons Wünschen nachgegeben und hat im Gouverneursrat der Internationalen Atom-Energie-Organisation zweimal gegen Iran gestimmt und daran mitgewirkt, dass sich der Sicherheitsrat der Vereinten Nationen mit der iranischen Sache beschäftigt. Aber das Interesse als Empfängerland iranischer Energieressourcen legt dem Bündnis mit den Vereinigten Staaten klare Grenzen auf: Indien kann und wird nicht Teil einer militanten anti-iranischen Koalition werden. Dazu ist Iran strategisch und als Energielieferant zu wichtig für Indien. Der Abschluss eines langfristigen Liefervertrags für Flüssiggas und für die Entwicklung iranischer Ölfelder mit einem Gesamtvolumen von vierzig Milliarden US-Dollar spricht Bände.[295]

Zwar schwelt diese indisch-amerikanische Meinungsverschiedenheit vor sich hin. Die gemeinsamen Interessen an der Stabilität am Persischen Golf beeinträchtigt sie aber nicht weiter. Im Gegenteil, Indien nutzt dieses Interesse, um seine eigene Präsenz in der Region eindrucksvoll zu demonstrieren: Seine Marine übte im November 2005 gemeinsam mit einem amerikanischen Flugzeugträger in der Arabischen See. Den gleichen Demonstrationseffekt hatten gemeinsame Manöver mit französischen Einheiten im Golf von Aden.[296]

Die indischen strategischen Interessen an der Region sind eindeutig. Sie wurden durch die schärfer antimoslemisch gesetzten innenpolitischen Akzente einer BJP-Regierung nicht beeinträchtigt. Unter Vajpayee blieben die Beziehungen Indiens zur moslemischen Welt eng und herzlich. Es gab keine Umgruppierung zugunsten einer hinduistisch-israelisch-westlichen Allianz. Während sich die Beziehung zu Israel entkrampfte und verfestigte, unterstützte Indien weiterhin einen Staat für die Palästinenser. Während Indien näher an die USA rückte, blieb es ein scharfer Kritiker des Krieges, den die USA 2003 gegen das Regime Saddam Husseins führten.[297] Und Indien bringt bis heute das Kunststück fertig, mit den beiden am stärksten verfeindeten Regierungen im Nahen und Mittleren Osten, Israel und Iran, sowie mit ihren arabischen Nachbarn enge und konstruktive Verbindungen zu unterhalten.

Afrika

Ostafrika ist seit alten Zeiten Anziehungspunkt für indische Händler gewesen. Im neunzehnten Jahrhundert gingen viele arme Inder auf die Plantagen der weißen Siedler in den afrikanischen Kolonien Englands – in Kenia, Uganda, Südafrika und Süd-Rhodesien (heute Zimbabwe). Deren Nachkommen erweisen sich als nützlich für ihr Mutterland: Die Entfaltung des indischen Einflusses in der weiteren Region wird nicht zuletzt durch das Vorhandensein einer zahlreichen und für die Wirtschaftssysteme der Gastländer teilweise höchst bedeutsamen Diaspora gestützt. Die findet sich auch an der ostafrikanischen Küste. Dort beträgt die Zahl der Inder – trotz der Vertreibung der indischen Mittelschicht aus Uganda unter Idi Amin – zwischen eineinhalb und zwei Millionen, wobei Südafrika mit einer Million den Schwerpunkt bildet. Dennoch war diese Region lange Zeit für die indische Diplomatie nahezu eine Terra incognita, sei es, dass man sich nicht für die als eher marginal angesehenen Afrikaner interessierte, sei es, dass die diplomatischen Anstrengungen (etwa im Vergleich zu den chinesischen) nicht sehr erfolgreich waren, wie sich eben an der brutalen Vertreibung der indischstämmigen Bevölkerung aus Uganda zeigte.

Die Neukonzeption strategischen Denkens in Neu-Delhi weist auch Afrika eine neue Bedeutung zu. Und auch hier zeigt sich der Einfluss des britischen Erbes aus der Kolonialzeit: Damals war der Indische Ozean eine Art Binnengewässer des kolonialen Commonwealth, mit Indien als Zentrum. Aus indischer Sicht wurde Afrika mehr und mehr zur »Gegenküste« und ist deshalb von großer Bedeutung für die Kontrolle der Seewege vom und zum Persischen Golf. Kennzeichnend für die indische Politik gegenüber Afrika ist die Ergänzung der Wirtschaftsbeziehungen durch Hilfe. So hat Indien angeboten, ein kontinentales satelliten- und kabelgestütztes Kommunikationssystem über Kredit zu finanzieren und sagte 200 Millionen US-Dollar für die Initiative »New Partnership for Africa's Development« (NEPAD) zu.

Indiens Sprungbrett nach Afrika ist Mauritius. Der indische Anteil an der Bevölkerung macht dort fast sechzig Prozent aus, und die Mauritier indischer Herkunft sind auch in der politischen Elite dominierend. Sie pflegen enge Beziehungen zum Mutterland und wirken in der Region und in der Afrikanischen Union nahezu als Treuhänder indischer Interessen. Dafür begünstigt sie das südasiatische Land durch Entwicklungshilfe in jeder Hinsicht.

Unter den Partnern in Ostafrika hat der Sudan in jüngerer Zeit die meiste Aufmerksamkeit erhalten. Dies liegt an den dortigen Ölvorkommen, hinter deren Bedeutung die beklagenswerte Bilanz des Khartum-Regimes in Sachen Menschenrechte auch für die indische Demokratie zurücktritt. Der Sudan ist Experimentierfeld der indisch-chinesischen Energiezusammenarbeit. Indien engagiert sich außerdem im Pipelinebau und bei der Konstruktion einer neuen Raffinerie. Die indischen Energieinteressen greifen heute weit nach Westafrika aus, wo mit Angola, Gabun, Nigeria, Kongo Brazzaville und Äquatorial-Guinea potente Öllieferanten platziert sind. Die »Team-9«-Initiative der indischen Regierung legte für Westafrika ein spezielles Entwicklungshilfeprogramm auf, während das »Fokus Afrika«-Programm mehr auf die traditionellen Partner an der Ostküste, aber auch auf Nigeria zielte.[298]

Betrachtet man die Staaten an der afrikanischen Ostküste, so bietet sich die Republik Südafrika als idealer Partner Indiens an: Allein in Südafrika leben eine Million Menschen indischer Herkunft, das ist die größte indisch-afrikanische Diaspora. Die Beziehungen haben eine lange Tradition. Mahatma Gandhi machte seine ersten Erfahrungen mit den Formen des gewaltfreien Widerstandes nicht in Indien, sondern in Südafrika, wo er als Rechtsanwalt die Interessen der diskriminierten indischen Minderheit vertrat. Südafrika ist das politisch wichtigste und wirtschaftlich stärkste Land dieser Region, und seit der Abschaffung der Apartheid eine recht stabile Demokratie – das sollten beste Voraussetzungen für eine gedeihliche Partnerschaft sein.

Gerade mit der Republik Südafrika haben sich die politischen Beziehungen in den neunziger Jahren jedoch erst einmal schwierig gestaltet, wofür zwei Umstände verantwortlich sind. Zum einen ist Südafrika das erste Land, das seine Kernwaffen freiwillig aufgegeben hat und danach als Nichtkernwaffenstaat dem in Indien verhassten Atomwaffensperrvertrag beigetreten ist. Die unbegrenzte Verlängerung dieses Vertrages im Jahre 1995, aus indischer Sicht eine diplomatische Niederlage, war zum guten Teil ein Verdienst südafrikanischer Diplomatie. Südafrika war auch eine führende Verhandlungsmacht bei der Ausarbeitung des von Indien abgelehnten Teststoppvertrages. Pretoria protestierte wütend gegen die indischen Tests 1998 und trat in der Blockfreien-Bewegung kritisch gegenüber der indischen Delegation auf. Die Niederlage Indiens bei der Wahl in den Sicherheitsrat 1996 haben viele Beobachtern auf das diplomatische Wirken Pretorias hinter den Kulissen zurückgeführt.

Damit ist bereits die zweite Reibungsfläche bezeichnet: Der Wettbewerb um die Führung der Blockfreien-Bewegung, die Indien für das eigene Erbteil hielt – schon allein wegen seiner Größe: Wie konnte ein – im Vergleich zu Indien – Zwergstaat wie Südafrika da konkurrieren wollen? Das sahen die Südafrikaner jedoch anders. Mit der moralischen Aura der

Mandela-Periode fiel ihnen Einfluss fast von selbst zu; hinzu trat eine alerte und fähige Diplomatie. In südafrikanischer Sicht ist Indien auf dem Weg zur Großmachtpolitik und hat sich daher von den Idealen der Blockfreien-Bewegung verabschiedet; die Atomwaffentests waren dafür nur ein Symptom. Damit hält man die Inder nicht länger für geeignet, die Führungsrolle der Bewegung zu versehen.

Mit dem größeren Selbstbewusstsein indischer Politik verlor auch dieses Problem an Bedeutung. Indien braucht die Blockfreien-Bewegung nicht mehr, um seine weltpolitische Bedeutung zu unterstreichen. Infolgedessen entfiel ein zentraler Streitpunkt mit Südafrika. Hingegen sind die Südafrikaner als Wirtschaftspartner und als regionale Führungsmacht für Indien ein erstrangiger Gesprächspartner; viele Fragen der Weltpolitik und den Wert des Multilateralismus sehen die beiden Partner ähnlich. Gemeinsam haben sie die Vereinigung der Anrainer des Indischen Ozeans ins Leben gerufen (IOR-ARC). Für die Umorientierung der indischen Diplomatie ist es ein wichtiger Schritt, mit Brasilien und Südafrika 2003 eine neue Gruppierung regionaler Führungsmächte (IBSA) aus der Taufe gehoben zu haben. Unmittelbarer Anlass war der Wunsch, die Positionen für die Welthandelsgespräche zu koordinieren. Diese Triade verschafft Indien auf absehbare Zeit Zugang zu den wichtigen Ländern der Dritten Welt, zu denen Südafrika und Brasilien engen Kontakt halten. Damit hat die indische Diplomatie eine weitere »weiche« Machtressource zur Verfügung.[299]

In den Beziehungen Indiens zu Afrika scheint die »weiche Macht« zu überwiegen. Indien wirbt mit allen verfügbaren Mitteln um die Sympathie und Unterstützung der Länder Afrikas. Entwicklungshilfe, Kredite und Schuldenerlass sind wichtige Mittel seiner Politik. Ein originelles Instrument sind »Ausbildungsmessen«, bei denen indische Universitäten versuchen, afrikanische Studierende anzuwerben. Der militärische Aspekt spielt in den bilateralen Beziehungen – mit der Ausnahme Südafrika, mit dem man auch in der Beschaffungspolitik und Rüstungsproduktion kooperieren will – eine auffällig geringere Rolle als gegenüber den Partnern in Südostasien, am Persischen Golf oder in Zentralasien. Nur in Mosambik half die indische Marine 2004, den Afrika-Gipfel des Weltwirtschaftsforums zu sichern – auf Wunsch der dortigen Regierung. Freilich pflegt Indien in Afrika eine massive militärische Präsenz am Boden: Das Engagement Indiens bei den Friedensmissionen der Vereinten Nationen auf dem »schwarzen Kontinent« ist imposant. Indische Soldaten stehen unter anderem in Burundi, der Elfenbeinküste und im Kongo, und es wird den Afrikanern nicht entgehen, welches Potential des südasiatischen Partnerlands sich darin spiegelt.[300]

Deshalb hatte Kautilya Recht *und* Unrecht. Er hatte Recht, weil der »zweite Ring« für Indiens strategische Interessen von herausragender Bedeutung ist. Er hatte Unrecht, weil sich diese Bedeutung nicht in der Einhegung der nahen Feinde erschöpft. Vielmehr bietet die Positionierung Indiens in diesem Umfeld eine exzellente Ausgangsposition, um seine Weltmachtambitionen zu unterstreichen. An diesem Ziel orientieren sich die Aktivitäten Neu-Delhis.

Das Spiel der Giganten:
Indien und die großen Mächte

Großmachtbeziehungen sind eine Domäne der Theorie internationaler Beziehungen, die sich selbst »Realismus« nennt. Die beste alltagssprachliche Beschreibung für diese Theorie ist wohl »Mächtespiel«: Großmächte konkurrieren miteinander um die beste Machtposition, um die nationale Sicherheit, das Überleben des eigenen Nationalstaats, die Integrität seines Territoriums und seiner Institutionen zu erhalten. Denn am sichersten ist der Mächtigste: Andere werden sich scheuen, ihn anzugreifen oder auch nur seine Interessen zu verletzen. Niemand wird wagen, ihm in seine inneren Angelegenheiten hereinzureden.

Diese Theorie ist einfach und gradlinig. Tatsächlich spielt Macht eine gewichtige Rolle im Umgang der großen Staaten miteinander; es geht im Kern immer um ihre Sicherheit. Aber die Theorie ist gerade wegen ihrer Einfachheit öfter in die Kritik geraten: Lässt sich von der inneren Verfasstheit der Staaten absehen, wenn man ihr Außenverhalten betrachtet? Verfolgen Demokratien nicht andere Ziele als Ölscheichtümer oder kommunistische Länder? Spielen nicht kulturelle Werte und historische Erfahrungen eine wichtige Rolle bei der Formulierung außenpolitischer Ziele und bei der Wahl der Mittel? Kann man vom Kräftespiel der Einflussgruppen absehen, die ein Interesse an der Außenpolitik nehmen? Sind nicht im Zeitalter der Wohlfahrtsstaaten so vielfältige Ansprüche an die Politik gerichtet, dass die rückhaltlose Verfolgung von Machtpolitik nur noch in den schlimmsten Diktaturen möglich ist? Führt nicht die wirtschaftliche Verflechtung dazu, dass auch die Großmächte zusehends gemeinsame Interessen entwickeln, die sie mehr in Richtung auf Zusammenarbeit treiben, als dies vor hundert oder zweihundert Jahren der Fall war?

Diese Fragen sind berechtigt. Deshalb werde ich in der folgenden Analyse zwar die Machtverhältnisse zwischen den bedeutenden weltpolitischen Mitspielern ins Auge fassen. Die anderen Faktoren, die auf die Außenpolitik eines Landes wirken können, werden jedoch, wenn notwendig, stets mit herangezogen. Daraus ergibt sich ein differenziertes Bild einer gelegentlich widersprüchlichen, dynamischen und wandelbaren indischen Weltpolitik.

Der Wunsch nach Augenhöhe

Die indischen Eliten hatten seit Erreichen der indischen Unabhängigkeit immer den Anspruch, mit den Weltmächten auf Augenhöhe zu verkehren. Dieser Wunsch wuchs noch, als das zunächst isolierte China schrittweise seinen Platz unter den Mächten der Welt einnahm und durch das Geschick Tschou en-Lais und Deng Hsiao-Pings diese Rolle immer überzeugender ausfüllte. Um so frustrierender war es für Indien, die ersten Jahrzehnte seiner Unabhängigkeit von den Großen der Welt als zweitklassig behandelt zu werden. Die einzige Großmacht, von der sich Indien während des Kalten Krieges ernst genommen fühlte, war die Sowjetunion. Die Vormacht des kommunistischen Blocks wusste es im Ringen mit den USA zu schätzen, dass das größte nichtkommunistische Entwicklungsland auf seiner Seite stand. Die indische »Schlagseite« war seit 1962 sichtbar, als Moskau mit der Lieferung von MIG-Düsenjägern für ein geplatztes Waffengeschäft zwischen den USA und Indien einsprang. Mit der Abspaltung Chinas aus dem Sowjetblock und der amerikanisch-chinesischen Annäherung seit 1970 wurde Indien für die UdSSR als Gegengewicht in Asien noch wertvoller.

Für Indien war umgekehrt die enge Beziehung zu den Sowjets lebenswichtig, um der empfundenen Umklammerung durch China, Pakistan und die amerikanische Seemacht etwas entgegenzusetzen. Dass das Quasi-Bündnis mit Moskau gerade 1971 geschlossen wurde, als Neu-Delhi diese Umklammerung während des Bangladesh-Krieges als äußerst bedrängend empfand, ist kein Zufall. Der Vertrag über Frieden und Freundschaft umfasste zwar keine harte Sicherheitsgarantie wie der NATO-Vertrag, sah aber Konsultationen über die Möglichkeit wechselseitiger Hilfe vor, falls einer der Partner Opfer eines militärischen Angriffes werden sollte. Weitergehendes hätte Indiens Blockfreiheit infrage gestellt. Der Vertrag stieß ohnedies bereits bei der Rechten auf heftige Kritik, die die übergroße Nähe zu Moskau nicht wollte. Moskau seinerseits musste die Risiken begrenzen, die sich aus dem Schulterschluss mit einem Land ergaben, das innerhalb der letzten zehn Jahre dreimal in einen Krieg verwickelt war, darunter immerhin einmal mit der jetzigen Nuklearmacht China.

Das Ende des Ost-West-Konflikts schuf für Indien ein Sicherheitsvakuum. Für die indische Linke, deren Sympathien für die Sowjetunion stets stärker ausgeprägt waren als etwa die der deutschen, war der Zusammenbruch des Sozialismus in seinem Mutterland eine ideologische Katastrophe. Die Beziehungen mit dem sich demokratisierenden Russland litten unter undiplomatisch kritischen Bemerkungen, die Premierminister Rao während der Tage des Putschversuchs 1991 über Gorbatschow geäußert hatte. Indien konnte mit der schwer berechenbaren Politik Jelzins wenig anfangen. Bemerkenswert war der scharfe Rückgang im Handel, nachdem Russland auf Hartwährungs-Bezahlung umgestellt hatte.

Im militärischen Sektor blieben die Beziehungen indes erhalten. 1991 belegten die USA die indische Raumfahrtorganisation ISRO und ihr russisches Pendant Glavkosmos mit Sanktionen. Die Russen hatten Indien Raketenmotor-Technologie geliefert und damit nach amerikanischer Ansicht gegen die russische Verpflichtung aus dem Raketen-Technologie-Kontrollregime verstoßen. Das Risiko, das Glavkosmos (fraglos mit Wissen der Moskauer Regierung) eingegangen war, spricht sehr für das Interesse, welches Moskau nach wie vor an engen Beziehungen zu Indien hatte.

Russland reagierte auf die indischen Nukleartests von 1998 zwiespältig: International, etwa im UN-Sicherheitsrat, schloss es sich den Verurteilungen an, wohl auch, um sich nicht zu weit von den Vereinigten Staaten zu entfernen. In den direkten Beziehungen zu Indien unternahm Moskau jedoch nichts, was dieser Kritik hätte Substanz verleihen können, sondern setzte die enge Zusammenarbeit ohne jede Einschränkung fort.[301] Unter Putin wurde die russische Linie klarer. Russland wurde wieder wichtiger Lieferant von Rüstungsgütern für Indien und bestritt in den fünf Jahren 2000 bis 2004 78 Prozent der indischen Rüstungsimporte. In dieser Periode kaufte Indien für 6,6 Milliarden Dollar militärische Ausrüstungen in Russland ein und nahm damit mehr als 25 Prozent der russischen Rüstungsexporte auf; damit lag es nur hinter China (11,1 Mrd. Dollar). Entscheidend sind die Beiträge Russlands zur Hochrüstung der indischen Marine: Moskau hat Indien den Flugzeugträger Admiral Gorshkov und dessen Bestückung mit Flugzeugen verkauft, außerdem verhandelt man über zwei nuklear getriebene Akula-Unterseeboote, die das Rückgrat der seegestützten nuklearen Abschreckungsmacht Indiens darstellen werden. Die Übertragung von vier Backfire-Fernbombern unterstützt einen weiteren Pfeiler der indischen Abschreckungstriade. Diese Maschinen sind zwar etwas betagt, bereiteten aber in den siebziger und achtziger Jahren den amerikanischen Strategen viel Kopfzerbrechen und sind gegenüber den unmittelbaren Rivalen Pakistan und China respektable Abschreckungsinstrumente. SU-30-Kampfflugzeuge wird Indien in den nächsten fünfzehn Jahren in Lizenzproduktion herstellen; hier ist anscheinend ein vollständiger Technologietransfer vollzogen worden. Überdies unterstützt Russland Indien bei der Entwicklung eines eigenen Schiffsreaktors. Die beiden Länder haben jüngst ein Abkommen über geistiges Eigentum in der Technologiekooperation abgeschlossen. Das wiederum war die Voraussetzung für weitreichende Joint Ventures bei der Entwicklung eines modernen Kampfflugzeugs und eines Langstrecken-Transportflugzeugs.[302]

Russland hat Indiens Isolierung in der Kerntechnik lange vor den USA durchbrochen; es hat unter der fadenscheinigen Behauptung, die Lieferung von Kernbrennstoff diene der Sicherheit, die Richtlinien der Gruppe der nuklearen Lieferländer umgangen und Indien geholfen, seinen Reaktor bei Tarapur weiterzufahren. Präsident Putin hat lange vor Bush seine

Bereitschaft erklärt, Indien auch Reaktoren zu verkaufen. Basierend auf Verträgen, die vor mehr als zwanzig Jahren abgeschlossen wurden, bauen russische Firmen außerdem zwei Kernkraftwerke in Tamil Nadu. Dass Bushs Zugeständnis so viel mehr Begeisterung in Indien ausgelöst hat, zeigt, dass die Inder ihre Beziehung zu Russland geringer schätzen als die zur Supermacht USA.

Zwar sind die beiderseitigen Handelsbeziehungen mit etwa zwei Milliarden US-Dollar jährlich noch wenig bedeutsam, allerdings enthält der Energiesektor ein großes Potential. Der Energiebedarf, der sich aus dem hohen Wachstum der indischen Wirtschaft ergibt, kann zum Teil aus russischen Ressourcen gedeckt werden. Indische Firmen sind an der Erschließung von Ölvorkommen in Sachalin und Udmurtien beteiligt, während die russische Gazprom Erdgasfelder im Golf von Bengalen entwickelt. Es sind die Interessen der Inder an der Energieversorgung, die die Investitionen treiben: Indien hat allein im ersten Quartal 2006 1,5 Milliarden US-Dollar in Russland investiert und war damit in diesem Zeitraum der größte auswärtige Investor; 1,4 Milliarden US-Dollar flossen in den Energiesektor.

Eine sicherheitspolitische Gemeinsamkeit gibt es in der Terrorbekämpfung: Indien und Russland sehen die Probleme in Kashmir und Tschetschenien ähnlich, wobei Indien im Umgang mit seinem inneren Konflikt in demokratischer Tradition mittlerweile behutsamer, geschickter und deshalb letztlich auch erfolgreicher vorgeht. Schwieriger ist es, die beiderseitige Beziehung im Verhältnis zu China und den USA zu gestalten. Wie Russland ist Indien einerseits gegen eine völlige Dominanz der USA, aber wie Putin ging Vajpayee andererseits nach dem 11. September einen großen Schritt auf die USA zu. Aber in Neu-Delhi gibt es kein Liebäugeln mit der Idee eines strategischen Dreiecks Russland–China–Indien als Gegengewicht gegen die Supermacht. Indien steht den USA näher als Russland und empfindet die Vereinigten Staaten nicht (mehr) als Bedrohung. Andererseits steht Russland China näher als Indien, und diese Nähe beunruhigt die indischen Sicherheitspolitiker – zumal Russland Chinas Hauptlieferant für militärische Güter ist und damit zum beständigen Wachstum chinesischer Militärmacht beiträgt. Russland bemüht sich, den darin liegenden latenten Gegensatz zu Indien durch die Mehrung trilateraler Aktivitäten zu dämpfen. Es überredete China, Indien Beobachterstatus in der Shanghai-Kooperation für Zentralasien zu gewähren, und initiierte regelmäßige Dreiergespräche während der UN-Vollversammlung in New York sowie gleichfalls jährliche Treffen der drei Außenminister.

Indien ist bereit, gelegentlich in russische Kritik einzustimmen, wenn die Vereinigten Staaten Fragen der Weltpolitik unilateral lösen wollen. Von einer strategischen Allianz wie in der Vergangenheit wird es absehen, obgleich gerade dieser Begriff bei Präsident Putins Indien-Besuch im Jahre 2000 Eingang ins Communiqué fand. Einer solchen Allianz steht nicht nur das enge russisch-chinesische Verhältnis im Wege, sondern auch die Anstrengung Putins, ein besseres Verhältnis zu Pakistan zu erreichen. Dabei unterstützt Russland indische Positionen weniger klar, als dies mittlerweile Amerika tut. Immerhin gelang es den Indern, Russland zu gemeinsamen Seemanövern im Golf von Bengalen zu bewegen, also unter den Augen des chinesischen Stützpunkts in Myanmar.[303]

Über die weitere Entwicklung der Beziehungen zu Russland gibt es in Indien widersprüchliche Perspektiven. Manche glauben, das Verhältnis stehe wirtschaftlich und strategisch auf solidem Grund. Andere sehen die russischen Interessen bei China viel besser aufgehoben. Ein geschäftsmäßiges Verhältnis, keine »strategische Partnerschaft« ist für sie der wahrscheinlichste Trend.[304] Wahrscheinlich wird die reale Entwicklung auf der Mittellinie verlaufen. Das indisch-russische Verhältnis ist ohne größere Interessengegensätze und enthält wichtige Gemeinsamkeiten. Es ist nicht eng genug für ein Bündnis. Vielmehr werden beide Seiten in den nächsten Jahren versuchen, den Partner, wo es nützlich erscheint, in unterstützende Positionen zu manövrieren, ohne dabei selbst zu viel Handlungsfreiheit einzubüßen.

China – Rivale und Partner

Indiens Verhältnis zu China glich während des Kalten Krieges einer enttäuschten Liebe, bevor es zu einem starken Bedrohtheitsgefühl wechselte: Nehru sah Indien eigentlich als natürlichen Partner Chinas bei der Neugestaltung Asiens, erkannte die chinesische Oberhoheit über Tibet an, verzichtete auf die indischen Prärogative im Lama-Staat, die sein Land eigentlich von der Kolonialmacht geerbt hatte, und setzte sich für die Übernahme des ständigen Sitzes im Sicherheitsrat durch Beijing (anstelle von Taiwan) ein. Die pro-sozialistischen Sympathien, die auch seine Haltung zur Sowjetunion und zum (kapitalistischen) Westen beeinflussten, spielten dabei ebenso eine Rolle wie die gemeinsame antikolonialistische Haltung.

Die indischen Beziehungen zu China verschlechterten sich dann in der zweiten Hälfte der fünfziger Jahre. Das war nicht nur die Schuld der kommunistischen Diktatur. Indien erkannte zwar die chinesische Souveränität über Tibet an, unterstützte aber die tibetanischen Exilanten; das empfand China als bedrohlich. Aus chinesischer Sicht war besonders pikant, dass Indien grenzüberschreitende Hilfe der CIA für den tibetanischen Widerstand in einer Phase zuließ, in der China und die USA eine riskante militärische Krise in der Straße von Taiwan austrugen, in deren Verlauf Washington dem »Reich der Mitte« offen mit nuklearen Schlägen drohte.[305] Indien lastete den ungelösten Grenzkonflikt chinesischer Halsstarrigkeit an und war geschockt, als China 1962 nach mancherlei unklugen indischen Provokationen mit einem Überraschungsangriff einen kurzen, siegreichen Krieg in der umstrittenen Region begann. Anschließend ging Beijing ein Bündnis mit Pakistan ein und unterstützte dessen Kernwaffen- und Raketenprogramme. In Ostindien half China aufständischen Linksextremisten und Sezessionisten. Durch diese Ereignisse entwickelte sich auf indischer Seite für einige Jahrzehnte geradezu eine antichinesische Paranoia.

Die kommenden Jahrzehnte brachten immer wieder wechselseitige Nadelstiche. China erteilte Indien während des Krieges mit Pakistan 1965 eine deutliche (nukleare) Warnung vor einem Angriff auf Ostpakistan. Als Vergeltung erkannte Indien nach Abschluss des Krieges zum größten chinesischen Ärger den Dalai Lama als Führer der tibetischen Exilregierung in Indien an und etablierte diplomatische Beziehungen mit Taiwan.[306] Zum weiteren Verdruss Chinas gliederte Indien das umstrittene Territorium im Nordosten 1986 als neuen Bundesstaat Arunachal Pradesh in die Union ein. Anschließend ließen beide Mächte ihre Truppen entlang der Demarkationslinie aufmarschieren, bis sie jeweils fast 200 000 Soldaten in der Region stehen hatten. 1987 inszenierte der indische Generalstab ein provokatives Militärmanöver (»Schachbrett«) in der Grenzregion, die Schauplatz des Krieges von 1962 gewesen war. Die Krise hätte durchaus eskalieren können, nachdem indische Einheiten sich im umstrittenen Territorium des Sumdurong Chu-Tales eingenistet hatten.[307] Allerdings wurde das Manöver nach der Hälfte der Dauer abgebrochen; die Risiken wurden Neu-Delhi zu groß. Die Episode weist darauf hin, wie ausgeprägt das Feindbild China in den achtziger Jahren war.[308]

Dahinter steht allerdings auch ein handfester Grenzkonflikt. Er manifestiert sich im indischen Anspruch auf den von China annektierten Teil Kashmirs, Aksai Chin, und im reziproken chinesischen Anspruch auf die Region Arunachal Pradesh (immerhin 90 000 Quadratkilometer), die inzwischen indischer Bundesstaat geworden ist. Beide Ansprüche sind illusionär, wären sie doch wohl nur um den Preis eines Nuklearkrieges durchzusetzen. Solange sie jedoch nicht endgültig auf der Grundlage der existierenden »Line of Control« beigelegt sind, stellen sie einen Schwelbrand in den Beziehungen dar, der jederzeit wieder zu einem heftigen Feuer entflammen kann. Frühzeitig hatte China den Vorschlag gemacht, auf dieser Basis den Streit mit einem Gebietstausch zu regeln, aber Indien hatte in der Hoffnung, mehr herausschlagen zu können, auf Einzelverhandlungen über jeden Grenzabschnitt bestanden.

Vielleicht war die entscheidende Bedingung für das schlechte Verhältnis die Unfähigkeit Beijings, Indien als überregionale Macht ernst zu nehmen. Für die Herrscher im Reich der Mitte war der Nachbar nicht mehr als einer der tributpflichtigen Vasallenstaaten in der Peripherie der klassischen Zeit des chinesischen Kaiserreiches. Dass China, dem Indien sich gleichwertig fühlte, durch den permanenten Sicherheitsratssitz und die Anerkennung seines Kernwaffenstatus im Atomwaffensperrvertrag weltpolitische Privilegien besaß, trug zusätzlich zur indischen Aversion bei.

Die chinesische Haltung hat sich durch den wirtschaftlichen Aufstieg Indiens, durch die Demonstration indischer Kernwaffenmacht und durch die veränderte Politik der USA gegenüber Neu-Delhi gründlich geändert. China ist heute eher bereit, Indien als gleichrangig anzuerkennen; der frühere Ministerpräsident Zhu Rongji hat dies 2002 ausdrücklich zugestanden. China hat auch zur Kenntnis nehmen müssen, dass Indien sich ebenso gut auf die kleinen symbolischen Gesten versteht wie die mit allen Wassern gewaschenen Chinesen: Die griffen 1978 während des Besuchs des damaligen Außenministers Vajpayee das mit Indien befreundete Vietnam an – ein Affront. Als Li Peng 2001 Indien besuchte, testeten die indischen Raketeningenieure am letzten Tage des Besuchs die Agni II, die wichtigste Trägerwaffe des indischen Abschreckungsdispositivs gegen China. Es ist anzunehmen, dass Beijing den Wink verstanden hat. Dies hat den chinesischen Respekt vor Indien nicht verringert.[309]

Die Verbesserung der Beziehungen wurde bereits angestoßen durch den Besuch von Rajiv Gandhi in Peking 1988. Ein Jahr später begann eine Arbeitsgruppe mit Verhandlungen über die Grenzfrage. Gelöst wurde das Problem zwar nicht, aber der Konflikt ebbte ab. Die Tatsache, dass ein Verfahren etabliert war, genügte, um die regelmäßigen Grenzzwischenfälle praktisch zu beenden. 1993 und 1996 wurden vertrauensbildende Abkommen getroffen; das letztere beschränkt die Größe von Manövern und die Stationierung von Waffen im Grenzgebiet. Die lokalen Kommandeure erhielten direkte Telefonverbindungen und richten regelmäßige Treffen aus. Das zweite Abkommen wurde von Chinas Präsidenten Jiang Zemin in Neu-Delhi unterzeichnet – er war der erste Präsident Chinas überhaupt, der Indien besuchte, ein Zeichen für den wachsenden Respekt, den Beijing dem anderen großen Staat Asiens zollte.

Indien und China halfen sich überdies wechselseitig in der UNO-Menschenrechtskommission, wo Indien gegen die Verurteilung Chinas stimmte und China die Versuche Pakistans, Indien wegen der Lage in Kashmir an den Pranger zu stellen, nicht unterstützte. 1995 half China den Indern mit der Lieferung von niedrig angereichertem Uran für das Kernkraftwerk Tarapur aus; seit dem amerikanischen Lieferboykott der siebziger Jahre hatte Indien immer wieder Probleme, die dortige Stromproduktion aufrechtzuerhalten.

Der Entspannungsprozess wurde jedoch durch die indischen Nukleartests 1998 jäh unterbrochen, und zwar nicht aufgrund der Tests selbst, sondern weil Indien die Sicherheitsbedrohung durch China als Grund für sein Handeln nannte. Nachdem bereits Verteidigungsminister Fernandes so argumentiert hatte, nutzte Premierminister Vajpayee dieselbe Rechtfertigung in einem vertraulichen Brief an Präsident Clinton, der sogleich in der amerikanischen Presse auftauchte. China reagierte ungehalten. Es schien, als sei der Entspannungsprozess damit zerstört worden, aber innerhalb von eineinhalb Jahren normalisierten sich die Beziehungen wieder. Beijing bestand darauf, dass beide Seiten sich versicherten, den anderen nicht als Bedrohung zu betrachten. Indien folgte diesem Wunsch. China hat anlässlich der Indien-Reise von Li Peng 2001 ausdrücklich erklärt, Indien nicht als Bedrohung zu betrachten. Außerdem beteuerte Beijing, niemanden zu bedrohen und keine Einflusszonen zu suchen.[310] Tatsächlich lässt das chinesische Rüstungsverhalten nicht darauf schließen, dass es Indien als wesentliche Bedrohung im Kalkül hat; es ist sehr viel stärker auf die USA hin ausgerichtet. Auch haben chinesische Politiker gegenüber indischen Gesprächspartner die Nuklearfrage nach 1998 selten thematisiert. Auch das lässt nicht vermuten, dass es sich um eine vorrangige Sorge der Planer in Beijing handelt. Die Führung der chinesischen Streitkräfte mit ihrer ausdrücklich pro-pakistanischen Haltung könnte dabei allerdings eine Ausnahme bilden.[311]

Dass zwischen Indien und China ein Sicherheitsproblem besteht, welches aus ihrer Machtrivalität resultiert, ist nicht zu übersehen. Jedoch wird dadurch das Verhältnis zwischen beiden Ländern, wie das vorübergehend 1998 erschien, keineswegs auf nachhaltige Feindschaft festgelegt. Vielmehr besteht ein Gemisch aus kooperativen und konfliktiven Interessen.[312] Im neuen außenpolitischen Konzept Indiens spielt China daher die doppelte Rolle eines Konkurrenten und Kooperationspartners. Man ist vital interessiert am Ausbau der wirtschaftlichen Beziehungen. Der chinesische Wachstumsmarkt wird als Chance für Indien begriffen (und umgekehrt). Der indisch-chinesische Handel erreichte von einer vernachlässigbaren Größe Anfang der neunziger Jahre fast vierzehn Milliarden US-Dollar in 2004, achtzehn Milliarden US-Dollar 2005, und es wird für möglich gehalten, dass er 2010 die dreißig Milliarden überschreitet. Große indische Softwareunternehmen, darunter Infosys, betreiben inzwischen Trainingszentren und Tochtergesellschaften in China, ein Zeichen übrigens, dass sie die dadurch entstehende Konkurrenz nicht fürchten, sondern in China vor allen Dingen den attraktiven Markt für ihre Dienstleistungen sehen.

Das Sicherheitsproblem zwischen den beiden Staaten konkretisiert sich in der Grenzfrage. Die Expertentreffen zur Festlegung der »Line of Control« sind nach 2002 wieder intensiviert worden. Ihre Aktivitäten symbolisieren den Wunsch, das Problem auf dem Verhandlungsweg zu lösen, haben jedoch noch nicht zu Ergebnissen geführt. Wenigstens hat man inzwischen Karten der umstrittenen Regionen ausgetauscht. Dass ein solcher Deal womöglich auf beiden Seiten die Preisgabe von Territorium erfordern wird, das für nationales Eigentum gehalten wird, dürfte bei den Nationalisten beiderseits Widerstand hervorrufen. Indien müsste auf Aksai Chin verzichten, einen Teil Kashmirs, den Pakistan an seinen Verbündeten China überschrieben hat, während es die Gebiete auf seiner Seite behalten würde, die von China beansprucht werden, vor allen Dingen Arunachal Pradesh im Osten. Gerade das Himalaya-Territorium ist jedoch im Hinduismus geheiligt; ein nüchterner Tausch würde bei der hinduistischen Nationalbewegung Erbitterung auslösen Es ist also kein Wunder, dass die Sache so langsam vorangeht.

Ein weiterer kleiner Fortschritt gelang beim Besuch Premierminister Vajpayees im Juni 2003. China versprach, einen Prozess der Anerkennung Sikkims als indisches Territorium zu starten und die Wiederaufnahme des Handels zwischen Sikkim und Tibet zuzulassen. Indien würde eine klarere Anerkennungsformel für die Zugehörigkeit Tibets zu China entwickeln. Das tat Vajpayee in der gemeinsamen Erklärung von 2003. China stimmte im Gegenzug einer Öffnung des Nathu-La-Passes zu, womit der Handel zwischen Sikkim und Tibet nach Jahrzehnten wieder möglich wurde. Da Sikkim indischer Bundesstaat ist, bedeutete das eine neue Handelsroute zwischen Tibet und Indien. 2005 schließlich kam es zu der geforderten »Gegenleistung«: Bei einem Besuch Wen Jiabaos in Indien sprach der chinesische Regierungschef die Anerkennung Sikkims als Teil Indiens aus.[313] 2005 gelang es auch, Leitprinzipien für eine Einigung in der Grenzfrage zu Papier zu bringen, die auf die Anerkennung der »Line of Control« hinauslaufen. Mit der Ernennung von Sonderbeauftragten für die Grenzfrage richteten die beiden Seiten einen institutionalisierten Verständigungsprozess zu ihrer größten Streitfrage ein. Damit dürfte auszuschließen sein, dass sie in absehbarer Zeit zu einer Krise eskalieren könnte.

Verbunden ist diese Verständigung mit der wechselseitigen Anerkennung der weltpolitischen Rolle im Rahmen einer »Strategischen Partnerschaft« – der Aussicht, in internationalen Gremien zusammenzuarbeiten und auch in der Energiesicherung, einem der brisantesten potentiellen Konfliktgegenstände, zu kooperieren.[314] Dieses Abkommen könnte größte weltpolitische Bedeutung haben. Denn im Grundsatz haben sich Indien und China darauf verständigt, in ihren Versuchen, langfristige Lieferverträge für Erdöl und Erdgas abzuschließen oder sich in die Exploration und Produktion einzukaufen, nicht mehr gegeneinander zu konkurrieren. Indien hat in den letzten Jahren mehrfach ein solches Wettbieten verloren, aber den Preis für die chinesischen Gewinner schmerzhaft nach oben getrieben. Diese Ereignisse dienten als

Menetekel eines explosiven Konfliktstoffs. Als Folge des Abkommens haben die beiden nationalen Ölgesellschaften ein Memorandum unterschrieben, Offshore-Vorkommen von Erdöl und Erdgas in Australien und Indonesien gemeinsam zu erschließen. Gemeinsam fördern sie schon Erdöl im Sudan. In der russischen Republik Udmurtien bemühen sie sich um eine gemeinsame Erschließungslizenz. Die Gas Authority of India schafft in Peking ein Verteilungssystem für Erdgas und verhandelt über den Bau eines Terminals für Flüssiggas in China.

Jährliche Außenministertreffen sind beschlossen. Die Verteidigungsminister vereinbarten im Mai 2006, die militärische Zusammenarbeit zu verdichten. Nicht nur die Seestreitkräfte üben zusammen, sondern auch die Luftwaffen. An der »Line of Control« wurden seit Jahren keine Schüsse mehr ausgetauscht. Stattdessen laden sich die Offiziere wechselseitig zu den nationalen Feiertagen ein. 2006 fanden erstmals gemeinsame Übungen der Landstreitkräfte mit den Missionen »Anti-Terrorismus« und »Friedenserhaltung« statt.[315] Außerdem bemühen sich beide Seiten, die Beziehungen über die Sicherheitsproblematik hinaus zu erweitern und andere Akteure als nur die Diplomaten daran teilnehmen zu lassen. Eine gemeinsame Parlamentariergruppe wurde 2001 ins Leben gerufen. Noch ungleich wichtiger sind die wachsenden Wirtschaftskontakte, von denen sich beide Seiten – die dynamischsten Märkte der Welt – neue Impulse versprechen. Zentral für diese Zusammenarbeit dürfte das Informationstechnologieabkommen von 2000 sein. Hier führen die Partner die indische Stärke im Software-Engineering mit dem chinesischen Vorsprung in der Hardware-Produktion zusammen.[316]

In der Terrorbekämpfung besteht ein gemeinsames Sicherheitsinteresse der beiden asiatischen Riesen, das früher nicht vorhanden war. Das nimmt einen dämpfenden Einfluss auf die Rivalität in Südasien selbst. Dass China während des Kargil-Krieges auf deutliche Distanz zu Pakistan ging, registrierte Neu-Delhi mit Befriedigung und verbuchte dies als großen Erfolg der indischen Diplomatie. China vertritt jetzt die Position, dass die Lösung des Kashmir-Konflikts in bilateralen

Verhandlungen zwischen Indien und Pakistan gesucht werden müsste; das entspricht den indischen Wünschen. An der dritten Möglichkeit, einer Unabhängigkeit Kashmirs, ist China wegen der unangenehmen Assoziationen mit Tibet, Taiwan und Sinkiang genauso wenig interessiert wie Indien.[317]

Seit der indisch-chinesischen Entspannung zu Beginn der neunziger Jahre ist also eine vorsichtige Distanzierung Beijings zum Partner Pakistan zu beobachten. Das mag damit zusammenhängen, dass die chinesische Führung Islamabad eine Teilschuld für die Kontakte zwischen dem Afghanistan der Taliban, Osama bin Laden und islamistischen Rebellen in Chinas Westprovinz Sinkiang zuschreibt. Hier ergibt sich ein wachsendes gemeinsames Interesse mit Indien, die Aktivitäten Pakistans einzudämmen, die dem radikalen Islamismus zugute kommen. Sogar einen Austausch von einschlägigen Geheimdienstinformationen hat es bereits gegeben.[318]

Vielleicht ist Beijing zu dem Schluss gekommen, dass es für die eigene stabile Entwicklung unzweckmäßig ist, gegenüber Indien ausschließlich auf Eindämmung, Gegengewicht und Umzingelung zu setzen, und dass man stattdessen eher die Kooperation mit dem Nachbarn zum beiderseitigen Nutzen anstreben sollte. Den indischen Interessen an größerer Handlungsfreiheit in der eigenen Region Südasien kommt diese ausgewogenere Politik der Volksrepublik entgegen. Es bleibt allerdings das Misstrauen, das die nachhaltige chinesische Unterstützung für Pakistans Atomwaffenprogramm ausgelöst hat. Dieses Misstrauen ist durch die Beteuerungen Beijings, jegliche Hilfe eingestellt zu haben, nicht gänzlich besänftigt. Wie die USA, so sieht auch Indien Anzeichen, dass China unter der Hand weiterhin Unterstützungsleistungen erbringt.

China hat im Zuge seines wirtschaftlichen Aufstiegs seine Beziehungen zu Sri Lanka, Bangladesh und Nepal verstärkt. Indien beobachtet mit Besorgnis die chinesische Hilfe für Pakistans Raketenprogramm, die Entwicklung einer militärischen und geheimdienstlichen Beziehung Chinas zu Nepal, den Versuch, auch in Bhutan diplomatisch Fuß zu fassen und die entstehende militärische Zusammenarbeit Beijings mit

Bangladesh. Beijing und Neu-Delhi werben für konkurrierende Konzepte transnationaler Wirtschaftskooperation bei den Nachbarn. Indien hält seinerseits nicht mehr an der »Indira-Doktrin« fest, nach der die kleineren Staaten auf dem Subkontinent Indiens exklusive Chasse Gardée darstellen. Dass im Zeichen der Globalisierung die kleinen Nachbarn auch Interesse am chinesischen Wachstumsmarkt entwickeln, ist unvermeidlich. Indien versucht jetzt, einer gar zu einflussreichen Position Beijings in Südasien mit freundlicheren Beziehungen zu seinen Nachbarn entgegenzuwirken.

China bleibt für Indien Machtkonkurrent im weiteren Asien. Die chinesische Stellung in Myanmar, dem östlichen Nachbarstaat Südostasiens, ist stark. Die chinesische Marine verfügt über den Stützpunkt Hianggyi im Mündungsgebiet des Flusses Bassein und überwacht mit einer großen Radaranlage auf den Coco-Inseln den Schiffsverkehr im Golf von Bengalen. Beijing beobachtet mit Unbehagen die seit Premierminister Rao aktive indische »Ostpolitik«, das neue Fernost-Marinekommando auf den Andamanen und die wachsende Sicherheitskooperation Indiens mit den beiden (potentiellen) Feinden Chinas, Vietnam und Japan.[319] Die dort drohende Rivalität könnte sich aber durch die gemeinsamen Flottenmanöver im Südchinesischen Meer entspannen: Denn damit hat China stillschweigend indische Interessen und eine indische maritime Rolle in Südostasien anerkannt.[320]

Indiens Diplomaten hatten in der Vergangenheit notorische Probleme, China zu verstehen; umgekehrt war es nicht anders. Beide hielten die andere Seite für arrogant und unzugänglich.[321] Der Grund mag auf beiden Seiten die Diskrepanz zwischen Anspruch auf Erstklassigkeit und die reale Rückständigkeit gewesen sein: Man sah sich selbst im Lichte des Anspruchs – und verhielt sich entsprechend – während man den Partner dort sah, wo er wirklich stand – und sich gleichfalls entsprechend verhielt. In dem Maße, in dem Anspruch und Wirklichkeit sich näher kommen – und die Umstände beide Seiten in Richtung auf vernünftiges, zielführendes Verhandeln drängen –, mag die Beziehung einfacher werden.

Beide Länder verfügen über Druckmittel gegeneinander. China kann durch seine territorialen Ansprüche gegen Indien und seine Hilfe für Pakistan Druck ausüben, Indien Unruhe in Tibet stiften; denn unter der vielköpfigen tibetanischen Exilantengemeinde in Indien gibt es durchaus manche Vertreter, die mit der pazifistischen Haltung des Dalai Lama nicht einverstanden sind und dem bewaffneten Widerstand das Wort reden. Indien hält das unter Kontrolle, könnte aber solche Aktivitäten genauso gut unterstützen.[322]

Das Verhältnis Indien/China wird also von widersprüchlichen Impulsen getrieben. Auf der einen Seite gibt es ein herkömmliches Sicherheitsdilemma zwischen rivalisierenden Großmächten. Infolgedessen bewerten beiden Seiten gewisse Aktivitäten der anderen als feindselig und bedrohlich. Aber, wie der indische Verteidigungsminister seinem enttäuschten japanischen Kollegen bedeutete: Indien sieht in China keine unmittelbare Bedrohung.[323] Denn auf der anderen Seite gibt es unwiderstehliche Impulse für eine wirtschaftliche Kooperation. Auf der weltpolitischen Bühne sind beide bemüht, positive Beziehungen zu den USA zu entwickeln (wobei Delhi weit erfolgreicher ist) und zugleich einer imperialen Vorherrschaft der Supermacht entgegenzuwirken, um der eigenen Mitsprache Geltung zu verschaffen.

Die USA – vom Buhmann zum Bündnispartner?

Nichts verdeutlicht Indiens Aufstieg so sehr wie die gewandelte Haltung der USA. Ihr entspricht eine neue Bereitschaft Indiens, sich auf die Partnerschaft mit der Supermacht einzulassen. Welche Revolution dies auf beiden Seiten bedeutet, macht der Rückblick klar: Das indisch-amerikanische Verhältnis blieb während des Kalten Krieges kühl. Die »natürliche Allianz« der beiden weltgrößten Demokratien kam nicht zustande, im Gegenteil, in vielen weltpolitischen Fragen fand man sich auf unterschiedlichen Seiten der Frontlinie. Indien erregte das Missfallen und das Misstrauen der USA nicht nur durch seine Blockfreiheit, sondern indem es die kommunistische Regierung Chinas prompt anerkannte und sich dafür einsetzte, dass Beijing den noch von Taiwan besetzten ständigen Sitz im Sicherheitsrat der Vereinten Nationen einnahm. Die indische Freundlichkeit gegenüber der Sowjetunion und die Weigerung Neu-Delhis, sich auf die Seite der westlichen Demokratien zu stellen, stieß in Washington auf Unverständnis und Ablehnung. Der ursprüngliche Enthusiasmus für die volkreiche Demokratie wich Feindseligkeit (enttäuschte Liebe!) und einer gewissen Verachtung, als Indien durch sein bürokratisches Wirtschaften hinter den Erwartungen eines kräftigen Wachstums und Wohlstandsgewinns zurückblieb. Indische Versuche, in Washington politische Anerkennung zu erwirken, blieben vergeblich. Die Supermacht ließ die potentielle Weltmacht fünfzig Jahre buchstäblich »links liegen«, maß ihr keine strategische Bedeutung zu und kümmerte sich – im Guten wie im Bösen – nur sporadisch um sie.[324]

Indien wurde in die Opposition zu den USA gedrängt, als Washington mit Pakistan mehrere Allianzen schloss: Die beiden unterzeichneten nicht nur 1954 einen bilateralen Verteidigungsvertrag, Amerika sorgte auch für den pakistanischen Beitritt zur multilateralen Allianz CENTO (der außerdem die Türkei, Iran und Irak angehörten) und der südostasiatischen SEATO. Für Indien war die amerikanische Allianz mit Pakistan sicherheitspolitisch ein Ärgernis. Denn dadurch kam Pakistan zu modernen amerikanischen Waffen, die Indien beispielsweise im Krieg von 1965 ziemlich zu schaffen machten. Von diesem Zeitpunkt an erfreuten sich die USA in Delhi ausgesuchter Unbeliebtheit.[325]

Dennoch kam es gelegentlich aus aktuellen strategischen Konstellationen heraus zur Annäherung. So antwortete Kennedy 1962 während des Indien-China-Krieges auf den vertraulichen Hilferuf Nehrus, indem er den Flugzeugträger Enterprise in den Golf von Bengalen schickte, um Indien zu bedeuten, dass man einen Marsch auf Kalkutta nicht dulden werde. Drei Jahre später jedoch stoppte Präsident Johnson die Nahrungsmittelhilfe an Indien, um Neu-Delhi zu Wirtschaftsreformen zu zwingen – eine äußerst demütigende Geste, die das amerikanisch-indische Verhältnis auf Jahre vergiftete. Folgerichtig verurteilte Indien zwar lautstark den Vietnam-Krieg, blieb aber zum sowjetischen Einmarsch in Prag 1968 stumm.

In den siebziger Jahren entwickelten sich die USA aus indischer Sicht gar zur Sicherheitsbedrohung. Hatte der Flugzeugträger »Enterprise« während des indisch-chinesischen Krieges noch zugunsten Indiens Flagge gezeigt, so wurde er 1971 gegen Indien in Stellung gebracht, um Delhi von einem Angriff auf Westpakistan abzuschrecken. Zugleich verurteilte der UNO-Botschafter der USA, der spätere Präsident George H. W. Bush, Indien sogar im Sicherheitsrat und forderte einen sofortigen Waffenstillstand, bevor Indien die Hauptstadt Ostpakistans, Dhaka, genommen hatte. Die Sowjets widersetzten sich. Eine Flugzeugträgergruppe mit zehn Kriegsschiffen der siebten US-Flotte fuhr in den Golf von Bengalen ein. Wenig später tummelte sich dort auch ein sowjetisches Flottenkontingent von acht Schiffen.[326]

Nach dem Besuch Nixons in Beijing im gleichen Jahr verknüpfte sich die amerikanisch-pakistanische Allianz mit einer amerikanisch-chinesischen Entente. Daher hielt Indien den Ausbau des Stützpunkts Diego Garcia im Indischen Ozean als Basis für die US-Luftwaffe, die auch die Nuklearbomber B-52 aufnehmen konnte, für bedrohlich. Indira Gandhi machte Diego Garcia zu einem zentralen Streitpunkt mit den USA. Der indische Vorschlag einer »Zone des Friedens« im Indischen Ozean zielte darauf, die amerikanische Marinepräsenz zu begrenzen oder zu verbieten. Jedoch kritisierte Gandhi keineswegs die sowjetische Präsenz, die sie nicht als Drohung gegen Indien ansah. Die Janata-Regierung, die Ende der siebziger Jahre zwischen den beiden Gandhi-Regierungszeiten in Delhi herrschte, nahm eine ausgewogenere Position ein. Nach der Rückkehr Indira Gandhis an die Macht folgte Indien wieder einer schärferen Linie gegen die USA. Die USA widersetzten sich vehement dem indischen Vorschlag der »Friedenszone«. Sie setzten die Vertagung einer Gründungs-Konferenz auf unbestimmte Zeit durch.[327] Indien wollte das »eigene« Weltmeer für fremde Mächte, im Klartext: für die

USA sperren. Das war für die Seemacht USA nicht annehmbar. Die Positionen standen antagonistisch gegeneinander.[328]

In den achtziger Jahren erwog die Reagan-Administration, für ihren Kreuzzug gegen den weltpolitischen Gegner Sowjetunion Indien aus dessen Orbit herauszulösen. Indien wiederum lag daran – in Reaktion auf die ungeliebte sowjetische Afghanistan-Intervention –, die eigenen Waffenimporte zu diversifizieren, um die einseitige Abhängigkeit von Moskau abzuschwächen. Im Memorandum of Understanding von 1984 steckten beide Seiten erstmals einen Rahmen für Rüstungszusammenarbeit ab. Die Vereinigten Staaten waren darum bemüht, Technologien von der Zusammenarbeit auszuschließen, die Indiens Kernwaffenprogramm stützen könnten oder die so nahe an bestehenden indisch-sowjetischen Projekten lagen, dass ein Transfer amerikanischer Technologie in sowjetische Hände gedroht hätte. Die Kooperation blieb daher hinter den indischen Wünschen und Hoffnungen zurück.[329]

Das Ende des Kalten Krieges änderte zunächst am distanzierten amerikanisch-indischen Verhältnis nichts. Die Gründe waren Kashmir und die Nuklearfrage. Zu Beginn der neunziger Jahre wurde Indien zur Zielscheibe scharfer Kritik im Kongress wegen der Menschenrechtsverletzungen in Kashmir. Präsident Clinton versuchte, multilaterale Verhandlungen über die Region in Gang zu bringen – seit jeher ein rotes Tuch für die Inder –, und erweckte den Eindruck, als unterstütze er die Sezession des nordöstlichen Landesteils. Erst die energische Selbstorganisation des 1992 gegründeten, seither jedoch ständig wachsenden »indischen Caucus« im Kongress – mit etwa 120 Mitgliedern ist das mittlerweile die stärkste ethnische Lobby-Vertretung innerhalb des amerikanischen Parlaments – und der indischen Diaspora in den USA führte dazu, dass der Druck aus dem amerikanischen Parlament nachließ. In den frühen neunziger Jahren erreichten Resolutionsentwürfe, in denen die indische Minderheitenpolitik verdammt wurde, beinahe Mehrheiten, und der konservative Republikaner Dan Burton verfehlte die Verabschiedung eines Gesetzesentwurfs, der die Streichung der Auslandshilfe an Indien verlangte, 1995 nur um neunzehn Stimmen. Danach nahm sich allerdings die erstarkte indische Lobby der Sache an. Zwei Jahre später betrug die Mehrheit der Gegenstimmen 260, der indische Standpunkt hatte im Kongress gewonnen.[330]

Die Zahl indischer Zuwanderer hatte sich seit 1980 fast vervierfacht. Sie zählen zu den erfolgreichsten Immigranten in den USA: Fast sechzig Prozent haben eine höhere Ausbildung (mindestens B. A.), während das nur für etwas mehr als zwanzig Prozent der weißen Bevölkerung zutrifft. Daher sind die meisten von ihnen in qualifizierten Berufen tätig, und ihr Einkommen überschreitet das aller anderen Volksgruppen außer den Amerikanern japanischer Herkunft. Zu Beginn des neuen Jahrhunderts gab es dreihundert indisch-amerikanische Unternehmer mit einem Vermögen von mehr als fünf Millionen Dollar (interessante Leute für die Politiker und die Parteien, die immer auf der Suche nach Spendern sind). Indische Zuwanderer tätigten vierzig Prozent der unternehmerischen Neugründungen in Silicon Valley und im Gebiet um die amerikanische Hauptstadt. In Silicon Valley florieren fast achthundert indisch-amerikanische Firmen.[331]Organisationen wie die Amerikanische Vereinigung von Ärzten indischer Herkunft (AAPI), der Indisch-Amerikanische Freundschaftsrat oder die Asiatisch-Amerikanische Hotelbesitzervereinigung, die von Indoamerikanern beherrscht wird, zeigen eine starke Präsenz in der US-Hauptstadt. Übrigens scheren Moslems indischer Herkunft nicht aus der politischen Front der Solidarität mit dem Herkunftsland aus.[332]

Seit dem ersten indischen Nukleartest 1974 lag über Indien ein amerikanisches Technologieembargo. Der Nuclear Non-Proliferation Act von 1998 unterband die kerntechnische Zusammenarbeit mit allen Staaten, die nicht – wie die Nichtkernwaffenstaaten, die dem Atomwaffensperrvertrag angehören – alle ihre Nuklearaktivitäten der Kontrolle der Internationalen Atom-Energie-Organisation (IAEO) unterstellen. Indien hatte seither Schwierigkeiten, den Kernbrennstoff für das Kraftwerk Tarapur zu besorgen. Der Reaktor amerikanischer Herkunft braucht angereichertes Uran, und die Anreicherungstechnik hatte Indien noch nicht entwickelt. Das Glenn-Amendment verpflichtete die Regierung zudem, in internationalen Geber-Organisationen gegen Kredite und Hilfen an »nukleare Proliferatoren« zu stimmen. Das kostete Indien viel Geld.[333]

Trotz dieser fortgesetzten Irritationen bewegten sich die beiden Staaten nach Ende des Ost-West-Konflikts allmählich aufeinander zu. Einen großen Schritt machten sie 1995 mit einer Vereinbarung über die Verteidigungskooperation, die ein Netzwerk gemeinsamer Arbeitsgruppen und enge direkte Kontakte zwischen den Militärs Indiens und der USA, einschließlich gemeinsamer Übungen, etablierte. Die meisten dieser Aktivitäten wurden jedoch drei Jahre später erst einmal unterbrochen.[334] Denn die USA reagierten wütend auf die indische Testserie im Mai 1998. Die Clinton-Regierung fühlte sich getäuscht: Sie glaubte, Indien einen privilegierten Platz in der amerikanischen Außenpolitik eingeräumt zu haben. Die Inder sahen sich allerdings in der Priorität Washingtons im Vergleich zur Volksrepublik China ständig zurückgesetzt und ärgerten sich über die amerikanische Toleranz gegenüber der nuklearen und Raketen-Hilfe Beijings an Pakistan.

Der amerikanische Zorn währte allerdings wesentlich kürzer als nach dem Test von 1974. Nachdem die erste amerikanische Wut verraucht war (bei der nicht zuletzt die Frustration über das Versagen der eigenen Geheimdienste mitspielte), versuchte der stellvertretende Außenminister Talbott in einer Serie von vertraulichen Konsultationen mit dem indischen Außenminister Jaswant Singh eine Lösung; dazu zählte der indische Beitritt zum Teststopp. Obgleich letztlich keine Einigung gelang, kam man sich näher. Der entscheidende Sprung vorwärts resultierte jedoch aus dem pakistanischen Angriff auf Kargil. Zur Verblüffung der indischen Regierung stellten sich die USA unzweideutig auf ihre Seite: Öffentlich zog Washington die pakistanische Darstellung in Zweifel, es handele sich um Freiheitskämpfer. Die USA forderten Pakistan außerdem in aller Deutlichkeit zum Rückzug auf und erkannten die Berechtigung der indischen Militäraktion ausdrücklich an;

Indien wurde lediglich gebeten, den Krieg nicht auf pakistanisches Territorium zu tragen.[335]

Diese Episode überzeugte Indien davon, dass Washington es nicht (mehr) auf die Abspaltung Jammu und Kashmirs von Indien anlegte; militärische Kontakte lebten auf. Der Weg für den triumphalen Besuch Clintons in Indien im Jahr 2000 – den ersten eines amerikanischen Präsidenten nach zwanzig Jahren! – war bereitet. Clinton, der als erster US-Präsident im indischen Parlament eine gefeierte Rede hielt – sechs Monate später durfte Vajpayee vor dem Kongress sprechen –, vertrat den Standpunkt, Einigungsgrundlage für eine Beilegung des Kashmir-Konflikts solle die »Line of Control«, das heißt die faktisch bestehende Grenze sein. Die Unabhängigkeit oder ein Referendum in Kashmir unterstützte er nicht mehr.

Indien und die USA entdeckten zu dieser Zeit ein wichtiges gemeinsames Interesse: die Terrorbekämpfung. Regelmäßige amerikanisch-indische Konsultationen über Afghanistan und die Verbindung zwischen den Taliban und al-Qaida begannen also deutlich vor den Anschlägen des 11. September 2001. Sie erleichterten später die Intensivierung der Zusammenarbeit zwischen den Diensten beider Länder. Unter Bush setzte sich die Annäherung zunächst fort, motiviert durch die antichinesische Sicherheitspolitik der USA. Im April 2001 wurde Außenminister Jaswant Singh eine spontane Einladung ins Weiße Haus zuteil. Diese Geste diente Washington dazu, China während der Krise um das im Reich der Mitte festgehaltene amerikanische Beobachtungsflugzeug ein unmissverständliches Signal über die amerikanischen Bündnismöglichkeiten zu geben.[336] Die öffentliche Unterstützung Indiens für die weltweit kritisierten Raketenabwehr-Pläne der Bush-Regierung (Mai 2001) stellte einen weiteren Schritt der Annäherung dar, mit dem Delhi bewusst Position gegen chinesische und russische Interessen bezog. Der 11. September 2001 eröffnete der indischen Regierung die Chance, die politische Wende im Verhältnis zur Supermacht um den entscheidenden Schritt voranzubringen. Premierminister Vajpayee entbot kurz nach den Terrorakten dem amerikanischen Präsidenten nicht nur Indiens Kondolenz und Sympathie, sondern erklärte die beispiellose Bereitschaft für uneingeschränkte militärische Unterstützung. Dies beinhaltete sogar die Möglichkeit, Stützpunkte auf indischem Territorium zu nutzen (die USA machten von dieser Offerte keinen Gebrauch, aber das Angebot allein dokumentierte die völlige Änderung indischer Weltpolitik). Indiens Geheimdienste lieferten der CIA außerdem Erkenntnisse aus Afghanistan und Pakistan über die Taliban und über al-Qaida.[337]

Dann erweckte jedoch der amerikanische »Krieg gegen den Terror« indische Befürchtungen, die alten Zeiten kämen wieder: Pakistan avancierte zum wichtigsten US-Verbündeten.[338] Nach der Serie von Terroranschlägen 2001/2002, die Indien zur Vollmobilisierung veranlasste und einen Großkrieg in Südasien unvermeidlich erscheinen ließ, stellte sich Bush indes öffentlich hinter die indische Behauptung, die Terrorakte hätten ihren Ursprung in Pakistan, und verlangte von seinem Partner Musharraf ultimativ, die Unterstützung der Terroristen einzustellen. Die USA vermittelten einen Ausweg aus der Krise. Nachdem die USA in den wesentlichen Fragen eher indischen Positionen zuneigten, ging Indien von seiner traditionellen Position ab, keine externe Einmischung in die Kashmir-Frage zu tolerieren. Im Gegenteil, nunmehr hielt man ein Engagement der USA für nützlich. Die USA erklärten ihrerseits nach den Wahlen in Kashmir 2002 die neue regionale Regierung zum legitimen Vertreter des Volkes des indischen Bundesstaates. Damit stellten sie sich direkt gegen die alte pakistanische Forderung nach Selbstbestimmung durch ein Referendum.

Indien und die USA analysierten die mit Pakistan verbundenen Risiken unterschiedlich. Washington stellte die Möglichkeit in den Vordergrund, dass Pakistan zerfallen und die pakistanischen Kernwaffen in die Hände islamistischer Kräfte gelangen könnten. In der Stärkung Musharrafs sah man daher die wichtigste Aufgabe im Kampf gegen den Terrorismus. Indien hingegen schrieb dem Militärregime eine deutlich höhere Stabilität zu. Dass Pakistan Terroristen beherbergte, galt in Neu-Delhi nicht als Zeichen staatlicher Schwäche, sondern als Ergebnis einer gezielten politischen Strategie. Diese Bewertungsunterschiede verloren in der Praxis jedoch an Gewicht. Die USA erhöhten nach den Krisen von 1999 und 2001/2002 den Druck auf Pakistan, von der Unterstützung des Terrorismus in Kashmir abzulassen (wenn auch nicht in dem von Indien erwünschten Maße). Indien seinerseits sah eine Chance, sich mit der Regierung Musharraf zu verständigen – in dem Maße, in dem es die eigenen Interessen umdefinierte und tatsächlich schrittweise Maßnahmen gegen den Terrorismus ergriff. Umgekehrt würde eine tatsächliche Tendenz zum Staatszerfall in Pakistan in Indien ähnliche Sorgen wecken wie in den USA. Setzt sich dieser Trend fort, dann hört die Pakistan-Frage auf, für Irritationen im amerikanisch-indischen Verhältnis zu sorgen. Die neue Annäherung hat selbst die überraschende Erhebung von Pakistan zum »wichtigen Nicht-NATO-Alliierten« der USA im Jahre 2004 überstanden (wodurch Pakistan Zugang zu fortgeschrittener Militärtechnologie erhält). Das spricht für die heutige Robustheit der Beziehung.[339]

Nach dem 11. September intensivierte sich die militärische Zusammenarbeit zwischen den USA und Indien. Die indische Marine übernahm die Aufgabe, im Rahmen der »Operation Enduring Freedom« amerikanische Verbände durch die Straße von Malakka zu eskortieren. Die Seestreitkräfte übten zusammen; und sie gingen im Januar 2005 urplötzlich zum »Ernstfall« über, als die beiden Staaten mit ihren Seestreitkräfte erste Hilfsmaßnahmen für die Tsunami-geschädigten Staaten Südostasiens leisteten. Die Fähigkeit, gemeinsam zu operieren, zahlte sich aus, und in der indischen Öffentlichkeit gab es keine Ressentiments gegen die amerikanische Marinepräsenz im »indischen« Golf von Bengalen.

Eine engere wehrtechnische Zusammenarbeit war schon 2001 eröffnet worden. Ein weiteres Abkommen ermöglichte 2002 den Austausch vertraulicher militärischer Informationen.[340] Dem folgte 2005 ein Rahmenabkommen zwischen den Verteidigungsministerien. Gegenstände waren gemeinsame Übungen, Kooperationen bei multilateralen Operationen, Terrorbekämpfung, Counter-Proliferation, Raketenabwehr sowie Erweiterung der Fähigkeit zum globalen Peacekeeping. Außerdem wurde eine gemeinsame Beschaffungsgruppe gegründet, um die Rüstungspolitik zu koordinieren; Indien wird das amerikanische System PAC-3, ein erweitertes Luftabwehrsystem mit Fähigkeiten gegen Kurz- und Mittelstreckenraketen, erwerben. Bedeutsam sind gemeinsame Armeeübungen im Hochgebirge von Ladakh, weil sie eine sowohl gegen Pakistan wie gegen China gerichtete Note haben.[341]

Den Irak-Krieg von 2002 sah Indien auf einer Linie mit Frankreich, Deutschland und Russland. Die indische Bevölkerung lehnte die amerikanisch-britische Attacke auf das arabische Land mit großen Mehrheiten ab. Die indische Kritik blieb jedoch zurückhaltend und gemäßigt. Man wollte den Prozess der Annäherung auf keinen Fall gefährden.[342] Der Besuch von Präsident George W. Bush im März 2006 besiegelte dann vorerst die dramatische Änderung im indisch-amerikanischen Verhältnis. Die Visite verlief in einer demonstrativen Harmonie, wie sie für Treffen der Führer von Großmächten, die normalerweise gemischte Interessen haben, in denen sich Konflikt, Kooperation und Übereinstimmung sehr kompliziert miteinander verbinden, nicht selbstverständlich ist. Höhepunkt war die Unterzeichnung des neuen Abkommens für nukleare Zusammenarbeit.

Diese Entwicklung verdrängt schrittweise die Vorurteilsstruktur der indischen Elite, die in der Vergangenheit gegenüber den USA bestand. Die USA galten als die Erben der Kolonialmächte, als arrogant und rassistisch (wegen der fortbestehenden Benachteiligung der Afroamerikaner) und als Exponenten eines ungeliebten Kapitalismus. Infolgedessen legten indische Diplomaten in Verhandlungen mit den USA Wert darauf, zunächst einmal die moralische Überlegenheit der eigenen Position darzustellen, was der Verständigung nicht zuträglich war.[343] Dass der Abbau dieser Wahrnehmungsmuster ausgerechnet einer amerikanischen Regierung gelang, die vom des Rest der Welt als besonders arrogant und überlegenheitssüchtig wahrgenommen wird, ist eine bemerkenswerte Ironie der Geschichte.

Freilich wäre es voreilig, aus diesem Honigmond den weitreichenden Schluss zu ziehen, dass Indien – wie sich die

Führung der USA das vorstellt – den willigen Juniorpartner in der gegen die Volksrepublik China gerichteten Gleichgewichtspolitik spielen wird. Indien kennt sein eigenes Gewicht. Es kann geduldig auf die Zeit warten, wenn dieses Gewicht weiter gewachsen sein wird. Die indische Elite ist zweifellos gegenwärtig sehr Amerika-(und Bush-)enthusiastisch. Das wird sie nicht davon abhalten, ihr eigenes politisches Spiel voranzutreiben. Strategische Autonomie ist immer ein Ziel indischer Politik gewesen. Dieses Ziel ist durch das Trauma der Kolonialperiode vielleicht noch tiefer verwurzelt als in irgendeinem anderen Land, das Anwärter auf einen Platz am Tisch der »Großen« ist. Indien ist aus der Marginalisierung der vergangenen Jahrzehnte nicht herausgetreten, um Bauer in einem Schachspiel zu sein, dessen König in Washington sitzt. Das widerspräche vollständig dem alten Wunsch nach Augenhöhe, für den der Zugewinn an wirtschaftlicher und militärischer Macht erstmals eine Basis schafft – zumindest in der Zukunftsperspektive.

Auch bleiben grundsätzliche Meinungsunterschiede über die Gestaltung der internationalen Ordnung bestehen. Indien zieht eine multipolare Balance vor, die dem amerikanischen Hegemoniewillen entgegensteht. In diesem Zusammenhang kann auch der dringende indische Wunsch nach einer dauernden Vertretung im Sicherheitsrat der Vereinten Nationen für Spannungen sorgen, weil die USA natürlich auch mit dem Status quo zufrieden sind, der für die Inder unerträglich ist. Indien ist außerdem höchst skeptisch gegenüber dem Prinzip der humanitären Intervention, weil es immer noch Befürchtungen hat, dieser Typus internationalen Eingreifens könnte eines Tages auch für Kashmir erwogen werden.[344]

Bemerkenswert ist die differenzierte Haltung der indischen Öffentlichkeit gegenüber Amerika (und Bush), die anlässlich des Besuches des amerikanischen Präsidenten im März 2006 in Umfragen überprüft wurde. Demnach steht die indische Bevölkerung den USA und Bush erstaunlich positiv gegenüber. Das ist sehr ungewöhnlich in einer Zeit, in der die USA anderswo an Sympathie eingebüßt haben: mehr als siebzig Prozent der Befragten haben eine gute Meinung von den USA, nahezu zwei Drittel halten den amerikanischen Präsidenten für einen »Freund Indiens«. Die Politikänderung, die Bush im amerikanisch-indischen Verhältnis vollzogen hat, wird von den Indern honoriert. Zugleich betrachten jedoch nahezu drei Viertel aller Inder die USA als weltpolitischen »Bully«, als rücksichtslose Macht. Das lässt auf bleibende Distanz schließen und auf die Wahrscheinlichkeit, dass es auf Widerstand und Kritik in der indischen Öffentlichkeit treffen würde, wenn sich die indische Regierung (etwa nach australischem Vorbild) in jeder Frage als getreuer Eckhart an die Seite Washingtons stellen würde.

Dass das Verhältnis trotz der klaren Interessensüberschneidungen zwiespältig bleiben wird, dafür sprechen die massiven Demonstrationen, die anlässlich der Bush-Visite gegen den amerikanischen Präsidenten stattfanden. Dabei rekrutierten sich die Demonstranten überwiegend aus den Reihen der politischen Linken und der Moslems. Letzteres stellt die indische Regierung vor ein pikantes Problem. Sie wird vermeiden müssen, dass das Bündnis mit Amerika zu einer Vertiefung der inneren Spaltung des Landes führt, indem es die zahlreichen Moslems dem indischen Staat entfremdet. Dass ein solches Risiko nicht völlig aus der Luft gegriffen ist, bewiesen gewalttätige Zusammenstöße zwischen antiamerikanischen (moslemischen) Demonstranten und proamerikanischen (hinduistischen) Gegendemonstranten im nordindischen Lucknow, bei denen zwei Moslems und ein Hindu starben.[345]

Nach dem Irak-Krieg trug Washington in Delhi diskret den Wunsch vor, eine indische Division für die Konsolidierung in dem besetzten Land zur Verfügung zu stellen. Mit ihren Erfahrungen im Antiguerilla-Kampf, einschließlich seiner urbanen Dimension, wären indische Soldaten eine willkommene Hilfe gewesen. Premierminister Vajpayee war nicht abgeneigt, aber der Widerstand vieler Koalitionsparteien und die verbreitete Abneigung des indischen Publikums gegen den Irak-Krieg, vielleicht auch die schlechten Erfahrungen mit dem Anti-Guerilla-Krieg in Sri Lanka hielten die Regierung dann doch davon ab, dem amerikanischen Begehren stattzugeben.[346]

Auf Selbstständigkeit pochen die Inder in der Iran-Frage. Zwei Drittel der Befragten verlangten, dass sich die Führung des Landes durch die amerikanischen Wünsche nicht davon abbringen lassen sollte, die geplante Erdgas-Pipeline zwischen Iran und Indien in Angriff zu nehmen. Aus dem indischen Parlament und aus einflussreichen wissenschaftlichen Kreisen kamen sehr kritische Nachfragen, ob das Nuklearabkommen den USA eine Einrede in nationale Interessen Indiens gestatte. Differenzen gibt es über die Behandlung der Militärjunta in Myanmar; Indien pflegt die Zusammenarbeit, die USA stellen die Menschenrechtspolitik in den Vordergrund und wollen schärfere Sanktionen.[347] In der Vollversammlung der Vereinten Nationen weicht das indische Abstimmungsverhalten drastisch vom amerikanischen ab, ein Zeichen für Meinungsunterschiede in globalen Fragen. Zwischen 1997 und 2003 stimmten sie in weniger als 25 Prozent der Abstimmungen zusammen. Noch geringer ist die Übereinstimmung in Fragen, die den Nahen und Mittleren Osten betreffen.[348]

Diese Ambivalenz wird Indien jedoch nicht daran hindern, aus dem neuen positiven Verhältnis zur Supermacht Honig für seine weitere Machtentfaltung zu saugen. Der Handel, der sich in den letzten fünfzehn Jahren vervierfacht hat, wächst zweistellig und stärkt das indische Wirtschaftswunder. Die militärische Kooperation wird die Schlagkraft der indischen Streitkräfte vermehren. Die diplomatischen Kanäle werden Indiens weltpolitischen Einfluss erhöhen. Die Position gegenüber China verbessert sich: Indien kann vorerst nur gewinnen.

Japan

Japan hat ein spannungsgeladenes Verhältnis zu China und wäre deshalb in einer indisch-chinesischen Konkurrenz um die Vormacht in Asien ein natürlicher Bündnispartner. Historisch gab es zwischen den beiden Ländern jedoch wenig Berührungspunkte. Der Vormarsch der japanischen Truppen im Zweiten Weltkrieg durch Südostasien und Burma wurde an der Schwelle des indischen Territoriums gestoppt. Indische Truppen waren im Zweiten Weltkrieg aktiv beteiligt. Sie eroberten die burmesische Hauptstadt Rangun zurück. Viel mehr spielte sich nicht ab. Auch die Handelsbeziehungen blieben während des japanischen Wirtschaftswunders nach 1945 marginal, was gleichermaßen an der Bürokratisierung der indischen Wirtschaftspolitik und der Abschottung des japanischen Binnenmarktes für diejenigen Produkte lag, die Indien hätte anbieten können.

Die politischen Beziehungen zu Tokio nahmen durch die indischen Tests 1998 zunächst eine entschiedene Wende zum Schlechteren. Japan ist in Kernwaffenfragen doppelt empfindlich. Als einziges Land, gegen das jene Waffen jemals zum Einsatz gekommen sind, hat es eine traumatische Abneigung, die sich in einer entschiedenen Abrüstungsrhetorik zeigt (die allerdings an den Interessen des Bündnispartners USA seine Grenzen findet). Als Nichtkernwaffenstaat, der nur unter größtem internationalen Widerstand seinen Status ändern könnte, reagiert Japan allergisch auf den Kernwaffenerwerb durch Staaten, die nicht zu den fünf »klassischen« Nuklearmächten gehören, da es dadurch seinen Status gefährdet sieht; und dies umso mehr, wenn es sich auch noch um ein asiatisches Land handelt.

Japan verdammte also die indischen Nukleartests 1998 in den schärfsten Tönen und beschloss Wirtschaftssanktionen. Sie wurden nach drei Jahren, im Oktober 2001, wieder aufgehoben – fast ein Jahr nachdem sich die USA bereits zur Rücknahme ihrer Maßnahmen entschlossen hatten. Danach begannen die beiden Länder einen institutionalisierten Sicherheitsdialog. Die beiden Seestreitkräfte begannen mit wechselseitigen Hafenbesuchen und trainierten in gemeinsamen Übungen die Bekämpfung der Hochseepiraterie. Denn beide haben ein großes Interesse, dieses Übel auszurotten. Die Straße von Malakka, eine der aktivsten Pirateriezonen der Weltmeere, ist für Japan (Erdöl!) wie für Indien ein lebenswichtiger Handelsweg. Infolgedessen ist Indiens Angebot, nicht nur in der Straße, sondern auch auf den Seewegen zwischen dem Persischen Golf und Malakka für Ordnung zu sorgen, für Japan eine gute Nachricht. Zwischen den beiden Ländern gibt es zwar wenig gesellschaftliche Verbindungen, aber eine Menge strategischer Gemeinsamkeiten. Die Hemmungen Japans, mit seiner fernen Vergangenheit ins Reine zu kommen, stellen allerdings ein Problem dar. Denn Indien hat für Menschenrechtsverletzungen, die im Namen des Imperialismus begangen worden sind, wenig Sympathie übrig.[349]

Japan ist für die aufstrebende Wirtschaftsmacht Indien erst einmal als wirtschaftlicher Partner interessant. Mit drei Milliarden US-Dollar in den fünf Jahren bis 2004 war Japan der viertgrößte Investor in Indien (und Indien nach China und Südkorea der drittgrößte Empfänger japanischer Investitionen), pro Jahr leistet Japan eine Milliarde US-Dollar Entwicklungshilfe. Der Handel ist gleichfalls in den letzten Jahren stark angewachsen und überschritt 2004 5,5 Milliarden US-Dollar, das ist ein Zuwachs von mehr als 25 Prozent, wobei Japan fast eine Milliarde US-Dollar Handelsüberschuss erzielte. Im April 2005 haben Japan und Indien einen strategischen Dialog über regionale und globale Fragen vereinbart. Terrorismusbekämpfung, Kampf gegen Piraterie, Drogenhandel und organisierte Kriminalität spielen dabei eine prominente Rolle. Vor allem die Unterdrückung des Piraten-Unwesens auf den Seewegen vom Persischen Golf durch die indonesischen und philippinischen Archipels nach Japan schafft ein Leitmotiv für die Zusammenarbeit der Seestreitkräfte, mit deutlichen Signalen an China. (2004 besuchte zum ersten Male sogar der indische Luftwaffenchef seinen japanischen Kollegen.) Die Partner wollen ihre wirtschaftlichen Beziehungen stark ausweiten.

Abgesehen von der geographischen Distanz und der fehlenden Tradition der Beziehungen könnten zwei weitere Faktoren einer engeren, bündnisartigen Beziehung Grenzen setzen. Der erste ist die fortdauernde Verantwortung der Vereinigten Staaten für die Sicherheit Japans. Trotz einer Ausweitung der Aktivitäten der »Selbstverteidigungskräfte«, wie Japans Streitkräfte im Einklang mit der Verfassung heißen, bleiben die USA, nicht Japan, neben China die wesentliche strategische Kraft in Ostasien. Zweitens birgt das japanisch-chinesische Verhältnis besondere, historisch begründete Risiken, von denen sich Indiens Außenpolitiker vermutlich fern halten wollen. Das wechselseitige Ressentiment zwischen Japan und China ist erheblich, und es ist durch Chinas Aufstieg und den in beiden Ländern sichtbar wachsenden Nationalismus in den letzten Jahren noch gewachsen. Die Gefahr einer Kollision wird gerade dann größer, wenn Japan aus dem strategischen Schatten der USA heraustreten sollte und damit der erste Faktor, der Japan für Indien nur zu einer zweitrangigen Adresse macht, beseitigt werden würde. Da Indien zwar daran interessiert ist, eine chinesische Hegemonie zu vermeiden, aber kein Bedürfnis an einer totalen Konfrontation mit dem großen Nachbarn (und lukrativen Wirtschaftspartner) hat, wird es seine Beziehungen zu Japan wahrscheinlich mit großer Sorgfalt steuern.

Das hindert Neu-Delhi aber nicht, China zu signalisieren, dass diese Möglichkeit besteht. Indische und japanische Flottenverbände üben regelmäßig miteinander, was der indischen Marine eine zeitweilige Präsenz vor den Küsten Chinas ermöglicht. Japan hat gegen den Willen Chinas durchgesetzt, dass Indien an den ASEAN-plus-Gipfeln teilnimmt – ein deutliches Zeichen, dass Tokio in der erstarkenden südasiatischen Macht ein Gegengewicht gegen Beijing sieht. Indien erhält im Machtspiel durch dieses Bemühen Japans neue Trümpfe in die Hand.

Europa

Anders als in Japan ist Indien in Europa präsent: Die indische Diaspora ist hier vor allem in Großbritannien beheimatet, wo 1,2 Millionen Menschen indischen Ursprungs leben. In den Niederlanden ist die indische Gemeinde 215 000 Menschen stark. Deutschland hat trotz des Theaters um die »Green Card« nur etwa 40 000 dieser mobilen, fleißigen und anpassungsfähigen Menschen aufgenommen. Das ist etwa zwei Prozent der Quote in den USA, deren Bevölkerung nur etwa dreieinhalb mal so groß ist wie die unsere. Allein seit der Jahrtausendwende sind 250 000 Inder in die USA gekommen; ein Viertel davon waren Computerspezialisten.[350] Dies ist ein weiteres Indiz für die Neigung unseres Ex-Wirtschaftswunderlandes, auf die Globalisierung eher mit ressentimentgeladener, defensiv-weinerlicher Nostalgie zu reagieren, statt sie als Chance für die eigene Entwicklung zu sehen.

Im selben provinziellen Geiste hat Europa spät die wachsende Bedeutung Delhis erkannt. Es dauerte bis zum Jahr 2000, bis die EU einen gemeinsamen europäisch-indischen Gipfel einrichtete, und vier weitere Jahre, bevor beide Seiten eine »strategische Partnerschaft« vereinbarten. Damit stellte die EU ihre Beziehungen zu Indien endlich denen zu den Vereinigten Staaten, Kanada, China, Japan und Russland gleich. In einem »Strategiepapier« schlug die Europäische Union ein umfassendes Paket der Zusammenarbeit und Koordination vor. Wirtschaftliche, kulturelle, wissenschaftliche, ordnungspolitische, multilaterale und sicherheitspolitische Felder waren einbezogen. Die indische Antwort fiel positiv, aber verhalten aus. In der Sicherheitspolitik konzentrierte sich Indien auf die gemeinsame Bekämpfung des Terrorismus; mittlerweile gibt es eine intensive Kooperation bei der Bekämpfung der Geldwäsche. Das zweite große sicherheitspolitische Problemfeld, die Weiterverbreitung von Kernwaffen, hängten die Inder deutlich niedriger. Der von der Union geforderte Menschenrechtsdialog, der eine Reihe von gegen Indien gerichtete kritische Punkte enthielt (Religionsfreiheit, Frauenfrage, Umgang mit Minderheiten), sollte aus indischer Sicht auf gemeinsames Vorgehen in internationalen Organisationen begrenzt bleiben. Nach den Massakern von Gujarat 2002 hatte das Europa-Parlament nach einer eingehenden Untersuchung eine Entschließung angenommen, in der die Vorgänge scharf verurteilt wurden. Das rief in Indien einmal mehr den Kolonialkompex hervor. Neu-Delhi insistierte daher darauf, die Zusammenarbeit so zu strukturieren, dass eine Einmischung in seine inneren Angelegenheiten erschwert wurde. Konsultationen zu strategisch wichtigen Fragen sollten auf die Vereinten Nationen, Irak und Afghanistan konzentriert bleiben.

Südasien hingegen wollten die Inder aus diesen Gesprächen heraushalten.[351]

Der 2005 auf dem sechsten EU-Indien-Gipfel angenommene gemeinsame Aktionsplan reflektiert die indischen Prioritäten. Den größten Raum nehmen Wirtschaftsfragen (zwölf Seiten) im Vergleich zu Sicherheitsfragen (drei Seiten) ein. Südasien wird nur Gegenstand eines Dialogs über »EU und SAARC« sein, das heißt im Rahmen der Diskussion eines wirksamen regionalen Multilateralismus. Überhaupt fällt auf, wie stark die Partner (wie im indisch-japanischen Dialog) die »fundamentale Wichtigkeit« des Multilateralismus und die »essentielle Rolle« der Vereinten Nationen als Vision für die Weltordnung betonen – in klarer Abgrenzung zur gegenwärtigen amerikanischen Außenpolitik; die angestrebte Koordination indischer und europäischer Positionen vor wichtigen Entscheidungen in den Vereinten Nationen könnte sich noch als wichtig erweisen. Anti-Terrorismus- und friedenserhaltende Maßnahmen bilden den Schwerpunkt im Sicherheitsbereich. Eine Reihe von Schritten sind für engere kulturelle Beziehungen vorgesehen.[352]

Der Schwerpunkt auf den Wirtschaftsbeziehungen macht aus indischer Perspektive Sinn. Die Europäische Union als Ganzes ist, weit vor den USA, der führende Handelspartner Indiens. Der Handel beläuft sich mittlerweile auf über dreißig Milliarden US-Dollar und hat sich damit innerhalb eines Jahrzehnts verdreifacht. Europa nimmt etwas mehr als zwanzig Prozent der indischen Exporte auf – darunter ein Viertel der Software-Ausfuhren – und liefert knapp zwanzig Prozent der indischen Importe. Der Handel wuchs zuletzt mit etwas weniger als zwanzig Prozent im Jahr. Damit ist Europa Indiens Handelspartner Nr. 1, während Indien zwölftgrößter Handelspartner Europas ist. Auch als Investor (15 Milliarden US-Dollar bis 2004) und Geber von Entwicklungshilfe (etwa 27 Prozent der Hilfe für Indien) liegt Europa vorn. Das ist übrigens eine Zweibahnstraße: Europa empfängt über vierzig Prozent der indischen Auslandsinvestitionen, doppelt so viel wie die USA. Mit Befriedigung dürften die Inder registrieren, dass die EU ihren Eintritt in das ITER-Projekt befördern wollen, die internationale Zusammenarbeit in der Entwicklung eines Fusions-Reaktors. Diese europäische Unterstützung zahlte sich im Mai 2006 aus, als Indien ITER beitrat.

Aufgelöst in seine nationalen Bestandteile stellt Europa sich freilich aus indischer Sicht als wenig mehr dar denn als eine prätentiöse Bande überehrgeiziger Zwerge, wenn es um politische Fragen geht. Indien hat missmutig registriert, dass sich die EU wegen des deutsch-italienischen Streits um den deutschen Anspruch auf einen permanenten Sicherheitsratssitz nicht darauf hat verständigen können, Indiens Kandidatur zu unterstützen. Die Schwäche, sich gerade in weltpolitischen Fragen wie dem Verhältnis zu aufstrebenden Mächten einheitlich zu verhalten, macht die Europäische Union trotz aller institutioneller Symbolismen als Akteur gegenüber der aufstrebenden Weltmacht Indien relativ bedeutungslos. Daran vermögen interessante Projekte wie Indiens Beteiligung an Galileo, Europas Antwort auf das amerikanische Global Positioning System, leider noch wenig zu ändern – obgleich diese Vereinbarung ein beträchtliches strategisches Potential hat.

Gut platziert

Im Vergleich zu 1990 steht Indien atemberaubend besser da im Kreise der großen Mächte. Russland hat nach kurzer Orientierungslosigkeit das Interesse an seinem früheren Partner wiedergefunden und bezieht ihn gezielt in die zentralasiatische Region ein. China hat begriffen, dass es nachteilige Folgen haben dürfte, wenn es den aufstrebenden Nachbarn weiter von oben behandelt und hat seine Politik in wesentlichen Aspekten (Pakistan, Grenzfrage) korrigiert, ohne freilich vom Macht-Wettbewerb völlig abzusehen. Die wirtschaftlichen Beziehungen zwischen beiden Giganten beginnen zu blühen. Den Ritterschlag hat Indien von der Supermacht USA bekommen, die ihre Politik gegenüber Neu-Delhi generalüberholt hat. Damit stehen Indien Einflussmöglichkeiten offen, von denen es vor zehn Jahren wohl kaum zu träumen wagte.

Im Gefolge dieses Trends sind dann auch die weltpolitischen Schlafmützen Japan und Europa aufgewacht und haben sich dazu aufgerappelt, ihre Beziehungen zu Indien auf eine neue politischere und strategischere Basis zu stellen. Wer zu spät kommt, den bestraft das Leben: Japan und Europa gegenüber zeigte Indien, dass es mittlerweile schon wählerisch geworden ist, mit wem es worüber wie zusammenarbeiten will.

Weltmacht Indien:
Von Aufstiegschancen und Risiken

Die letzte Hand habe ich an dieses Kapitel am Pfingstmontag 2006 gelegt. Der Tag war trübe und kalt. Der Wetterbericht hatte Sonne und steigende Temperaturen angesagt. Das hat mich daran erinnert, wie riskant Prognosen sind. Unsere Meteorologen sammeln aufs sorgfältigste alle verfügbaren Daten und lassen sie durch komplizierte Softwareprogramme laufen. Und doch liegen sie manchmal daneben. Wir in der Politikwissenschaft haben es noch schwerer. Menschliches Handeln bleibt letztlich doch unberechenbar. Es enthält stets »Kontingenz« – trotz höchster Wahrscheinlichkeit für ein bestimmtes Szenario kann es anders kommen, nicht nur, weil wir etwas Wichtiges übersehen haben, sondern weil die Leute einfach Unerwartetes tun. Daher ist dieses Kapitel von meinen Lesern, bitte, mit Vorsicht zu genießen. Ich schreibe es nach bestem Wissen und Gewissen auf der Grundlage dessen, was ich über Indien in der Arbeit an diesem Buch gelernt habe. Meine Prognose für das Land ist freundlich. Aber es kann auch schrecklich schief gehen. Der Duktus des ersten Kapitels – »Alles wird ganz toll« – wird sich nur verwirklichen, wenn die indischen Politiker fast alles richtig machen. Und das ist eine kühne Annahme. Um nicht zu naiv auszusehen, habe ich daher in meine optimistischen Ausführungen eine Serie von »Showstoppern« eingebaut – Handlungen, Ereignisse, Fehler, die Indien vom Aufstieg abhalten, auf seinem Weg bremsen oder sogar in eine Katastrophe führen können. Ich erwarte das nicht; aber wir können es nicht ausschließen.

In diesem Kapitel möchte ich die Bilanz der vorangegangenen Diskussion ziehen: Welche Position wird Indien in der Weltpolitik einnehmen? Welche Rolle spielt dabei die Tatsache, dass Indien sowohl eine Demokratie als auch ein Opfer des westlichen Kolonialismus ist – eine Kombination, die am Tisch der Mächtigen bislang noch nicht anzutreffen war? Ich möchte mich der Beantwortung dieser Fragen schrittweise nähern. Zunächst einmal versuche ich, das indische Machtpotential zu taxieren. Denn davon hängt ja ab, was Indien (sich) in der Weltpolitik tatsächlich leisten kann. Machtmelodien lassen sich heute nicht mehr nur auf der Basstuba militärischer Stärke blasen – das ist der verhängnisvolle Irrtum mancher Personen in der Bush-Regierung. Der kluge Umgang mit Macht verlangt vielmehr ein ganzes Orchester, in dem die Basstuba, das Fagott, der Kontrabass und die Pauke ebenso ihre Einsätze haben wie die zarte Harfe, die flinke Querflöte oder die virtuose Violine. Anschließend denke ich über die Wirkung nach, welche der demokratische Charakter Indiens auf seine Weltpolitik haben kann. Offensichtlich ist hier die Erfahrung der sechzig Jahre indischer Unabhängigkeit höchst gemischt. Andererseits gibt es gute Gründe, mit der Fortschreibung dieser Erfahrung in die Zukunft vorsichtig zu sein.[353]

Vom Startpunkt bis heute: Lernfähigkeit

Indien wurde von seinen Kolonialherrn ein sowohl nützliches als auch vergiftetes Erbe hinterlassen. Vielleicht am schwersten wog die Beschädigung der Eliten-Mentalität, der doppelte Komplex, mit dem das Land in die Unabhängigkeit trat und von der die erste Politikergeneration bis hin zu Indira Gandhi geprägt hat. Heute scheint diese Phase überwunden zu sein. Indien begegnet der Welt, ermutigt durch den eigenen Erfolg der letzten eineinhalb Jahrzehnte – und durch die imposante Stabilität seiner Demokratie –, mit klarem Selbstbewusstsein und größerer Gelassenheit.

Auf dieser Grundlage hat die indische Politik eine leichtere Hand im Umgang mit den aufmüpfigen Minderheiten des Landes. Die gnadenlose Repression hatte die Problematik nur schlimmer gemacht. Das Eingehen auf die berechtigten Beschwerden der Rebellen, Verständigung und Kompromisse entlasten die Gesellschaft und die Politik von erheblichen Lasten – übrigens auch finanziellen – und vergrößern die Handlungsspielräume auf nationaler und regionaler Ebene.

Je geringer das Gewaltniveau im Innern ist, desto weniger ist Indien für Pressionen von außen verwundbar. Damit kehrt sich die ursprüngliche indische Philosophie der inneren Sicherheit um, nämlich die Befürchtung, dass mehr Autonomie und Konzessionen an die Minderheiten das Einfallstor für äußere Einflüsse in die Union öffnen würde, bis hin zum Risiko des Auseinanderbrechens.

Dieselbe Evolution zeigt sich in der Nachbarschaftspolitik. Das sture Beharren auf einer Unterwerfung der kleineren Länder Südasiens unter die für selbstverständlich gehaltene indische Hegemonie hatte verlässlich dazu geführt, dass sich die frustrierten Nachbarn um äußerer Hilfe bemühten. Daraus ergaben sich neue Pressionen Indiens, neue Konflikte und weitere Ausbruchsversuche. Seit Indien ab Mitte der neunziger Jahre eine Politik der guten Nachbarschaft betrieb und Außenbeziehungen seiner Anlieger tolerierte, ist es dem Ziel einer unhinterfragten Hegemonie auf dem Subkontinent viel näher gekommen. Mit einem nichtbedrohlichen Indien arbeiten die Nachbarn nämlich liebend gern zusammen, weil es für sie ungemein nützlich ist. Tatsächlich besitzen sie gar keine andere Chance, die eigenen Länder zu entwickeln als im Gleichschritt mit dem indischen Nachbarn. Sicherheitsfragen lassen sich im Zuge der ökonomischen Kooperation, die allen Nutzen bringt, verständlicherweise leichter regeln. Wer wäre hier nicht an europäische Nachkriegserfahrungen erinnert?

An alldem zeigt sich eine Grundeigenschaft des indischen Systems: Es ist ungemein lernfähig. Man hat Fehler gemacht, und diese Fehler hatten tragische Folgen. Aber die politischen Eliten haben diese Fehler – oft notgedrungen, zögerlich und widerwillig – erkannt und korrigiert. Zum Teil hat auch eine neue Generation mit unbrauchbaren Prinzipien der Vorgänger aufgeräumt – wie Gorbatschow dies mit den geheiligten Grundsätzen der bolschewistischen Generation in der Sowjetunion getan hat. Vielleicht ist dieser Lerneffekt nirgendwo deutlicher sichtbar als in den Wirtschaftsreformen. Deren Leistung kann gar nicht hoch genug eingeschätzt werden, was unter den heutigen Umständen – da der Erfolg so offensichtlich ist – vielleicht sehr schwer fällt. Aber der Staatssozialismus Nehrus war ja nicht bloße Ideologie, sondern ein ganzes System mit tief verwurzelten Interessen und Ideologien. Dass es gelungen ist, dies zum Wohle des Landes aufzubrechen, spricht für die Offenheit des indischen Systems und seine Anpassungsfähigkeit an die Herausforderungen der Gegenwart. Dass es nicht über Nacht geschehen ist und viel zu tun bleibt, ist deshalb nicht weniger wahr. Aber wir in Deutschland sind die letzten, die über das Tempo der indischen Reformen die Nase rümpfen dürfen. Eher haben wir allen Grund, uns an das eigene Riechorgan zu fassen!

Die Wirtschaft: Erreichtes und weiteres Potential

In den letzten fünfzehn Jahren, in denen wir Deutsche durch Trägheit, die Macht der Tarifparteien, die Schlafmützigkeit der Politik und die Unfähigkeit der »Nieten in Nadelstreifen« unsere Antwort auf die Herausforderungen der Globalisierung verbummelt haben, hat Indien mit Siebenmeilenstiefeln aufgeholt. Kritiker sehen das Glas als halb leer an. Realistischer ist, es halb voll zu sehen. Indien hat das Tor zur wirtschaftlichen Entwicklung aufgestoßen, ohne vollends durchgeschritten zu sein. Diese Lage enthält die Gefahr, rückwärts zu stolpern. Es bietet zugleich die Chance, energisch vorwärts zu gehen.

Im dritten Kapitel war eine Menge von »Wachstumsreserven« die Rede, angefangen mit weiteren Liberalisierungsschritten im Außenhandel und bei der Zulassung von Auslandsinvestitionen. Zunehmend wichtiger wird die Befreiung des Arbeitsmarkts von zu großen Rigiditäten. Dass indische Behörden jede Entlassung und jede Schichtarbeit billigen müssen, ist ein gravierender Wettbewerbsnachteil um auswärtiges Investitionskapital. Insbesondere hindert es die Wirtschaft daran, das zu schaffen, was für die Entwicklung in der nächsten Stufe am wichtigsten sein dürfte: Massenarbeitsplätze in der Industrieproduktion, um den Überschuss an Arbeitskraft aus der unterkapitalisierten Landwirtschaft aufzunehmen.

Indiens Infrastruktur bedarf heute weniger der Reformen als der zielstrebigen Investition. Hier ist neben privatem Kapital auch die Regierung gefragt. Die wiederum hat das Problem ohnedies großer öffentlicher Verschuldung. Gefragt ist die Umlenkung von Staatsausgaben von Agrar- und Energiesubventionen sowie einer hypertrophen Bürokratie auf investive Ausgaben in der Infrastruktur. Der gegenwärtige Premierminister hat die Persönlichkeit, um das zustande zu bringen. Seine Koalition wird es ihm dabei nicht einfach machen, und auch die indischen Gewerkschaften sind mental noch in den fünfziger Jahren gefangen. Wenn es eine Hoffnung gibt, dann ist es der verblüffende Pragmatismus, den kommunistische Regierungen in Westbengalen und Kerala in den letzten zwanzig Jahren in ihrer Wirtschaftspolitik gezeigt haben. Das gibt die Hoffnung, dass sie notwendigen Änderungen in der Union nicht im Wege stehen werden, wenn diese sozial abgefedert werden.

Der Trend zur Erosion des Kastensystems wird weitergehen. In welche Richtung er sich entwickelt, ist noch nicht völlig klar. Aus westlicher Sicht wäre die völlige Abschleifung der Kastengrenzen optimal. Angesichts der bedeutenden Rolle, die Kasten im gesellschaftlichen Leben Indiens und der Identitätsbildung der Individuen spielen, ist dies wohl weniger wahrscheinlich. Vielleicht wird sich eher eine Abschwächung der mit der Kastenzugehörigkeit verbundenen Diskriminierung ergeben. Je mehr Menschen aus den niederen Kasten und den Reihen der Dalits Verantwortung in Politik und Wirtschaft tragen, je stärker ihre Parteien im nationalen Machtkonzert mitspielen, desto schwieriger wird es sein, sie als Gruppe dauerhaft als zweitklassig zu behandeln. Der Augenschein gesellschaftlichen Erfolgs dürfte dann überkommene Zuschreibungen von sozialem Rang obsolet machen. Das wird sich mit vielen Windungen und Rückschlägen vollziehen, denn viele Interessen hängen an der Beibehaltung der alten Ordnung: die der Brahmanen und anderen höheren Kasten, deren unreflektierte Spitzenstellung sich aus der Kastenideologie ergibt; aber auch die der aufwärtsmobilen Mitglieder der Mittel- und niederen Kasten, deren neugewonnener Rang durch eine egalitäre Gesellschaftsideologie wieder annulliert wird.

Ein Verbündeter der größeren gesellschaftlichen Gleichheit wird die Wirtschaft sein. Die starre Kastenordnung behindert horizontale und vertikale Mobilität. Beides wird in einer modernen Wirtschaft gebraucht – und nur, weil alte Traditionen im urbanen Milieu bereits zu verschwimmen beginnen, konnte die indische Volkswirtschaft ihren Aufschwung nehmen. Es lässt sich voraussagen, dass es zunehmend wichtig werden wird, die Bildungs- und Talentreserven der niederen Kasten auszuschöpfen und ihrer Intelligenz den wirtschaftlichen Aufstieg zu ermöglichen. Hier ist der demokratische Staat gefragt, der mit seinen Förderprogrammen für Dalits, andere rückständige Kasten und Adivasis am allmählichen Abbau des Analphabetismus und der Armut auch in deren Reihen fraglos große Verdienste hat. Stärker als in der Vergangenheit dürfte er in der Wirtschaft Verbündete finden.

Die soziale Frage ist neben der religiösen das Schlüsselproblem der inneren Stabilität. Das unterschiedlich schnelle Wachstum hat der maoistischen Naxalitenbewegung in den rückständigen Bundesstaaten Auftrieb gegeben. Gut möglich, dass sie Kashmir als Hauptsorge der indischen Innenpolitik ablösen werden. Vorauszusehen ist jedenfalls, dass in größerem Umfang Paramilitärs oder gar die reguläre Armee die überforderte Polizei unterstützen wird. Bei dem Kampf gegen die Naxaliten wird es wieder Übergriffe und Repressionsexzesse geben, die ihnen neue Anhänger zuführen und die Sache erst einmal verschlimmern. Hier muss man auf den Lerneffekt setzen, der sich mittelfristig in anderen Konflikten gleichfalls durchgesetzt hat.

Der Naxaliten wird Indien nur durch die soziale und wirtschaftliche Entwicklung der rückständigen Landesteile – Bihar, Assam, Madya Pradesh, Uttar Pradesh, Orissa – Herr werden. Reformen auf dem Land und Urbanisierung durch Investitionen in Massenproduktion – siehe oben – sind die entscheidenden Schritte. Das hört sich leicht an, bedeutet aber, dass in diesen traditionell durchweg schlecht regierten Bundesländern die existierende Machtstruktur auf dem Lande gebrochen, die Geschlechterverhältnisse zugunsten der Frauen korrigiert, rechtsstaatliche Verhältnisse durchgesetzt und eine vorausschauende Rahmenplanung für Stadtentwicklung und Raumordnung angesteuert werden müssen. Die bisherigen Erfahrungen mit diesen Staaten macht nicht überwiegend Mut. Andererseits bieten die Leistungen der erfolgreichen Staatsregierungen auch mittlerweile Vorbilder und Anreize, wie man es richtig machen kann.

Koexistenz der Religionen und Hindu-Nationalismus

Für eine gradlinige Entwicklung Indiens ist die Zähmung des Hindu-Nationalismus die Voraussetzung. Dabei geht es nicht darum, dass Indien nicht eine religiös orientierte Rechte vertragen könnte oder indische Hindus nicht patriotisch denken dürften. Entscheidend ist vielmehr, dass in der indischen Gesellschaft die Toleranz für die religiösen Minderheiten Richtschnur für die große Mehrheit bleibt und auch die hinduistische Rechte der Gewalt abschwört. Die Schlüsselrolle fällt daher der BJP zu. Sie hat auf Bundesebene sechs Jahre lang sehr ordentlich regiert. In den Bundesstaaten hat sie ihre Sache im Rahmen von Koalitionen überwiegend ebenfalls gut gemacht, obgleich die Tolerierung von Diskriminierung gegen Moslems und Christen gelegentlich auffiel. Die Unterstützung und Vertuschung der Pogrome von Gujarat allerdings war ein warnendes Menetekel.

Die historische Aufgabe der BJP ist die Einbindung der indischen Rechten in eine »bürgerliche« Politik, die konservativ, aber nicht faschistisch ist. Sie wird zu diesem Zweck in den kommenden Jahrzehnten den Trennungsstrich zwischen sich und Organisationen hindu-faschistischer Gewalt klarer ziehen müssen als in der Vergangenheit. Das bedeutet eine Zerreißprobe. Dass der verdienstvolle Advani zurücktreten musste, weil er sich in den Augen des rechten Flügels zu positiv über Pakistan und seinen Gründer Jinnah geäußert hatte, weist auf die Schwierigkeiten hin, die die Partei auf dem Weg einer soliden Verbürgerlichung vor sich hat. Das Attentat auf den designierten Parteiführer Mahajan im April 2006 ist daher eine wirkliche Tragödie; er hatte die Persönlichkeit, um die BJP auf diesem Weg ein Stück voranzubringen. Da jedoch der Wahlerfolg aus den diskutierten Gründen immer weniger wahrscheinlich wird, je radikaler die BJP einen hindu-faschistischen Weg beschreiten würde, ist anzunehmen, dass sich in jedem Fall Führungspersönlichkeiten finden werden, die den Weg des Kompromisses einschlagen. Die Alternative dürfte die Marginalisierung der Partei im innenpolitischen Spektrum nach dem Beispiel der Shiv Sena sein.

Ein langanhaltender Aufstieg der indischen Wirtschaft und die Entspannung der Beziehungen mit dem schwierigen Nachbarn Pakistan sind die Rahmenbedingungen, unter denen die Gewaltmobilisierung gegen die religiösen Minderheiten an Attraktivität für die bisherige soziale Basis der Pogrome verlieren dürfte. Wenn der plötzliche, stets gefährdete Aufstieg einer gefestigten Aussicht auf eine bessere Zukunft weicht, ist die Abgrenzung gegenüber einem Innenfeind ein weniger dringendes Bedürfnis für die von den Veränderungen verunsicherten und aufgeregten Menschen. Wenn die Beziehung mit dem früheren Intimfeind sich auf dem Weg zu einem mehr kooperativen Zustand befindet und beide Seiten davon profitieren, wird es wesentlich schwieriger, die Moslems in Indien als fünfte Kolonne der drohenden äußeren Gefahr zu diffamieren. Kommt eine lebenskräftige zivilgesellschaftliche Bewegung hinzu, die den Brückenbau zwischen allen Indern als patriotisches Projekt begreift, dann stehen die Chancen der inneren Befriedung nicht schlecht.

Föderalismus und Demokratie:
Die Schlüssel des Erfolgs

Die grundlegende Stärke der Indischen Union ist ihre demokratische und föderale Verfasstheit. Manchem Inder, der voller Neid auf die reibungslosen Entscheidungsabläufe im Nachbarland China blickt und sieht, wie leicht sich dort beispielsweise Investitionshemmnisse beseitigen lassen, mag dieser Satz wie Hohn klingen. Wahr ist er dennoch. Nur Indiens Demokratie und Föderalismus sind in der Lage, die Vielfalt des Landes produktiv zu wenden. Jedes andere System würde aus dieser Vielfalt einen Explosivstoff höchster Brisanz machen. Die Demokratie hat es Indien ermöglicht, die Degeneration des Kongresses zur autoritären Staatspartei rechtzeitig zu stoppen. Sie hat den von den gesellschaftlichen und wirtschaftlichen Verhältnissen gebeutelten Mitgliedern der Stämme und der niederen Kasten sowie den Dalits die Chance gegeben, durch die Gründung und Wahl eigener Vertretungen die eigenen Interessen wirksam auf die Agenda zu setzen. Wie viele Kämpfer hätte heute wohl die Naxalitenbewegung ohne diese repräsentative Alternative? Für Moslems, Christen und Sikhs bietet der demokratische Rechtsstaat Indiens – mit all den Schwächen auf vielen Ebenen und in vielen Ecken – die Aussicht, der Drangsalierung durch die militanten Fanatiker der Hindutva zu entgehen – durch das Rechtssystem ebenso wie an der Wahlurne. Nur die Demokratie hält Indien zusammen. Sie ist seine größte Machtressource und, entgegen den Instinkten der über die schwerfälligen Entscheidungsprozesse Genervten, Indiens stärkstes Kapital im Wettbewerb mit dem chinesischen Nachbarn.

Die zweite Säule indischer Stärke ist der Föderalismus. Sie wäre noch kräftiger, wenn die Bundesregierung nicht über das koloniale Instrument der »presidential rule« verfügte, welche die Absetzung von gewählten Regierungen auf Bundesstaatsebene erlaubt. Nur durch den Föderalismus konnte Indien die eigene Vielfalt bewältigen. Ohne ihn wäre es auf seinen historischen Zustand der »vielen Reiche« zurückgefallen. Man mag sich nach der wuchtigen Macht eines zentralisierten Einheitsstaates sehnen. Für Indien mit seinen vielfältigen Religionen, Ethnien und Sprachen wäre dies die Eintrittskarte zum inneren Chaos. Die Flexibilität des föderalen Systems hat es in der Vergangenheit immer wieder erlaubt, Minderheitenkonflikte vernünftig zu bearbeiten. Sie entlastet die Zentralregierung von einer ansonsten unbewältigbaren Aufgabe, nämlich das Detailmanagement von atemberaubend unterschiedlichen wirtschaftlichen und gesellschaftlichen Gegebenheiten. Manche

Landesregierungen erledigen ihre Aufgabe herzlich schlecht. Aber die unterschiedlichen Ansätze bieten ein Experimentierfeld, wobei die Leistungswilligen von den Erfolgreichsten lernen können. Da auch Wählerinnen und Wähler mit steigendem Bildungsgrad und wachsender verfügbarer Information ständig mehr befähigt werden, ihre Politiker nach Leistung zu beurteilen, dürfte der Föderalismus mehr und mehr der Regierungsqualität in den Bundesstaaten zugute kommen.

Demokratie und Föderalismus sind die Geheimnisse der inneren Lernfähigkeit Indiens. Lernen kann lange dauern; wir versuchen in Deutschland seit einer halben Generation zu lernen, wie man mit der Gleichzeitigkeit von Globalisierung und deutscher Einheit fertig wird. Und auch Diktaturen können lernen; aber dort hängt es von der glücklichen Fügung eines intelligenten Diktators ab, hier produzieren es die Institutionen, oft mit Verzögerung, aber auch mit Gewissheit. Der Bertelsmann Transformation-Index, der die Fähigkeiten von Ländern vergleicht, mit den Herausforderungen des Übergangs von Rückständigkeit zu Modernität fertig zu werden, führt Indien unter den »defekten Demokratien«, das heißt Demokratien mit Webfehlern, und unter »Marktwirtschaften mit Funktionsdefiziten«. In seiner Region liegt das Land aber im »Management der Transformation« hinter Taiwan und Südkorea, zwei anderen Demokratien, und noch vor dem erfolgreichen, aber autoritären Singapur.[354] Die Qualität des Transformationsmanagements ist vor allen Dingen eine Frage der Fehlerkorrektur. Und da sind föderale Demokratien mit einigen Vorteilen gesegnet.

Indische Machtentfaltung und ihre Grenzen

Im Weiteren gehe ich von den Annahmen aus, die sich aus dieser Diskussion der innenpolitischen Rahmenbedingungen ergeben: Indiens Wirtschaft wird weiter überdurchschnittlich wachsen und in Sektoren vordringen – Massenproduktion von Verbrauchsgütern –, in denen sie bislang noch schwächelt, während sich ihre Stärke in den Dienstleistungen festigen wird. Die inneren Konflikte werden gelegentlich zu unangenehmen Gewalteruptionen führen, diese bleiben aber lokal und nehmen der Tendenz nach an Zahl und Schärfe ab. Die Innenpolitik konsolidiert sich um einen breiten Konsens, der dem Ausbau einer pluralistischen und toleranten rechtsstaatlichen Demokratie gilt. Die Ressourcen des politischen Systems werden nicht von der Notwendigkeit absorbiert, in wachsendem Maße in die innere Sicherheit in einem von Konflikten geschüttelten Land investieren zu müssen. Das erlaubt der erstarkenden Weltmacht den wohltemperierten Einsatz von Macht in seinen Außenbeziehungen. Damit ist nicht wildes militärisches Umsichschlagen gemeint, sondern die kluge Nutzung der zur Verfügung stehenden Mittel für die Mehrung des indischen Einflusses und der indischen Wohlfahrt zugleich.

Indien wird wohl der Versuchung widerstehen, ein gigantisches Kernwaffenarsenal aufzubauen. Zwar gibt es auch in diesem Land Stimmen, die an den Wahn der USA und der Sowjetunion während des Kalten Krieges erinnern, die meinten, nukleare Abschreckung funktioniere nur bei der glaubhaften Fähigkeit, einen Nuklearkrieg zu *führen* (was auch immer das heißen mag), aber sie sind in der Minderheit. Indien wird auf einem niedrigen dreistelligen Stand von Sprengköpfen stehen bleiben und einen Teil davon in (vorerst unverwundbaren) Unterseebooten stationieren. Es wird in bescheidenem Umfang ein Raketenverteidigungssystem aufbauen, ohne irrwitzige Summen (über die es nicht verfügt und auf absehbare Zeit nicht verfügen wird) zu investieren.

Indiens Landstreitkräfte werden ihre Operationsfähigkeit durch die Integration der Elektronik und der Satellitenaufklärung steigern. Indien wird den Rückstand gegenüber den USA in der »Revolution in militärischen Angelegenheiten«, der perfekten Zusammenschau aller moderner Technik, nicht in absehbarer Zeit aufholen, aber größere Fortschritte machen als die meisten anderen Länder – weil ihm die beste Softwarebasis der Welt zur Verfügung steht und weil die »Revolution« zum größeren Teil aus dem intelligenten Einsatz von Software besteht.

Die indische Marine und die weitreichenden Fähigkeiten der Luftwaffe werden bevorzugtes Investitionsgebiet des Militärs sein. Man wird keinen Ehrgeiz haben, auf allen Weltmeeren neben der US-Navy zu segeln. Aber man wird im eigenen Hausgewässer, dem Indischen Ozean und seinen Randgebieten, auf Augenhöhe sein wollen. Das ist innerhalb einer Generation machbar.

Indien wird in wachsendem Maße seine Fähigkeiten entwickeln, die eigene »weiche Macht« zu gebrauchen. Solche Ressourcen besitzt Indien in Gestalt der Öffnung seiner Märkte, der Auslandsinvestitionen, der Entwicklungshilfe, von der Neu-Delhi zunehmend mehr selbst vergibt, seiner technischen und wissenschaftlichen Zusammenarbeit und der Öffnung seiner Bildungsinstitutionen, seiner kulturellen Ausstrahlung und seiner Diaspora. In seinen Aktivitäten im »zweiten Ring« zeigt es heute in dieser Disziplin bereits eine große Geschicklichkeit. Sie wird sich weiter entwickeln.

Das Verschwinden des penetranten diplomatischen Stils der Nehru- und Indira-Gandhi-Zeit wird Indien rauschende Erfolge auf dem diplomatischen Parkett bescheren, auch auf dem multilateralen auf globaler Ebene. Noch ist China geschickter. Aber die Chinesen zeigen bei zahlreichen Themen eine Starr- und Sturheit der eigenen Forderungen und Ansprüche, die die Partner enerviert. Hier kann Indien durch mehr Flexibilität Punkte machen.

Von der Wirtschaftlichkeit guter Nachbarschaftspolitik

Den größten Nachholbedarf hat das Land in dieser Beziehung in der unmittelbaren Nachbarschaft. Noch ist die sanftere Politik der Gujral-Doktrin nicht endgültig gefestigt, noch muss Indien auch lernen, mit Nickligkeiten der Nachbarn, etwa der ungemeinen Sturheit Bangladeshs, was den Erdgashandel angeht, angemessen umzugehen. Sich nicht alles gefallen zu lassen, ohne dabei wie ein Bully zu wirken, ist die höhere Kunst der Großmachtdiplomatie. Hier wird Neu-Delhi noch manches Lehrgeld zahlen müssen. Allerdings: Seine

Ausgangsposition ist exzellent. Seine Ressourcen verdammen es geradezu zur regionalen Führungsposition. Wenn sich die Einsicht Gujrals durchsetzt, dass die Anerkennung der Führung nicht durch Forderung, sondern durch Leistung zustande kommt, hat Indien gewonnen. Denn es ist im Interesse seiner Nachbarn, neben dem eigenen Überleben Entwicklung, Einfluss und Wohlfahrt zu fördern. Wenn Indien das Überleben der Kleinen in der Region nicht bedroht, ihnen Einfluss auf die regionalen Entscheidungen gewährt und zu ihrem wirtschaftlichen Wachstum beiträgt, wird sein Führungsanspruch unerschütterlich sein. Eine Rückkehr zu Drohung, Sanktion und Pression kostet viel Einsatz und bringt magere Ergebnisse – das hat die Geschichte der »Indira-Doktrin« augenfällig gelehrt.

Es bleibt das Problem mit Pakistan. Aber hier hat Indien gleichfalls die besseren Karten. Es muss dafür sorgen, dass Pakistan keine externe Unterstützung für seine revisionistischen territorialen Pläne erhält. Zugleich muss es alle Anstrengungen unternehmen, um die wirtschaftliche Entwicklung des Nachbarn zu fördern, um dessen Bevölkerung eine andere Perspektive zu geben als die stupide nationalreligiöse Aufregung. Dann ist die Einigung auf die »Line of Control« als zwischenstaatliche Grenze nur eine Frage der Zeit. Wie dargelegt, sehen nicht alle Pakistanis Kashmir als wichtigste Sache der Welt an. Je mehr von ihnen Lebensperspektiven jenseits des Existenzminimums und der nationalistischen Mobilisierung entwickeln können, desto weniger werden ihren Lebenssinn darin sehen, Pakistan um jeden Preis auf das kleine, hübsche Tal im Gebirge auszuweiten.

Indien ist gut beraten, SAARC als Instrument multilateraler Führung auszubauen, anstatt es als diplomatisch-machtpolitische Spielmasse einzusetzen. Egal, welchen Ärger die Nachbarn zu einem beliebigen Zeitpunkt machen: Multilateralismus funktioniert nur durch Verlässlichkeit. Es ist die Stetigkeit der multilateralen Abläufe, die Ruhe und Erwartungsstabilität in die regionalen Angelegenheiten bringt. Eben das ist auch für das Wachstum regionaler Wirtschaftsbeziehungen notwendig. Und nichts würde die sanfte indische Hegemonie in der Region so befestigen wie eine dramatische Vermehrung der wirtschaftlichen Verflechtungen. Dafür sorgt allein schon die Größe der indischen Volkswirtschaft.

Dass indische Politik sich in diesem Umfeld auch der Diskussion und Kritik des nachbarschaftlichen Chors stellen muss, ist ein akzeptabler Preis. Ein weiterer Mentalitätswandel dürfte dafür allerdings erforderlich sein. Noch allzu oft nehmen Inder es als selbstverständlich an, dass sie Recht haben, und dass sie ein Recht darauf haben, Recht zu haben. In ungleichen Beziehungen wie denen in Südasien erweckt das sofort Ressentiments der Schwächeren (wie vergleichbare amerikanische Attitüden verständliche Ressentiments bei Indern geweckt haben). Hier ist seit Gujral eine Besserung eingetreten. Das Optimum ist indes noch nicht erreicht.

Die Sicherung des Vorfelds:
Harte und weiche Macht am Werk

Indien hat prächtige Karten im »zweiten Ring«. Nahezu überall gibt es Vorbehalte gegenüber anderen Mächten: Gegenüber China in Ostasien, Südostasien und Zentralasien; gegenüber den Vereinigten Staaten in Zentralasien, im Mittleren Osten und in Afrika; gegenüber Russland in Zentralasien. Auf diese Vorbehalte stößt Indien nirgends mehr. Überall zählt es nicht als potentielle Bedrohung, sondern als potentiell wohlwollende Macht. Eine wirkliche Schutzmachtfunktion kann es (noch) nicht ausüben, weil die militärischen Fähigkeiten dazu nicht ausreichen: Es bleibt abzuwarten, ob die Vorbehalte in dem Maße wachsen werden, wie Indien solche Fähigkeiten (etwa im maritimen Bereich) entwickeln wird.

Was in der Rückschau auf die letzten Jahre fasziniert, ist die systematische Art und Weise, in der Indien seine Beziehungen im »zweiten Ring« nach allen Seiten entwickelt hat. Wie Helmut Schmidt zu der Folgerung kommt, Indiens Außenpolitik werde »auf lange Sicht ... wahrscheinlich eher vorsichtig, eher reagierend als initiativ verfahren«[355], ist mir nicht recht einsichtig. Damit sind bereits heute die Operationen der indischen Diplomatie unzureichend beschrieben. Vielmehr hat Indien jenseits der eigenen Region schichtweise immer dichtere Beziehungen zu den wichtigsten Partnern (Südafrika, Saudi-Arabien, Iran, Indonesien, Singapur, Malaysia, Vietnam, Australien, Japan) aufgebaut. Es hat andere, weniger wichtige Staaten dabei keineswegs vernachlässigt. Es hat in geschickter Weise regionale Beziehungen genutzt, um die eigene Präsenz flächendeckend fühlbar zu machen – etwa in seinem Abkommen mit dem Golf Cooperation Council oder in seinem Verhältnis zur ASEAN. Die Kombination aus militärischen Beziehungen, vielfältigem diplomatischem Austausch, Parlamentarierbegegnungen, wirtschaftlichen Beziehungen von der Entwicklungshilfe über Investitionen zum Handel, kulturellen Missionen, Stipendien und zu zivilgesellschaftlichen Kontakten zeigt ein hohes Maß an »Kalibrierungstechnik«. Indien weiß die eigenen Instrumente virtuos im Lichte der Interessen und Wünsche der Partner einzusetzen und ist ausgesprochen aktiv und im nichtaggressiven Sinne offensiv.

Im Wettbewerb der Großmächte hat Indien damit Vorteile. Außerhalb der eigenen Region ist es nicht penetrant. Sein enormes Gewicht wirkt nicht drückend, weil es jenseits des Horizontes bleibt (anders als das der US-Diplomatie, die nahezu notorisch den Druck gleich mitbringt). Anders als China fällt Indien auch nicht mit Tausenden eigener Leute in ein Land ein, um ein Projekt durchzuführen und nach Abschluss wieder zu verschwinden. Die Inder arbeiten mehr mit einheimischen Partnern. Auch das kommt besser an.

Indiens Einfluss im »zweiten Ring« wird steigen. Es ist in der Lage, mit allen Regimen gedeihliche Beziehungen aufrechtzuerhalten. Es ist ein Freund Ägyptens, Irans, Syriens, Vietnams, des Sudan oder sogar Nordkoreas und hat mittlerweile enge kooperative Beziehungen mit Saudi-Arabien. Keines dieser Länder ist ein Leuchtturm demokratischer Rechtsstaatlichkeit. Indien kommt aber ebenso gut mit Südkorea, Indonesien, Thailand, Mosambik, Mali oder Südafrika aus, den Demokratien der Dritten Welt.

Damit ist ein Punkt angesprochen, auf den ich noch zurückkommen werde. Indien ist sich des eigenen Charakters als größter Demokratie der Welt völlig bewusst, mehr als in den Zeiten des Kalten Krieges. Es begreift diesen Status zunehmend als Kapital, mit dem man wuchern kann, als Verpflichtung und als Mission. Aber Indien fühlt sich dadurch nicht zu einem penetranten Missionarismus veranlasst. Es pflegt seine Beziehungen zu allen Partnern, mit denen gedeihliche Beziehungen möglich und sinnvoll sind. Das unterscheidet Indien massiv von den Vereinigten Staaten (und in geringerem Maße, aber doch deutlich, auch von der Europäischen Union). Indien ist aber auch attraktiv als Demokratie für diejenigen Partnerländer, die selbst demokratisch regiert und stolz darauf sind. Das unterscheidet Indien vorteilhaft von der Volksrepublik China.

Weil das so ist, muss Indien sich um die eigene Energieversorgung in Zukunft vielleicht weniger Sorgen machen, als uns das scheinen mag. Es unterhält vielversprechende Beziehungen zu allen möglichen Lieferanten. Sein Kooperationsabkommen mit China – vorausgesetzt es wird anständig eingehalten – entschärft die ansonsten gefährliche Rivalität. Die »weiche« Politik im Hinblick auf die Verfasstheit der produzierenden Länder verspricht ein konfliktarmes Verhältnis. Es vermeidet im Übrigen auch die kaum nachvollziehbare Willkür, mit der etwa die Vereinigten Staaten Saudi-Arabien gut behandeln, Iran aber schlecht, Kasachstan gut behandeln, Sudan aber schlecht …

Im Spiel der Mächte: Indiens gute Karten

Am meisten sticht Indiens politischer Positionsvorteil im großen Spiel der Mächte ins Auge. Auf eine Formel gebracht: Indien kann mit allen besser, als die es untereinander können. Wenn Indien es vermeiden kann, sich in eine dauerhafte Allianz mit irgendjemand einzubinden, kann es seine Handlungsfreiheit wahren und noch erweitern und zugleich auf alle Partner Einfluss ausüben, ohne sich in einen Dauerkonflikt mit irgendeinem von ihnen einzulassen. Fangen wir mit der problematischsten Beziehung an, der zu China. Von der Lage und Größe her sind die beiden Länder natürliche Rivalen, wenn wir die Maßstäbe der letzten beiden europäischen Jahrhunderte anlegen. Inwieweit wir diese Maßstäbe, die aus den spezifischen historischen Erfahrungen unseres Kontinents resultieren, ohne weiteres auf die asiatischen Giganten anwenden können, wissen wir nicht. Möglicherweise sind diese Länder ja gescheiter, als die westlichen Großmächte es waren.

Beide Länder könnten sich in eine tödliche Rivalität über die Vorherrschaft in Asien oder gar die Nachfolge der USA als Weltvormacht verbeißen. Beide könnten gleichfalls ein Macht-Kondominium errichten und die Welt gemeinsam lenken. In dreißig Jahren könnte einer solchen Allianz nichts und niemand widerstehen. Vermutlich wird sich keines der beiden Extreme realisieren. Die beiden Länder werden eine Feindschaft nach dem Muster der französisch-deutschen bis 1945 vermeiden. Sie werden aber auch in keinen Zustand seliger Harmonie eintauchen. Stattdessen wird eine Mischung aus wettbewerblichen und kooperativen Konstellationen herrschen. Voraussetzung ist, dass die Grenzstreitigkeiten beigelegt werden. Wie sich die Dinge im Augenblick entwickeln, lässt sich daran kaum zweifeln. China hat es wohl aufgegeben, Indien in dieser Sache durch Druck, Drohung oder Zermürbung vom Status quo abzubringen: Die »Line of Control« wird Landesgrenze werden.

Der Einflusswettbewerb wird sich anders entwickeln als der Ost-West-Konflikt mit seinen festgefügten Blöcken. Stattdessen werden sich überlappende Netzwerke dichter Einflussbeziehungen ergeben. China und Indien werden in denselben Ländern in unterschiedlicher Stärke präsent sein. Man darf erwarten, dass Indiens Nachbarn darauf Wert legen, gute Beziehungen zu China zu haben, um gegebenenfalls den indischen Koloss etwas auf Distanz halten zu können (wie groß dieses Bedürfnis sein wird, hängt mit von dem Wohlwollen ab, das Indien gegenüber seinen Nachbarn zeigt). Indien wird denselben Vorteil in Südostasien und Zentralasien haben, wo sich die latente Besorgnis eher gegen chinesische Dominanz richtet.

Im Nahen und Mittleren Osten stehen beide gleich; nur in Israel hat Indien fraglos einen erheblichen Startvorteil. In dem Maße, wie sich die arabische Welt demokratisiert, verschieben sich die Gewichte zugunsten Indiens, wenn Indien mit seinen Moslems anständig umgeht. Eine Stärkung der Hindutva mit sichtbaren Repressionen gegenüber der moslemischen Bevölkerung würde Indien hingegen schaden, weil es um andere Größenordnungen geht als bei der chinesischen Unterdrückung der moslemischen Uiguren in West-Sinkiang. Geht es den moslemischen Indern hingegen gut, sticht der unfreundliche Umgang Chinas mit seinen Moslems stärker ins Auge.

In Afrika hat Indien durch seine Diaspora die besseren Ausgangspositionen. Da auch in diesem Kontinent schrittweise Geländegewinne für die Demokratie sichtbar sind (wenn auch mit schweren Rückschlägen), sind die Langzeitaussichten für Indien auch hier gut. Mit Südafrika hat Indien nach den Irritationen der neunziger Jahre einen wirklich erstklassigen Partner, vermutlich auf Dauer.

Im Verhältnis zu China spielt eine entscheidende Rolle, dass Indien Alternativen hat. Wenn China auf Konfrontationskurs gehen sollte, kann Indien auf die USA und Japan zurückgreifen. Beider Verhältnis zur Volksrepublik ist spannungsreich. Beide sehen Indien als ein notwendiges Gegengewicht zur chinesischen Macht in Asien. Indien braucht diese Erwartung nicht einmal zu erfüllen, um potentiell auf die Unterstützung dieser beiden Mächte zählen zu können. Für beide ist das Risiko eines indischen Positionsverlusts gegenüber China zu hoch, weil es Beijing die unbestrittene Hegemonie auf dem asiatischen Kontinent geben würde. Also sind beide daran interessiert, Indien auch dann die Stange zu halten, wenn Neu-Delhi in anderen Fragen seinen eigenen Weg geht – könnte die Lage für die Inder komfortabler sein?

Damit sind die Handlungsspielräume Indiens gegenüber den Vereinigten Staaten bereits skizziert. Sie sind ungemein groß. Das Einlenken der Bush-Administration in der Nuklearfrage hat bereits deutlich dokumentiert, wer hier wen braucht, obgleich die internationale Diskussion den gegenteiligen Eindruck erweckt hat. Amerika überragt alles. Seine Macht scheint nahezu unbegrenzt – bis man auf Irak schaut, wo alle Militärmacht die politischen Visionen nicht durchsetzen kann. Oder auf Nordkorea, wo ein Zwerg gegen den amerikanischen Willen zur Mini-Atommacht geworden ist. Oder auf Iran, wo alle Optionen schlecht zu sein scheinen. Dieser Blick auf den Hinterhof der Großmachtpolitik macht deutlich: Die USA vermögen es auf sich gestellt nicht, dem Globus die gewünschte Richtung zu geben. Sie bleiben auf Verbündete angewiesen. Nirgends gilt das mehr als im großen Spiel in Asien. Und mit jedem Jahr, in dem China und Indien mit höheren Raten wachsen als die USA, wird die Diskrepanz zwischen dem amerikanischen Hegemonialwunsch und den Mitteln, sich den Wunsch zu erfüllen, größer.

Natürlich wird Indien noch auf lange Zeit kein Rivale der USA um die Nummer eins in der Welt sein. Das dürfte mehr als eine Generation in der Zukunft liegen. Aber eine unverzichtbare Stütze der US-Position in Asien ist Indien schon heute. Mit dem Zuwachs indischer Macht wird diese notwendige Partnerschaft für Südostasien, Zentralasien, den Mittleren Osten und Afrika gelten, Schritt für Schritt. Amerika wird in seinen geopolitischen Positionen abhängig von der indischen Unterstützung werden. Indien ist das heute noch in Bezug auf Pakistan. Gelingt es, diesen Konflikt zu lösen, ist die Abhängigkeit vorbei.

Indien kann damit eigene Präferenzen verfolgen, ohne das amerikanische Bündnispotential einzubüßen. Es kann seine Beziehungen zum Iran entwickeln, im Sudan Öl fördern, den alternden kubanischen Präsidenten als Gast beherbergen, den Beitritt zur Proliferation Security Initiative, einem Lieblingskind der Bush-Regierung, ablehnen (eine Koalition von Ländern, die den Transport gefährlicher Materialien unterbinden will, die in Massenvernichtungswaffen-Programmen genutzt werden könnten), die Stationierung von Truppen im Irak verweigern. Indien kann im Rahmen der Welthandelsorganisation andere als die amerikanischen Positionen vertreten, russische Waffen kaufen, Abrüstungsvorschläge machen, die Washington nicht schmecken – all das wird nichts an der

Grundtatsache ändern, dass Indien das Zünglein an der Waage ist, solange sich die USA in einer Fundamentalkonkurrenz mit Beijing sehen.

Weil die Spielräume so groß sind, ist die Idee einer »asiatischen NATO«[356] ein totgeborenes Kind. Warum in aller Welt sollten sich die Inder auf eine derartige Verringerung ihrer Handlungsfreiheit einlassen? China müsste sich in eine nazistische Richtung entwickeln, um ein solches Opfer in Neu-Delhi zu rechtfertigen, und dafür gibt es keine Anzeichen.

Was für die USA gilt, lässt sich in abgeschwächter Form auf das indisch-japanische Verhältnis anwenden. Japan ist dringend am indischen Gegengewicht gegen China interessiert, dessen wachsende Macht es fürchtet. (Japanische Stimmen, die eine japanisch-indisch-chinesische Triade fordern, um das Geschick des Kontinents und der Welt zu lenken, sind leiser und seltener.) Indien kommt diesem japanischen Bedürfnis durch wirtschaftliche und militärische Zusammenarbeit so weit entgegen, dass China diese indische Option notiert. Es treibt die Kollaboration aber nicht so weit, dass China sich ernsthaft bedroht fühlen muss. Indien motiviert damit China zur Kompromissbereitschaft und zur Zusammenarbeit, ohne sich die Alternative einer engeren Kooperation mit den USA und Japan zu verstellen, falls China auf Konfrontationskurs ginge.

Am wenigsten problematisch stellt sich auch in Zukunft das Verhältnis zu Russland dar. Die wirtschaftlichen Interessen – Rüstungsgüter, Energie – sind komplementär, ebenso die Präferenzen in Zentralasien, wo Russland die indische Präsenz mit allen Mitteln befördert. Sie stört den russischen Einfluss nicht, weil Indien seinen Schwerpunkt jenseits des Horizontes hat. Sie ist aber segensreich gegen das chinesische Übergewicht. Indiens Position ist amerikakritisch genug, um Russlands eigene Ressentiments gegen Washington zu befriedigen, aber ebenso wie die russische Politik nicht so anti-amerikanisch, dass sich eine Achse China–Russland–Indien aufdrängen würde. Gleichwohl ist diese »Achse« als temporäres Bündnis in aktuellen politischen Fragen durchaus eine Möglichkeit, wenn es etwa um militärische Sanktionen gegen den

Iran ginge. Indien kann auf Russlands Unterstützung bauen, wenn die eigenen Beziehungen zu den USA in schweres Wasser geraten; aufgrund der anhaltenden russischen Schwäche, über die der hohe Rohölpreis nicht wegtäuschen sollte, ist diese Unterstützung jedoch nur von begrenztem Nutzen.

Indische Weltsicht und Handlungshorizonte

In Indiens außenpolitischem Denken sind heute mehrere Schulen zu unterscheiden. Außenpolitische Militanz wird von den Organisationen des Hindu-Nationalismus wie dem RSS auf die Spitze getrieben. Sie neigen einem Weltbild vom »Kampf der Kulturen« zu, der vor allem gegen den Konfuzianismus und den Islam ausgetragen werden und in dem sich das hinduistische Indien notfalls mit Gewalt behaupten müsse. In der Region verlangt der RSS nach indischer Dominanz. Dem politisch-kulturell begründeten Weltmachtanspruch entspricht für die Innenpolitik die Forderung nach der Unterordnung der nichthinduistischen Bevölkerungsteile unter die Mehrheitskultur. Letztlich versteckt sich dahinter der Anspruch auf globale Überlegenheit. Das Selbstvertrauen in die Suprematie des Hinduismus ist allerdings groß genug, um auf ein globales Missionarstum mit Feuer und Schwert zu verzichten. Diese radikalen Auffassungen stehen am Rande der indischen Debatte und haben wenig Aussichten, sich durchzusetzen – zum Glück für die internationale Position des Landes.

Verglichen mit diesen Forderungen ist die vorherrschende Weltsicht der BJP ausgesprochen moderat. Ihre Vordenker wie der frühere Premierminister Vajpayee oder der frühere Außenminister Jaswant Singh vertreten einen »globalistischen Realismus«, den man wiederum als eine Mischung aus Idealismus und Realismus deuten kann. Das Zusammenwachsen der Welt bietet mehr Chancen als Gefahren. Indien muss seine Chancen wahrnehmen; alte Gegnerschaften wie die zu den USA sind obsolet, weil es zu viele Interessengemeinsamkeiten von der liberalen Ideologie über die Wirtschaft bis hin zur

Sicherheit gibt. Interdependente Interessen erlauben auch eine gedeihliche Beziehung mit einem potentiellen Rivalen wie China und können dazu führen, auch die Region Südasien neu und kooperativer zu strukturieren. Kompromisse sind durchaus möglich, indische Interessen sind jedoch zu wahren, Provokationen (etwa durch Pakistan) auch mit Härte zu begegnen. Dabei bleibt militärische Stärke – inklusive nuklearer Abschreckung – Grundlage der Anerkennung indischer Status- und Mitspracheansprüche durch potentielle Partner ebenso wie durch potentielle Rivalen. Entscheidend ist in jedem Fall eine starke und gesunde wirtschaftliche Basis.

Nuancen gibt es auch bei den Instrumenten der auswärtigen Politik. Mahatma Gandhis Ideal der Gewaltlosigkeit ist in die Nischen verschwunden. Der Konsens, dass Indien über eine nennenswerte Militärmacht verfügen muss, um seine politischen Ansprüche zur Geltung zu bringen, seine berechtigten Interessen zu verteidigen und seine nationale Sicherheit gewährleisten zu können, ist sehr breit. Die sechziger Jahre haben hier als Wasserscheide gewirkt; die Angriffe Chinas 1962 und Pakistans 1965 wurden als Reaktion auf indische Schwäche gedeutet, die man sich nicht mehr leisten dürfe. Wie stark mit dem militärischen Instrument in der Politik gespielt werden solle, ist hingegen umstritten. Die Umsetzung der Indira-Doktrin in einen offensiven Umgang mit Drohung und Intervention ist beim größeren Teil der Eliten in die Lektion umgesetzt worden, dass sich jenseits der Verteidigung militärische Mittel nur sehr begrenzt politisch nutzen lassen. Vertreter eines militanten Nationalismus hingegen verlangen eher ein stärkeres Militär und ein noch entschlosseneres Auftreten.

Neuerdings und im Zuge der wirtschaftlichen Erfolge Indiens bahnt sich auch eine – zunächst auf Akademiker und Unternehmer beschränkte – Schule institutionalistischen Denkens an. Hier steht der Markt und das Wohlfahrtsstreben im Mittelpunkt. Damit betonen die Anhänger dieses Ordnungsdenkens die kooperativen Interessen zwischen den Staaten. Institutionen gelten als sinnvoll, um praktische Koordination zu erreichen und so die Rahmenbedingungen erfolgreichen

Wirtschaftens sicherzustellen. Sie sollen auch der Verhinderung von Kriegen dienen, da bewaffnete Auseinandersetzungen dem wirtschaftlichen Wachstum allemal schaden. In dieser Denkart hat Indien Nachholbedarf. Das jahrzehntelange Autarkiestreben hat hier Spuren hinterlassen. Interdependenz verlangt nach vereinbarten Regeln, in der Wirtschaft ebenso wie in der Sicherheit. Angesichts der hohen Lernfähigkeit der indischen Elite darf man optimistisch sein, dass auch diese Lektion gelernt wird.[357]

Im weltpolitischen Denken Indiens gibt es also durchaus unterschiedliche Schulen. Wenn man den gemeinsamen Nenner sucht, fallen vier Züge ins Auge: den auf Geschichte, Größe und Bevölkerungszahl gestützten Anspruch, mit den Weltmächten auf Augenhöhe zu sein; das unhintergehbare Verlangen, unabhängig und autonom zu bleiben, das auch gegenüber Freunden geltend gemacht wird; und das unausrottbare Misstrauen, die innerindische Vielfalt könne von anderen Mächten missbraucht werden, um Uneinigkeit zu stiften oder gar die Indische Union zu spalten (diese Misstrauen korrespondiert mit dem immer wieder aufkeimenden Verdacht gegenüber Minderheiten im Innern, als fünfte Kolonne externer Mächte zu wirken). Der vierte Zug ist die Neigung indischer Außenpolitiker, davon auszugehen, dass Indien der Welt etwas zu sagen hat, gewissermaßen als Lehrer anderer Länder auftreten könne – aufgrund des Alters und der Qualität seiner Kultur und wegen der einzigartigen Fähigkeit, Vielfalt zu meistern.[358]

Die größte Demokratie der Welt:
Was das bedeutet

Indien ist sich seines eigenen demokratischen Charakters bewusst geworden. Es hat sein Interesse, der Demokratie und den Menschenrechten weltweit größere Geltung zu verschaffen, mittlerweile deutlich artikuliert – etwa in der Rede von Premierminister Manmohan Singh auf dem Millennium-Gipfel 2005. Indien tut das aber in zurückhaltender Weise und ohne Druck auf die jeweiligen Partner. Tatsächlich wirkt Indien in erster Linie als Beispiel. Dieser Umstand muss in den westlichen Ländern erst einmal verarbeitet werden. Wenn die größte Demokratie der Welt es schafft, aus einem Zustand völliger Armut und Unterentwicklung an die Weltspitze zu marschieren, die innere Armut zu überwinden und eine starke Führungsrolle auf dem weltpolitischen Parkett einzunehmen, dann setzt sie ein unwiderstehliches Mittel der Demokratiewerbung ein: den Magnetismus des Erfolges. Dieses Instrument hat letzten Endes den Ost-West-Konflikt zugunsten des Westens entschieden. Dieser Erfolg schlägt aber in der Dritten Welt deswegen nicht vollständig durch, weil der Westen die Ausbeutermächte der Zeit des Kolonialismus und Imperialismus umfasst. Latent oder offen gibt es den Verdacht, der Erfolg des Westens sei aus den Knochen der Ausgebeuteten und Unterdrückten in den Kolonien geschlagen worden. Das trifft zwar so nicht zu, ist aber ein wirksames ideologisches Narrativ. Daraus leiten viele den Glauben ab, ein Entwicklungsland müsse erst durch autoritäre Führung in die Moderne gebracht werden, bevor an Demokratisierung auch nur zu denken sei. Wenn Indien die Welt eines Besseren belehrt, erreicht es etwas ungemein Wirksames: Teile der Eliten in autoritären Systemen wie etwa in China zum Überdenken dieser Position zu bringen. Der Westen hat den Kalten Krieg gewonnen, weil Teile der kommunistischen Parteien an das westliche Erfolgsmodell zu glauben begannen. Das indische Beispiel hat das Zeug, diesen Effekt in der Dritten Welt zu erreichen, wo der Glaube an die Demokratie heute noch nicht stark genug ist.

Das aber hat ungeahnte weltpolitische Folgen: Die USA, der Westen werden dann als Leitbild für die Mehrheit der Menschheit verdrängt werden. Diese Position wird von Indien eingenommen werden. Wie die globalen Umfragen des Pew Institute allzu deutlich zeigen, sehnt sich die Welt, vor allem die Entwicklungsländer, nach einer Alternative zum groben Führungsstil der USA. Das autoritäre China ist für viele keine attraktive Option. Indien wird es sein. Viel hängt natürlich vom Stil ab. Wie jedoch die indischen Operationen im »zweiten Ring« zeigen, hat die indische Diplomatie durchaus das Zeug, Freunde zu gewinnen.

Vorzustellen ist ein Kreis größerer demokratischer Entwicklungsländer mit Indien als »Primus inter Pares«: Brasilien, Südafrika, schon jetzt enge Partner, dann Indonesien, Mexiko, Nigeria (wenn die Demokratie hält) – und das erste arabische Land, in dem sich die Demokratie nachhaltig konsolidieren wird. Darum herum wird sich die Masse der mehr oder weniger demokratischen Reste der Blockfreien-Bewegung anlagern. Indien wird zu den nichtdemokratischen Staaten – anders als die USA – annehmbare Beziehungen unterhalten, vielleicht sogar, die Kraft der demokratischen Gefolgschaft im Rücken, als Vermittler zwischen ihnen und Washington auftreten können.

Diese Konstellation begründet die indische Weltmachtrolle, lange bevor das Land seine materiellen Ressourcen voll entwickelt hat, die es zur stärksten, zweitstärksten oder drittstärksten Macht der Welt machen werden: die Position als nichtbedrohlicher, interessanter Partner im »zweiten Ring«; die Rolle als Zünglein an der Waage im Spiel der Mächtigen in Asien und, weil Asien der Schwerpunkt der Weltpolitik ist, auch in der Welt; und die Sammlung einer demokratischen Gefolgschaft in der Dritten Welt, die den amerikanischen Kommandoton leid und heilfroh ist, dass jemand aus ihren Reihen zugleich Macht genug und moralische Legitimation besitzt, um dem ungeliebten Washington gelegentlich den Marsch zu blasen. Die marginale Unterstützung, die Indien auch von seinen autoritären Freunden erfährt, ist nicht entscheidend, kann aber seine Position zusätzlich stärken.

Die »Showstopper«

Das ist also die in meinen Augen wahrscheinlichste Entwicklung. Leider ist die Liste der »Showstopper«, die Indien von diesem »Pfad der Tugend« abbringen könnten, nicht ganz kurz. An erster Stelle steht die Möglichkeit, dass die materielle Basis indischen Machtzuwachses, nämlich die Fortsetzung des wirtschaftlichen Wachstums, unterbrochen wird. Widerstände aus der Bevölkerung, vor allem aus der Linken, fordern eine Ende der Reformen. Die Politik erweist sich als unfähig, den Versuchungen des Populismus zu widerstehen. In großem Maßstab ersetzt Klientelpolitik ein vernünftiges liberales, mit Maßnahmen sozialer Abfederung gerahmtes Wirtschaften. Die Wachstumsraten kehren zu denen der siebziger Jahre zurück. Das Staatsdefizit wächst dramatisch, weil der Staat mit höheren Wachstumsraten geplant hat. Das indische Wirtschaftswunder kommt an ein Ende. Weiter möchte ich hier nicht denken. Die sozialen und damit konfliktpolitischen Folgen wären verheerend: Ausbreiten des Naxalismus, Steigerung der kommunalen Gewalt, wachsende Tendenzen der erfolgreicheren Bundesstaaten, auf immer mehr Kompetenzen bis hin zu Sezessionsversuchen zu beharren. In einer Generation könnte die Indische Union zerbrochen sein. Dieses Szenario halte ich für unwahrscheinlich, weil die indische Wählerschaft rechtzeitig für eine Korrektur sorgen würde, falls die Gesamtentwicklung fehlläuft. Indische Regierungsparteien antizipieren ein solches Votum. Sie werden daher dafür sorgen wollen, dass es mit dem Aufschwung weitergeht. Versuch, Irrtum und Irrtumskorrektur ist auf absehbare Zeit das innenpolitische Spiel.

Der zweite Showstopper – das wird meine Leser nicht überraschen – wäre der Sieg des Hindu-Extremismus der Gujarat-Pogrome. Würde diese Art von Politik Indien dominieren, wäre der Marsch des Landes zur Weltspitze dauerhaft gestoppt. Es würde enorme Energien darauf zu verwenden haben, den inneren Frieden durch massive Minderheitenrepression zu gewährleisten. Kashmir wäre überall, mit schwerwiegenden Folgen für die Wirtschaft – wer würde in ein Land mit flächendeckenden Unruhen noch investieren wollen? International würde das Land jede Chance einer breiten demokratischen Gefolgschaft einbüßen. Für die USA und die Europäische Union wäre die Weiterführung gedeihlicher Beziehungen schwierig. Sie wären auch nicht attraktiv, weil die indische Wirtschaft unter dieser Entwicklung massiv leiden würde: hohe staatliche Ausgaben für die innere Sicherheit und der Verlust jeglicher Attraktivität für Investitionen aus dem Ausland. Die Beziehungen zu den moslemischen Nachbarn Bangladesh und Pakistan würden sich drastisch verschlechtern, der Kashmir-Konflikt würde explodieren. Noch verheerender dürften die Folgen für die Beziehungen zur arabischen Welt sein. Damit wäre die indische Strategie der Energiesicherheit auch noch durchkreuzt. Vom Weltmachtstatus dürfte das Land dann nicht mehr träumen. Dieses Szenario macht einmal mehr die Tragödie des allzu leidenschaftlichen kulturalistischen Nationalismus deutlich, die wir Deutsche aus schmerzlicher Erfahrung nur allzu gut kennen: Wer sein Land am heftigsten zu lieben glaubt, ruiniert es zumeist am gründlichsten.

Provinzialisierung durch Kleinstparteien

Eine dritte, harmlosere, aber für die indische Weltposition gleichfalls nachteilige Entwicklung würde sich aus der Provinzialisierung der Unionspolitik ergeben: Dazu müssten die beiden großen Parteien immer mehr an Einfluss verlieren oder sich in ihre Einzelteile spalten (was bei der BJP gegenwärtig nicht auszuschließen ist). Die indische Politik würde dann ausschließlich von Regional- und Kastenparteien bestimmt, die jeweils über den engen Horizont ihrer Klientel nicht hinausschauen. Eine weitsichtige Platzierung Indiens auf der Weltbühne wäre damit auszuschließen. Die Parteien würden die nationalen Ressourcen auf ihre Klientel verteilen, worin sich Politik bereits erschöpft hätte. Auch diesem Szenario gebe ich keine gute Verwirklichungschance. Zu viele indische Wählerinnen und Wähler geben ihre Stimme mit Blick auf Unionsangelegenheiten ab. Damit besteht eine dauerhafte Basis für nationale Parteien. Selbst wenn eine zerfallen sollte, wird sich früher oder später eine neue bilden. Indiens Bundespolitik wird eine Mischung aus nationalen und regionalen Belangen bleiben, zwischen denen sich eine Gleichgewicht einpendeln wird.

Die übrigen Showstopper beziehen sich auf auswärtige

Angelegenheiten. Der erste residiert in den Köpfen der indischen Elite, namentlich der mit strategischen Angelegenheiten befassten Experten. Man könnte ihn »die amerikanische Krankheit« nennen: Es handelt sich um die blinde Übernahme von kruden Ideen der Machtpolitik, wie sie in bestimmten Spielarten der Theorie des »Realismus«, vulgo »Realpolitik« grassieren. Anhänger dieser Ideen reden einer rücksichtslosen Anwendung der Macht und einer Aufhäufung materieller Machtmittel das Wort. Gegenüber der Außenwelt ist mit Pression und Konfrontation klar zu machen, welches die indischen Interessen sind und dass man bis zum Äußersten bereit ist, diese Interessen auch durchzusetzen. Statt »amerikanischer Krankheit« könnte man dieses Syndrom auch »Spätwilhelmismus« nennen und damit der Tatsache Rechnung tragen, dass sich in solchen Phantasien auch die Komplexe der Spätgekommenen offenbaren. Natürlich würde Indien in der näheren und ferneren Umgebung mit solchem Verhalten Gegenkoalitionen provozieren, die den eigenen Machtzuwachs neutralisieren würden. Die Chance, schnell und ohne Reibungsverluste zur Weltmacht aufzusteigen, wäre vertan. An diese Möglichkeit glaube ich nicht, weil es sich bei diesem Denken um einen importierten Fremdkörper in der indischen politischen Kultur handelt. Die Berufung auf den antiken Denker Kautilya kann nicht darüber hinwegtäuschen, dass das heutige Indien komplexer und differenzierter über seine Beziehungen zur Umwelt denkt.

Der übelste »Showstopper« wäre natürlich eine Verschlechterung der Beziehungen zu Pakistan, die dann in einem Krieg, wahrscheinlich einem nuklearen, enden könnten. Das Risiko wird bestehen bleiben, solange der Grundkonflikt zwischen den beiden Nachbarn nicht gelöst ist. Der Trend geht in eine andere Richtung. Ob er sich fortsetzt, hängt nicht nur von Indien ab, das gegenwärtig recht vernünftig und vorausschauend agiert. Es liegt in gleichem Maße in der künftigen Entwicklung Pakistans, in dem politisierter islamischer Fundamentalismus und starker pakistanischer Nationalismus Kräfte bleiben, mit denen zu rechnen ist. Indien wird den eingeschlagenen Weg wohl weitergehen: geduldige Gespräche,

ohne mit einer schnellen Lösung zu rechnen; Angebot ver-
trauensbildender Maßnahmen, um gefährlichen Krisen vor-
zubeugen (und entschlossenes Handeln, sollten solche Krisen
dennoch eintreten); wirtschaftliche Beziehungen mit dem
Ziel einer regionalen Vernetzung, die einen heißen Konflikt
unattraktiv macht und mehr Menschen im Nachbarland eine
vielversprechende Lebensperspektive im Frieden gibt. Unter
normalen Umständen sollte das reichen, um den Frieden zu
wahren und die Beziehungen schrittweise aus der Konfrontation in die Kooperation zu überführen. Voraussetzung ist,
dass es nicht zu üblen Überraschungen in der pakistanischen
Innenpolitik kommt.

Der letzte Showstopper ist die Konfrontation mit China. Das würde enorme Ressourcen absorbieren und durch
die Teilung der Peripherie in Freunde und Feinde auch die
wirtschaftlichen Beziehungen einschneidend behindern. Der
Ausgang wäre mehr als ungewiss. Einerseits wäre nicht klar,
wer am Ende die Oberhand behalten würde (obwohl die indischen Chancen nicht schlechter wären als die chinesischen).
Andererseits schließt die Konfrontation zwischen zwei Kernwaffenstaaten immer das Risiko der Eskalation ein. Es ist
genau das Wissen um dieses Risiko und der feste Willen zur
weiteren wirtschaftlichen und politischen Entwicklung, was
mich optimistisch stimmt, dass auch dieses Szenario vermieden werden wird. Indien fährt seine Beziehungen zu China
mit bewunderswertem Augenmaß (was die »Hardliner« in
Indien gelegentlich zu der Klage veranlasst, Neu-Delhi lasse
sich von Beijing immer über den Tisch ziehen). Es hat seine
relative Position im Vergleich zu China deutlich verbessert
und zugleich gedeihlichere Beziehungen zum »Reich der Mitte« entwickelt. Das gefährlichste Spielfeld ist der Wettbewerb
um Energieressourcen. Das scheinen beide Seiten erkannt zu
haben; sie bemühen sich, diesen potentiellen Konfliktgegen-
stand zu entschärfen. Warum sollte ihnen das nicht gelingen?
Dass sich in Europa die Führungsmächte dreihundert Jahre
die Köpfe eingeschlagen haben, bis bei ihnen Vernunft ein-
kehrte, heißt nicht zwingend, dass die Menschen in anderen
Weltgegenden genauso töricht handeln müssen.

Die indische Herausforderung

Was bedeutet die indische Entwicklung für uns? Die Herausforderung, die von Indiens Entwicklung ausgeht, müssen wir nicht fürchten. Es ist keine Bedrohung wie die, die von der Sowjetunion ausging, oder wie diejenige, die der internationale Terrorismus darstellt. Vielmehr ist unsere Trägheit, unsere Anpassungsfähigkeit und unser Vermögen herausgefordert, uns auf ganz ungewohnte Konstellationen und Entwicklungen langzeitig einzustellen. Die wirtschaftliche Entwicklung Indiens wirft wie die chinesische lange Schatten. Europa und Deutschland müssen sich überlegen, wo ihr Platz in der Weltwirtschaft in zehn, zwanzig oder dreißig Jahren sein wird. Indien wird Industrieland und Wissensgesellschaft sein und immer noch über relativ günstige Lohnstrukturen gebieten. Auf unseren Lorbeeren können wir uns nicht länger ausruhen. Die groteske Unterausstattung des Wissenssektors von den Kindergärten bis zu den Universitäten muss schnell und in sinnvoller Weise beendet werden. Hektische Aktionen, wie das wilde Herumwerfen mit zwei Milliarden Euro auf die »Exzellenz«, sollten der realen, nachhaltigen Aufstockung der für Bildung und Wissen aufgewendeten Mittel weichen, auch wenn es auf Kosten der Bauern und Bergleute, Werften und Rentner geht. Die Opportunitätspolitik, die die Bundesrepublik seit drei Jahrzehnten beherrscht, überführt das Land schrittweise in den Status eines Entwicklungslandes. Der Blick auf Indien sollte Anlass zu einer Kehrtwende sein.

Aber Indien bedroht uns nicht. Es ist eine Demokratie ohne imperiale Vergangenheit mit einer Kultur, die Vielfalt als ihren Kern enthält – trotz der Exzesse der Hindutva. Dass Indien in eine Weltführungsrolle hineinwächst, sollte uns willkommen sein. Nur müssen wir uns darauf einstellen und angemessene Beziehungen zu diesem Land entwickeln. Wie man es nicht macht, hat uns 2006 die Führungsetage des *Arcelor*-Konzerns vorgeführt. Der Unwillen, sich in einen indischen Konzern einzugliedern, hatte rassistische Untertöne. Von Zukunftssicht war diese instinktive Abwehr zu keiner Zeit getrübt. Europa wird sich also fundamental umstellen müssen, um mit der Weltmacht Indien so umzugehen, dass für beide Seiten schmerzliche und nachteilige Friktionen vermieden werden können.

Die weltpolitische Musik spielt in Asien, nicht mehr bei uns. Das mag schmerzlich für viele Egos sein (britische und französische mehr als deutsche), ist aber nichtsdestoweniger eine Tatsache. In einer aktuellen Umfrage der Bertelsmann-Stiftung ergab sich, dass zwölf Prozent der Deutschen heute in Indien eine Weltmacht sehen und auch nur 25 Prozent das Land im Jahre 2020 in dieser Position erwarten. Das geht an der vermutlichen Entwicklung der Weltpolitik klar vorbei und ist korrekturbedürftig, nicht nur, weil der deutsch-indische Handel mit einem Volumen von mehr als fünf Milliarden US-Dollar ausbaufähig ist.[359] Korrigieren wir die Unterschätzung Indiens nicht, sind »Arcelor-artige« Fehler zu befürchten – mit langwierigen Folgen, denn empfindlich für Kränkungen sind die Inder. Die Deutschen werden sich wie die anderen Europäer daran gewöhnen müssen, dass Menschen anderer Hautfarbe auf der Weltbühne mehr zu sagen haben als sie. Ich hoffe dringend, dass das unsere Leitkultur nicht überfordert.

Enge Beziehungen zu Indien sind empfehlenswert, ja, lebenswichtig. Als weltpolitischer Spieler braucht Neu-Delhi vielfältige Übung im Multilateralismus. Hier kann Europa, kann Deutschland helfen. Nicht aufdringlich, sondern durch dichte Konsultationen zu allen Fragen, die von gemeinsamem Interesse sind. Reden wir mit den Indern über den Iran und sein Nuklearprogramm? Sprechen wir über die Lage in Ostasien? Konsultieren wir sie über die Menschenrechtslage in Sudan? Zu allen drei Ländern hat Indien bessere und engere Beziehungen als wir. Neu-Delhi einzubeziehen ist also nicht nur eine zweckmäßige Übung für die indische Regierung, in ihre weltpolitische Verantwortung hineinzuwachsen. Es könnte auch für die Lösung des jeweiligen Problems von Nutzen sein.

Wie ein roter Fragen durchzieht die Energiefrage dieses Buch. Zwischen der EU und Indien sollte es regelmäßige Energiekonsultationen geben. An dieser Frage können sich Krieg und Frieden im 21. Jahrhundert entscheiden. Wir sollten unsere westlichen Partner überreden, Indien in die Internationale Energie-Agentur der OECD einzuladen (übrigens wären auch die russische und chinesische Mitgliedschaft erwägenswert). Dort gibt es ein Verfahren, wie die Mitgliedsländer sich in Erdöl-Versorgungskrisen zu verhalten haben. Dort gibt es Regeln für die Lagerhaltung, die helfen können, eine solche Krise zu überstehen. Indien sollte also dabei sein, um die Sicherheit zu gewinnen, ohne schwerste Wettbewerbsnachteile für die eigene Wirtschaft einen vorübergehenden Rückgang der Welterdölproduktion überleben zu können.

Schließlich sollten wir das Beste daraus machen, dass mit Indien eine große Demokratie in den Club der Mächtigen aufsteigt. Die Inder habe das voll im Visier: Die schon genannte Umfrage der Bertelsmann-Stiftung brachte das erstaunliche Ergebnis, dass 41 Prozent der befragten Inder und Inderinnen Demokratie und Menschenrechte als weltpolitisches Ziel nannten – mehr als die Befragten aus jedem anderen Land, einschließlich den Vereinigten Staaten!

Wie andere westliche Länder auch haben wir uns die Demokratisierung der Welt auf die Fahnen geschrieben. Wie man das genau macht, ist uns dennoch nicht ganz klar. Indien bietet uns einen angenehm einfachen Weg, unserem Ziel näher zu kommen: Denn Indien übt die Magnetwirkung zugunsten der Demokratie durch seinen Erfolg aus. Also muss uns am Erfolg der indischen Demokratie und seiner werblichen Wirkung liegen. Dazu sollten wir unseren Agrarmarkt liberalisieren – nichts Besseres könnten wir für die Entwicklung der indischen Landwirtschaft tun. Die Entwicklungshilfe sollte in Absprache mit der indischen Regierung gezielt die Förderung der vier bis fünf volkreichsten indischen Bundesstaaten ins Visier nehmen. Und wir sollten die Anstrengungen der indischen auswärtigen Kulturpolitik fördern, Studierende aus der Dritten Welt (einschließlich China!) ins Land zu holen.

Von Indiens Aufstieg sind wir also in kooperativer Hinsicht herausgefordert. Wir sollten in dem gewaltigen Land den demokratischen Partner sehen, dessen größere weltpolitische Rolle helfen kann, die Demokratie weltweit attraktiver zu machen und den Entwicklungsländern die lange fällige, gewichtige Stimme am Tisch der Großen zu geben. Im besten Fall kann die Mitwirkung Indiens helfen, die notorische Arroganz des Westens zu dämpfen und die Welt etwas friedlicher zu machen.

Nachschlag

Das Motorboot des Admirals näherte sich dem Anleger. Er sah die Bewegung da oben. Die deutschen Marineoffiziere traten nach vorne. Die Matrosen, die für seinen bequemen Ausstieg und Aufstieg sorgen sollten, machten sich geschäftig ans Werk. Inmitten der großgewachsenen Admirale stand die kleine Gestalt der Verteidigungsministerin. Der Admiral erkannte ihre straffe Haltung, die feinen Gesichtszüge, den schönen dunklen Teint, die eindrucksvolle schwarze Haarpracht. Sie trug einen schwarzen Hosenanzug. Der Sari, den sie gelegentlich zu Festessen anlegte, war ihr zu dieser Gelegenheit als unpassend erschienen. Sie hatte deutlich machen wollen, wo sie hingehörte: nach Deutschland. Dr. Menon war die erste deutsche Ministerin indischer Herkunft. Ihre Familie war 2002 während der ansonsten nicht übermäßig erfolgreichen »Green Card«-Kampagne nach Deutschland eingewandert. Sie galt als ein Wunderkind ihrer Generation: Informatik-Studium, promoviert mit vierundzwanzig, fünf Jahre Zeitsoldatin, ein politisches Naturtalent, jetzt, in ihren Vierzigern noch nicht am Ende der Fahnenstange angekommen. Sie winkte fröhlich zu ihm herunter. Er winkte ebenso gut gelaunt zurück. »Ach ja«, dachte er und lächelte stolz, »das haben wir auch geschafft!«

Anmerkungen

Vorwort

1 Harald Müller, Das Zusammenleben der Kulturen. Ein Gegenentwurf zu Huntington, Frankfurt/M., Fischer 1998; Harald Müller, Amerika schlägt zurück. Die Weltordnung nach dem 11. September, Frankfurt/M., Fischer 2003

2 Rahul Peter/Ira Das, Zentrum Asien, Peripherie Europa: Die Wahrnehmung der Rolle Indiens im neuen Internationalen Machtgefüge, in: Ostwissenschaftliche Hefte 13/2004, 1–18

3 The White House, The National Security Strategy of the United States, Washington, D.C. 2002

4 Helmut Schmidt, Die Mächte der Zukunft. Gewinner und Verlierer in der Welt von morgen, München, Siedler 2004

Triumph, Aufbruch, Stagnation: Das Erbe der Kolonialzeit

5 Dietmar Rothermund, Geschichte Indiens. Vom Mittelalter bis zur Gegenwart, München, Beck 2002, 52

6 Carsten Wieland, Nationalstaat wider Willen. Politisierung von Ethnien und Ethnisierung der Politik: Bosnien, Indien, Pakistan, Frankfurt/New York, Campus 2000, 202–210; Hermann Kulke/Dietmar Rothermund, Geschichte Indiens. Von der Induskultur bis heute, München, Beck 1998

7 Kulke/Rothermund 1998, 375–390

8 Devin T. Hagerty/Herbert G. Hagerty, India's Foreign Relations, in: Devin T. Hagerty (Hrsg.), South Asia in World Politics, Lanham u. a., Rowman and Littlefield 2005, 18

9 Rothermund 2002, 65

10 Hagerty/Hagerty 2005, 11–48; Kulke/Rothermund 1998, 392

11 Rothermund 2002, 86

12 Kulke/Rothermund 1998, 395

13 David Hardiman, Gandhi in his time and ours. The global legacy of his ideas, London, Hurst and Company 2003, Kap. 4

14 Thomas Mayer, Identitätspolitik, Frankfurt/M., Suhrkamp 2002

15 Hardiman 2003, 17

16 Hardiman 2003, 180/1

17 Wieland 2000, 175

18 Manfred B. Steger, Gandhi's Dilemma. Nonviolent Principles and Nationalist Power, New York, St. Martins Press 2000, Kap. 3, 4; Hardiman, 136–155

19 Katherine K. Young, Hinduism and the Ethics of Weapons of Mass Destruction: An Oxymoron?, in: Sohail H. Hashmi/Steven P. Lee, Ethics and Weapons of Mass Destruction. Religious and Secular Perspectives, Cambridge, Cambridge University Press 2004, 277–307

20 Hardiman 2003, Kap. 2, 7

21 Rajesh M. Basrur, Minimum Deterrence and India's Nuclear Security, Stanford, Stanford University Press 2006, 59–61

22 Ainslie T. Embree, Who Speaks for India? The Role of Civil Society, in: Rafiq Dossani/Henry S. Rowen (Hrsg.), Prospect for Peace in South Asia, Stanford, Stanford University Press 2005, 141–184, hier 149–151

23 Ashutosh Varshney, Ethnic Conflict and Civic Life. Hindus and Muslims in India, New Haven/London, Yale University Press 2002, Kap. 9, 267

24 Embree 2005, 164/5

25 Wieland 2000, 175

26 Varshney 2002, 65/66, 70/71

27 Varshney 2002, 56–59

28 Brass 1999, 36; Jonah Blank, Democratization and Development, in: Devin T. Hagerty (Hrsg.), South Asia in World Politics, Lanham u. a., Rowman and Littlefield 2005, 231–256, hier 234; Kulke/Rothermund 1998, 397

29 Christian Wagner, Die »verhinderte« Großmacht? Die Außenpolitik der Indischen Union, 1947–1998, Baden-Baden, Nomos 2005, 85

30 Dazu Gabriele Sinigoj, Indien und Blockfreiheit als außenpolitische Strategie, New York u. a., Peter Lang 1998

31 Sinigoj, 1998, Kap. X

Das Wunder von Bangalore:
Indiens wirtschaftlicher Aufschwung

32 Der Komplexität des indischen Wirtschaftsgeschehens kann ein solches Kapitel natürlich nicht gerecht werden. Vgl. Tim Dyson/Robert Cassen/Leela Visaria, Twenty-First-Century Indie: Population, Economy, Human Development, and the Environment, New York, Oxford University Press 2004

33 John Adams, India: Much achieved, much to achieve, in: Selig S. Harrison/Paul H. Kreisberg/Dennis Kux (Hrsg.), India and Pakistan. The first fifty years, Cambridge, Cambridge University Press 1999, 65–88, hier 68

34 Stephen Cohen, Emerging Power India, Washington, D. C., Brookings 2002, 144

35 Adams 1999, 85

36 Adams 1999, 69

37 http://hdr.undp.org/statistics/data/countries.cfm?c=india (UN Development Program 2006)

38 Stephen Peter Rosen, Societies and Military Power. India and its Armies, Ithaca, N.Y., Cornell University Press, 59

39 Focus 11/2006, 108–109

40 Kalpana Kochhar/Utsav Kumar/Raghuram Rajan/Arvind Subramanian/Ioannis Tokatlidis, India's Pattern of Development: What Happened, What Follows?, International Monetary Fund Working Paper WP/06/22, 5–18

41 Amit Gupta, Building an Arsenal: The Indian Experience, in: Norman A. Graham (Hrsg.), Seeking Security and Development. The Impact of Military Spending and Arms Transfers, Boulder, Col., Lynne Rienner 1994, 101–118, hier 116

42 Satish Chandra, The Indian Perspective, in: Robert W. Cox (Hrsg.), The New Realism. Perspectives on Multilateralism and World Order, Tokio u.a., United Nations University Press 1997, 124–144, hier 141

43 T. N. Srinivasan, Economic Reforms and Global Integration, in: Francine R. Frankel/Harry Harding (Hrsg.), The India-China Relationship. What the United States Needs to Know, New York, Columbia University Press 2004, 219–266

44 Jane Ford, A Social Theory of the WTO. Trading Cultures, Houndsmill, Basingstoke, Palgrave Macmillan 2003, Kap. 7

45 Frank Malerius, Regierung verbessert Steueranreize für Exporteure, Financial Times, 24.4.2005, B5

46 Cohen 2002, 152

47 Hélène Poirson, The Tax System in India: Could Reform Spur Growth?, International Monetary Fund Working Paper WP/06/93; International Monetary Fund 2005, 28–52; Wagner 2005, 254; Srinivasan 2004, 233

48 Britta Petersen, Einzelhandel weckt Appetit der Investoren, Financial Times Deutschland, 24.4.2006, B 2

49 EC Communication Titled »An EU-India Strategic Partnership« – India's Response, http://meanindia.nic.in/onmouse/EU-indian.pdf, 17; Cohen 2002, 103

50 Marcus Franda, Launching into Cyberspace. Internet Development and Politics in Five World Regions, Boulder/London, Lynne Rienner 2002, Kap. 7

51 Renée Loth, India Rising, International Herald Tribune, 28.2.2006, 8

52 Hubert Beyerle, Dienstleister festigen Spitzenstellung, Financial Times Deutschland, 24.4.2006, B2; Katharina Nickoleit, Profiteure der Globalisierung, Welt am Sonntag, 23.4.2006, 32

53 James Clad, Convergent Chinese and Indian Perspectives on the Global Order, in: Francine R. Frankel/Harry Harding (Hrsg.), The India-China Relationship. What the United States Needs to Know, New York, Columbia University Press 2004, 267–293, hier 278; Focus 11/2006, 104/5

54 Netzwerk Internationale Technologiekooperation, Länderinformation Indien, http://intec-online.net/in-berichte.98.html, August 2004

55 Department of Biotechnology, Ministry of Science and Technology, Annual Report 2005/6, http://dbtindia.nic.in/publication/publicmain. html; Andrea Naica-Loebell, Indien boomt, 31.7.2005, http://heise. de/bin/tp/issue/r4-dl-article2.cgi?artikelnr=2061

56 Anupam Srivastava, Up in the Air: Prospect for Indo-US Space Cooperation, in: Gary K. Bertsch/Seema Gahlaut/Anupam Srivastava (Hrsg.), Engaging India. US Strategic Relations with the World's Largest Democracy, New York/London, Routledge 1999, 79–108, hier 82–85

57 Srivastava 2005, 264; Kirstin Wenk, Indien zwischen Slums und Software-Träumen, Die Welt, 22.4.2006, 7

58 Rainer Hörig, Bollywood muss fit werden für den Weltmarkt, Financial Times Deutschland, 24.4.2006, B4

59 Focus 11/2006, 100/101

60 Amelia Gentleman, Service with a smile brightens India trains, International Herald Tribune, 31.3.2006, 2

61 International Monetary Fund, India: Selected Issues, Washington,. D.C. 2006, 4–7

62 Clad 2004, 267–293, 274

63 David G. Victor, Nuclear Power for India is good for us all, International Herald Tribune, 17.3.2006, 6

64 Kanti Bajpal, Add Five »E«s to Make a Partnership, Washington Quarterly 24 (3), 2001, 83–94

65 Robert A. Manning, The Asian Factor. Myths and Dilemmas of Energy, Security and the Pacific Future, Houndsmill, Basingstoke, Palgrave 2000, Kap. 6

66 EC Communication Titled »An EU-India Strategic Partnership« – India's Response, http://meanindia.nic.in/onmouse/EU-indian.pdf, 19

67 http://www.un.org/esa/population/publications/countriyprofile/pro-
   file.htm
68 Srinivasan 2004, 259/60; Kirstin Wenk, Indien zwischen Slums und
   Software-Träumen, Die Welt, 22.4.2006, 7
69 Allen L. Hammond/C. K. Prahalad, Selling to the Poor, Foreign
   Policy, Mai/Juni 2004, 30–37
70 Focus 11/2006, 102
71 Kochhar u. a. 2006, 30–36
72 Martin Ravaillon/Gaurav Datt, Why has Economic Growth Been
   More Pro-Poor in Some States of India Than Others? Journal of
   Development Economics 68 (2002), 381–400; http://indiabudget.nic.
   in/es20001-02/tables.hitm; Gerhard Schweizer, Indien und China.
   Asiatische Wege ins globale Zeitalter, Stuttgart, Klett-Cotta 2001,
   150–155
73 Catriona Purfield, Mind the Gap – Is Economic Growth in India
   Leaving Some States Behind?, International Monetary Fund Working
   Paper WP/06/103
74 Kochhar u. a. 2006, 41–46
75 Gurharpal Singh, Resizing and Reshaping the State: India from
   Partition to the Present, in: Brendan O'Leary/Ian S. Lustick/Thomas
   Callaghy, Right-sizing the State. The Politics of Moving Borders,
   Oxford, Oxford University Press 2001, 138–167, hier 158/9
76 Teresa C. Schaffer, Building a New Partnership with India, in:
   Washington Quarterly 25 (2), 2002, 31–44, hier 36
77 http://hdr.undp.org/statisticcs/data/countries.cfm?c=IND
78 Pramit Mitra, India at the Crossroads: Battling the HIV/AIDS
   Pandemic, in: Washington Quarterly 27 (4), 2004, 95–107; Human
   Rights Watch, World Report 2006, New York, HRW 2006, 268
79 Ford 2003, Kap. 7
80 http://hdr.undp.org/statisticcs/data/countries.cfm?c=IND; Financial
   Times 24.2.2005, 17
81 International Monetary Fund 2006, 16–18
82 Franda 2002, Kap. 7
83 International Monetary Fund 2006, 18/19
84 Cohen 2002, 27
85 Winand von Petersdorff, Adieu, China: Den Zweikampf in
   Asien gewinnt Indien, Frankfurter Allgemeine Sonntagszeitung,
   23.4.2006, 44
86 Focus 11/2006, 101; Andrea Naica-Loebell, Indien boomt, 31.7.
   2005, http://heise.de/bin/tp/issue/r4-dl-article2.cgi?artikelnr=2061
87 Yasheng Huang/Turan Khanna, Can India Overtake China?, Foreign
   Policy, Juli/August 2003, 74–81

88 Focus 11/2006, 103; Diana Farell, India Outsmarts China, Foreign Policy, Januar/Februar 2006, 30–32

89 Anupam Srivastava, Globalization and Economic Liberalization, in: Devin T. Hagerty/Herbert G. Hagerty, India's Foreign Relations in: Devin T. Hagerty (Hrsg.), South Asia in World Politics, Lanham u. a., Rowman and Littlefield 2005, 257–280, hier 262/3

90 André Schmidt-Carré, Konzerne zieht es zur Einkaufstour in den Westen, Financial Times Deutschland, 24.4.2006, B2

91 Bertelsmann Stiftung (Hrsg.), Bertelsmann Transformation Index 2006. Auf dem Weg zur Marktwirtschaftlichen Demokratie, Gütersloh, Bertelsmann Stiftung 2005, 219

Die blutige Spur:
Indiens fragmentierte Gesellschaft

92 Singh 2001, hier 144/5

93 Katharine Adeney, Constitutional Centring: Nation Formation and Consociational Federalism in India and Pakistan, in: Andrew Wyatt/John Zavos (Hrsg.), Decentring the Indian Nation, London/Portland, Frank Cass 2003, 8–33, hier 25

94 Ira Das, Staat und Religion in Indien. Eine rechtswissenschaftliche Untersuchung. Tübingen, Mohr Siebeck 2004, 6, 31–33, hier 51

95 Emma Mawdsley, Redrawing the Body Politic: Federalism, Regionalism and the Creation of New States in India, in: Andrew Wyatt/John Zavos (Hrsg.), Decentring the Indian Nation, London/Portland, Frank Cass 2003, 34–54

96 Ghosh 1998, 62–65

97 Zum Folgenden: Victoria Schofield, Kashmir in Conflict. India, Pakistan and the Unfinished War, London/New York, Tauris 2000, Suranjan Das, Kashmir and Sindh. Nation-Building, Ethnicity and Regional Politics in South Asia, London, Anthem Press 2001

98 Ray Taras, Liberal and Illiberal Nationalisms, Houndmills, Basingstoke, Palgrave Macmillan 2002, 96/97; Das 2001, 174

99 Dietmar Rothermund, Krisenherd Kaschmir. Der Konflikt der Atommächte Indien und Pakistan, München, Beck 2002, 51

100 Chandrashekhar Dasgupta, Jammu and Kashmir in the Indian Union: The Politics of Autonomy, in: Rafiq Dossani/Henry S. Rowen (Hrsg.), Prospects for Peace in South Asia, Stanford, Stanford University Press 2005, 239–259

101 Das 2001, 41

102 Rothermund 2002, 58/9

103 Rothermund 2002, 69; Paula R. Newberg, Double Betrayal. Re-

pression and Insurgency in Kashmir, Washington, D.C., Carnegie
Endowment for International Peace 1995; Surinder Oberoi, Fear
and Loathing in Kashmir, Washington Quarterly 24 (2), 2001,
195–199

104 Voll 2005, 204, 211; New York Times A3

105 Rafiq Zakaria, Communal Rage in Secular India, Mumbai, Poular
Prakashan 2002, 104/5

106 Rothermund 2002, 137

107 Zakaria, 196, 207–214

108 Joachim Heidrich, Demokratie und Hindunationalismus im
heutigen Indien, in: Sitzungsberichte der Leibniz-Sozietät, Band 66,
Berlin 2004, 49–84

109 Center for Religious Freedom, The Rise of Hindu Extremism and
the Repression of Christian and Muslim Minorities in India, Washington, D.C., Freedom House 2003, 18; Embree 2005, 169; Robert L. Hardgrave, Jr., Hindu Nationalism and the BJP: Transforming
Religion and Politics in India, in: Rafiq Dossani/Henry S. Rowen
(Hrsg.), Prospects for Peace in South Asia, Stanford, Stanford University Press 2005, 185–214, hier 189, 195

110 Embree 2005, 178/9; Hardgrave 2005, 190

111 Zakaria 2002, Kap. 4–9

112 Emma Mawdsley, Redrawing the Body Politic: Federalism, Regionalism and the Creation of New States in India, in: Andrew Wyatt/
John Zavos (Hrsg.), Decentring the Indian Nation, London/Port-
land, Frank Cass 2003, 34–54, hier 46/47. Unwillentlich bereitete
der Kongress damit den Boden für den Aufstieg der BJP.

113 Hagerty/Hagerty 2005, 35

114 Varshney 2002, 72–76

115 Center for Religious Freedom, The Rise of Hindu Extremism and
the Repression of Christian and Muslim Minorities in India,
Washington, D.C., Freedom House 2003

116 Christian Wagner, Indiens neue Politik, Internationale Politik
9/2004, 45–50

117 Daniel Gold, Organized Hinduisms: From Vedic Truth to Hindu
Nation, in Martin E. Marty/R. Scott Appleby (Hrsg.), Fundamentalisms Observed, Chicago/London, Univ. of Chicago Press 1991,
531–593; Uday Mehta, Gujarat – Hindu Rashta Laboratory, in:
Ram Puniyani (Hrsg.), Religion, Power and Violence, New Delhi
u. a., Sage, 2005, 290–305

118 Peter van der Veer, Religious Nationalism in India and global
Fundamentalism, in: John A. Guidry/Michael D. Kennedy/Mayer
N. Zald (Hrsg.), Globalizations and Social Movements. Culture,

Power and the Transnational Public Sphere, Ann Arbor, University of Michigan Press 2000, 315–338

119 Georg Evers/Ajit Lokhande/Anand Nayak/Christopher Shelke, Kirche in Indien. München, Don Bosco Verlag 2004

120 Zakaria 2002, Kapitel 1–3; Center for Religious Freedom 2003, 64–77; Rowena Robinson/D. Parhasarathy, ›After Gujarat …‹: Making Sense of Reports on the Post-Godhra Violence and its Aftermath, in: Ram Puniyani (Hrsg.), Religion, Power and Violence, New Delhi u. a., SAGE, 2005, 305–318

121 Varshney 2002, 235/6

122 Empree 2005, 180

123 Subrata K. Mitra, Demokratie und Regierbarkeit in Indien: Ein neo-institutionalistischer Ansatz, in: Orientwissenschaftliche Hefte 13/2004, 81–100

124 Taras 2002, 100, Zakaria 2002, 201/2

125 Varshney 2002, Kap. 4

126 Ich stützte mich im Folgenden auf die Ergebnisse der schon mehr-fach zitierten, grandiosen Studie von Ashutosh Varshney 2002, das wohl klügste Buch über die inneren Verhältnisse Indiens, das ich gelesen habe.

127 Varshney 2002, 10–18, 266–271

128 Mark Juergensmeyer, Terror in the Mind of God. The Global Rise of Religious Violence, Berkeley u. a., University of California Press 2000, 88/89

129 Taras 2002, 98

130 C. Christine Fair, Urban Battle Fields of South Asia. Lessons Learned from Sri Lanka, India, and Pakistan, Sta. Monica/Arling-ton/Pittsburgh, RAND 2004, 69, 78/79, 85

131 Van der Veer 2000, 321/2, 326–330, 334; Sunil Dasgupta, India: The New Militarism, in: Muthia Alagappa (Hrsg.), Coercion and Governance. The Declining Political Role of the Military in Asia, Stanford, Stanford University Press 2001, 92–120, hier 104/5; Juer-gensmeyer 2000, 90

132 Fair 2004, 88–90, 97; Gurharpal Singh 2001, 150/1

133 Human Rights Watch, World Report 2006, New York, HRW 2006, 265/6

134 Gurharpal Singh 2001, 152/3

135 Ainslie T. Embree, Who Speaks for India? The Role of Civil Society, in: Rafiq Dossani/Henry S. Rowen (Hrsg.), Prospect for Peace in South Asia, Stanford, Stanford University Press 2005, 141–184, hier 158

136 Ghosh 1998

137 International Institute for Strategic Studies, The Military Balance 2005/2006, London, Routledge 2005, 226/7

138 Sanjoy Banershee, India's human rights diplomacy. Crisis and transformation, in: David P. Forsythe (Hrsg.), Human rights and Comparative Foreign Policy, Tokyo, United Nations University Press 2000, 178–205, hier 190

139 Taras 2002, 100; Kashyap 1998, 40

Das indische Rätsel:
Die robuste Demokratie

140 Senghaas, Dieter 1994: Frieden als Zivilisierungsprojekt, in: Senghaas, Dieter (Hrsg.), Wohin driftet die Welt? Frankfurt/M., Suhrkamp, 196–234,

141 Edward D. Mansfield/Jack Snyder, Electing to Fight. Why Emerging Democracies Go to War, Cambridge, Mass., MIT Press 2005 .

142 Subhash C. Kashyap, Ethnicity and Constitutional Reforms in India, in: Iftek Aruzzaman (Hrsg.), Ethnicity and Constitutional Reform in South Asia, Colombo, Manohar 1998, 27–48, hier 33

143 Partha S. Ghosh, Ethnic Conflict and Conflict Management: The Indian Case, in: Iftek Aruzzaman (Hrsg.), Ethnicity and Constitutional Reform in South Asia, Colombo, Manohar 1998, 49–83; David Hardiman, Gandhi in his time and ours. The global legacy of his ideas, London, Hurst and Company 2003, 153

144 Varshney 2002, 56, 58

145 Gerhard Schweizer, Indien und China. Asiatische Wege ins globale Zeitalter, Stuttgart, Klett-Cotta 2001, 106

146 Amartya Sen, The Argumentative Indian: Writings on Indian History, Culture and Identity, Farrar 2005

147 Hans Harder, Überlegungen zur indischen Nationalidentität: Ein Essay, in: Orientwissenschaftliche Hefte 13/2004, 61–80

148 Gerhard Schweizer 2001, 30ff.

149 Satish Chandra, The Indian Perspective, in: Robert W. Cox (Hrsg.), The New Realism. Perspectives on Multilateralism and World Order, Tokio u. a., United Nations Unviversity Press 1997, 124–144, hier 126/7

150 Ira Das, Staat und Religion in Indien. Eine rechtswissenschaftliche Untersuchung. Tübingen, Mohr Siebeck 2004, Kap. III; Center for Religious Freedom 2003, 42

151 Stephen Peter Rosen, Societies and Military Power. India and its Armies, Ithaca, N.Y., Cornell University Press 1996, Kap. 2, Kap. 6; Ravinder Pal Singh, India, in: ders. (Hrsg.), Arms Procurement De-

cision Making. Volume I: China, India, Israel, Japan, South Korea and Thailand, Oxford, Oxford University Press 1998, 78/79

152 Stephen Philip Cohen, Emerging Power India, Washington, D.C., Brookings 2002, 20–23

153 Schweizer 2001, 53

154 Cohen 2002, 114–118

155 Ghosh 1998, 73/4

156 Sunil Dasgupta, India: The New Militarism, in Muthia Alagappa (Hrsg.), Coercion and Governance. The Declining Political Role of the Military in Asia, Stanford, Stanford University Press 2001, 92–120, hier 98; Schweizer 169

157 http://hdr.undp.org/statisticcs/data/countries.cfm?c=IND; Raghbenda Jha, Reducing Poverty and Inequality in India. Has Liberalization Helped? United Nations University, World Institute for Development Economics Research, Working Paper 204, 2000

158 Srinivasan 2004, 243

159 http://hdr.undp.org/statisticcs/data/countries.cfm?c=IND

160 India's women battle the ›bad luck‹ label, International Herald Tribune, 30.3.2006, 7

161 Amelia Gentleman, Doctor jailed in India for identifying sex of fetus, International Herald Tribune, 30.3.2006, 4

162 International Herald Tribune, 4.5.2005, 2

163 Brigitte Voykowitsch, Göttinnen und Frauenrechte. Indiens Töchter, Wien, Picus 2000

164 David Hardiman, Gandhi in his time and ours. The global legacy of his ideas, London, Hurst and Company 2003, 218–220

165 Varshney 2002, 253/4; Voykowitsch 2000, 93–98

166 Voykowitsch 2000, 50–52

167 Kanti Bajpal, Add Five »E«s to Make a Partnership, Washington Quarterly 24 (3), 2001, 83–94

168 Hardiman 2003, 221–224; Voykowitsch 2000, 158–166

169 Nina von Hardenberg, Das Gewissen der Mächtigen, Süddeutsche Zeitung, 15./17.4.2006, 13; Hardiman 2003, 224–234

170 Barbara D. Metcalf, Hindu Ethnonationalism, Muslim Jihad, and Secularism: Muslims in Political Life of the Republic of India, in: Rafiq Dossani/Henry S. Rowen (Hrsg.), Prospects for Peace in South Asia, Stanford, Stanford University Press 2005, 215–238, hier 217

171 C. Raja Mohan, Crossing the Rubicon. The Shaping of India's New Foreign Policy, New Delhi, Viking 2003, 59

172 Brass 1999, 30–35

173 Christian Wagner, Die »verhinderte« Großmacht? Die Außenpolitik der Indischen Union, 1947–1998, Baden-Baden, Nomos 2005

174 Cohen 2002, 106–113

175 Paul B. Brass, India: Democratic progress and problems, in: Selig S. Harrison/Paul H. Kreisberg/Dennis Kux (Hrsg.), India and Pakistan. The first fifty years, Cambridge, Cambridge University Press 1999, 23–44, hier 25

176 Dasgupta 2001, 98

177 Dasgupta 2001

178 Subrata K. Mitra, Demokratie und Regierbarkeit in Indien: Ein neo-institutionalistischer Ansatz, in: Orientwissenschaftliche Hefte 13/2004, 81–100

179 Brass 1999, hier 27, 29, 41

180 Varshney 2002, 82/83

181 Jawaid Quddus, Hindutva andd Indian Diaspora, in: Ram Puniyani (Hrsg.), Religion, Power and Violence, New Delhi u. a., Sage, 2005, 144–157; Prakash Louis, Hindutva and Weaker Sections: Conflict between Dominance and Resistance, ebd., 157–175

182 Kulke/Rothermund 1999, 419

183 Anand Giridharadas, Turning point in India's caste war, in: International Herald Tribune, 22./23.4.2006, 1, 18

184 Rothermund 2002, 82–86; Center for Religious Freedom 2003, 64/65; Hardgrave 2005, 200

185 Gabriel A. Almond/R. Scott Appleby/Emmanuel Sivan, Strong Religion. The Rise of Fundamentalisms around the World, Chicago/London, University of Chicago Press 2003, 172

186 Varshney 2002, 164–167

187 Narendra Subramanian, Identity Politics and Social Pluralism: Political Sociology and Political Change in Tamil Nadu, in: Andrew Wyatt/John Zavos (Hrsg.), Decentring the Indian Nation, London/Portland, Frank Cass 2003, 125–139

188 Gurharpal Singh 2001, 162/3; Ras 2002, 101; Wagner 2005, 249–251

189 Hardgrave 2005, 211

190 Almond u. a. 2003, 174

191 Emma Mawdsley, Redrawing the Body Politic: Federalism, Regionalism and the Creation of New States in India, in: Andrew Wyatt/John Zavos (Hrsg.), Decentring the Indian Nation, London/Portland, Frank Cass 2003, 34–54; hier 48; Wagner 2005, 256; Rothermund 2002, 84; Hardgrave 2005, 191, 193; Rothermund 2002, 104/5

192 Rajeev Bhargava, Liberal Secular Democracy and Explanations

of Hindu Nationalism, in: Andrew Wyatt/John Zavos (Hrsg.), Decentring the Indian Nation, London/Portland, Frank Cass 2003, 72–96; Kulke/Rothermundt 1998, 418

193 Varshney 2002, 85; Schweizer 2001, 160–166

194 International Herald Tribune, 8.6.2005

Von Gandhi zur Bombe: Indiens Macht

195 Dietmar Rothermund, Krisenherd Kaschmir. Der Konflikt der Atommächte Indien und Pakistan, München, Beck 2002, 88, 94

196 Katherine K. Young, Hinduism and the Ethics of Weapons of Mass Destruction: An Oxymoron?, in: Sohail H. Hashmi/Steven P. Lee, Ethics and Weapons of Mass Destruction. Religious and Secular Perspectives, Cambridge, Cambridge University Press 2004, 277–307

197 Perkovich 1999 138

198 Rajesh M. Basrur, Minimum Deterrence and India's Nuclear Security, Stanford, Stanford University Press 2006, 58/59, 70/71; George Perkovich, India's Nuclear Bomb. The Impact on Global Proliferation, Berkeley u. a. Univ. of California Press 1999, 189, 224/5, 452/3

199 Cohen 2002, 159–163

200 George Perkovich, India's Nuclear Bomb. The Impact on Global Proliferation, Berkeley u. a. Univ. of California Press 1999, 73–85

201 Wagner 2005, 193, 195, 213

202 George Perkovich, The Nuclear and Security Balance, in: Francine R. Frankel/Harry Harding (Hrsg.), The India-China Relationship. What the United States Needs to Know, New York, Columbia University Press 2004, 134, 177–218

203 Perkovich 1999, 243

204 Basrur 2006, 63; Cohen 2002, 284

205 C. Raja Mohan, Crossing the Rubicon. The Shaping of India's New Foreign Policy, New Delhi, Viking 2003, 4–7; Perkovich 1999, Kap. 13, 14

206 Cohen 2002, 169/70, 174

207 David Cortright/Amitah Mattoo, Indian Public Opinion and Nuclear Weapons Policy, in: dieselben (Hrsg.), India and the Bomb. Public Opinion and Nuclear Options, Notre Dame, Indiana, University of Notre Dame Press 1996, 3–23

208 Ein anrührendes und eindrucksvolles Dokument der Gegnerschaft gegen Kernwaffen ist die gemeinsame indisch-pakistanische Edition

   von Smitu Kothari/Zia Mian (Hrsg.), Out of the Nuclear Shadow,
   Delhi/London, Lokayan 2001

209 Cohen 2002, 179/80
210 Kanishkan Sathasivam, Uneasy Neighbors: India, Pakistan and US
    Foreign Policy, Burlington, Ashgate 2005, 161/2
211 Perkovich 2004, 189
212 Basruf 2000, 71/71, 77; Raja Menon, Nuclear Stability, Deterrence
    and Separation of India's Civil and Weapon Facilities, in: Strategic
    Analysis 29 (4), 2005, 593–611
213 Perkovich 2004, 192–4
214 Voll 2005, 385
215 Mohan, 25/26
216 Perkovich 2005, 207
217 Perkovich 1999, Basrur 2006, 67
218 Perkovich 1999, 215
219 Devin T. Hagerty/Herbert G. Hagerty, India's Foreign Relations,
    in: Devin T. Hagerty (Hrsg.), South Asia in World Politics, Lanham
    u. a., Rowman and Littlefield 2005, 11–48, hier 23
220 Alle Angaben über das indische Militär nach International Institute
    for Strategic Studies, The Military Balance 2005/2006, London,
    Routledge 2005. 236–240
221 Cohen 2002, 112/113
222 Rosen 1996, 238, 240, 262
223 Dasgupta 2001
224 Aburpa Kundu, Militarism in India. The Army and Civil Society in
    Consensus, London/New York, Tauris 1998, 6
225 Aburpa Kundu 1998, 182
226 Raja Menon, A Nuclear Strategy for India, London u. a., Sage
    2000, 304
227 Kanishkan Sathasivam, Uneasy Neighbors. India, Pakistan and US
    Foreign Policy, Burlington, Ashgate 2005, 29
228 Rebecca L. Schiff, Concordance Theory: The Cases of India and
    Pakistan, in: David R. Mares, Civil-Military Relations. Building
    Democracy and Regional Security in Latin America, Southern Asia,
    and Central Europe, Boulder, Westview 1998, 1–24
229 Ravinder Pal Singh, India, in: ders. (Hrsg.), Procurement Decision
    Making. Volume I: China, India, Israel, Japan, South Korea and
    Thailand, Oxford, Oxford University Press 1998, 48–90; Rosen
    1996, 200
230 Dasgupta 2001, hier 113–115; Basrur 2006, 1611
231 Joseph S. Nye, Soft Power: The Means to Success in World Politics,
    New York, Public Affairs 2004

343

232 Ray Taras, Liberal and Illiberal Nationalisms, Houndmills, Basingstoke, Palgrave Macmillan 2002, 99

233 Cohen 2002, 84/85

234 Cohen 2002, 1322/3

235 James Clad, Convergent Chinese and Indian Perspectives on the
Global Order, in: Francine R. Frankel/Harry Harding (Hrsg.), The
India-China Relationship. What the United States Needs to Know,
New York, Columbia University Press 2004, 267–293

236 Ainslie T. Embree, Who Speaks for India? The Role of Civil Society,
in: Rafiq Dossani/Henry S. Rowen (Hrsg.), Prospect for Peace in
South Asia, Stanford, Stanford University Press 2005, 141–184,
hier 156/7

237 Taras 2002, 97

238 Jasijt Singh, India, in: Watanabe Koji (Hrsg.), Humanitarian
Intervention. The Evolving Asian Debate, Tokio/New York, Japan
Center for International Exchange 2003, 81–108; Baipai 2003, 259

Die südasiatische Vormacht:
Indien und seine Nachbarn

239 Barry Buzan/Ole Waever, Regions and Powers: the Structure of International Security, Cambridge, Cambridge University Press 2003

240 Stephen Cohen, Emerging Power India, Washington, D.C., Brookings 2002, 130/1

241 Christian Wagner, Die nächste Großmacht? Indische Außenpolitik
zu Beginn des 21. Jahrhunderts, in: Orientwissenschaftliche Hefte
13/2004, 143–163; Cohen 2002, 136

242 Dietmar Rothermund, Krisenherd Kaschmir. Der Konflikt der
Atommächte Indien und Pakistan, München, Beck 2002, 41

243 Cohen 2002, 146–148

244 Cohen 2002, 150; Perkovich 1999, 306–313

245 Wagner 2005, 115

246 Wirsing 2005, 144

247 Victoria Schofield, Kashmir in Conflict. India, Pakistan and the
Unfinished War, London/New York, Tauris 2000, 208–220

248 Glenn Snyder, The Balance of Power and the Balance of Terror,
in: Paul Seabury (Hrsg.), The Balance of Power, San Francisco,
Chandler 1965, 184–201; Michael Krepon, The Stability-Instabil-
ity Paradox, Misperception, and Escalation Control in South Asia,
Washington, Stimson Center 2003

249 Gaurav Kampani, Kashmir and India-Pakistan Nuclear Issues, in:

Devin T. Hagerty (Hrsg.), South Asia in World Politics, Lanham u. a., Rowman and Littlefield 2005, 161–186

250 Mohan 2003, Kapitel 7; Cohen 2002, Preface

251 Voll 2005, 142, 215

252 Voll 2005 394/5; C. Raja Mohan, What If Pakistan Fails? India Isn't Worried ... Yet, in Washington Quarterly, 28 (1), 2004, 117–128; International Institute for Strategic Studies, Strategic Survey 2004/5, London 2006, 315–322

253 Manju Parikh, India-Pakistan Rapproachment: A Cautious Optimism? http://www.worldpress.org/Asia/2320.cfm, 18.4.2006; India-Pakistan Relations: Guarded Optimism, http://www.worldpress. org/Asia/2320.cfm, 6.4.2006

254 A. Subramanyam Raju, Third-Generation Indian Perceptions on the Kashmir Issue, Colombo, Regional Centre for Strategic Studies, 2001

255 Cohen 2002, 235–237; Wagner 2005, 122–124

256 Wagner 2005, 119

257 Wagner 2005, 274

258 Rothermund 2002, 110–112

259 Manuela Kessler, Seine Hoheit, der Gesandte, Süddeutsche Zeitung, 20.4.2006, 7

260 Wagner 2005, 124–134; Cohen 2002, 233–235; Voll 2005, 227

261 Dasgupta 2001, 92–120, hier 105/6; Wagner 2005, 134–147; Cohen 2002, 148–150; 239–241

262 Voll 2005, 220

263 Rajesh M. Basrur, India's External Relations: A Theoretical Analysis, New Delhi, Commonwealth 2000, 91, 99,

264 Mohan 2003, 241–247

265 Cohen, 2002, 237–241

266 Wagner 2005, 276

267 Rahavan 2004, 153/4

268 Christian Wagner, From Hard Power to Soft Power? Ideas, Interaction, Institutions and Images in India's South Asia Policy. Heidelberg Papers in South Asian and Comparative Politics, Working Paper 26

269 Mohan 2004, 127; Frankfurter Allgemeine Sonntagszeitung, 25.3.2006, 6

270 Barry Buzan/Ole Waever 2003, 96/97; 126/7

271 Z. B. Zbigniew Brzezinski, The Choice: Global Domination or Global Leadership, New York, Basis Books 2004, 65

272 Christian Wagner, Die nächste Großmacht? Indische Außenpolitik zu Beginn des 21. Jahrhunderts, in: Orientwissenschaftliche Hefte 13/2004, 143–162

273 Burkhard Schnepel, Inder in der Fremde, in: Orientwissenschaftliche Hefte 13/2004, 114/5

274 G. V. C. Naidu, India and the East Asian Summit, Strategic Analysis 29 (4), 2005, 711–716

275 Ashley J. Tellis, China and India in Asia, in: Francine R. Frankel/Harry Harding (Hrsg.), The India-China Relationship. What the United States Needs to Know, New York, Columbia University Press 2004, 134–177, hier 150–153; Mohan 2003, 211–213

276 Voll 2005, 342–350

277 Ramesh Thakur, Regionale Kooperation nach Flut, in: Internationale Politik, Februar 2005, 94–97; Indian Ministry of Foreign Affairs, Annual Report 2004/5, 27/28

278 Voll 2005, 92

279 Indian Ministry of Foreign Affairs, Annual Report 2004/5, 23–38

280 Wagner 2005, 283

281 Vishal Chandra, The Afghan Elections and the Bonn Process: Assessing India's Options, Strategic Analysis 29 (4), 2003, 723–731

282 Susan L. Shirk, One-Sided Rivalry. China's Perceptions and Policies toward India, in: Francine R. Frankel/Harry Harding (Hrsg.), The India-China Relationship. What the United States Needs to Know, New York, Columbia University Press 2004, 75–100, hier 92

283 Kanishkan Sathasivam, Uneasy Neighbors. India, Pakistan and US Foreign Policy, Burlington, Ashgate 2005, 48

284 Mohan 2003, 223

285 Stephen J. Blank, Natural Allies? Regional Security in Asia and Prospects for Indo-American Strategic Cooperation, Carlisle, PA, US Army War College Strategic Studies Institute 2005, Kap. 6

286 Robert A. Manning, The Asian Factor. Myths and Dilemmas of Energy, Security and the Pacific Future, Houndsmill, Basingstoke, Palgrave 2000, 137/139

287 P. R. Kumaraswamy, India and Israel. Evolving Strategic Partnership, Ramat Gan, Bar-Ilan University 1998

288 Patrick Franke, Rama und Zion: Die neue Allianz zwischen Indien und Israel, in: Orientwissenschaftliche Hefte 13/2004, 19–60

289 Indian Ministry of External Affairs, Annual Report 2004/2005, 57, 59

290 Subhash Kapila, India-Saudi Arabia: The Strategic Significance of the Delhi Declaration, http://www.saag.org%5Cpapers16%5Cpaper1734.html

291 Mohan 2003, 228/9

292 Blank 2005, 25/26, 41

293 Kanti Bajpal, Add Five »E«s to Make a Partnership, Washington Quarterly 24 (3), 2001, 83–94

294 Perkovich 1999, 322–324

295 Financial Times, 25.2.2005

296 International Institute for Strategic Studies, Military Balance 2005/6, London, Routledge 2005, 231

297 Hardgrave 2005, 207

298 Ruchita Beri, Africa's Energy Potential: Prospects for India, Strategic Analysis Juli/September 2005, 370–394

299 Axel Biallas/Jan Knauer, Von Bandung zum Ölgeschäft: Indien und Inder in Afrika, GIGA Focus 1, Jan. 2006

300 Indian Ministry of External Affairs, Annual Report 2004/2005, 62

Das Spiel der Giganten: Indien und die großen Mächte

301 Igor Khripunov/Anupam Srivastava, Contending with the »Bearish« Arms Market: US-Indian Strategic Cooperation and Russia, in: Gary K. Bertsch/Seema Gahlaut/Anupam Srivastava (Hrsg.), Engaging India. US Strategic Relations with the World's Largest Democracy, New York/London, Routledge 1999, 238–260

302 SIPRI-Yearbook 2005, Oxford u.a., 425; Voll 2005, 245

303 C. Raja Mohan, Crossing the Rubicon. The Shaping of India's New Foreign Policy, New Delhi, Viking 2003, Kapitel 5; International Institute for Strategic Studies, The Military Balance 2005/2006, London, Routledge 2005, 236–240, 231

304 Hagerty/Hagerty 2005, 149

305 Hagerty/Hagerty 2005, 24/25

306 Wagner 2005, 171

307 Amitabh Mattoo, Shadow of the Dragon: Indo-US Relations and China, in: Gary K. Bertsch/Seema Gahlaut/Anupam Srivastava (Hrsg.), Engaging India. US Strategic Relations with the World's Largest Democracy, New York/London, Routledge 1999, 213–222

308 Cohen 2003, 148
309 Voll 2005, 117, 119
310 Voll 2005, 107
311 Shirk 2004
312 Shirk 2004, 75–100; Mohan, Kap. 6
313 Voll 2005, 120/31; Steven A. Hoffmann, Perception and China Policy in India, in: Francine R. Frankel/Harry Harding (Hrsg.), The India-China Relationship. What the United States Needs to Know, New York, Columbia University Press 2004, 3–74, hier 64/65
314 Mohan, 164–169; Cohen, 259–262; Voll 2005, 138; Washington Post, 21.4.2005, A 16
315 International Institute for Strategic Studies, The Military Balance 2005/2006, London, Routledge 2005, 236–240, 231
316 Voll 2005, 126–32
317 Christian Wagner, Die nächste Großmacht? Indische Außenpolitik zu Beginn des 21. Jahrhunderts, in: Orientwissenschaftliche Hefte 13/2004, 143–162; Dietmar Rothermund, Krisenherd Kaschmir. Der Konflikt der Atommächte Indien und Pakistan, München, Beck 2002, 66
318 James Clad, Convergent Chinese and Indian Perspectives on the Global Order, in: Francine R. Frankel/Harry Harding (Hrsg.), The India-China Relationship. What the United States Needs to Know, New York, Columbia University Press 2004, 267–293, hier 270
319 Robert Wirsing, Great Power Foreign Policies in South Asia, in: Devin T. Hagerty (Hrsg.), South Asia in World Politics, Lanham u. a., Rowman and Littlefield 2005, 135–160, hier 150/1
320 Voll 2005, 126
321 Cohen 2002, 88
322 Ashley J. Tellis, China and India in Asia, in: Francine R. Frankel/ Harry Harding (Hrsg.), The India-China Relationship. What the United States Needs to Know, New York, Columbia University Press 2004, 134–177, hier 141, 148–50
323 http://www.yomiuri.co.jp/dy/world/20060529TSY03002.htm
324 Hagerty/Hagerty 2005, 11–48, hier 21
325 Hagerty/Hagerty 2005, 22
326 A. Subramanyam Raju, Democracies at Loggerheads. Security Aspects of US-India Relations, New Delhi, South Asian Publishers 2001, 63/64
327 A. Subramanyam Raju 2001, 83/84; 88/89
328 Wagner 178–181, 190; Cohen 2002, 272–276
329 Jyotika Saksena/Suzette Grillot, The Emergence of Indo-US Defense

Cooperation: From Specific to Diffuse Reciprocity, in: Gary K. Bertsch/Seema Gahlaut/Anupam Srivastava (Hrsg.), Engaging India. US Strategic Relations with the World's Largest Democracy, New York/London, Routledge 1999, 144–168

330 Sanjoy Banershee, India's human rights diplomacy. Crisis and transformation, in: David P. Forsythe (Hrsg.), Human rights and Comparative Foreign Policy, Tokyo, United Nations University Press 2000, 178–205, hier 200/201

331 Cohen 2002, 288

332 Robert M. Hathaway, Unfinished Passage: India, Indian Americans, and the US Congress, Washington Quarterly 24 (2), 2001, 21–34

333 Cohen 2002, 280

334 C. Christine Fair, The Counterterror Coalitions. Cooperation with Pakistan and India, Santa Monica, RAND 2004, 70–72

335 Sumit Ganguly, Conflict Unending. India-Pakistan Tensions since 1947, New York, Columbia University Press 2001, Kap. 6

336 Voll 2005, 57

337 Timothy D. Hoyt, The War on Terrorism: Implications for South Asia, in: Devin T. Hagerty (Hrsg.), South Asia in World Politics, Lanham u. a., Rowman and Littlefield 2005, 281–300, hier 286; Voll 2005, 52; Mohan 2003, xi/xii

338 V. R. Rahavan, The Double-Edged Effect in South Asia, in: The Washington Quarterly, 27 (4) 2004, 147–155

339 C. Raja Mohan, What If Pakistan Fails? India Isn't Worried … Yet, in: Washington Quarterly, 28 (1), 2004, 117–128; Kanishkan Sathasivam, Uneasy Neighbors. India, Pakistan and US Foreign Policy, Burlington, Ashgate 2005, 167

340 Mohan, Kap. 4; Voll 2005, 61

341 Sumit Ganguly, America and India at a Turning Point, Current History, März 2005, 120–124; Voll 2005, 70/71, 373

342 Voll 2005, 64/65

343 Cohen 2002, 86/7

344 Steven Hoffmann, Indo-US Strategic Worldviews, in: Ashok Kapur/ Y. K. Malik/Harold A. Gould/Arthur G. Rubinoff (Hrsg.), India and the United States in a Changing World, New Delhi u. a., Sage 2002, 216–244

345 International Herald Tribune, 2.3.2006, 1, 5; International Herald Tribune, 4./5.3.2006, 8

346 George Perkovich, Is India a Major Power? in: Washington Quarterly, Winter 2003/4, 129–144, hier 141

347 Ganguly 2005, 123; International Herald Tribune, 28.2.2006, 2; International Herald Tribune, 1.3.2006, 3

348 Rahul Segar, What's in a Name? India and America in the Twenty-First Century, Survival, 46 (3) 2004, 115–136, hier 118/9

349 Voll 2005, 252; Mohan 2003, 213–216

350 Burkhad Schnepel, Inder in der Fremde, in: Orientwissenschaftliche Hefte, 13/2994, 115–162

351 EC Communication Titled »An EU-India Strategic Partnership« – India's Response, http://meanindia.nic.in/onmouse/EU-indian.pdf; Nadia Mustaq Abbasi, EU-India: Looking Towards Deeper Relations, http://www.issi.org.pk/journal/2003_files/no_4/article/4a.htm

352 EU-India Summit, New Delhi, 7/9/05. The India-EU Strategic Partnership Joint Action Plan; Political Declaration on the India-EU Strategic Partnership, http://ec.europa.eu/comm/external_relations/india/sum09_05/05/pol_decl_070905.pdf

Prognose:
Aufstieg – die demokratische Weltmacht

353 Vgl. Michael R. Chambers (Hrsg.), South Asia in 2020: Future Strategic Balances and Alliances, Carlisle, PA, Strategic Studies Institute 2002

354 Bertelsmann Stiftung (Hrsg.), Bertelsmann Transformation Index 2006. Auf dem Weg zur marktwirtschaftlichen Demokratie. Bielefeld, Verlag Bertelsmann Stiftung 2005, 63, 64, 219

355 Helmut Schmidt, Die Mächte der Zukunft. Gewinner und Verlierer in der Welt von morgen, München, Siedler 2004, 160

356 Stephen J. Blank, Natural Allies? Regional Security in Asia and Prospects for Indo-American Strategic Cooperation, Carlisle, PA, US Army War College Strategic Studies Institute 2005, Kap. 8

357 Kanti Bajpai, Indian Conceptions of Order and Justice: Nehruvian, Gandhian, Hindutva and Neo-Liberal, in: Rosemary Foot/John Gaddis/Andrew Hurrell (Hrsg.), Order and Justice in International Relations, Oxford, Oxford University Press 2003, 236–261

358 Stephen Cohen, Emerging Power India, Washington, D.C., Brookings 2002, 36–53

359 Bertelsmann Stiftung, Who Rules the World? Berlin, Bertelsmann Stiftung Juni 2006; für weiterführende Überlegungen vgl. Christian Wagner, Indien in der deutschen Außenpolitik. Stand und Ausblick, Berlin, SWP Studie S 17, 2005